张菊霞 / 著

The Research on Registration Exemption System of Small Amount Securities Issued in China

我国小额证券发行注册豁免制度研究

中国法制出版社
CHINA LEGAL PUBLISHING HOUSE

序

甘肃农业大学法学副教授张菊霞是我指导的2017届博士生，她是个有志青年，勤奋努力最终成功考取了北京大学博士生，她的毕业论文题目是“我国小额证券发行注册豁免制度研究”。这个题目的选项是我和她一起商定的，主要是想因应中共十八届三中全会《中共中央关于全面深化改革若干重大问题的决定》提出“健全多层次资本市场体系，推进股票发行注册制改革”的宏大国策和经济体制深化改革愿景，探讨其中市场化运作环境条件下的某一深层问题，为构建健康有效的股票发行制度提供理论滋养。

我国是后发市场经济体制，为防止金融风险，凡公募的证券发行在信息披露方面一以贯之的实行无差别的强制制度。但这种无发行规模大小区分的安排对中小企业上市融资造成了比较沉重的负担，一些小规模企业不愿接受苛刻的披露条件，另一些企业则不愿承担由于披露需发生的中介机构的高额费用，于是面对崇山峻岭而却步。在美国发轫且流行于发达国家和地区的小额证券发行注册豁免制度开启了解决这个问题的先例，我们可以借鉴学习。正是基于这一社会现实需求的背景，作者对小额证券发行注册豁免制度展开了研究。

我国时下正在进行股票发行注册制改革，本书作者通过借鉴美国等国家和地区的小额证券发行探讨，研究构建我国小额证券发行注册豁免制度，企图实现股票发行注册制改革与小额股票发行注册豁免制度采用的衔接，立意和社会效果极具现实价值。小额证券发行注册豁免制度不仅是证券发行注册制的延伸，也会为我国规模多元化的企业融资提供更加畅通的融资渠道。

张菊霞的博士论文答辩通过后，她接受我的建议继续丰满文章，补充必要的内容，成书出版。因此，本书是她博士毕业论文的扩展版，也是她请我作序的正当理由。

以下是我对本书内容的一些粗浅评介，试图向读者递上一张名片。

虽然小额证券发行制度产生于美国，但是小额证券发行制度形成的经济基础根源在于市场经济条件下的企业融资的成本效益分析，因此，美国的小额证券发行制度为我国扩展企业融资渠道提供了可资借鉴的参照。由于企业发行证券的成本相对固定，当企业的融资规模过小时，企业发行证券获得的融资与企业发行证券的成本比例不协调，而且小规模发行证券豁免注册也不影响证券市场的安全。当然，美国没有明确限制小额证券发行企业的规模，企业是否适用小额证券发行制度由企业根据融资的效益自行酌情决定。美国的这一规定再一次体现了证券发行的市场化规律。在我国，企业尤其是中小企业融资的高成本亦是阻碍我国企业进入资本市场发展的制度因素，建构小额证券发行注册豁免制度，为企业提供更多的可以自愿选择的融资渠道也是激发证券市场活力、繁荣经济的重要举措。

本书分析和阐述我国小额证券发行注册豁免制度建构的必要性和路径，立足于我国企业融资需求的现实，为我国证券发行制度体系添加新的成员并使其趋于完善。在小额证券发行注册豁免制度的理论研究中，从小额证券发行制度与证券发行相关制度的协调互补为切入点，使小额证券发行制度的建构有了扎实的制度基础。在具体制度的构建研究中，通过与国外小额证券发行制度的对照研究，设计了适合我国的小额证券发行制度的适用主体、监管规则、信息披露要求、登记监管程序以及违反小额证券监管要求的违法行为的责任追究与保障制度。因而，该著作形成了小额证券发行的完整的理论体系，为我国小额证券发行注册豁免制度的建构提供了理论支持。本书在研究我国的小额证券发行制度时采取了开放和包容的态度，主张允许随着时代的变迁使小额证券的发行额度和发行方式随之发生相应的变化以增强小额证券发行制度的适应性。

与美国等国家和地区相比，我国的证券发行制度的形成有两个特点：一是我国资本市场起步较晚；二是我国经济体制尚处于转型阶段，证券发行制度建设遵循自上而下的模式。因此，作者十分专注运用比较研究方法和实证研究法，凸显了美国等国家和地区的小额证券发行制度与企业融资监管强度相适应的优点，相比之下，我国证券发行制度的不足和行政主导的缺点也被暴露剖析。因而，比较研究法和实证研究法可以取域外小额证券发行制度之精华运用于我国的小额证券发行注册豁免制度建设中。此外，本书也运用历史研究法梳理了小额证券发行制度的阶段性成果与其中的不足，解析我国建构小额证券发行制度与我国的证券发行制度改革的步调契合程度。案例研究法和法律经济学研究法也是本书研究的方法论特色。案例研究法是法学研究的基本功，本书当无例外。发行证券的效率和效益始终是小额证券发行制度追求的目标，在美国小额证券发行制度的设计与实施中始终伴随着对于该制度的经济分析，因而法律经济学研究方法是研究小额证券发行制度必备的研究手段。从本书研究方法的综合运用来看，基本上达到了小额证券发行制度研究必备方法的要求，因而保证了本书研究视角的全面性和研究结论的科学性。

与我国的企业制度相适应，多层次的证券发行制度是促进我国企业融资和多层次资本市场建设的有效途径。证券发行注册制是对我国长期以来的行政主导模式的证券发行制度的重大改革，证券发行注册制的实施和小额证券发行注册豁免制度的建构将使我国证券发行制度实现市场化的转变。本著作梳理了我国理论界关于小额证券发行制度研究的理论成果，并将其中的理论观点加以整合，予以应用和评析，形成了关于我国小额证券发行注册豁免制度的较为完整和完善的理论体系，不失为对我国证券发行制度理论研究的一点贡献。学生著书立说，是老师的无上荣耀。我国证券发行注册制改革目前正在艰难地匍匐前行，小额证券发行注册豁免制度的建构亦是指日可待，本著作的研究有望为我国小额证券发行注册豁免制度的建构提供理论参考。为此，我谨向各界读者推荐本书。

甘培忠

于北京大学陈明楼

目　录

导　论*

一、选题缘由

（一）以问题意识为导向

“问题就是事物的矛盾，哪里有没有解决的矛盾，哪里就有问题”，习近平新时代中国特色社会主义经济思想也突出体现了问题意识、问题导向和抓问题的认识论和实践论。① 这是解决经济发展规律与上层建筑中的制度建设之间矛盾与问题的认识论与实践论，也正是矛盾和问题的变化过程，导致经济发展与制度建设之间的关系处于不平衡—平衡—新的不平衡—新的平衡的运动变化之中，因而只有致力于解决经济发展与制度建设中的矛盾和问题，我们才能适应把握经济发展新常态这一规律。理论研究为制度建设提供新的指南，我们的理论研究只有以发现问题、掌握事物之间的矛盾规律，解决问题为目标，这是理论研究的方法论问题，只有将辩证唯物主义的认识论和方法论贯穿于理论研究过程中才能

---

* 关于本书中的两个问题的特别说明：（1）本书研究的小额证券是指小额发行的股票，此证券类别的划分与美国等国家的分类保持一致，小额债券称为小额债务证券。（2）本书研究的小额证券适用的企业主体以中小企业为主，符合条件的其他企业也可豁免注册发行小额证券。

① 《毛泽东选集》（第三卷），人民出版社1991年版，第839页；参见《以习近平新时代中国特色社会主义经济思想引领发展——二论学习贯彻中央经济工作会议精神》，来源：新华每日电讯1版，2017年12月22日，http://news.xinhuanet.com/mrdx/2017-12/22/c_136845206.htm，最后访问时间：2017年12月24日。王冠中：《马克思主义整体观下的“四个全面”战略布局》，载《岭南学刊》2016年3期。

使研究结论符合事物的客观规律。将这种认识规律运用于经济基础与上层建筑的关系中，其萌芽可见于马克思的《黑格尔法哲学批判》著作中。1843年马克思在《黑格尔法哲学批判》一书中提出：不是国家决定市民社会而是市民社会决定国家的命题，这一观点蕴含着经济基础和上层建筑关系理论的胚芽。这里的“市民社会”主要指现实的经济生活。[①] 马克思的这一命题指出了在经济基础与上层建筑的关系中，经济基础所起的决定性作用。如果将这一命题中的市民社会与国家的关系具体适用到我国的企业融资需求与证券市场的监管中，这一对关系中的突出矛盾是多元化企业的融资需求与我国证券发行交易制度的单一性，具体表现是股票发行制度实行统一的审核制、难以与多元化企业的融资需求特点匹配，证券市场结构过于单一，不能满足不同资金需求主体在资本市场上的融资需求，导致出现麦金农所称的“市场分割”现象。[②] 因而，在企业的证券融资需求与证券发行制度供给的矛盾中，证券发行制度的供给不足严重制约企业在证券市场的融资，反映了证券发行交易制度对于企业融资需求实现的阻碍作用。所以，必须改革我国现行的证券发行制度，建立适应企业融资特点的证券发行制度使其能动地促进企业融资。当前，我国正在进行股票发行注册制改革，为我国证券发行制度改革的全面深化拉开了帷幕，我国应借鉴国外和其他地区小额证券发行制度的有益经验，尽快建立我国的小额证券发行注册豁免制度，实现我国企业融资渠道的多元化，达到证券发行制度与企业融资需求的协调。在构建小额证券发行注册豁免制度时，应充分体现建设现代化经济体系的新发展理念，坚持使市场在资源配置中起决定性作用，更好地发挥政府作用，坚决扫除

① ［德］马克思：《黑格尔法哲学批判》，中共中央马克思恩格斯列宁斯大林著作编译局译，人民出版社1962年版，第19～24页；公丕祥主编：《马克思主义法律思想通史》（第一卷），南京师范大学出版社2014年版，第127～131页。

② 中国证券业协会编：《中国证券市场发展前沿问题研究2001》，中国金融出版社2001年版，第19页。

经济发展的体制机制障碍。[①] 因此，我们同样必须充分认识企业，尤其是中小企业融资需求特点和证券市场的衔接问题，以问题为导向构建小额证券发行注册豁免制度，以切实解决当前我国证券发行监管制度的不足与企业融资需求之间的矛盾冲突问题。我国当前的证券发行制度与现实经济生活之间的矛盾主要表现在以下几个方面：

1. 现行证券发行制度与资本市场发展目标的差距

证券发行审核制度是一国证券发行主管机关审核发行申请人的证券发行申请资料，依法管理证券发行活动的制度。根据不同国家证券发行审核制度的不同，将其分为核准制和注册制。[②] 一个国家的证券发行究竟采用何种审核制度，与该国的经济体制、证券市场成熟程度、证券市场参与者的信用等多种因素相关。例如，我国股票发行初期实行的发行审批制，虽然审批制在促进股市的发展方面存在某些制度性缺陷，但其是我国股票市场从计划经济向市场经济过渡中的必然选择。随着股票市场法治建设的完善和市场参与主体的成熟，股票发行审批制制约了股票市场的进一步发展，为了给予股票发行一定的灵活性，实行股票发行核准制。[③] 但是核准制的发行制度证券主管机关的主观判断在某些情况下限制了投资者的投资选择，并且对于不同行业、不同发展阶段和规模大小不一的企业适用同样的核准程序，而且由同一审核机关核准，严重违背了

---

① 中央经济工作会议全文，新华网，2017 年 12 月 20 日，http：//finance. sina. com. cn/china/gncj/2017 - 12 - 20/doc - ifypxrpp3050485. shtml，最后访问时间：2017 年 12 月 24 日。

② 杨紫烜主编：《经济法（第四版）》，北京大学出版社 2010 年版，第 362 页。

③ 《中华人民共和国证券法》第十一条第一款、第二款："发行人申请公开发行股票、可转换为股票的公司债券，依法采取承销方式的，或者公开发行法律、行政法规规定实行保荐制度的其他证券的，应当聘请具有保荐资格的机构担任保荐人。保荐人应当遵守业务规则和行业规范，诚实守信，勤勉尽责，对发行人的申请文件和信息披露资料进行审慎核查，督导发行人规范运作。"《中华人民共和国证券法》第十四条："公司公开发行新股，应当向国务院证券监督管理机构报送募股申请和下列文件：（一）公司营业执照；（二）公司章程；（三）股东大会决议；（四）招股说明书；（五）财务会计报告；（六）代收股款银行的名称及地址；（七）承销机构名称及有关的协议。依照本法规定聘请保荐人的，还应当报送保荐人出具的发行保荐书。"

证券发行的效益和效率原则。随着证券市场的发展，金融自由化的政策成为一种趋势，采取核准制的国家和地区，股票发行实质审核的严格程度逐渐变得宽松，逐步向注册制的方向改革。[①] 有学者指出，许多国家和地区的证券主管机关已认识到："实质审批制不是保护投资者的有效办法，尽管初衷良好，但效果不如采取自由化的申报制。"[②] 有专家认为，去除"父爱式"的监管思维，尽快取消新股发行核准制，将以信息披露为核心的注册制的实施提上议事日程。[③] 关于证券发行审核制度的改进，还有学者提出关于证券发行审核制度改进的建议是，实现"上市市场化"的措施是分离发行、上市审核权，另外，发行注册化可以促进多层次市场体系的建立和发行效率的提高。[④]

小额证券发行注册豁免制度可以有效缓解我国证券市场供求矛盾，增加企业接近证券市场融资的机会。长期以来我国证券市场的供求关系中始终存在一种扭曲现象，证券市场对于发行的新股存在供不应求的现象，同时又有大量的企业无法在证券市场融资。这种现象主要是由我国证券发行制度层次结构与企业融资需求不相吻合、多元化的证券交易场所匮乏等制度原因造成的。欲改变这一现状，就必须完善我国现行的证券发行制度，建构小额证券发行注册豁免制度和建立多层次资本市场，发展场外证券交易市场，为我国广大的企业提供多渠道证券市场融资平台。为此，中共十八届三中全会通过的《中共中央关于全面深化改革若干重大问题的决定》（以下简称《决定》）指出要"健全多层次资本市场

---

① 齐春宇：《股票发行市场化的顺序——兼论核准制》，载《经济理论与经济管理》2001 年第 11 期。

② 胡定核：《台湾证券市场是如何运作的——访台湾省东吴大学教授戴立宁先生》，载《改革》1996 年第 1 期。

③ 张守营：《证券业：摒弃"父爱式监管思维"越早越好》，载《中国经济导报》2013 年 2 月 28 日，第 B05 版前言。

④ 吴林祥：《我国股票发行上市审核制度：问题与完善》，载张育军主编：《深圳证券交易所综合研究所研究报告》，中国经济出版社 2005 年版，第 156 ~ 191 页。

体系，推进股票发行注册制改革，多渠道推动股权融资，提高直接融资比重”。[①] 2014 年 5 月 9 日国务院发布了《国务院关于进一步促进资本市场健康发展的若干意见》（以下简称《若干意见》）[②] 作为资本市场发展顶层设计和全面深化改革总纲领的“新国九条”，《若干意见》明确了建设多渠道、广覆盖、严监管、高效率的股权市场是未来一个时期我国资本市场改革发展的主要任务，到 2020 年形成开放包容的多层次资本市场体系。[③] 就如何发展多层次股票市场的问题，《决定》和《若干意见》指明了方向：一是推进股票发行注册制改革；二是多渠道推动股权融资，健全多层次资本市场体系市场建设；三是场内场外公募私募协调发展。党的十九大报告的第五部分——贯彻新发展理念，建设现代化经济体系中指出，深化金融体制改革，增强金融服务实体经济能力，提高直接融资比重，促进多层次资本市场健康发展。[④]

与《决定》和《若干意见》的改革目标相比，我国现行证券发行制度体系很不完善，发行渠道单一，监管资源利用范围狭小，没有形成高效率的股权市场和开放包容的多层次资本市场体系；证监会审核所有企业的证券发行资格，致使其业务负担过重，延缓了证券发行进程；就证券交易市场来说，只有深圳和上海两个交易所，而且仅在深圳证券交易所建立中小企业板、创业板股票交易系统；新三板的扩容尚未彻底完成，场外交易市场发展缓慢。正如有的学者指出：“中国证券市场从无到有、从小到大，正在向更加规范、更加透明、更加成熟的国际一流市场不断

① 《中共中央关于全面深化改革若干重大问题的决定》，新华网，http：//news. xinhuanet. com/2013 - 11/15/c_ 118164235. htm，最后访问时间：2013 年 11 月 16 日。

② 《国务院关于进一步促进资本市场健康发展的若干意见》（国发〔2014〕17 号）。

③ 《国务院关于进一步促进资本市场健康发展的若干意见》（国发〔2014〕17 号）。

④ http：//money. 163. com/17/1018/16/D11U1DL5002598V7. html，新华网，最后访问时间：2017 年 10 月 18 日。

迈进，但是中国资本市场还面临规模不够大、结构不合理的问题。”① 故而，当前的证券发行制度阻碍了我国证券市场的扩容，尤其缺乏对于我国中小企业融资服务的合理有效的证券发行制度，为实现资本市场的改革目标，我国股票发行注册制改革方案正在实施中，考察我国企业的融资需求和资本市场发展的需要，我国建立小额证券发行注册豁免制度是顺应经济发展规律的制度选择和建设多层次资本市场的必然结果。

2. 中小企业的证券发行融资平台尚不完善

中小企业直接融资渠道的探索和建设是非常受关注的问题，我国2002年颁布的《中华人民共和国中小企业促进法》（以下简称《中小企业促进法》）第十六条规定：“国家采取措施拓宽中小企业的直接融资渠道，积极引导中小企业创造条件，通过法律、行政法规允许的各种方式直接融资。”2017年修订后的《中小企业促进法》第十八条规定：“国家健全多层次资本市场体系，多渠道推动股权融资，发展并用多种方式直接融资。”尽管《中小企业促进法》为拓展中小企业的直接融资渠道提供了制度依据，但是，就现行证券发行制度对于中小企业的直接融资的规定并不十分乐观，其对于中小企业适用的局限性主要表现在三个方面。

第一，“一刀切”的发行上市标准未能体现同类企业之间的规模差异。同一类型的企业，无论企业规模的大小，只要在同一交易市场发行上市，其发行上市标准就完全相同。因而，虽然同属中小企业，有些中小企业符合创业板的上市条件，可以获得融资机会，而有些企业则被创业板的上市门槛隔绝，导致创业板市场没能成为有些中小企业融资的理

① 曹凤岐讲解十九大报告：促进多层次资本市场健康发展非常重要，http：//sh. qihoo. com/pc/detail？360newsdetail = 1&_ sign = searchdet&check = 0147d200c9dfe2b1&sign = 360_ e39369d1&url = http：// m2. people. cn/r/MV8wXzEwMTgyNDQ0XzEyMF8xNTExODQzNzc5？ _ _ from%3Dlook360，最后访问时间：2017年11月28日。

想平台。李克强总理提出："大小企业要共建双创平台、实现共享发展。"①笔者认为，资本市场融资平台是为企业双创平台的建立提供资金支持，为创新创业企业提供直接融资平台，需要根据不同规模企业的融资特点建立多层次的证券发行制度，才能实现大小企业共享发展的目标。

第二，与中小企业发行证券的效益和效率原则不相吻合。除了企业发行证券的条件这一门槛限制中小企业在现有证券市场融资外，投入与产出的效益分析，是参与经济活动的所有主体都必须思考的问题。中小企业在证券市场融资，融资规模相对有限，但是发行证券融资的成本相对固定，如若发行收益小于或略高于发行成本，自然阻断了中小企业接近资本市场融资的机会。美国条例 A 的最高发行限额被多次修改，利用条例 A 发行证券的企业很少即是证券发行效益分析的鲜活例证。我国中小企业在创业板市场发行证券除了不具有普遍适应性之外，较高的发行条件使得中小企业发行证券的经济成本偏高，漫长的审核等待时间又严重影响证券的发行效率，因而很多中小企业也不愿意在创业板市场发行交易证券。

第三，注册资本认缴登记制阻隔了部分新兴企业在创业板的上市机会。2013 年 12 月 28 日，第十二届全国人民代表大会常务委员会第六次会议通过《中华人民共和国公司法》（以下简称《公司法》）的修改，将注册资本由实缴登记制修改为认缴登记制，旨在降低企业市场准入门槛，激发市场活力，但其与中小企业在创业板融资有些微的冲突。② 根据《首

---

① 李克强：《大小企业要共建双创平台、实现共享发展》，人民网时政频道，http：//cq. people. com. cn/n2/2016/0627/c367698 – 28567640. html，最后访问时间：2016 年 7 月 2 日。

② 《中华人民共和国公司法》第二十三条："设立有限责任公司，应当具备下列条件：（一）股东符合法定人数；（二）有符合公司章程规定的全体股东认缴的出资额；（三）股东共同制定公司章程；（四）有公司名称，建立符合有限责任公司要求的组织机构；（五）有公司住所。"《中华人民共和国公司法》第七十六条："设立股份有限公司，应当具备下列条件：（一）发起人符合法定人数；（二）有符合公司章程规定的全体发起人认购的股本总额或者募集的实收股本总额；（三）股份发行、筹办事项符合法律规定；（四）发起人制订公司章程，采用募集方式设立的经创立大会通过；（五）有公司名称，建立符合股份有限公司要求的组织机构；（六）有公司住所。"

次公开发行股票并在创业板上市管理办法》第十二条的规定："发行人的注册资本已足额缴纳，发起人或者股东用作出资的资产的财产权转移手续已办理完毕。发行人的主要资产不存在重大权属纠纷。"① 由此可见，注册资本认缴登记制的实施有可能使部分有发展潜力的中小企业失去在创业板市场融资的机会。

3. 现行证券发行制度提供给企业的自由选择空间较小

证券市场融资是企业融资的重要渠道，由于美国证券发行种类繁多，不同证券发行制度的适用条件相互补充，构成融资功能完备而严密的证券发行制度体系。② 发行人可以根据自身的规模，发行人意图吸引的投资者类型和筹集的新的资金的数额选择发行方式。③ 与美国相比，我国现行的证券发行制度的发行方式较为单一，严重阻碍了企业的融资选择机会。在我国，包括上市公司非公开发行股票、配股和增发，我国现行的证券发行都须强制性审核，也没有区分发行证券的规模大小。从总体上来说，现行证券发行制度使得企业发行股票融资的经济成本很高、等待时间很长。虽然我国目前正在进行股票发行注册制改革以改善核准制的不足，但是，注册制的核心是须向证券监管机构完全准确地申报各种资料，在注册发行证券的过程中，准备发行材料同样需要较高的成本。因此，我国在证券发行注册制条件下，需要建立小额证券发行注册豁免制度弥补证券发行制度供给不足的状况，为企业提供更多的融资渠道。因为小额证券发行注册豁免制度不仅适用于中小企业，也适用于证券未上市的大

① 《首次公开发行股票并在创业板上市管理办法》（证监会第 142 号令）。

② 美国的证券发行制度种类繁多，如证券发行注册制度、小额证券发行制度、私募发行制度。除其他发行方式外，条例 A +、规则 504、众筹（Regulation Crowding）、规则 147 都属于发行规模较小或者发行数额受限制的情况，美国的所有这些发行制度之间存在互补关系，以更好地为企业和投资者提供融资与投资渠道。

③ Securities and Exchange Commission, 17 CFR Parts 200, 230, 232, 239, 240, 249 and 260, [Release Nos. 33 – 9741; 34 – 74578; 39 – 2501; File No. S7 – 11 – 13] RIN 3235 – AL39, Amendments for Small and Additional Issues Exemptions under the Securities Act (Regulation A), p247.

企业和股票上市企业的再融资。小额证券发行注册豁免制度增加了企业的直接融资渠道，该各类企业可以自主决定是否适用小额证券发行注册豁免制度，从而增加证券市场融资的活跃度，扩大证券市场容量。

4. 小额证券发行注册豁免制度与企业小额融资需求的适应性

股票发行注册制是指发行人申请发行股票时，必须依法将公开的各种资料完全准确地向证券监管机构申报。股票发行注册制为小额证券发行注册豁免制度设置了前提，小额证券发行注册豁免制度是注册制的特殊形式，证监会对发行数额在一定范围内而且安全有保证的证券发行给予注册豁免，因而使小额证券发行注册豁免制度的实施能够实现融资的低成本、高效率、便捷和安全，其目的是促进企业融资便利和保护投资者利益的均衡。小额证券发行注册豁免制度的优点主要体现在：第一，发行声明生效时间短。例如，美国依条例 A 发行小额证券，发行声明自提交后第 20 个日历日即可生效，与证券发行的注册登记程序相比，时间大为缩短，提高了募集资金的效率，降低了发行人错失最佳融资机会的可能性。第二，发行周期短。小额证券的发行周期为 12 个月，小额发行最高额限制仅受限于 12 个月内的发行价额，12 个月期间届满之后避免合并的安全港之内，发行企业可在新的发行周期内再次发行小额证券。发行周期短的特点刚好适应企业资金的高频率需求。第三，发行成本低。发行证券的成本包括发行企业支付的成本和监管成本两个方面：从发行企业方面看，发行成本的降低体现在：（1）小额发行的便捷审核登记程序，减少了证监会的审核或注册环节，降低了小额证券发行费用。（2）与证券的注册发行相比，发行小额证券信息资料的准备、小额发行的财务报表的审计和中介机构的费用都会减少。因此，企业的证券发行成本降低。从监管成本来说，（1）就监管机构受理发行申请的发行企业数量而言，如果不实行小额证券发行注册豁免制度，正如有的学者所言，“数以亿计的证券在二级市场交易都要注册的话，SEC（“Securities and Exchange Commission”的简称，美国证券交易委员会）无疑难堪重负”。[①]（2）从经济性分析，由于小额发行的融资金额较小，按照大型或中等规模金额的发行程序审核或注册，造成人力物力的极大浪费。所以，小额证券发行注册豁免制度降低了证券发行的总成本，节约了社会资源。第四，安全度较高。由于小额发行筹集资金规模较小，发行失败的可能性较小，即使发行失败，由于投资者的投资规模普遍偏小，也不会造成太大的投资损失和市场混乱。故而，从发行企业、投资者或证券发行风险的角度看，小额证券发行注册豁免制度的建立和实施都是较为安全的。小额证券发行注册豁免制度的这些优点恰好与企业，特别是中小企业“短、快、频、廉”的融资需求特点相吻合。因而，小额证券发行注册豁免制度可以作为促进企业，尤其是中小企业融资的重要直接融资渠道。

总而言之，我国目前的证券发行制度尚未能有效地解决不同类型企业的融资问题，为数量众多的企业提供多样化的融资渠道要求我国加快推进多层次资本市场体系的建设，建立完善的证券发行交易制度体系是国家对资本市场改革发展的顶层制度设计要求。笔者认为，我国正在推行股票发行注册制改革，为我国小额证券发行注册豁免制度的建构设置了制度前提，而且我国现行的证券发行制度限制了众多企业在证券市场融资，建构我国的小额证券发行注册豁免制度也是现实之需。我国应借鉴其他国家和地区小额证券发行制度的有益经验，研究构建适合我国企业融资需求特点的小额证券发行注册豁免制度，为我国广大企业提供更加丰富的融资渠道，进而健全我国的多层次资本市场体系，实现制度之间的贯通协调。

---

① 郭雳：《美国证券私募发行法律问题研究》，北京大学出版社2004年版，第35页。

（二）小额发行制度的缘起与借鉴

1. 小额发行制度的缘起

小额证券发行注册豁免起源于美国，其本身不是一个特指的具体的法律概念，外延相当宽泛。美国的小额证券发行注册豁免是对《1933年证券法》第3节（b）和SEC对发行人进行的数额不大或者说（数量上）有限制的发行而颁布的相关条例、规章制度的统称，在法律上被归属于“数量上受限制的发行豁免”（Limited offering exemptions），以及因美国小额证券发行制度的修改新增加的法律条款、规则等都属于小额证券发行注册豁免。①

美国《1933年证券法》第3节（b）规定的小额证券发行说明了国会设定小额发行豁免的理由和条件：对于“发行数额小”或“公开发行的特性有限”而不需要该法保护的金额在500万美元以下的证券发行给予豁免注册登记，授权SEC制定小额发行豁免的条例或规则。因而，美国《1933年证券法》第3节（b）是小额证券发行豁免的基础法律规范，企业发行小额证券的行为准则或直接法律依据是SEC制定的小额发行豁免条例或规则。根据美国《1933年证券法》第3节（b）的授权，SEC颁布了一系列的条例和规则，其典型代表是条例A和D。对于绝大多数欲进行小额融资的小企业来说，其首先考虑的就是条例A和D。② 此外，根据《1933年证券法》第3节（b）的授权，SEC还相继制定和发布了其他的若干条例、规则、公告（Releases）和无异议函（No-action Letters），使小额发行豁免制度具有更广泛的适应性。此外，美国根据经济发展的需要，对小额发行制度和规则不断进行立、改、废。③ 小额证券发行是美国证券发

---

① 根据美国《1933年证券法》第3节（b）的规定，美国小额证券发行注册豁免是一个开放的体系，具有与时俱进的特点。

② John C. Coffee & Joel Seligman, *Securities Regulation*, 9th edition, Foundation, 2003, p. 412.

③ 例如，《JOBS法案》将《1933年证券法》第3节（b）指定为第3节（b）（1），增加了第3节（b）（2）-（5），SEC修改了条例A、规则504、506，废止了规则505等。

行注册豁免制度的支柱，对促进美国小企业融资便利化发挥了重要作用。美国的小额发行制度成为世界其他国家和地区建立小额发行制度的蓝本，以至被世界许多国家借鉴和引进。

2. 其他国家借鉴美国的小额证券发行制度

由于美国的小额发行制度便利小企业融资的强盛生命力极大地促进了美国中小企业的发展，自20世纪90年代中后期开始被许多国家和地区借鉴。日本于平成四年（1996年）修订《证券交易法》，增添了对不特定多数投资者实施的不超过5亿日元的有价证券申购的劝诱活动可以免于公开披露义务的小额发行的审核豁免及私募发行审核豁免的制度。① 日本《金融商品交易法》延续了小额发行豁免制度的规定。② 我国台湾地区原为核准制的典型地区，但在1988年我国台湾地区修正的“证券法”中也加入了免于核准，只需注册即可发行的核准豁免制度，并在1995年的“发行人筹集与发行有价证券处理标准”中予以进一步明确。③《英国1995年证券公开发行规章》第7条（2）（D）规定了向特定人发出证券要约，视为未上市证券公开发行的例外。④ 英国FSMA2000⑤ 有排除招股说明书规则的更具体的规定，发行总额不超过10万欧元的小额发行豁免公布招股说明书。⑥ 韩国参照美国纳斯达克市场，在1996年设立了高（KOS-DAQ）斯达克市场，专门针对高新技术型中小企业，强大的资本市场拓

① 林丽香：《证券发行市场规制之加强》，载柯芳枝主编：《财经法论集》，台湾三民书局1997年版，第229~258页。

② 《金融商品交易法》第四条第（一）项之五，参见《日本金融商品交易法及金融商品销售等相关法律》，中国证券监督管理委员会组织编译，法律出版社2015年版，第37页。

③ 刘连煜：《证券私募制度之法律问题研究》，载柯芳枝主编：《财经法论集》，台湾三民书局1997年版，第39~69页。

④ 《英国1995年证券公开发行规章》第7条（2）（D），参见卞耀武主编：《英国证券发行与交易法律》，法律出版社1999年版，第251~252页。

⑤ 《英国2000年金融服务与市场法》（缩写“FSMA2000”）。

⑥ Alastair Hudson , *Understanding Company Law*, Routledge, 2012, p. 212；FSMA2000附录11第2条豁免发行，第4条向少数人发行，参见中国证券监督管理委员会组织编译：《英国2000年金融服务与市场法》，法律出版社2014年版，第831~833页。

宽了中小企业的直接融资渠道，提供了多种融资机会。[①]

3. 引进国内

无论在美国还是在中国，中小企业资本形成均是促进中小企业发展的至关重要的途径，然而，如果让中小企业与大型企业以同样的程序在证券市场融资，证券注册成本过于高昂。[②] 中小企业发行证券支付的费用过高，严重妨碍了中小企业在证券市场融资的机会。有学者指出，对小企业发行人过分规制的危险是非常清楚的，小企业在我们的经济中是最具创新力的。[③] 因此，如何使中小企业参与证券市场融资是证券法必须解决的问题之一。美国为方便小企业参与证券市场融资，在证券法中首次创设了小额发行豁免制度，并为世界其他国家所效仿。故而，我国引进美国的小额证券发行注册豁免制度是建立中小企业直接融资体系的非常重要的举措。之所以将美国的小额证券发行制度引进国内，基于两个方面的原因：一是美国的小额证券发行注册豁免制度充分体现了“均衡投资者利益保护和发行人筹资便利、兼顾公平和效率”的立法理念，降低证券发行成本，缩短证券发行时间，同时，不对投资者和社会公共利益造成损害，为促进小企业资本形成和建立公平、有序的多层次资本市场提供了强大支持。二是引进小额证券发行制度是完善我国证券发行制度

① 赖诚成：《解决中小企业融资难的国际经验与对策》，载《特区经济》2014 年第 8 期。尚福林主编：《证券市场体制比较研究》，中国金融出版社 2006 年版，第 159 ~ 161 页。

② See, e. g. , infra note 103 and accompanying text. See John P, Fargnoli, “The Jobs Act: investor protection, capital formation, and employment in an increasingly political economy” [Notes], Brooklyn Journal of Corporate, Financial & Commercial Law , Vol. 8, 2013, pp. 134 – 157. 这一认识这不仅是美国学者和证券管理机构的观点，我国证券市场也同样存在这一问题。

③ About 80 percent of jobs created from 1974 to 1979 in Canada and the United States have been incorporations with fewer than 100 employees (Peterson , Small business breaking loan barriers , Financial Post , 5 May 1979, 20) . See also Report of the Commerce Technical Advisory Broad to the Secretary of Commerce , The Role of New Technical Enterprises in the U. S. Economy (1976) at 2 – 3, Cited in Casey , SEC Rules 144 and 146 revisited (1977) 43 Brook. L. R. 571, 573 at Note 4. See F. H. Buckly, “Small Issuers Under the Ontario Securities Act, 1978: A Plea for exemptions”, University of Toronto Law Journal, Vol. 29, 1979, pp. 309 – 365.

体系的必然要求。小额证券发行制度发端于资本市场的内生需求，是资本市场投融资需求的产物，其本身是证券注册发行制度的重要组成部分。在对美国小额证券发行制度的引进中，将美国的小额证券发行注册豁免制度和小企业发行注册豁免制度融合起来，使我国的证券发行制度有效结合企业的融资需求，使企业更加容易地接近资本市场进行融资。

（1）实现社会资本与企业资金需求的有效对接。企业特别是中小微企业需要大量资金，但由于中小微企业自身的劣势，如缺乏担保能力等，银行不愿向其提供贷款，故向银行的债权融资难以实现其资金需求。调研显示，90%以上的中小微企业无法从银行获得贷款。然而，随着国家经济的高速发展，国内民间资本已达到30万亿元，由于缺少投资渠道，充裕的民间资本不能有效地配置到实体经济，其中大部分进入银行垄断体系。[①] 为缓解企业债权融资的压力，使民间资本更好地发挥效用，建立民间资本投资和企业融资的沟通渠道是实现民间资本与企业的融资需求对接，解决民间资本投资难[②]和企业尤其是中小企业融资难的问题的有效途径。但是，以什么样的方式实现民间资本与企业资金需求的对接？建构小额证券发行注册豁免制度，降低企业的直接融资门槛，使广大企业特别是中小企业获得接近资本市场融资的机会，实现更多企业的股权融资与投资者投资的结合是我们正在研究和探索的路径。

（2）进一步拓宽企业的融资渠道。为中小企业提供便利化的融资服务，不仅美国证券法规定小额证券发行豁免制度，欧盟也考虑到是中小

① http：//baike. so. com/doc/1909498. html.

② http：//baike. so. com/doc/1909498. html.

企业的成功对于经济增长作出了贡献,[①] 尤其是中小企业创造就业的潜能，欧盟委员会曾一度关注小企业接近资本市场和依赖市场融资实现发展目标，而不是被迫依靠昂贵的债务融资。[②] 委员会专门聚焦于风险资本和识别风险资本市场阻止新兴企业以灵活和高效的方式募集资金的弱点，导致错失投资和就业机会。[③] 中小企业进入资本市场也是融入风险资本行动计划的 FSAP[④] 的一个重要特点。中小企业是我国经济发展的重要力量，我国也一直致力于解决中小企业融资难的问题。我国 2018 年 1 月 1 日起实施的《中小企业促进法》第十八条明确规定："国家健全多层次资本市场体系，多渠道推动股权融资，发展并规范债券市场，促进中小企业利用多种方式直接融资。"此规定为我国中小企业实现直接融资提供了法律依据。自《中小企业促进法》颁布实施以来，国务院和证监会发布了一

① Moloney, *Niamh. EC Securities Regulation*, Oxford University Press, 2002, p. 61. The second Progress Report, eg, highlighted the economic importance of small issuers in contributing to job creation and an entrepreneurial culture, noting that in the 1996 - 1999 period the smaller companies trading on the Neuer Market and the Nouveau Marché recorded average employment growth of 40% and 47%, respectively: n 18 above 4.

② Moloney, *Niamh. EC Securities Regulation*, Oxford University Press, 2002. p 61. See its 1993 Communication on the financial problems experienced by small and medium - sized companies, COM (93) 528 (the 1993 SME Communication) and its 1995Communication on Reporting on the feasibility of the creation of a European Capital Market for smaller entrepreneurially managed companies, COM (95) 498 (the 1995 SME Communication)) The 1995 SME Communication was concerned with fast - growing entrepreneurially managed companies and their need for regular injections of equity capital which cannot usually be sourced from private investors ('business angels') or through bank finance and with the establishment and promotion of EASDAQ (now NASDAQ Europe) in order to improve access by SMEs to equity capital. The progress of EASDAQ (and the now defunct Euro. NM) was reviewed in its 1997 Communication on European Capital Market for Small and Medium Sized Enterprises. Prospects and Potential Obstacles to Progress, COM (97) 187. For a review of the diffiche ulties facing SME issuers see also Roell, n 25 above. Among the problems highlighted are the second - class status which can be conferred on the second - tier markets which are run by the main markets, the risk of illiquidity in the shares of smaller issuers, investor distrust, insufficient interest by institutional investors, and the lack of expertise, in some countries, among market professionals in bringing smaller issuers to tmarket.

③ Moloney, Niamh EC Securities Regulation, Oxford University Press, 2002. p. 61.

④ FSAP，是指欧盟的 Financial Services Action Plan.

系列的规范性法律文件，为中小企业直接融资提供制度保障，但其作用是相当有限的。2004 年 1 月 31 日国务院印发的《国务院关于推进资本市场改革开放和稳定发展的若干意见》指出："分步推进创业板市场建设，完善风险投资机制，拓展中小企业融资渠道。"① 2004 年 5 月经中国证监会批准，我国推出了中小企业板市场，在深圳证券交易所为中小企业设立独立的股票交易系统，并且将中小企业板市场的建立看作分步推进创业板市场建设的实际步骤。因为根据深圳证券交易所制定的有关规则，② 中小企业板市场是为主业突出、具有成长性和科技含量的中小企业提供直接融资平台。2009 年 3 月 31 日至今，证监会先后发布《首次公开发行股票并在创业板上市管理暂行办法》③《首次公开发行股票并在创业板上市管理办法》④ 并修改⑤，这意味着创业板的正式启动和规范运行。虽然这两个文件对创业板股票的发行条件与上市标准另有规定，但是创业板的发行条件与上市标准仍然很高，大部分中小企业很难达到创业板的上市条件，新三板扩容目前尚无具体的法律制度出台。因此，中小企业通过创业板发行股票并上市，并未降低中小企业的融资成本和提高其融资效率，中小企业融资难的问题仍然没有得到有效的解决。而小额证券发行注册豁免制度可以有效地弥补我国现行证券发行制度的这一缺陷，进一步拓宽中小企业的融资渠道，解决中小企业的融资难的问题。

小额证券发行注册豁免制度还可以适用于证券未上市的规模较大的

① 《国务院关于推进资本市场改革开放和稳定发展的若干意见》（国发〔2004〕3 号）。该文件现已失效，但为体现制度的连续性，在此予以引用。

② 如《深圳证券交易所中小企业板块上市公司特别规定》《深圳证券交易所中小企业板块保荐工作指引》《深圳证券交易所中小企业板块证券上市协议》《中小企业股票发行上市指南》《中小企业板投资者权益保护指引》《深圳证券交易所中小企业板上市公司公平信息披露指引》《中小企业板上市公司募集资金管理细则》《中小企业版上市公司限售股份上市流通实施细则》《深圳证券交易所中小企业板块上市公司董事行为指引》等。

③ 证监会令【第 61 号】（已失效）。

④ 证监会令【第 99 号】。

⑤ 证监会令【第 123 号】和【第 142 号】。

企业以及上市企业的再融资，只要该类企业符合小额证券发行注册豁免制度的适用要件。小额证券发行注册豁免制度旨在降低证券发行门槛，更符合证券发行企业的融资意愿，增加了发行企业的选择机会，以充分调动企业发行证券的积极性，充分利用社会资本为企业提供融资服务。① 从证券市场的角度看，可扩大发行主体的范围，增加企业发行证券的机会，扩大证券市场的容量，为投资者提供更加广阔的投资渠道，激发经济发展的活力，更有利于经济社会的协调发展。美国证券交易委员会采取了许多小规模发行鼓励措施，以便使小额发行或小规模发行人的发行在不牺牲投资者保护的情况下，以提高发行效率为目标。② 但是，美国SEC没有限制适用小额发行制度的规模较大的企业，而是由企业根据小额证券的最高发行额确定是否有必要采用小额证券发行方式。③

二、已有研究成果的回顾

小额证券发行制度起源于美国，美国关于小额证券发行的研究成果很多，非常系统性的研究成果主要有 Louis Loss 的著作《Fundamentals of Securities Regulation：2008 Supplement》④，Louis Loss &Joel Seligman 的专著《Fundamentals of securities regulation》，⑤ Hazen，Thomas Lee 的专著《The law of securities regulation》，⑥ 还有其他学者的专著中有关小额证券

① 美国证券发行制度的细致和证券市场结构的复杂充分说明其证券市场为促进经济发展服务的重要意义。

② ［美］托马斯·李·哈森：《证券法》，张学安等译，中国政法大学出版社2003年版，第159页。

③ See Securities and Exchange Commission，17 CFR Parts 200，230，232，239，240，，249 and 260，［Release Nos. 33 –9741；34 –74578；39 –2501；File No. S7 –11 –13］RIN 3235 –AL39，Amendments for Small and Additional Issues Exemptions under the Securities Act（Regulation A），p. 190.

④ Louis Loss. Fundamentals of securities regulation：2008 supplement，Wolter Kluwer，c2008.

⑤ Louis Loss &Joel Seligman，Fundamentals of securities regulation，Aspen Law &Business，c2001.

⑥ Hazen，Thomas Lee，The Law of securities regulation，5th Edition，Thomson/West，c2005.

发行的研究等,[①] 也有学者专门研究关于日本小额证券发行制度的专著,[②] 英国学者的专著中也有关于小额证券发行制度研究的内容。[③] 除此之外，美国很多学者还以建议的形式向美国证券交易委员会提出与小额证券发行相关的理论观点，不同的建议涉及小额证券发行规范条件的不同方面。例如，关于小额证券发行人资格要求，有很多学者支持提议的发行人资格要求,[④] 很多评论者明确支持最新的需履行第二层级持续报告义务的新的提议的发行人资格标准。[⑤] 总体来说，美国小额证券发行制度的研究主要集中在以下三个方面。

1. 小额证券发行的必要性

美国学者和 SEC 关于小额证券发行必要性的论述主要集中在以下几个方面：一是注册程序给企业带来的负担，美国早有学者呼吁证券发行法律制度更好地为企业提供融资服务的观点，其观点的核心内容是，注册证券是一项很困难的任务，SEC 应该意识到：不管怎样，注册程序给管理者施予了更艰巨的任务。[⑥] 还有评论者指出：政府承担向投资公众提供防止欺诈、错误陈述、甚至在某些情况下的低劣判断的保护义务，州蓝天法的中心问题是服务于期望的政府功能——该功能被普遍认为，没

---

① Larry D. Soderquist , Securities regulation, 2th, Foundation Press, 1988; David L. Ratner&Thomas Lee Hazen, Securities Regulation: Selected Statutes, Rules and Forms, West Publishing Company Co. ST. PAUL, MINN. , 1995; James D. Cox, Robert w. Hillman&Donald C. Langevoort, Securities Regulation: Cases and Materials, Aspen Publishers, 3rd Edition. , c2001.

② Tatsuta, Misao, Securities regulation in Japan, Japan Securities Research Institute, University of Tokyo Press, c1970.

③ Alastair Hudson, Understanding Company Law, Routledge, 2012.

④ Letter from Catherine T. Dixon, Chair, Federal Regulation of Securities Committee, Business Law Section, American Bar Association, April 3, 2014 ("ABA BLS Letter"); Letter from Gabrielle Buckley, Chair, Section of International Law, American Bar Association, May 14, 2014 ("ABA SIL Letter"); Letter from Andrew F. Viles, Canaccord Letter Genuity Inc. , March 27, 2014 ("Canaccord Letter"); and so on.

⑤ ABA BLS Letter; CFA Institute Letter; Massachusetts Letter 2; NASAA Letter 2; WDFI Letter.

⑥ James L. Karpen, Registration of securities under the Michigan uniform securities Act, Cooley L. Rev. 215 (1982), p. 242.

有不适当地阻碍资金流入需要恢复和稳定发展的企业。[①] 寻求在多个州发行证券的发行人，跨州证券法和实用程序的不同可以引起非常重要的法律成本[②]和时间耗费，这种情况会对发行人在筹集资金时在及时性和成本效率方面的努力带来不利影响。NASAA 已经启动了依据条例 A 发行证券的协调审查程序。[③] 二是给予小企业创造融资机会。美国有学者认为，如何公平对待小企业是证券法长期以来的难题，如果一个国家在资本形成方面给予大公司超过小企业的优势条件，创设补偿计划的小公司融资是必要的。[④]

2. 小额证券发行额度

小额证券发行额度关乎小额证券发行的成本与效益以及小额证券发行制度的可实施性。Louis Loss &Joel Seligman 在他们的《Fundamentals of securities regulation》一书中，就小额证券发行额度的问题进行研究，该书指出，美国豁免小额证券发行注册，豁免注册的最高发行限额从 10 万美元提高到 500 万美元。[⑤]美国 SEC 在修订条例 A 时，引进了两个层级的发行额度，征集了大量的评论者的建议，有些是针对第一层级的最高发行限额，[⑥] 有的是针对第二层级的发行限额，[⑦] 美国 SEC 对评论者的建议

---

① Smith, State "Blue Sky" Laws and the Federal Securities Acts, 34Mich. L. Rev. 1135 (1936).

② See Securities and Exchange Commission, 17 CFR Parts 200, 230, 232, 239, 240, 249 and 260, [Release Nos. 33 – 9741; 34 – 74578; 39 – 2501; File No. S7 – 11 – 13] RIN 3235 – AL39, Amendments for Small and Additional Issues Exemptions under the Securities Act (Regulation A), p. 237.

③ A description of NASAA's coordinated review program can be found at: http://www.nasaa.org/industry – resources/corporation – finance/coordinated – review/regulation – – a – offerings/.

④ Louis Loss, Joel Seligman, Troy Paredes, Fundamental of securities regulation, 6th Edition, Wolters Kluwer Law & Business, c2011, Volume 1, p. 529.

⑤ Louis Loss &Joel Seligman, Fundamental of securities regulation, Aspen Law &Business, c2001. pp. 346 – 349.

⑥ Some commenters recommended raising the Tier 1offering limitation to $10 million or more. See Guzik Letter 1 and ICBA Letter.

⑦ See B. Riley Letter; Fallbrook Technologies Letter; OTC Markets Letter; Public Startup Co. Letter 1; Richardson Patel Letter.

进行了经济分析，这种层级化的方法允许 SEC 根据发行规模划分监管要求，赋予发行人依据条例 A 筹集资金更大的灵活性，而且在每一层级规定了对于投资者的适当保护。与条例 A 相比，将第一层级的最高发行额度增加至2000 万美元，创设第二层级的最高发行额度为5000 万美元，依据发行人的发行规模，将向发行人提供了更多选择机会，同时降低了依据条例 A + 发行证券的固定成本与发行证券收益的比例。① 美国 SEC 认为第二层级的证券发行年度最高限额将限制较大规模的发行人适用条例 A + 的豁免，因此将继续通过注册发行证券筹集资金的可能性更大，并且进行相应的信息披露。② 由此可见，美国确定关于小额证券的发行额度时，考虑的因素是复杂的，需要各方面因素的综合平衡。

3. 发行小额证券的主体资格

小额证券发行主体资格是发行企业适用小额证券发行豁免的前提条件，其标准的确定既应考虑证券市场的稳定，也应兼顾投资者保护。美国关于发行小额证券的发行人资格，没有明确的积极性条件要求，而是通过规则 262 以排除规定的方式将不适格的发行人予以剔除。③ 规则 262 的规定是美国 SEC 在征集评论者意见的基础上进行经济分析之后最终确

---

① To the extent that issuers in Tier 2 offerings face additional costs due to revised disclosure requirements under amended Regulation A, issuance costs as a percentage of proceeds may remain unchanged or may increase.

② See Securities and Exchange Commission, 17 CFR Parts 200, 230, 232, 239, 240, 249 and 260, [Release Nos. 33 – 9741; 34 – 74578; 39 – 2501; File No. S7 – 11 – 13] RIN 3235 – AL39, Amendments for Small and Additional Issues Exemptions under the Securities Act (Regulation A), pp. 273 – 274.

③ 17 C. F. R. § 230. 262.

定的小额证券发行主体资格。[1] 评论者提出了很多建议，[2] 尽管评论者的这些可供选择的建议能够潜在地提升资本形成与竞争，[3] 但是美国 SEC 根据投资者保护的需要采取谨慎的态度，推迟考虑条例 A 修订后合格发行人类型的潜在变化而是根据条例 A + 的适用状况评估新的市场实践。[4]

总之，美国对于小额证券发行制度的研究起步较早，理论研究成果颇丰，而且美国小额证券发行制度的法治化程度很高，被许多国家和地区加以借鉴并结合本国的实际情况制定本国的小额证券发行制度。

就我国关于小额证券发行制度功效的认识进行分析，台湾学者陈春山已指出，证券业应从两端实现社会福祉最大化，一端培养从事国际竞争的巨型企业，另一端则以股权分散与股利分享达到全民富裕的目标。[5] 因为证券市场不仅能为企业筹集巨额的发展资金，而且由于证券投资的起点很低，投资者只需投入很少资金便能从事证券投资，从而分享企业所创造的利润。此观点是从发行企业和投资者的角度观察证券业的经济效用。笔者认为，小额证券发行注册豁免制度的经济效用至少体现在两个方面：一是实现企业之间融资机会的均等化。证券发行注册制的注册登记程序耗费的资源增加了企业的证券发行成本，延长了发行的时间周

---

① See Securities and Exchange Commission, 17 CFR Parts 200, 230, 232, 239, 240, 249 and 260, [Release Nos. 33 - 9741; 34 - 74578; 39 - 2501; File No. S7 - 11 - 13] RIN 3235 - AL39, Amendments for Small and Additional Issues Exemptions under the Securities Act (Regulation A), pp. 262 - 264.

② See ABA SIL Letter; Andreessen/Cowen Letter; BDO Letter and so on; Gilman Law Letter; IPA Letter; Richardson Patel Letter; ABA BLS Letter; CFIRA Letter 1; Oommonwealth Fund Letters 1and 2; REISA Letter.

③ 美国 SEC 认为这些可供选择的建议潜在地增加了投资者，尤其是经验较少的投资者，决定股票价值和股票风险的困难和费用，当发行人是加拿大的外国发行人，空头支票公司，以及在石油或天然气的权利方面微小的没有分配利息的发行人，或者在其他矿产权利中有类似的利息。

④ See Securities and Exchange Commission, 17 CFR Parts 200, 230, 232, 239, 240, 249 and 260, [Release Nos. 33 - 9741; 34 - 74578; 39 - 2501; File No. S7 - 11 - 13] RIN 3235 - AL39, Amendments for Small and Additional Issues Exemptions under the Securities Act (Regulation A), pp. 264 - 266.

⑤ 李东方：《证券监管法律制度研究》，北京大学出版社 2002 年版，第 36 页。

期。另外，所有企业证券发行注册均集中在两大交易所，过大的注册工作量降低了证券发行的效率，延误了企业的最佳融资时机。而小额证券发行注册豁免制度从发行成本上降低了企业，尤其是中小企业的融资门槛，增加了企业在证券市场的融资机会，提高了融资效率。二是利用有限的资源最大限度地增长社会财富。根据经济分析法学派的观点认为，所有的法律制度都蕴含着一个基本目标，即效率。即是以价值较大化的方式利用有限资源并获得满足，最大限度地增长社会财富，关键是如何有效地利用有限的资源。[①] 小额证券发行注册豁免制度就是在证券发行领域最有效利用有限资源，最大限度地增长社会财富的一种证券发行制度。为什么小额证券发行注册豁免制度具有此功效，美国的小额发行豁免制度为我们提供了典范和理由。在证券发行制度领域内，豁免制度产生的直接原因在于："当对公众利益的保护过于遥远并且对其适用证券法没有实际必要时，国会关心的就是设法避开烦琐的登记程序。"[②] 因而，在证券市场发育最为成熟并恪守市场自主调控的美国首先建立了证券发行豁免制度，"在投资者利益得到保护的情况下，不影响社会安全的证券发售可以减轻或免于审核"，[③] 以平衡保护投资者和便利筹资者，节约了用于小额证券发行的不必要资源，提高了融资效率和效益。

借此原因，加快我国小额证券发行注册豁免制度研究是倡导和推进我国小额证券发行注册豁免制度建立的当务之急。尽管证券发行豁免制度研究在我国已经有所起步，但专门针对我国小额证券发行注册豁免的研究颇为鲜见。关于证券发行豁免制度的研究，有学者研究美国证券私募发行法律问题，对美国证券私募发行制度进行了全面、系统、深入的

---

① 张文显：《二十世纪西方法哲学思潮研究》，法律出版社 1996 年版，第 209 页。

② ［美］莱瑞·D 索德奎斯特：《美国证券法解读》，胡轩之、张云辉译，法律出版社 2004 年版，第 199 页。

③ 周晓刚：《美国证券发行注册豁免制度研究》，载《证券市场导报》2001 年第 4 期。

研究，其中有关于美国私募证券发行豁免制度的系统研究,① 有学者全面、系统并详细深入地研究了美国证券发行注册豁免制度，提出了对我国的借鉴意义。② 还有其他学者以美国证券发行注册豁免制度研究为题，全面归纳和论述了美国证券发行注册豁免制度的完整体系。③ 随着美国《JOBS法案》的出台，对于《JOBS法案》的评论与对我国的启示的研究论文也逐渐增多。有学者就美国小企业IPO与《JOBS法案》应对策略进行研究。④ 有学者对美国小额发行最新规则进行梳理归纳并研究了对我国的启示。⑤ 关于我国建立小额证券发行注册豁免制度的思想，有学者试图将小额发行豁免作为中小企业板再融资制度创新进行研究,⑥ 有学者认为：“在‘推进股票发行注册制改革’的大背景下，豁免制度作为证券发行制度的重要组成部分没有达到足够的重视，拟议修订中的证券法倘是以注册制为基础进行证券发行活动，注册豁免制度将是一个不容回避的问题。”⑦ 北京大学课题组在《证券发行法律制度完善研究》中建议修改证券法时设立小额发行豁免制度,⑧ 也有学者通过研究美国《JOBS法案》，提出构建我国小额证券发行审核豁免制度的建议。⑨ 这些研究成果表明，学者们已经致力于证券发行豁免制度的研究，随着我国证券法的注册制改革的进一步推进，将会有更多研究小额证券发行注册豁免制度

---

① 郭雳：《美国证券私募发行法律问题研究》，北京大学出版社2004年版。

② 杨正洪：《美国证券发行注册豁免制度研究》，北京大学2008年博士学位论文。

③ 周晓刚：《美国证券发行注册豁免制度研究》，载《证券市场导报》2001年第4期。

④ 王啸：《美国小企业IPO危机与〈JOBS法案〉的尴尬应对》，载黄红元、徐明主编《证券法苑》（第十二卷），法律出版社2014年版，第340~363页。

⑤ 何晓楠：《聚焦2015年美国小额发行最新规则》，载《银行家》2015年第8期。

⑥ 王一萱、赖建清：《中小企业板再融资制度创新：小额融资豁免》，载张育军主编：《深圳证券交易所综合研究所研究报告》（2005），中国经济出版社2015年版，第333~358页。

⑦ 肖百灵：《证券发行注册豁免制度前瞻》，载《证券市场导报》2014年第6期。

⑧ 北京大学课题组：《证券发行法律制度完善研究》，载黄红元、徐明主编《证券法苑》（第十卷），法律出版社2014年版，第175~223页。

⑨ 刘宏光：《小额发行注册豁免制度研究——美国后JOBS法案时代的经验与启示》，载《政治与法律》2016年第11期。

的理论研究成果涌现出来，将助推小额证券发行注册豁免制度在我国的土壤环境中落地生根，开花结果。

国内学者与国外学者关于证券发行制度研究的共同点主要集中于以下方面：

1. 证券发售的信息披露制度研究

信息披露制度是投资者知情权的制度保障，即正如有的学者所言，“信息本身就是力量”，公众必须依据信息行事，如果没有信息，公众便不知所措。[①] 因而，世界各国将信息披露制度确立为证券法的一项重要制度，对于证券发行主体的信息披露义务在法律上都有严格规定，以保护投资者对公司信息的知情权。美国1933年和1934年的联邦证券立法的重心就是确立信息披露制度，正如L Loss教授所说：在联邦法律中信息披露是不断出现的概念，自始至终贯穿于美国的证券立法的全过程。[②] 美国SEC在修改条例A时，根据评论者的建议，[③] 为了使信息披露能真实准确反映小额证券发行人的业务状况，SEC为小额证券发行人规定了业务描述的具体要求。[④] 国内有的学者从狭义上定义信息披露制度，认为信息披露制度是有关当事人在证券发行、上市和交易的一系列环节中，依照法律法规、证券监督管理机构的规则以及证券交易所的相关规定，按照要求以法定的方式向公众公布或向证券主管部门或自律机构提交、申报与证券发行、交易有关的信息的行为规范和活动准则。[⑤]

国内外学者对于证券发行信息披露研究关注的焦点：学者们非常关

① 齐斌：《证券市场信息披露法律监管》，法律出版社2000年版，第1页。
② L. Loss, *Fundamentals of Securities Regulation*, Boston, Little Brown &, 1983, p. 7.
③ CFIRA Letter 1; MoFo Letter; WR Hambrecht + Co Letter.
④ Item 7 (a) (1) of Offering Circular, Part II of Form 1 – A.
⑤ 吕富强：《信息披露的法律透视》，人民法院出版社2000年版，第8页。

注信息披露的基本要求①和坚持法的正义原则，② 法的正义原则应贯穿于信息披露制度中，保证信息披露的真实性、准确性、全面性和及时性，信息披露制度的宗旨在于保障投资者的知情权和监督发行主体的发行活动，实现法的正义目标，预防和惩治欺诈发行，增强投资者信心，促进筹资便利和保护投资者利益的协调，维持理想秩序。

另外，软信息也是证券发行信息研究的重要内容，因为软信息对于证券发行企业的价值和股票价值的判断具有重要的支撑作用。软信息即预测性信息，是相对于描述性信息而言，软信息是公司根据描述性信息对公司过去经营状况的记录，添加了管理层的主观评价之后，而对企业未来发展趋势和业绩及某些重大事件进行的预测。软信息的价值，在美国早已得到认可，尽管对于软信息披露的价值认识并不是一帆风顺的。③ 1978 年 SEC 彻底转变了态度，承认公司预测性信息的披露对投资者正确评估公司潜在盈利能力的重要作用，当年专门颁布了《揭示预测经营业绩的指南》和《保护预测安全港规则》等有关规定，1979 年通过规则 175 和规则 3b－6，为发行人进行的预测性信息披露提供安全港保护。时至今日，预测性信息不但受到鼓励，而且还被认为“有助于保障投资者和公众的利益”。④ SEC 之所以认可软信息的价值，是因为预测性信息有孕育其产生、传播的供给渠道和需求市场，顺应预测性信息的发展规律

---

① 信息披露的基本要求包括披露信息的真实性、准确性、全面性和及时性。参见陈甦、吕明瑜：《论上市公司信息公开的基本原则》，载《中国法学》1998 年第 1 期；周友苏：《新证券法论》，法律出版社 2007 年版，第 368 页；王保树：《发行公司信息公开与投资者保护》，载王保树主编：《商事法论集》（第 1 卷），法律出版社 1997 年版，第 284 页。

② 卢云主编：《法学基础理论》，中国政法大学出版社 1994 年版，第 215 页。

③ Jean. W. Gleason，“SEC Disclosure Requirements for Forward Looking on Predictive Information，With Emphasis on Projection and Management's Discussion and Analysis” 121st PLI Ann Inst. SEC. Reg. 253（1989）p. 259. https：//www. sec. gov/rules/concept/fwdinfo. txt，2017－1－16. 参见齐斌：《证券市场信息披露法律监管》，法律出版社 2000 年版，第 178 页。

④ Securities Act Release No. 5992.（Nov. 7. 1978）. 参见齐斌：《证券市场信息披露法律监管》，法律出版社 2000 年版，第 178 页。

有利于证券市场的稳定发展。正如“美国 SEC 意识到的那样，虽然在上报 SEC 文件中没有包括重大预测性信息，但它们仍然可以从市场中获得”。我国现有的研究成果中有对软信息价值的认识，如我们应认可预测性信息的有益价值，同时，确立对预测性信息的规范管理制度。公司的经营活动具有持续性，经营状况和经营环境具有变动性，经营的状况不仅包括了现状，也包括了潜力和风险。① 2014 年《中华人民共和国证券法》（以下简称现行《证券法》或《证券法》）第十三条规定公司公开发行新股的条件时，将“具有持续盈利能力，财务状况良好”作为一项必备条件，对于这一条件可以蕴含公司历史和未来的盈利能力和财务状况，当从公司未来发展的角度理解时，也可以被视为对预测性软信息的认可。

笔者认为，软信息是投资者渴望得到的信息，因为有潜质的中小企业具有高成长性的特征，客观、准确的软信息能帮助投资者判断企业的潜在发展能力。故要保证预测性信息的真实、准确，应使预测性信息能够适应企业未来发生的各种变化，力求预测性信息的内容与公司既存的事实具备紧密的、客观合理的逻辑关系。当然，需要进一步研究的是，软信息披露内容的范围和软信息的安全港与可诉性，只有在软信息的披露不危及企业利益和投资者利益的前提下，才允许利用软信息向社会传递企业未来发展趋势的信号。

2. 证券市场管理制度的国际比较研究

每一个国家的证券市场的建立与发展的根基均不同，就建立证券市场的短期目标而言，国家之间有很大的差异，但从证券市场发展的长远目标来看，证券市场都是以为本国的企业融资服务和促进经济发展为目标。因而，每一个国家证券市场的发展过程有趋同化的倾向，在证券市场管理制度的建设中，研究其他国家的证券市场管理经验，可以达到扬

① 陈甦、吕明瑜：《论上市公司信息公开的基本原则》，载《中国法学》1998 年第 1 期。

长避短，加快证券市场建设的步伐。就研究方法而言，有学者把证券市场看作一个有机系统，从系统论的观点进行比较研究，旨在为完善我国证券市场管理制度提供经验。① 笔者认为，系统论的方法从纵向来说，覆盖了证券发售的全过程，有利于我国小额证券发售制度目标的实现。例如，从证券立法管理制度、证券发行管理制度、证券交易管理制度，证券市场信息披露制度，证券交易所自律管理制度的比较研究，② 为我国证券市场的建立提供了很好的示范作用。从系统论方法的横向角度来看，有学者重点研究比较美、英、日三个国家的证券市场管理制度的各自特点，同时也对德国、法国、加拿大、澳大利亚、新加坡、韩国等国进行比较研究，③ 这种横向比较的研究方法可以凸显每一个国家的证券市场管理制度产生的根源和制度特长，有利于进行比较借鉴。用系统论的方法进行比较研究，是一种非常有价值的研究方法，只是囿于文章的篇幅，每一个国家的证券市场管理制度的侧重点不易突出，问题研究不够深入。因此，应更加注意突出每一国证券市场管理制度单项问题的研究，如美国的小额证券发行制度、日本的证券交易市场的特殊板块等，供我国参考和借鉴。

就中美两国的证券市场管理制度进行比较研究，学者们选择证券市场管理体制和股票市场发展格局两个方面。就证券市场管理体制研究来说，集中型管理体制、自律型管理体制和中间型管理体制是学者对证券市场管理体制的基本分类。④ 就美国与我国的证券市场管理体制的归类来

---

① 严武、李汉国、吴冬梅等：《证券市场管理国际比较研究》，上海财政经济出版社 1998 年版，第 7 ~ 8 页。

② 严武、李汉国、吴冬梅等：《证券市场管理国际比较研究》，上海财政经济出版社 1998 年版，第 7 ~ 8 页。

③ 严武、李汉国、吴冬梅等：《证券市场管理国际比较研究》，上海财政经济出版社 1998 年版，第 7 ~ 8 页。

④ 严武、李汉国、吴冬梅等：《证券市场管理国际比较研究》，上海财政经济出版社 1998 年版，第 9 ~ 11 页。

说，二者都属于集中型管理体制，区别在于美国实行证券发行的分级管理，形成联邦和州的分级监管，监管格局是金字塔式的，我国股票市场由中国证监会集中统一监管。[①] 因而，我国证券发行监管格局单一，限制了证券发行柔性监管的效用，监管强度超出了某些企业的监管需求强度。我国当前的证券市场监管模式不能适应证券市场发展的需要，即在保持证券法制统一的前提下，形成层级化的证券管理制度，充分发挥自律组织监管的市场意识。本书在构建小额证券发行监管程序时尽力彰显了这一观点。

中美股票市场发展格局的比较研究是学者们的另一种研究视角，将股票市场发展格局分为发行市场格局和交易市场格局。美国股票发行注册制体现的是市场主导的以投资者具备真实的判断能力为假设的理念，股票发行制度充分运用市场选择机制，从而强化发行主体的市场意识。我国股票发行核准制是以维护公共利益和社会经济安全为本位，然而，核准制的股票发行制度抑制了证券市场的活力，我国的股票发行理念已逐步发生转变，正在推进股票发行注册制改革。就股票交易市场而言，美国的证券交易所包括场外市场、地方性柜台交易和私募股票交易，足见美国证券交易市场的多样性，我国除了股份代办转让系统外，几乎只有交易所市场，中国股票市场的层次显得非常单一。[②] 中美股票交易市场格局的差异，更加突显我国股票交易市场层次的不齐备，不能为发行企业和投资者提供充足的融资与投资平台，足以说明大力发展多层次资本市场的必要性。

通过上述对于小额证券发行制度理论研究成果的梳理，国内关于小

---

① 谢百三主编：《证券市场的国际比较——从国际比较看中国证券市场的根本性缺陷及其矫正》（上册），清华大学出版社 2003 年版，第 24 ~ 29 页。

② 谢百三主编：《证券市场的国际比较——从国际比较看中国证券市场的根本性缺陷及其矫正》（上册），清华大学出版社 2003 年版，第 19 ~ 24 页。

额证券发行制度研究的成果与美国相比存在很大的差距，我国正在进行证券发行制度顶层设计的改革，我国的证券市场监管机制需要从监管体制、发行制度和交易制度全面进行研究改革，证券发行制度改革贯彻的基本理念是：坚持使市场在资源配置中起决定性作用，更好地发挥政府作用。因而，正如前文证监会原主席尚福林提出“自律、规范”的方针，① 以股票发行注册制的建立为前提，建构小额证券发行注册豁免制度，以补齐我国证券发行制度的罅隙为投融资双方更充分地利用资源提供更多的机会。在小额证券发行和交易制度中增强自律组织的监管功能，提高发行效率，加强对发行企业的市场淘汰机制，增强小额证券发行企业的市场意识，提高其信息披露的透明度，为社会各界更好地监督发行企业奠定基础，增进小额证券发行制度实施的经济效用和社会效益。

三、研究价值与理论创新

（一）研究价值

我国小额证券发行注册豁免制度研究立足于我国企业融资的现实需求和证券发行制度的现状，以证券发行制度市场化改革为出发点，学习借鉴美国等国家和其他地区小额证券发行制度的有益实践，通过开拓性的研究弥补我国证券发行制度中小额证券发行制度的欠缺，以使证券发行制度更好地适应我国企业融资的需要，本书研究的理论价值和实践意义如下：

1. 理论价值

第一，增补证券未上市企业证券发行制度的研究。我国证券未上市企业的数量是非常庞大的，通过证券市场融资的发展前景也是非常广阔的。但是由于我国证券发行制度的非市场化严重阻碍了部分企业的融资

① 尚福林主编：《证券市场监管体制比较研究》，中国金融出版社2006年版，绪论第5页。

机会。尽管我国2004年5月在深圳证券交易所为中小企业设立了独立的股票交易系统，推出了中小企业板市场。但其只是针对一定规模以上的中小企业设立的融资渠道，我国还有大量的中小企业达不到中小企业板市场的发行上市要求。除此之外，我国还有大量规模较大的企业不能或不愿通过注册制发行证券，因而，我国大多数的企业为非上市公司，如何为非上市公司提供证券发行和交易的机会，目前在我国的证券法律理论界的研究少而又少，本书关于小额证券发行注册豁免制度的研究试图为证券未上市企业的证券发行制度建设开辟一片新天地。

第二，建立多层次的资本市场制度。中共十八届三中全会的《决定》提出建立多层次资本市场体系，①而我国目前的证券交易市场仅有深圳证券交易所（含中小企业市场板块）、上海证券交易所和新三板市场，这种分类是根据发行企业的地位和规模划分的，而且不同的证券交易市场有不同的上市企业目标定位。几乎将我国占全部企业总数的90%以上的中小企业的大多数排除在证券市场之外，并且当前的证券市场结构限制了交易市场之间的竞争和发行企业对于证券交易市场的选择。我国证券市场的结构现状是由我国长期行政主导的资本市场理念决定的。因此，我们必须坚持证券市场的市场化改革理念，从证券发行制度的顶层设计入手，多层次资本市场体系的建设必须有与之相对应的多层次证券发行制度，证券发行注册制和与之对应的小额证券发行注册豁免制度正在为此创造前提，使分层化的证券发行制度推动多层次资本市场体系的建设，实现证券发行制度与多层次资本市场的配套建设。所以，我国小额证券发行注册豁免制度研究主要以证券未上市企业为目标，力图促进构建证券发行制度的分层化结构体系，为场外证券交易场所的建立和发展创造

① 《中共中央关于全面深化改革若干重大问题的决定》，http：//www.ce.cn/xwzx/gnsz/szyw/201311/18/t20131118_1767104.shtml，最后访问时间：2013年12月18日。

条件，为我国广大的证券未上市企业提供融资服务，建设我国多层次的资本市场体系，引导和规范各类企业的证券发行和交易行为，实现投资者保护和促进融资便利的双赢共存。

第三，完善我国的证券法律制度理论体系。梳理我国的证券法律制度理论研究成果，从证券的品种、证券的发行、证券交易、证券信息的披露直至证券交易市场的监督管理均有所涉猎。就证券的发行和交易制度的研究而言，由于我国证券发行监管制度从审批制到核准制都属于证券的审核公开发行，近些年来学者们的研究方向和领域也主要集中于审核制的完善，而且研究的对象大多数针对上市公司。随着《证券法》的几次修改，学者们的研究方向逐渐发生转变，有的学者研究证券的私募发行,① 有的对于国外的证券发行制度进行全面的研究,② 但鲜有学者研究我国的证券发行注册豁免制度，对于针对我国企业尤其中小企业的小额证券发行注册豁免制度的研究更是凤毛麟角。故本书在总结先前学者的研究成果的基础上，从我国企业特点与企业的融资需求出发，研究适合我国本土化的小额证券发行注册豁免制度，小额证券发行注册豁免制度的研究将为我国的证券法律制度理论体系增添新的研究视角和内容，希望本书为我国证券法律制度理论体系的完善有所裨益。

2. 实践意义

第一，本书的研究将为我国小额证券发行注册豁免制度的建构提供理论指南。在实践与理论的辩证关系中，实践对理论具有决定作用，理论反作用于实践，科学的理论对实践具有积极的指导作用。实践与理论的辩证关系同样适用于我国的小额证券发行制度建构中，所有企业都渴望“短、快、频、廉”的融资渠道，“短、快、频、廉”更是我国中小

① 张旭娟：《中国证券私募发行法律制度研究》，法律出版社2006年版。

② 周晓刚：《美国证券发行注册豁免制度研究》，载《证券市场导报》2001年第4期；杨正洪：《美国证券发行注册豁免制度研究》，北京大学2008年博士学位论文。

企业的资金需求特点，假如证券发行制度规范与这一融资模式相适应，将能更好地满足企业的融资需要。然而，在我国现有的证券发行制度理论研究中，“短、快、频、廉”的融资模式、中小企业的融资需求特征以及小额证券发行注册豁免制度的理论研究相对较少，关注度不是很高。因此，本书的研究正是以“短、快、频、廉”的融资模式为导向，结合中小企业的融资需求特点，借鉴国外和我国台湾地区的小额证券发行制度经验，研究我国的小额证券发行注册豁免制度，使小额证券发行制度的理论研究与企业的融资需要、融资特点更加契合，为我国小额证券发行注册豁免制度的建构提供理论指南。

第二，为更多证券未上市的企业提供公开发行证券的机会。在我国现行企业的证券发行制度中，虽然有主板、创业板企业的证券发行上市制度，但大量企业很难满足其证券发行上市条件，因而丧失在证券市场直接融资的机会，还有部分企业不愿意通过在交易所上市融资的模式发行证券，而新三板市场的投资者实行较严格的投资者适当性制度，未来是一个以机构投资者为主的市场，而且其是为企业发展，不以交易为主要目的。建构小额证券发行注册豁免制度，不仅给更多的证券未上市企业创造更为低廉、高效的融资渠道，而且通过建立场外证券交易场所，为企业发行的小额证券的流通转让提供更广阔的交易机会，进一步促进企业的融资便利化。

第三，为上市企业再融资提供新的制度供给渠道。上市企业的证券发行是一个复杂而且漫长的过程，虽然现行法律制度规定了上市企业的再融资制度，[①] 但是上市企业的再融资，无论是配股、增发还是非公开发行股票，按照《上市公司证券发行管理办法》第二章、第三章和第四章的

① 《上市公司证券发行管理办法》（证监会令【第30号】）。

规定，已有的再融资制度对企业再次发行证券的条件和程序都很严格，[①]上市企业通过已有的再融资制度筹集资金，必须满足非常严苛的条件，不仅需要昂贵的发行成本，也需要较长的时间满足发行条件。上市企业运用小额证券注册豁免制度进行小额再融资，最突出的优势是快速高效，上市企业通过少量、多次发行满足其资金需求，有助于提高上市企业再融资筹集资金的及时性，实现资本市场支持企业发展的目标。

第四，健全善我国的多层次资本市场。每一层次的资本市场都是针对特定群体的企业，打造沪深市蓝筹股市场是1990年建立的主板市场的宗旨，2004年中小板市场是为在主板上市的中小企业进行前期准备，为高成长性、创新型的中小企业提供融资平台的创业板市场是2009年启动的，2012年8月3日经国务院批准“新三板”试点扩容，但是，新三板定位于为成长性、高新科技型中小企业提供股份转让和定向融资服务。从我国企业主体多元化的特征来看，证券未上市企业占企业总数的比例相当大，但是由于没有与该类企业相适应的证券发行制度，阻碍了该类企业在证券市场融资的机会，因此我国现行的资本市场是不完整的。小额证券发行注册豁免制度的建立，必然需要与之相应的小额证券交易市场，因而为小额证券的销售建立场外证券交易场所，无疑为我国资本市场增添了重要的新成员。而且，互联网金融是随时代发展的新生金融领域，互联网众筹平台是为中小微企业提供融资服务的中介机构，股权众筹投融资市场是网络化时代我国资本市场的重要组成部分，小额证券发行注册豁免制度的建立为股权众筹的公开发行创立了制度空间，小额证券发行注册豁免制度建立之后，我国将形成基本完善的多层次资本市场，其能基本满足不同市场主体多元化的融资需求，使多层次资本市场为不同类型企业提供不同的融资渠道，同时为各类投资者提供投资机会。

---

① 参见《上市公司证券发行管理办法》（证监会令【第30号】）。

基于对本书研究价值的上述认识，本书秉承“创新与发展相促进”的理念，力争进行小额证券发行制度的创新研究，从实践来说，为企业和投资者提供一个有效的融投资渠道，促进证券市场的和谐发展，并进而促进我国企业的发展，且从理论研究上试图激发对我国小额证券发行制度的相关问题研究的积极性，开创小额证券发行制度研究的新领域。

（二）理论研究的不足与填补

第一，关于我国建构小额证券发行注册豁免制度的研究很少。搜索关于证券发行注册豁免制度的理论研究和法律规范的已有成果，近似的研究，我国台湾地区学者有对“豁免证券”与“豁免交易”的概念进行分析。[①] 也有学者在美国证券豁免制度语境中对“豁免证券”与“豁免交易”的概念进行研究，[②] 关于我国建立小额证券发行注册豁免制度的理论研究偏少，在我国现行的法律制度中，更无法找到小额发行的豁免性规定。[③] 而我国企业融资的现实状况是直接融资渠道狭窄，企业融资目标普遍难以实现，为改变此种状况，近年来不少学者和实务界专家开始呼吁创设小额发行审核豁免制度。[④] 当前我国正在进行股票发行注册制改革，需要大量丰富的关于小额发行豁免制度的理论研究倡导和推动我国小额证券发行注册豁免制度的建立。故而，本书以小额证券发行注册豁免制度为中心，围绕小额证券的注册豁免与发售管理制度展开研究，将对小额证券注册豁免制度的研究成果形成系统化的理论体系，是填补我国小额证券发行注册豁免制度空缺，并进而完善我国多层次资本市场体

---

① 王文宇：《新金融法》，中国政法大学出版社 2003 年版，第 445 页。

② 张旭娟：《中国证券私募发行法律制度研究》，法律出版社 2006 年版，第 110 页。

③ 张旭娟：《中国证券私募发行法律制度研究》，法律出版社 2006 年版，第 126 页。

④ 周晓刚：《美国证券发行注册豁免制度研究》，载《证券市场导报》2001 年第 4 期；彭冰：《证券公开发行之研究》，载王文杰主编：《最新两岸公司法与证券法评析》，清华大学出版社 2006 年版，第 106 页；杨正洪：《美国证券发行注册豁免制度研究》，北京大学 2008 年博士学位论文；卫光钦：《借鉴美国经验，逐步完善发行审核机制》，载《中国证券报》2011 年 4 月 12 日，第 17 版；肖百灵：《证券发行注册豁免制度前瞻》，载《证券市场导报》2014 年第 6 期。

系的创新之举。

第二，信息披露更倾向于抽象化研究，缺少针对信息披露具体问题的研究。企业的经营信息是监管机关和投资者都非常关注的问题，也是架构企业价值与社会认知的桥梁。鉴于此，理论界和实务界一直强调信息披露的重要性，但是更注重信息披露的概括性要求，对于信息披露的概括性研究较多，信息披露研究成果多数具有大而全的特点，关于简化信息披露内容的研究较少，关于信息披露方式的研究成果也不突出。美国在小额发行信息披露制度设计中非常注重细节性的问题，如美国 SEC 的条例 A + 取消了模式 A，保留模式 B 和表格 S—1，并对模式 B 的内容进行了一定的改变。[①] 评论者认为模式 A 可以引起发行声明最初准备发行声明的低成本，[②] SEC 认为格式 A 虽然降低了最初准备发行声明的成本，但是这些利益在接下来的认可程序中被否定了。尽管对格式 B 的更新要求增加了发行人的成本，但是通过向投资者提供重要信息，这些更新的信息披露要求被认为加强了投资者保护和价格信息的效率。[③] 从美国小额证券发行信息披露格式的变化可以看出，信息披露制度的设计应全盘考虑，总体衡量，美国修改后的模式 B 和表格 S－1 第 I 部分对于发行人在选择他们的信息披露格式时提供了足够的灵活性，同时保留了相关信息披露对于潜在投资者的好处。[④] 按照小额证券发行注册豁免制度的信息披露要求，发行企业履行信息披露义务应兼具传递企业信息和降低证券发

① See Securiies and Exchange Commission 17 CFR Parts200, 230, 232, 239, 240, 249, and 260 [Release Nos. 33－9741; 34－74578; 39－2501; File No. S7－11－13] Amendments for Small and Additional Issues Exemption under the Securities Act (Regulation A), p. 293.

② See Karr Tuttle Letter and WDFI Letter. The Karr Tuttle Letter also refers to the experience of issuers in Rule 504 offerings, indicating that NASAA's Form U－7, upon which Model A is based, has proved convenient for issuers in Rule 504 offerings qualified by states without the use of securities counsel.

③ 张旭娟：《中国证券私募发行法律制度研究》，法律出版社 2006 年版，第 293 页。

④ See Securiies and Exchange Commission 17 CFR Parts200, 230, 232, 239, 240, 249, and 260 [Release Nos. 33－9741; 34－74578; 39－2501; File No. S7－11－13] Amendments for Small and Additional Issues Exemption under the Securities Act (Regulation A), p. 294.

行成本的双重功效，发行企业必须在凝炼披露的有限信息中体现反映企业核心价值的信息。因而，简化的信息披露内容研究就显得格外重要，此外，为了强化信息的获取容易性，信息披露方式创新研究的任务任重而道远，必须加大信息披露方式研究的力度。本书在第四章发行主体信息披露义务的特殊性研究中，特别突出简化信息披露内容和信息披露方式的研究。

第三，证券发行分层监管和自律监管研究的不足与填补。我国证券发行制度长期实行集中管理体制，以证监会的行政管理为中心，这种监管理体制与我国多元化的企业主体的融资能力和企业特点不完全匹配，证监会的发行审核强度超出了企业发行小额证券的监管强度要求，也没有与企业发行小额证券的监管强度相适应的证券发行制度，窒息了证券市场的活力。证券发行监管强度[①]应与证券发行的风险程度相匹配，多元化企业主体的自身特点决定了企业发行证券的融资需求和对于发行证券的经济成本的负担能力的差别以及证券发行行为的市场化应体现发行企业的自主选择权。所有这些因素均要求证券发行的分层监管，[②] 分层监管符合不同企业发行证券的监管强度要求，否则，与证券发行额度或发行企业特点不相匹配的监管将造成监管资源的浪费或监管强度的弱化，都达不到监管强度与风险程度、企业的承受能力契合。小额证券发行的最高发行额度偏小，风险程度较低，需要较为宽松的监管方式，所以，豁免小额证券发行的注册要求是与小额证券发行的监管需求相匹配的监管方式，小额证券发行注册豁免制度的建立将实现我国证券发行的分层监管。随着证券发行注册制的实施，自律监管的权能将随之增大，自律监

① 监管强度是对监管方式强弱程度的具体评价。See Howell E. Jackson, "Variation in the Intensity of Financial Regulation: Preliminary Evidence and Potencial Implications", *Yale Journal on Regulation*, *Vol.* 24, 2007, pp. 253–290。

② 此处的分层监管是指注册制和注册豁免制形成的分层监管，尚未细致到像美国小额证券发行内部的不同层级之间形成的分层监管。

管在小额证券发售管理中居于重要地位，小额证券的发行审核登记和交易管理登记分别由证券业协会和场外证券交易场所等自律组织负责，增强自律管理的功能是证券发行市场化的良好开端，尤其是适应小额证券发行的规律和符合企业融资特点的改革思路。

四、研究方法

（一）比较研究法

比较是认识事物的基础，是人类认识、区别和确定事物异同关系的最常用的思维方法。古罗马著名学者塔西陀曾说："要想认识自己，就要把自己同别人进行比较。"笔者在此续接一句"自己要想进步，自身也应在发展的不同阶段进行自我比较"，只有如此，才能发现并借鉴别人的长处，弥补自身的不足，及时修正错误而不断取得进步。比较研究的最初运用可追溯到古希腊亚里士多德所著的《雅典政制》，该书对 158 个城邦政制宪法进行了比较。① 由此可见比较研究法在法学研究中的重要性，比较研究在法学研究中的应用主要是借鉴不同国家与地区关于同一问题的法律制度的异同，根据本国的制度基础进行扬弃借鉴，完善本国的法律制度。本书将比较的对象主要定位于以下三个方面：一是我国证券发行监管制度与其他国家和地区的证券发行监管制度的比较；二是同一国家和地区不同历史阶段的同种类证券发行监管制度的历史性比较；三是同一国家和地区小额证券发行注册豁免制度与其他证券发行制度的比较。通过第一方面的比较，分析各国的经济体制与各类证券发行制度的关系以及其他国家和地区的证券发行监管制度的特色，从而得出在我国的经济体制下，如何建立证券发行制度以及借鉴其他国家和地区证券发行制

① ［古希腊］亚里士多德：《雅典政制》，日知力野译，商务印书馆 2009 年版，中译本序第 2 页，英译者序言第 1 页。

度的哪些内容。通过第二方面的比较，可以总结同种类证券建立当时的经济基础、适用状况、修改的缘由等。第三方面的比较可以体现每一种证券发行制度的特点，使本国证券发行制度内部达到协调，为投资者和融资者提供更多的选择机会。

唯有通过比较研究，才能发现各国证券发行制度的优劣以及是否适应本国的证券市场，取其精华，弃其糟粕，并结合我国本土的证券市场状况和实际需要建立和完善小额证券发行注册豁免制度，才能使小额证券发行注册豁免制度更好地适应我国企业融资的需要。

（二）历史研究法

“以史为鉴，可以知兴替”，这一警句中的哲理同样可以适用于证券发行法律制度的研究中。有学者研究指出，纵观历史，未达到其目标的法律规则证明其永久性地存在是不可能合理的，[①] 故历史研究法是为我们提供识别法律规则形成原因和存在合理性的方法，随着经济基础的变化，又需要与时代脉搏相适应的新的法律规则的产生和形成。有学者把历史研究的贡献概括成四个字“期望”和“预防”，即期望历史研究资料能为新制度的建立与原有制度的完善提供可借鉴的经验，预防重犯以往制度发展过程和建设中的错误。因此，本书运用历史研究法研究不同国家和地区小额证券发行注册豁免制度，究其形成良好的证券发行制度的原因，分析其制度发展的合理性。例如，研究其他国家和地区小额证券发行制度建立的原因、修改和废止的理由等，寄希望于对我国的小额证券发行注册豁免制度研究有所指引和借鉴。同时，通过历史研究法对我国以往和现行的证券发行制度进行研究，寻求其制度发展中的合理因素，继续应用于我国证券发行制度的研究和建设中，且加以发扬光大，查找其阻碍证券市场发展的不合理之处，并予以摈弃或改进，使我国的证券

① ［美］本杰明·卡多佐：《司法过程的性质》（中译本），商务印书馆1998年版，第49页。

发行制度得以完善，防止在我国证券发行制度进一步发展中重蹈错误的历史覆辙。因而运用历史研究法研究其他国家和地区的小额证券发行注册豁免制度，对于建立我国的小额证券发行注册豁免制度和完善我国的证券发行制度可以起到弃糟粕、取精华、拾遗补阙的效果。

（三）实证研究法

实证研究法是一种向人们提供关于客观现象的实在、有用、确定、精确的知识的研究方法，其重点是研究现象本身“是什么”的问题，研究现象自身的运动规律及内在逻辑。与之对应的规范研究是研究“应该是什么”的问题，对事物做出价值判断。规范研究在法律和规则制定中过多地施加了主观意志，致使制度实施的效果与制定制度的预期产生巨大的差异，我国对于证券市场的监管向来坚持“应然性”原则，希望证券市场按照证券主管机关制定的规范，产生预期的较为理想的法律后果，结果事与愿违，使得我国证券市场的供求关系处于一种扭曲状态。例如，在我国现行的证券发行法律制度的规范下，在我国证券发行制度与企业融资需求之间存在真空地带，大多数企业无法根据自身的经济承受能力选择发行证券的渠道，导致我国很多企业没有直接的融资渠道。

实证研究更能体现法律规则的实然性，使法律规则更加与法律现象接地气。本书的研究采用实证研究法，采用自下而上的模式，即根据企业的融资需求来决定证券发行制度，多元化的企业必然要求与之相适应的多样化的证券发行制度，避免我国以往的规范研究产生的单一的证券发行制度造成的弊端。美国在证券发行制度研究中非常注重实证研究以检验法律制度的实用性，[①] 这也是美国证券法律制度得以很好服务企业融

① 从2002年到2011年，依据条例A提交的小额证券发行申请平均花费了228天去认可，See GAO Report. 2012～2014年平均的认可时间超过了300天。这种估计是由使用Form1－A的经济和风险分析部门的工作人员做出的，根据初次提交的Form 1－A的日期与最终的Form 1－A或Form 1－A/A提交后发行被认可的最终处理日期决定。

资的根本原因所在。我国在小额证券发行注册豁免制度研究中应注意搜集实证资料，分析我国小额证券发行制度建立的现实基础，寻求我国小额证券发行制度与不同类型企业的融资需求匹配的规律性，为我国小额证券发行制度的构建提供法理依据。

（四）案例研究法

案例研究法是用案例来说明所研究对象的复杂影响因素，并将其推广应用解决同类问题的研究方法。由于案例是一个具体环境的缩影，其涉及的法律问题多而复杂，且能说明具体案件发生时各因素之间的关联关系，最重要的是具体案件的发生都带有情境特点，超越法律的固定性和局限性。因此，用案例研究法研究得出的结论在某种程度上更具有开拓性，是制度创新和新的法律制度构建的一种有效的研究方法。

关于小额证券发行的案例，在小额证券发行的各环节都可能发生。例如，发行主体资格，尤其是不合资格的小额证券发行主体，是适用小额证券发行制度的首要条件，尤其是不合资格的企业应被排除在小额证券发行主体之外。信息披露是监管发行企业非常重要的方式，小额证券发行企业可能会在信息披露阶段发生虚假的或遗漏重要事实的信息披露行为等。因此，本书在研究过程中选用其他国家小额证券发行和我国企业证券直接融资的典型案例，根据小额证券发行可能会发生的违法情形，分析案例所涉及的复杂经济现象和其中存在的法律问题，从具体案例中寻找证券发行制度的规律性的特点，进行归纳总结，为具体法律条文的制定提供规范指引。

（五）法律经济学研究法

本书采用法律经济学研究方法，试图用经济学分析找出在经济意义上有效率的法规，即“法律制度”，以提高法律通用的经济效率和效益。正如诺思所言：“制度是一系列被制定出来的规则、守法程序和行为的道德伦理规范，约束追求主体福利或效用最大化利益的个人行为是制度所坚持的永恒主旨。”① 当交易产生费用时，应当把权利分配给最能节约交易费用，也就是能使社会效用最大化的一方。② 在小额证券发行制度设计中，美国以经济效益为制度制定的出发点和落脚点，美国小额证券从发行规则的选择、发行人资格、信息披露格式的确定、财务报告的审计要求等均从发行人的发行成本出发并兼顾投资者利益的保护进行均衡。③ 在本书的研究中，正是通过小额证券发行注册豁免制度设计节约企业证券发行和交易的费用，本书拟在研究中对信息披露制度、小额证券发行和交易登记管理程序以及通过加强自律管理的权能等使小额证券发行注册豁免制度有效实现企业、投资者和监管机构整体经济利益的协调，达到帕累托最优的状态。

五、本书的研究框架

在前文对证券发行制度的既有研究成果进行梳理归纳之后，初步确定本书研究的关于小额证券发行注册豁免制度的理论体系的主线，本书的研究思路是：构建我国的小额证券发行注册豁免制度，应该遵循市场—主体—规范—监管—救济与制裁的认知和研究路径。首先应分析我国证券市场的现有体系结构，以把握不同市场服务的融资企业对象，以便挖掘现有证券市场没有满足的具备融资需求的企业，并根据它们的证券融资需求特点建立新的证券融资市场，对于证券市场的分析是改善我国现有证券发行制度的重要基础，因为在对证券市场结构清晰化以后，未能

---

① ［美］道格拉斯·C. 诺思：《经济史中的结构与变迁》，陈郁、罗华平等译，上海人民出版社1994年版，第225～226页。

② ［美］罗伯特·考特、托马斯·尤伦：《法和经济学》，张军等译，上海三联书店1994年版，第4～6页。

③ See Task Force; See Securities and Exchange Commission 17 CFR Parts 200, 230, 232, 239, 240, 249, and 260 [Release Nos. 33 – 9741; 34 – 74578; 39 – 2501; File No. S7 – 11 – 13] RIN 3235 – AL39 Amendments for Small and Additional Issues Exemptions under the Securities Act (Regulation A), pp. 247 – 250, pp. 262 – 266, pp. 293 – 295, pp. 295 – 297.

在现有证券市场融资的企业也凸显暴露出来。为未能在现有证券市场融资的企业提供融资机会是我国建构小额证券发行注册豁免制度的市场基础。围绕这一市场前提，适用小额证券发行注册豁免制度的企业主体的资格要求、行为规范、小额证券发行行为监管，如信息披露监管、证券发行登记和交易监管的程序以及小额证券违法行为的救济和制裁制度等问题便纵向贯穿于本书的研究过程。本书的研究结构正是沿着这一主线架构的，以下简述本书各章研究的主要问题和内容。

第一章分析我国建构小额证券发行注册豁免制度的必要性与基本思路。每一种制度的建立必须与其所处的市场环境和经济基础相适应，并与其所处的制度群相适应。我国小额证券发行制度的缺失严重阻碍了企业接近市场融资的机会，也使我国股权众筹制度公开化建设缺乏制度前提。本章安排的基本内容是首先辨析不同类别的豁免发行证券的概念差异，体现不同证券发行方式的特点、意义和相互关系。其次，企业融资需要、相关证券发行制度的建立与多层次资本市场建设都必须以小额证券发行制度的建立为前提，在分析我国建立小额证券发行注册豁免制度的必要性的基础上，阐述构建我国小额证券发行注册豁免制度法律规范体系的基本思路。

第二章揭示境外小额证券发行注册豁免制度的经验。小额证券发行制度的市场化、经济性理念和制度设计与基础均借鉴于境外小额证券发行注册豁免制度产生的示范效应。本书选取的样本是美国、欧盟、日本和我国台湾地区，主要分析这些国家和地区建立小额证券发行制度的背景、注册豁免的发行额度、发行监管程序、信息披露要求、场外证券交易市场建设与监管等的经验，归纳总结境外小额证券发行制度共同的原则以及对于我国构建小额证券发行注册豁免制度的启示，以供我国构建小额证券发行注册豁免制度参考。

第三章全面分析适用小额证券发行注册豁免制度的企业的规范要件

以及影响小额证券发行制度适用的相关元素。在小额证券发行注册豁免制度中，发行主体资格和小额证券发行额度是能否适用小额证券发行制度的两个关键因素，而这两个因素界定的合理与否将直接影响小额证券发行的安全性，最终影响投资者利益的保护和证券市场的秩序。发行周期、合并规则等也是影响小额证券发行制度的重要因素，超过发行周期、适用合并规则之后的证券发售价额超过小额发行最高额度的证券发售都不能适用小额证券发行制度。除此之外，将小额证券欺诈发行的禁限规定也安排在这一章，排除小额证券发行注册豁免制度适用的负面情形。这一章的内容是本书的重点，是建立企业与小额证券发行制度之间的关系的联结点，也是检验小额证券发行注册豁免制度能否经受住市场考验的关键制度。

第四章论述小额证券发行企业信息披露义务的特殊性。小额证券发行的投资责任完全转移至投资者，强调发行企业以信息披露为中心的义务，由于信息披露义务增加发行企业的成本负担，小额证券发行企业信息披露义务的特殊性在于以较低的信息披露成本向社会提供关于企业经营业绩的信息，因而小额证券发行的信息披露制度研究应在披露信息的简化和信息披露方式上深入研究。本章以信息披露的基本准则为切入点，阐述信息披露的真实性、准确性、及时性和获得容易性，这些准则贯穿于小额证券发行企业信息披露义务的实践过程。在具体的信息披露研究的内容中，重点突出信息的预披露、持续披露信息的简化和企业，尤其是中小企业的信息披露方式，这些信息披露制度是结合企业和小额证券发行制度的特殊披露要求进行的研究。本章是小额证券发行制度研究的重点内容，因为小额证券发行企业披露的信息是社会监督小额证券发行企业的唯一途径，也是投资者进行投资判断的决策依据。

第五章确立简化的小额证券发行登记监管程序。为了降低小额证券的发行成本，提高发行效率，小额证券发行注册豁免制度的实施将豁免小额证券在证监会的注册程序。但是必须保持对小额证券市场的宏观统一管理，小额证券发行的登记监管程序仍然必须存在。为了达到这一效果，需要构建小额证券发行登记监管程序。本书将小额证券的发售监管程序分为三个环节，证券业协会和场外证券交易场所的自律监管，中国证监会的行政监管。小额证券发售登记监管程序主要由地方证券业协会的发行审核登记和场外证券交易场所的市场准入监管登记构成，发挥证券业协会的自律管理权能和场外证券交易场所的自律监管权，保留中国证监会对证券业协会和场外证券交易场所的行政监管权，以强化对证券市场的威慑力，保持证券市场法制统一。

第六章主要研究小额发行注册豁免证券的场外交易的规制。证券交易违法行为始终是无法避免的，监管在任何时候都是不可或缺的。小额发行注册豁免证券的交易监管尤为重要，由于小额证券在发行阶段以自律监管为主，证监会放松行政监管为证券交易欺诈行为的滋生创造了更大机会。因而，加强小额证券交易阶段的监管是保护小额证券交易各方利益的最后保障。小额证券交易规制的具体制度设计是采用中国证监会统一监管小额发行注册豁免证券交易的模式，中国证监会、中国证券业协会、地方证券业协会、场外证券交易场所在各自的职责范围内制定和执行监管规则与权能，并实现监管规则与职责的协调一致。在小额证券交易和管理制度中，采用混合型做市商制度增加证券市场的流动性，并建立规范证券交易秩序的证券交易管理制度。最后确定小额证券交易欺诈行为法律责任追究制度，当小额证券交易欺诈行为发生时，通过追究加害方的法律责任弥补受害方的损失，恢复证券交易的公平。总而言之，小额证券交易规制坚持证券市场法制统一、规则协调、法律责任明确的监管逻辑规范。

第一章 我国建构小额证券发行注册豁免制度的必要性与基本思路

经济性目标是小额证券发行制度起源和改革的直接推动力量,[①] 在我国当前经济发展形势下，以较低成本为中小企业提供直接融资渠道也是加快小额证券发行制度建构的直接因素。因而，本章从我国企业融资的实际需要出发，以股票发行注册制改革为契机，协调改革我国的证券发行制度，阐述小额发行注册豁免制度在我国证券发行制度中的重要地位，并构思了构建我国小额证券发行法律规范体系的基本思路，以实现我国证券发行制度改革的顶层制度设计的目标，使我国小额证券发行注册豁免制度为企业提供良好的融资服务。

---

① Congress enacted Section 3 （b）（2）against a background of public commentary suggesting that Regulation A ， an exemption for small offerings originally adopted by the Commission in 1936 under the authority of Section 3 （b）of the Securities Act，should be expanded and updated to make it more useful to small issuers. H. R. 1070 （Small Company Capital Formation Act of 2011）was introduced in Aprial 2011. In its September 2011 report，the committee on Financial Services noted：“H. R. 1070，the Small Company Capital Formation Act ，raises the offering threshold for companies exempted from registration with the U. S. Securities and Exchange Commission（SEC）under Regulation Afrom ＄5 million——the threshold set in the early 1990s－－to ＄50 million. Raising the offering threshold helps small companies gain access to capital markets without the costs and delays associated with the full－scale securities registration process… ” See H. R. Rep. No. 112－206（2011）.

一、与小额证券发行相关的概念辨析

（一）小额证券与小额证券发行的界定

“小额证券”是与主板市场、创业板市场等的上市公司发行证券不受数额限制的证券相对而言，其是按发行证券规模划分的一种证券类别，其词性为专有名词。小额证券累计的最高发行额以12个月的时间期间为一个计算周期，在此期间内，发行企业发行的累计不超过规定最高限额的证券均可享受注册豁免的待遇。小额证券的最高发行限额可以随着经济发展的需要进行调整，其最高发行限额以既能满足企业的融资需要，又能达到保护投资者的目的为宜。例如，美国的条例A规定小额发行豁免的最高发行额为500万美元，2012年的《JOBS法案》授权SEC将小额豁免的最高发行额调整为5000万美元，原因是条例A的500万美元的最高发行额与企业发行小额证券的成本不相宜，致使其很少被企业用来发行小额证券，《JOBS法案》规定的5000万美元的最高发行限额以更好地满足中小企业的融资需求，增强小额发行豁免的适应性。

如果说很明确地给小额证券发行下定义，这在世界其他国家和地区也是史无前例的。在《布莱克法律词典》中，对证券发行（issue）的定义是“对某类或某系列证券同时向外要约销售的行为或过程”。[①] 美国证券法上的发行概念，实际上是一系列概念的组合，《1933年证券法》和《1934年证券交易法》只是界定了证券“发行人”（issuer），没有证券发行的定义。美国证券法律规范中与证券发行相关的概念还有出售（Sale）或推销（Sell）、要约（Offer）或要约推销（Offer to Sell）等。按照《1933年证券法》第2节（a）（3），包括每一个销售合同，或任何为对价而出售或处分、意图或要约处分、劝诱或要约购买一个证券或证券权

① Bryan A. Garner, *Black' s Law Dictionary*, 7th, West Group, 1999, p. 836.

益的行为。英国法上有所谓“公开发行”（public offering）的概念，其规定凡在英国境内对公众进行要约出售证券即构成公开发行，而要约出售的对象可以是公众中的一部分人，包括发行人的股东或债券持有人，也包括其客户。[①] 由此可见，英美法系国家将证券发行视为证券要约销售的一系列行为过程。小额证券发行是一种行为过程，本书将小额证券发行定义为，发行企业发售享有注册豁免资格的证券的行为，小额证券发行是通过一次或连续多次的资产证券化的行为过程完成。

（二）小额证券发行与私募发行的区别

小额证券发行与私募发行都属于豁免注册的证券发行，只是小额证券发行与私募发行的要求不同。美国私募发行必须具备两个条件：（1）如果购买者全都是获许投资者（accredited investors），或者是不超过 35 人的非获许投资者（non-accredited investors）；（2）不得使用一般性劝诱或公开广告的方式进行发行或销售。[②]

1. 公开发行与非公开发行。小额发行注册豁免的证券采用公开发行方式，即向股东人数超过 200 人的不特定对象发行，在场外证券交易市场转让。小额发行注册豁免证券在场外证券交易市场转让符合《证券法》第三十九条的规定：“依法公开发行的股票、公司债券及其他证券，应当在依法设立的证券交易所上市交易或者在国务院批准的其他证券交易场所转让。”

私募发行采用非公开发行方式，投资者为少数特定的单位或个人，且向特定对象发行的累计股东人数不得超过 200 人，《证券法》第十条第三款规定：“非公开发行证券，不得采用广告、公开劝诱和变相公开方式。”

2. 发行对象的公众性与特定性。通过小额证券发行注册豁免方式发

① See Reg. 6 of the public offers of securities regulations 1995. 亦可参见卞耀武主编：《英国证券发行与交易法律》，法律出版社 1999 年版，第 251 页。

② 《JOBS 法案》免去了对私募发行的这一限制。

行的证券，其发行对象为不确定的普通投资者，包括机构投资者和个人，对于投资者没有特定的资质要求，发行企业通过公开宣传的形式向投资者披露发行企业的信息和投资价值。

私募发行的对象是特定的投资者，我国私募发行的对象通常有两类，一类是个人投资者，如公司老股东或发行企业的员工；另一类是机构投资者，如大的金融机构或与发行人有密切往来关系的企业等，我国私募发行对象的特定性比较稳固和典型地体现在私募投资基金的发行上。美国私募发行对象有特别要求，要求非获许投资者不超过35人，没有规定获许投资者的人数限制。

3. 发行限额的不同。小额发行限额受限制，美国小额证券发行最高限额为5000万美元。私募发行的发行限额不受限制，规则506没有规定发行的额度限制。在我国正在研究中的小额发行注册豁免制度也有最高豁免限额的限制，私募发行限额不受限制。

4. 证券的转售限制不同。小额注册豁免证券的转让不受时间限制。美国的小额证券和我国的小额证券转让均不受时间限制。我国的小额注册豁免证券在场外证券交易场所取得交易资格后，即可在场外证券交易市场销售。

除上市公司非公开发行股票外，我国私募发行主要包括两大类，上市公司非公开发行的股票转让有时间限制。我国对于私募基金和职工股的转让没有特别的限制，私募基金管理人可以自行销售或者委托销售机构销售私募基金，不受转让时间限制。[①] 员工持有的企业股票在限定期限届满后，只要证券在证券交易所上市，就可以直接在证券交易所出售其持有的股票。美国私募发行证券的转让受规则144和144A的约束，证券

① 证监会令【第105号】。

的转售受时间限制。[①] 美国《1933 年证券法》要求私募发行证券的购买者在购买证券的时候不应有转让之目的（without a view to distribute），经过私募程序获得的证券非依证券法注册或获得豁免不得对外出售，并且规定发行人应当采取合理的注意确保购买人不会违反证券法将前述证券转售。

（三）小额发行注册豁免与股权众筹的辨析

如有的学者将股权众筹的概念定义为，股权众筹是指“募资者通过互联网众筹平台发布其创业企业或项目信息以吸引投资者进行投资，并以企业或项目股权作为投资者回报的融资模式”。[②] 从法源上说，众筹制度是小额发行豁免制度下的特殊制度，两者存在适用竞合，[③] 众筹制度是小额证券发行制度的时代产物，小额发行制度当为股权众筹具体规则确立的前置性条件，是股权众筹合法化并持续发展的基础和前提。正因之，美国 SEC 的《众筹条例》终稿在条例 A + 推出之后。[④] 在国内，小额证券发行制度也应成为股权众筹规则确立的前提条件，由于我国《证券法》尚未正式确立小额发行注册豁免制度，监管层面临股权众筹井喷式发展的无奈与纠结。[⑤] 从两种制度设置的初衷来看，股权众筹制度与小额证券发行注册豁免制度都是旨在服务中小企业，促进初创企业融资，实现创新与创业相结合，线上与线下相结合，[⑥] 为中小企业融资提供更多的选择。然而，其在制度管理上还是存在很大不同的，如严格界定股权众筹

---

① 17 C. F. R. § 230. 144；17 C. F. R. § 230. 144A.

② 钟维、王毅纯：《中国式股权众筹：法律规制与投资者保护》，载《西南政法大学学报》2015 年第 2 期。

③ 何晓南：《聚焦 2015 年美国小额发行最新规则》，载《银行家》2015 年第 8 期。

④ 徐瑶：《美国小额发行豁免之殇：〈条例 A +〉创设初衷难以实现》，载《法律与新金融》，北京大学金融法研究中心 2016 年版，第 38 ~61 页。

⑤ 彭冰：《私募众筹？一个自相矛盾的词汇——对〈私募股权众筹融资管理办法（征求意见稿）〉的批评》，载《法律与新金融》2015 年第 1 期。

⑥《国务院办公厅关于发展众创空间推进大众创新创业的指导意见》（国办发〔2015〕9 号）。See Thaya Brook Knight, Huiwen Leo, and Adrian A. Ohmer, “A very quiet revolution: a primer on securities crowdfunding and title III of the JOBS ACT”, 2 *Michigan Journal of Private Equity &Venture Capital. Law*, *Vol*, 2, 2012, pp. 135 –154。

与小额证券发行注册豁免的不同，厘清这两种制度的内涵和外延，可以有效突出各自的规制重点。

1. 融资额度不同。美国《众筹条例》规定众筹发行的额度上限为12个月内不超过100万美元，而且众筹发行与其他豁免注册的发行方式将不会被合并。[①] 小额发行的额度美国条例A的最高发行额是500万美元，条例A+的最高发行额度是5000万美元，且符合与其他豁免发行方式合并时，合并计算后的总价款为500万美元或5000万美元。我国股权众筹尚无融资额度的要求，但《私募股权众筹融资管理办法（试行）（征求意见稿）》第十四条参照《私募投资基金监督管理暂行办法》[②] 第十二条第一款引入了合格投资者制度，其内容是“私募基金的合格投资者是指具备相应风险识别能力和风险承担能力，投资于单只私募基金的金额不低于100万元且符合下列相关标准的单位和个人：（一）净资产不低于1000万元的单位；（二）金融资产不低于300万元或者最近三年个人年均收入不低于50万元的个人。”

2. 发行方式不同。小额证券的发行方式不受限制，可以进行广告和公开劝诱。股权众筹不得发行广告，但可通知投资者，指示他们通过经纪商或集资门户进行交易，劝诱购买、销售或要约购买在其网站或门户上发行或展示的证券。虽然我国对于股权众筹最初定性为私募发行，[③] 但是，近年来我国监管部门倾向于将股权众筹界定为公开发行证券行为。2015年7月18日中国人民银行等十部委发布的《关于促进互联网金融健康发展的指导意见》（以下简称《指导意见》）明确指出，“股权众筹融

① 丛怀挺：《美国证券众筹条例解读》，载黄红元、徐明主编《证券法苑》（第十六卷），法律出版社2015年版，第64~74页。

② 证监会令【第105号】。

③《私募股权众筹融资管理办法（试行）（征求意见稿）》。

资主要是指通过互联网形式进行公开小额股权融资的活动”。[①] 证监会2015年8月3日发布的《关于对通过互联网开展股权融资活动的机构进行专项检查的通知》再次明确了股权众筹“公开”的特征，并将通过互联网形式进行的非公开股权融资或私募股权投资基金募集行为排除在《指导意见》规定的股权众筹融资范围外。[②]

3. 发行的法律依据不同。就美国而言，小额发行的法律依据是条例A、《JOBS法案》之第四章授权SEC修订的条例A+及SEC关于有限发行的实施规则。众筹的法律依据是《JOBS法案》之第三章的《众筹条例》。在国内，目前尚无小额公开发行的法律依据，众筹的法律依据是《私募股权众筹融资管理办法（试行）（征求意见稿）》。

4. 投资限额的不同。小额发行注册豁免对于单个投资者的投资额度没有限制。众筹豁免的单个投资者有投资限额的规定。美国《众筹条例》对投资者进行分类管理，按照投资者的年收入或者净资产10万美元为标准划分为两个层级的投资限额：（1）如果投资者的年收入或者净资产小于10万美元，则投资限额为年收入或净资产中低者的5%与2000美元之间的高值；（2）如果投资者的年收入或者净资产均在10万美元以上（含10万美元），则投资限额为年收入或净资产中低者的10%，且不得超过10万美元。

5. 转售限制的不同。小额发行注册豁免的证券没有转售限制，投资者购买以后可以根据证券市场的交易行情随机转让。股权众筹的转让受限制。《JOBS法案》规定了众筹的转售问题。SEC拟禁止众筹发行的证券在销售后一年内转售，如果要在发行后一年内转售，必须转售给证券

---

① 《关于促进互联网金融健康发展的指导意见》（银发〔2015〕221号）明确提出“股权众筹融资业务由证监会负责监管”。

② 《关于对通过互联网开展股权融资活动的机构进行专项检查的通知》（证监办发〔2015〕44号），其中明确要求：“未经国务院证券监督管理机构批准，任何单位和个人不得开展股权众筹融资活动。”

发行人、合格投资者，或经向 SEC 注册后进行转售，或转售给前述购买者的家庭成员，或购买者控制的信托，为购买者近亲属利益设立的信托等。①

二、建构小额证券发行注册豁免制度的必要性

小额发行豁免的主要理由在于，在发行金额不大时，公开发行的成本可能超过收益，因此，应当免于发行核准程序。② 小额发行豁免制度起源于美国，美国《1933 年证券法》第 3 节（b）明确授权 SEC 制定小额证券发行豁免规则，SEC 因此相继发布了条例 A 和条例 D（条例 D 主要是其中的规则 504 和规则 505③）豁免小额发行注册，注册豁免发行的最高限额从 10 万美元到 500 万美元。④ 别的许多国家都对小额发行给予特别豁免。⑤ 为了应对小企业的 IPO 危机，美国 2012 年出台的《JOBS 法案》在第 401 节将《1933 年证券法》的第 3 节（b）指定为第 3 节(b)(1),并且增加第 3 节(b)(2)-(5),第 3 节(b)(2)－(5)明确提出该类豁免发行的强制性条件，并且授权证券交易委员会为公共利益和投资者保护在必要时采纳其他的条件或要求。⑥ 为了实施《JOBS 法案》和遵从基于 SEC 对条例 A 修改后的变化，SEC 修改规则、采用新的表格和废除 Form 2－A。SEC 的基本目标是通过扩展和更新条例 A，以成本更低、更加灵活的方式使公开发

① 刘瑜恒：《美国股权众筹立法发展及其借鉴意义》，载黄红元、徐明主编《证券法苑》（第十四卷），法律出版社 2015 年版，第 361～385 页。

② C. Steven Bradford, "Transaction Exemptions in the Securities Act of 1933: An Economic Analysis", Emory Law Journal, Vol. 45, 1996, pp. 591－672.

③ 规则 505 已废止。

④ Louis Loss& Joel Seligman, *Fundamentals of securities regulation*, Aspen Law & Business, 2001, pp. 346－349.

⑤ 本书导论部分已阐述。

⑥ Amendments for Small and Additional Issues Exemptions under the Securities Act (Regulation A) (Final Rule), we are adopting a number of terms and conditions for Regulation A offerings pursuant to our discretionary authority under Sections 3b (2)－(5), Where we have done so, as discussed in detail in Section II. below, it is because we find such terms and conditions to be necessary in the public interest and for the protection of investors.

行的额度达到5000万美元，同时规定了投资者保护构架，促进小企业的资本形成和提高发行效率。[①]《英国2000年金融法》在规定FSA的监管目标的同时，规定其工作内容即是制定有关规章、起草和发布准则以及制定相应的金融监管政策。FSA应坚持“良好监管的原则”，它们除了实现金融创新、金融服务业的国际化以及促进竞争等根本目标外，基本目标体现为：一是最经济和最有效地使用其监管资源；二是明确被监管机构管理层自己的责任；三是保持适度的监管负担和管制。[②]

我国从顶层设计和企业融资需求双方面为小额证券发行注册豁免制度的生成提供了一片蓝天和丰厚的土壤，就顶层设计来说，《若干意见》明确提出，“加快完善全国中小企业股份转让系统，建立小额、便捷、灵活、多元的投融资机制”。[③] 从企业的融资需求来看，上市企业再融资条件严格、时间漫长，加之中小企业融资的高成本，缺乏民间资本与企业对接的快速融资通道，孙大午案、[④] 吴英案均给予我们一定的启示。[⑤] 有学者对于中小企业直接融资的困境进行分析，在直接融资中，中小企业支付的资金成本远远高于大企业，融资的高成本必然将我国多数中小企业排除在直接融资市场之外。[⑥] 此外，我国应该建立小额证券发行注册豁免制度，扩展中小微企业的直接融资渠道，实现民间资本与社会资金需求的对接，解决上市企业再融资和中小企业的融资难题。本书从企业融资需求、证券发行制度的配套协调和实现多层次资本市场建设目标三个

① Securities and Exchange Commission, 17 CFR Parts 200, 230, 232, 239, 240, 249 and 260, [Release Nos. 33 -9741; 34 -74578; 39 -2501; File No. S7 -11 -13] RIN 3235 - AL39, Amendments for Small and Additional Issues Exemptions under the Securities Act (Regulation A), p. 338.

② 尚福林主编：《证券市场监管体制比较研究》，中国金融出版社2006年版，第233页。

③ 《国务院关于进一步促进资本市场健康发展的若干意见》(国发〔2014〕17号)。

④ 刘燕：《寻找金融监管的制度逻辑——对孙大午案件的一个点评》，载吴志攀、白建军主编：《金融法路径》，北京大学出版社2004年版，第65~67页。

⑤ 《温家宝对吴英案表达三点看法，强调实事求是慎重处理》，凤凰网财经，http://finance.ifeng.com/news/special/2012lianghui/20120314/5747432.shtml，最后访问时间：2014年3月20日。

⑥ 林毅夫、李永军：《中小金融机构发展与中小企业融资》，载《经济研究》2001年第1期。

方面阐述为什么我国亟待建立小额证券发行注册豁免制度。

（一）满足企业融资需求的路径

《中华人民共和国宪法》（以下简称《宪法》）第六条第二款规定："国家在社会主义初级阶段，坚持公有制为主体、多种所有制经济共同发展的基本经济制度，坚持按劳分配为主体、多种分配方式并存的分配制度。"《宪法》第七条规定："国有经济，即社会主义全民所有制经济，是国民经济中的主导力量。国家保障国有经济的巩固和发展。"根据《宪法》第六条和第七条的规定，作为我国市场经济主体的企业组织体具有以下特点：企业类型多元化和国有经济的主导地位，企业类型多元化的最突出表现是企业规模的差异化，作为国有经济代表的企业往往是大中型企业，企业规模又是决定企业能否在证券市场融资的基本条件之一，因而，中小企业在证券市场融资具有先天的劣势。以企业证券能否在证券交易所上市融资为标准划分企业类型，可以划分为上市企业和非上市企业。就该两类企业欠缺的证券融资制度来说，上市企业缺乏快速的再融资制度，非上市企业尚无可以适用的证券公开发行制度，[①] 已有的证券发行制度无法解决企业面临的该类融资问题，其原因可归结为三种情形：第一，企业融资的等待期过长，第二，企业无法满足证券发行制度设定的条件，第三，已有证券发行制度的证券发行成本高昂。这三种情形中的任一情形都可能阻碍企业的证券发行。因此，如何为企业提供充足的融资渠道，去除阻碍资金流入存在融资需求的企业的制度障碍是我国证券发行制度改革长期以来追逐的目标，我国证券发行审核制度从批准制—核准制—注册制改革，正是努力追求证券发行的市场化。放眼国际，美国早就有学者提出证券发行法律制度更好地为企业提供融资服务的观点。其观点是，注册证券是一项很困难的任务，证券交易委员会应该意

① 新三板市场除外，新三板市场是专门针对中关村高科技非上市股份有限公司的股份转让系统。

识到：不管怎样，注册程序给管理者施予了更艰巨的任务。[①] 正如一个评论者指出：政府承担向投资公众提供防止欺诈、错误陈述、甚至在某些情况下的低劣判断的保护义务，州蓝天法的中心问题是服务于期望的政府功能——该功能被普遍认为，没有不适当地阻碍资金流入需要恢复和稳定发展的企业。[②] 由学者的观点可以看出，注册程序给证券发行企业施加了不必要的发行成本，政府期望的证券管理功能是不阻碍资金流入需要稳定发展的企业。此观点至少说明，证券发行注册豁免制度可以减少企业发行证券的障碍，降低企业接近资本市场融资的门槛。我国目前正在修改现行《证券法》，《中华人民共和国证券法（修订草案）》［以下简称《证券法（修订草案）》］确立了证券发行注册制，[③] 为小额证券发行注册豁免制度奠定了基础，小额证券发行注册豁免制度将是促进我国证券未上市企业和上市企业发展的重要融资制度。

1. 扩充企业短缺的融资渠道，提高直接融资比重

债权融资和股权融资是企业融资的主渠道，按照我国现有的证券发行上市制度，证券市场对于中小企业证券上市的开放度有限，根据《证券法》第十条第一款的规定："公开发行证券，必须符合法律、行政法规规定的条件，并依法报经国务院证券监督管理机构或者国务院授权的部门核准；未经依法核准，任何单位和个人不得公开发行证券。"《证券法》第十六条规定：公开发行公司债券，股份有限公司的净资产不低于人民币三千万元；……《证券法》第五十条规定："股份有限公司申请股票上

---

① James L. Karpen, "Registration of securities under the Michigan uniform securities Act", *Cooley Law Review*, Vol. 1, 1982, pp. 215 – 242.

② Russell A, Smith, "State Blue Sky Laws and the Federal Securities Acts", *Michigan Law Review* , Vol. 34, 1936, pp. 1135 – 1166.

③ 《中华人民共和国证券法（修订草案）》全文（2015 年 4 月 20 日人大审议版），中国金融服务法治网，http：//www. financialservicelaw. com. cn/article/default. asp? id =4777，最后访问时间：2015 年 5 月 20 日。

市，应当符合下列条件：（一）股票经国务院证券监督管理机构核准已公开发行，（二）公司股本总额不少于人民币三千万元……”《证券法》第十条、第十六条及第五十条规定的条件表明中小企业面对的融资门槛非常高，大量中小企业在证券市场融资是遥不可及的事情。所以，从理论分析，在现行证券法律制度下，债权融资是当前中小企业融资的主要渠道。而当企业采用债权融资方式时，通常需受两方面条件的约束：一是企业需向债权人承担支付大量利息的义务，因而，债权融资方式加重了企业的融资负担。二是债权融资要求企业具有相应的信用担保能力，债权融资要求企业须具备信用担保能力或者物质担保能力。创新创业型中小企业处于初创阶段，尚未获得社会的认可，信用度较差，加之担保物匮乏，商业银行出于自身利益的考虑，中小企业很难从商业银行获得需要的贷款。因此，从实践看，债权融资也不是中小企业理想的融资方式，中小企业只有求助于证券市场的直接融资渠道。然而，如前所述，从现行证券市场的融资渠道来看，创新创业型中小企业很难达到证券发行上市标准。因而，只有针对融资企业的资金需求特点，另辟蹊径，建立小额证券发行注册豁免制度，扩充现有的证券融资渠道。小额证券发行注册豁免制度的确立可以为中小企业提供两种不同模式的融资通道，小额证券注册豁免发行和股权众筹的公开发行，[①] 形成新的中小企业股权融资市场，为我国大量的未上市中小企业提供股权融资平台，是解决我国广大未上市中小企业融资“瓶颈”的重要路径。加之已有的可上市中小企业的证券发行制度，分层的中小企业的直接融资渠道基本完善。

除广大中小企业外，我国还有大量规模较大的证券未上市企业，即

① 《私募股权众筹融资管理办法（试行）（征求意见稿）》将股权众筹定性为“非公开发行”，笔者认为其仅是在现行《证券法》的规定下的权宜之计，小额证券发行注册豁免制度的确立将为股权众筹公开发行的合法化提供制度前提，股权众筹与小额公开发行的关系在小额证券发行注册豁免与股权众筹的辨析中已有论述，后文还将对股权众筹的公开性进一步论述。

使其满足现行《证券法》第十条、第十六条和第五十条规定的发行上市条件，但是因各种原因不愿适用现行《证券法》的证券发行制度发行股票并上市的，小额证券发行注册豁免制度将成为可供其选择的新的直接融资渠道。

2. 小额证券发行注册豁免制度是中小企业高效融资的平台

我国大量中小企业依注册制在证券市场直接融资的现实困难：一是从中国证监会和证券交易所的工作量和现行中小企业的构成层次来看，某些中小企业依 IPO 注册制发行证券是遥不可及的事情，中国证监会和证券交易所无论是时间，还是财力都不可能扩及至某些中小企业。在推行 IPO 注册制的体制下，IPO 注册审核权限转移至证券交易所，而我国的两家证券交易所，深圳证券交易所和上海证券交易所，不仅要审核企业的注册申请，而且要监督管理已上市企业股票的交易，其工作量陡增，注册申请审核的力量很少分散至某些层次的中小企业。二是从企业发行证券的实际需要来看，各项资料的准备、烦琐的审核程序和漫长的等待时间徒增小额证券发行企业的经济负担和阻碍发行的时效性，因而，注册制的证券发行适应不了中小企业“短、频、快、廉”的融资需求。但从注册制的发行成本来看，我国尚无股票发行注册制的实践例证，股票 IPO 的沉重负担从美国的经验可见一斑。美国拟上市公司需要在 SEC 注册，注册过程非常复杂，对公司申请材料的要求也很高，这一规定的出发点是保证公司信息披露的准确性和真实性，保护投资者的利益。但是对于小型公司来说，申请过程的复杂性和申请材料的完备性意味着大量的费用支出和时间成本。比如，SEC 要求公司提供的申请材料中包括 IPO 之前 3 个年度的经审计的财务报告、之前 5 个年度的经审计的指定财务指标（Selected Financial Data，包括流动比率、资产负债率等）报告等。在上市之后，小型公司需要负担烦琐的信息披露义务，包括按照比较复杂的 GAAP 会计准则进行信息披露、按时披露高级管理人员薪酬的相关信息、按照萨班斯法案按时提交审计师提供的公司内控的证明报告、按照PCAOB的要求实施审计师轮换制度等。综上，小型公司为了实施IPO需要付出的太多，包括高昂的经济费用和时间成本，相比于实施IPO付出的代价，小型公司实施IPO带来的好处不大，使得小型公司通过IPO融资变得困难。① 美国公司实施IPO的平均费用为250万美元，而上市后为了满足合规和信息披露要求，公司每年平均付出的费用为150万美元，这些费用对于成长阶段的小型公司来说难以承受，故而导致美国小公司IPO数量急剧下降。②

此外，控制IPO的规制成本也是一个重要的影响因素，SMEs的证券市场易接近性直接表明，执行控制IPO的规制框架是以保护投资者和增强市场效率为目标的证券立法。③ 控制IPO的规制框架对于发行企业施加很大的成本，对于SMEs来讲，规制产生的成本尤其沉重，由于它们的高昂的固定成本构成。规制成本和市场不完善产生的成本的组合增加了SMEs的证券发行成本，而使较小的企业更难利用这种直接融资资源。因此，改革证券发行规制体系才能使其更好地适应SMEs的需要和特征。④

小额证券发行注册豁免制度为中小企业提供了低成本、高效率的融资制度。一是降低了注册制发行证券的成本。小额证券发行注册豁免制度对于中小企业发行成本的降低主要来自两个方面：第一，降低了提供材料的成本。适用小额证券发行注册豁免制度的发行证券主体主要是处

---

① 鲁公路、李丰也、邱薇：《美国新股发行制度改革：JOBS法案的主要内容》，网易财经，http：//money. 163. com/13/0315/17/8Q1950N300254T7N. html，最后访问时间：2013年10月6日。

② "Rebuilding the IPO On – Ramp putting Emerging companies and the Job Market Back on the Road to Growwth", Issued by the IPO Task Force, 2011. 10. 20. https：//www. sec. gov/info/smallbus/acsec/rebuilding_ the_ ipo_ on – ramp. pdf, 2016 – 6 – 4.

③ Stéphane Rousseau, "The Future of Capital Formation for Small and Medium – sized enterprisess: Rethinking Initial Public Offering Regulation after the Restructruring of Canadian Stock Exchanges", Revue. Juridique. Themis, Vol. 34, 2000, pp. 661 – 760.

④ Stéphane Rousseau, "The Future of Capital Formation for Small and Medium – sized enterprisess: Rethinking Initial Public Offering Regulation after the Restructruring of Canadian Stock Exchanges", Revue. Juridique. Themis, Vol. 34, 2000, pp. 661 – 760.

于初创阶段的中小企业，发行企业提交的登记材料以实用性和前瞻性为主，企业提供材料的范围仅限于企业最近两个会计年度的经营资料，这将大大降低发行企业申请发行证券准备材料的费用。第二，节省了发行注册的其他费用。小额发行注册豁免的证券由地方证券业协会审核登记，遵循就近原则，方便与申请发行证券的企业及时沟通，避免了注册发行的往返差旅费用，节约了证券发行的费用。二是缩短了注册登记的时间。实行证券发行注册制，注册审核权限在证券交易所，中国证监会复核后生效。证券交易所和证监会统一审核和复核大量的证券发行申请，无疑会延长核准时间，延误申请发行证券的企业的证券发行的时间，将耽误发行企业发行小额证券的时机。

3. 上市公司再融资（SEO）制度的供给渠道

小额证券发行注册豁免制度除了适用于中小企业小额发行融资外，在主板、创业板上市的公司需要再融资时，也可以通过发行小额证券的方式筹集所需资金，其发售条件与中小企业的发售条件相同，而且如果小额发行注册豁免证券符合与以其他方式发行的证券的合并条件时，必须与小额证券发行注册豁免之前或之后的6个月内已发行或将发行的其他证券合并处理。当前我国上市公司再融资的法律依据是《上市公司证券发行管理办法》[①]，其第十二条规定，向原股东配股，除符合本章第一节规定外，还应当符合三项条件，[②] 这三项条件对于上市公司配股也带来了很大限制。《上市公司证券发行管理办法》第十三条规定，向不特定对象公开募集股份，除符合本章第一节规定外，也还应当符合下列三项规定，该条第（一）项："最近三个会计年度加权平均净资产收益率平均不

① 参见《上市公司证券发行管理办法》（证监会令【第30号】）。

② 《上市公司证券发行管理办法》第十二条，向原股东配售股份（简称"配股"），除符合本章第一节规定外，还应当符合下列规定：（一）拟配售股份数量不超过本次配售股份前股本总额的百分之三十；（二）控股股东应当在股东大会召开前公开承诺认配股份的数量；（三）采用证券法规定的代销方式发行。

低于百分之六。扣除非经常性损益后的净利润与扣除前的净利润相比，以低者作为加权平均净资产收益率的计算依据。”除却该项规定的其他条件之外，三个会计年度也是一个非常漫长的等待积累时期。从证券发行程序来说，《上市公司证券发行管理办法》第四十五条规定：“上市公司申请公开发行证券或者非公开发行新股，应当由保荐人保荐，并向中国证监会申报。”该条规定增加了上市公司发行证券的成本。我国现行《证券法》第二十四条规定：“国务院证券监督管理机构或者国务院授权的部门应当自受理证券发行申请文件之日起三个月内，依照法定条件和法定程序作出予以核准或者不予核准的决定，发行人根据要求补充、修改发行申请文件的时间不计算在内；不予核准的，应当说明理由。”因此，在主板、创业板上市的公司，其再融资需受诸多条件的限制，符合小额证券发行注册豁免条件的上市公司，有再融资需求时，可以申请发行小额证券实现再融资。

（二）证券发行相关制度建设的需要

1. 证券发行注册制为小额发行注册豁免制度奠定了基础

中国股票市场自建立以来，中国证监会便肩负监管与发展的双重目标，即中国证监会强化对股票市场的监管，其根本目标是为了促进股票市场的发展，进而促进国民经济的发展。① 但股票发行审批制和核准制实施的结果均是事与愿违，严重制约了股票市场的融资功能。据统计，2015 年中国各类企业总数超过 4000 多万家，上市公司才 3000 多家。② 其中的原因有中国证监会的资源有限，造成证券发行审核的“瓶颈”，也有股票发行条件偏高，将众多企业拒之于证券市场之外，还有在股票发行

① 《股票发行与交易管理暂行条例》（国务院第 112 号令）第一条：“为了适应发展社会主义市场经济的需要，建立和发展全国统一、高效的股票市场，保护投资者的合法权益和社会公共利益，促进国民经济的发展，制定本条例。”；《中华人民共和国证券法》第一条。

② 陆玲、王晓璐、李勇：《良法能随经济脉搏跳动——专访中国政法大学研究生院常务副院长李曙光教授》，载《财经》2015 年第 12 期。

核准制下，证监会的宏观政策目标偏好限制了大量企业进入证券市场。总之，股票发行核准制监管的结果与国家预期的核准制的实施效果相去甚远，股票市场融资的潜能得不到发挥。实行股票发行注册制体现了国家对于资本市场的监管目标更想发挥证券市场促进经济发展的功能，因为股票发行注册制是开拓更多的投融资渠道的制度前提。

在中共十八届三中全会《决定》的全面深化改革，健全多层次资本市场体系，推进股票发行注册制改革的号召下，我国启动股票发行注册制改革，着手修改现行的《证券法》，2015 年 4 月 20 日全国人大常规委会审议的《证券法（修订草案）》第二节确立股票发行注册制。① 2014 年 5 月 9 日国务院发布的《若干意见》已明确了资本市场发展的任务，加快建设多渠道、广覆盖、严监管、高效率的股权市场……设定了多层次资本市场的基本要求和多层次资本市场建设的时间表——到 2020 年，基本形成结构合理、功能完善、规范透明、稳健高效、开放包容的多层次资本市场体系。多层次资本市场体系是为了发挥资本市场服务实体经济的功能，因而也鞭策股票发行注册制改革快速推进，2015 年年底，我国立法机关授权国务院对拟在上海证券交易所、深圳证券交易所上市交易的股票的公开发行，调整适用《中华人民共和国证券法》关于股票公开发行核准制度的有关规定。② 党中央、全国人大常委会和国务院的推动股票发行注册制改革的一系列措施，为我国小额证券发行注册豁免制度和多层次资本市场的建设奠定制度基础。

实行股票发行注册制表明了国家对于股票发行制度市场化改革的决心，更加凸显证券发行监管追求促进经济发展的目标倾向。股票发行市

① 《中华人民共和国证券法（修订草案）》全文（2015 年 4 月 20 日人大审议版）。中国金融服务法治网，http：//www. financialservicelaw. com. cn/article/default. asp？id =4777，最后访问时间：2015 年 5 月 20 日。

② 《全国人大常委会关于授权国务院在实施股票发行注册制改革中调整适用〈中华人民共和国证券法〉有关规定的决定》，载《人民日报》2015 年 12 月 28 日，第 4 版。

场化改革的理论依据是：减少政府对资源的直接配置，推动资源配置依据市场规则、市场价格、市场竞争实现效益最大化和效率最大化。[①] 笔者认为，股票发行注册制将形成完全市场化的股票发行交易模式，发行人为投资者提供真实、准确、完整的企业信息，向投资者充分展示股票价值和企业前景，投资者则是证券市场的买方主体，根据获得的信息资料自行判断发行人的盈利能力和投资价值，自担投资风险。在股票发行注册制的证券发行去监管化的制度模式下，能够扩大股票市场的容量，为投资者提供更多的选择机会。证券监管机构的责任在于保证投资者得到真实、准确的信息资料，具体是指制定证券发行规则，保证发行企业充分履行信息披露义务，追究违法行为人的法律责任，通过“放活市场，严格监管的模式”提高和保护投资者利益。正如有的学者的观点，证监会应将其工作重心转移至事中和事后，着重后端监管……[②]，股票发行注册制对于小额证券发行注册豁免制度的利好突现在以下几个方面：

第一，股票发行注册制为小额证券发行注册豁免制的建构奠定了制度基础。小额证券发行注册豁免制的建构实施必须得以证券发行注册制为前提，否则，在证券发行核准制下，小额证券发行注册豁免制度是无从产生的。小额证券发行注册豁免制是对发行数额较小的证券、免除向证监会的注册要求，该类证券的发行仍然能够满足投资者保护和证券市场安全的证券发行法律规范。因而，只有在施行证券发行注册制的前提下，才能建立小额发行注册豁免制，适用于不必要在证监会注册登记的小额证券的发行。

---

① 《中共中央关于全面深化改革若干重大问题的决定》，新华网，http：//news. xinhuanet. com/2013 - 11/15/c_ 118164235. htm，最后访问时间：2013 年 11 月 16 日。

② 郭雳：《“注册制改革应把握重点、有序推进”，股票发行注册制改革笔谈》，载黄红元、徐明主编：《证券法苑》（第十二卷），法律出版社 2014 年版，第 242 ~ 284 页。

第二，证券发行注册制有利于更合理地配置政府的监管资源。根据《证券法（修订草案）》第二十二条的规定，公开发行股票，由证券交易所负责审核注册文件。《证券法（修订草案）》第二十三条规定，国务院证券监督管理机构自收到审核意见及注册文件之日起十日内未提出异议的，注册生效。从该两条规定可以推断出，证券发行注册制可以节约证监会发行审核的成本，包括财力和时间，证监会可以将更多的精力转移至证券发行规则的制定和完善。另外，小额发行注册豁免制度是证券发行注册制的特殊表现，实行证券发行注册制以后，证监会必然得考虑建构小额证券发行注册豁免制度，为小额证券发行注册豁免制度制定发行规则、监管规则等，这是证券发行注册制施行以后的水到渠成的自然结果。如果没有证券发行注册制，证监会的监管资源没有分配给小额证券发行注册豁免制度的制度前提。

第三，证券发行注册制激发市场活力。股票发行注册制激发市场活力的效用是广泛的，也扩及至小额证券发行注册豁免制度所涵盖的市场领域。实行小额证券发行注册豁免制度是以信息披露为中心的股票发行制度，而发行人是信息披露第一责任人，发行人、中介机构对信息披露的真实性、准确性、完整性、充分性和及时性承担法律责任。[①] 证券的发行和销售实行市场选择机制，投资者的购买行为类似于其他商品的买卖，由投资者根据企业披露的信息做出投资判断和投资选择。在以信息披露为中心的小额证券发行注册豁免制下，由于市场的选择淘汰机制的运用，发行人披露信息的隐瞒、欺诈行为终将暴露，迫使发行企业严格履行信息披露义务，从而激发投资者的热情。

证券发行注册制为确立小额证券发行注册豁免制度提供了制度前提，小额证券发行注册豁免制度与注册制的本质相同，只是小额证券发行注

① 《国务院关于进一步促进资本市场健康发展的若干意见》（国发［2014］17号）。

册豁免是有条件的豁免证监会的注册程序，以降低适用注册豁免制度的发行企业的证券发行成本，提高小额证券发行效益和效率，增加企业接近资本市场的机会，在证券市场获得更好的融资服务，更好地实现金融为实体经济服务的目标。

2. 小额证券发行注册豁免制是证券发行注册制的延伸

证券发行审核制度的实施目标是监管证券发行活动，保证证券市场的融资活动公平公正，提高融资效率，促进经济发展。无论采用注册制还是注册豁免制，都是证券发行的监管手段，其根本目标是促进经济发展。经济发展不仅仅是经济增长目标的实现，还有经济协调发展、充分就业等问题，由于不同规模企业之间发展的不平衡，解决经济发展中的诸多问题，仅有大企业的发展和贡献是远远不够的，中小企业在经济发展中的作用是非常重要的。据统计，我国私营企业提供了80%以上的就业，70%以上的工业增加值，60%以上的投资总量以及50%以上的税收。[①] 因此，加大中小企业金融服务力度，促进中小企业发展也是实现经济发展目标的重要途径。美国有学者认为，如何公平对待小企业是证券法长期以来的难题，如果一个国家在资本形成方面给予大公司超过小企业的优势条件，创设补偿计划的小公司融资是必要的。[②] 我国中小企业在资本市场融资方面也存在着类似于美国的制度难题。我国正在改革股票发行审核制度，推行股票发行注册制，但是仍然只是解决具有较大规模的企业的融资问题，将不具备上市能力的中小企业排除在证券市场融资平台之外，规模偏小的企业仍然存在融资“瓶颈”。因为即使实施股票发行注册制，发行企业除了需要负担较高的信息披露成本之外，还需要承

① 任碧云、程苗伦：《金融服务我国实体经济发展的若干思考》，载《天津社会科学》2015年第2期；金辉：《新常态下民营经济将迎来发展新机遇》，载《经济参考报》，证券新闻。

② Louis Loss, Joel Seligman, Troy Paredes, *Fundamentals of securities regulation*, 6th Edition, Wolters Kluwer Law & Business, 2011, Volume 1, p. 529.

受较多的因证券注册发行产生的费用，以及因发行企业数量过多排队等待注册的时间。因为构成市场经济主体的企业类型和规模是多元的，按照企业规模划分为大中小微企业，而且企业数量是庞大的，证监会和证券交易所的监管资源是不足以分配到所有企业，多数情况下只会照顾规模较大的企业，最终获得证券发行资格的中小企业的数量非常有限，而且狭小的证券发行监管资源降低了证券发行效率，甚至延误证券发行时机。

建立小额证券发行注册豁免制度，对于发行规模不大，发行成本与融资额度相差不大时，要求发行注册已经失去发行证券的效用的小额发行适用小额证券发行注册豁免制度，豁免证监会的发行注册程序，建立与其融资特点相适应的简化的发行登记制度，以降低发行企业发行证券的成本，提高证券发行效率。因此，小额证券发行注册豁免制是注册制的延伸，因为小额发行注册豁免制与注册制均遵循公开主义（full disclosure philosophy），要求证券发行人向证券监管机构申报并按要求充分披露发行证券的企业的信息，监管机构仅就申报公开的信息进行形式审查。两者在信息披露、交易监管、法律责任追究等方面的要求极其相似，只是小额证券发行的登记主管机关、信息披露义务的要求和具体模式、主要适用对象与注册制不同，注册豁免制度适用于对证券市场秩序影响不大而又能适时满足企业融资需求的小额证券的发行，意在降低小额证券发行成本，解决的是资本市场发展目标中的广覆盖和高效率问题，为股票未上市的中小企业和上市企业的小额再融资提供融资渠道。北京大学课题组也建议《证券法》修订时，明确规定小额发行豁免制度。①

小额证券发行注册豁免制度是特殊情况下注册义务的免除，其是注册制下证券发行制度应有的重要组成部分。建立小额证券发行注册豁免

---

① 北京大学课题组：《证券发行法律制度完善研究》，载黄红元、徐明主编：《证券法苑》（第十卷），法律出版社2014年版，第175～223页。

制度，主要是为无须进行注册的小额证券发行提供相适应的管理模式和程序，增强对其发售的法律规范，维持证券市场秩序。注册制与注册豁免制并存，形成证券发行注册制和小额发行证券注册豁免的分层化管理，使证券发行制度将覆盖更多的企业，尤其是小额证券发行注册豁免制将会覆盖大量的未上市中小企业，为其提供证券市场融资平台，解决未上市中小企业的融资难问题，促进中小企业的发展，提供就业岗位和增加税收收入，进而使国民经济的发展更加协调和平衡。

3. 小额证券发行注册豁免制为股权众筹公开发行创造条件

中国证券业协会于2014年11月18日发布的《私募股权众筹融资管理办法（试行）（征求意见稿）》定义的股权众筹概念是，股权众筹是指通过互联网平台向大量社会公众获得少量融资，核心的概念是分散和小额。① 美国有学者认为，所谓众筹是一种从大量投资者处获取小额金钱的融资模式，并通过互联网等新型信息传播手段降低本会因从大量投资者处融资产生的交易成本。② 从众筹的概念可以看出众筹的特点，第一，众筹的投资者人数是众多的；第二，众筹的投资限额是少量的；第三，众筹通过互联网传播信息。众筹的这三个特点表明了众筹的属性——小额公开，只是众筹的信息传播手段与传统的小额发行不同。因而，中国证券业协会2014年11月18日发布的《私募股权众筹融资管理办法（试行）（征求意见稿）》③ 将股权众筹界定为"非公开发行性质"，引发了学

① 《关于就〈私募股权众筹融资管理办法（试行）（征求意见稿）〉公开征求意见的通知》（中证协发〔2014〕236号）。

② C. Steven Bradford, "Crowdfunding and the Federal Securities Laws", *Columbia Business Law Review*, Vol. 2012, 2012, pp. 1 – 150. 参见楼秋然：《试论美国"JOBS法案"中的众筹与证券发行豁免》，载《研究生法学》2015年第30卷第4期。

③ 《关于就〈私募股权众筹融资管理办法（试行）（征求意见稿）〉公开征求意见的通知》（中证协发〔2014〕236号）。

界和业界的激烈争论和批评。[①] 接下来分析我国为什么将股权众筹界定为“非公开发行性质”?

（1）我国股权众筹的出台背景——为小微企业提供快速融资通道

李克强总理在达沃斯论坛上提出并多次强调“大众创业、万众创新”的号召。[②] 中国证券业协会研拟并于2014年11月18日发布了《私募股权众筹融资管理办法（试行）（征求意见稿)》，国务院多次提出开展互联网股权众筹融资试点。[③] 李克强总理在2015年3月5日的政府工作报告中指出，推动大众创业，万众创新，既可以扩大就业，增加居民收入，又有利于促进社会纵向流动和公平正义。2016年和2017年的政府工作报告强调持续推动“大众创业、万众创新”。[④] 但是，创业创新需要资金支持，为了给创业企业提供快速的融资通道，解决小微企业的融资需求，

① 彭冰:《私募众筹? 一个自相矛盾的词汇》，载《法律与新金融》2005年版第1辑，第21~38页；邢会强:《不入法眼的“私募股权众筹”》，载《法治周末》，资料来源：http：//legal-weekly. cn/index. php/Index/article/id/6696，最后访问时间：2015年8月20日；万国华、王才伟:《“私”募何以“众”筹—— 评〈私募股权众筹融资管理办法〉（试行）（征求意见稿)》，载郭锋主编:《证券法律评论》，中国法制出版社2015年版，第435~451页；刘明:《论私募股权众筹中公开宣传规则的调整路径：兼评〈私募股权众筹融资管理办法〉（试行)》，载《法学家》2015年第5期。

② 《李克强在2014夏季达沃斯论坛开幕式发表致辞（全文)》，中国新闻网，http：//www. chinanews. com/gn/2014/09 –10/6578895. shtml，最后访问时间：2014年10月10日；《李克强在2015夏季达沃斯论坛开幕式上的致辞（实录)》，新华网，http：//news. xinhuanet. com/fortune/2015 –09/10/c_ 128215773. html，最后访问时间：2015年10月10日；《李克强在第十届夏季达沃斯论坛开幕式上的致辞全文》，新华网，http：//news. xinhuanet. com/politics/2016 –06/28/c_ 1119122273. html，最后访问时间：2016年6月30日。

③ 2014年11月19日国务院总理李克强在其主持召开的国务院常务会议上提出要求“建立资本市场小额再融资快速机制，开展股权众筹融资试点”，缓解企业融资成本高的问题；2015年3月11日国务院办公厅发布的《国务院办公厅关于发展众创空间推进大众创新创业的指导意见》（国办发〔2015〕9号）再次提出“开展互联网股权众筹融资试点，增强众筹对大众创新创业的服务能力”的要求。

④ 《2015年政府工作报告（全文实录)》，人民网，http：//www. people. com. cn/n/2015/0305/c347407 –26643598. html，最后访问时间：2015年3月6日；《2016年政府工作报告（全文)》，新华网，http：//news. xinhuanet. com/fortune/2016 –03/05/c_ 128775704. htm，发布时间：2016年3月5日，最后访问时间：2016年3月6日；《2017年政府工作报告（全文)》，人民网，http：//lianghui. people. com. cn/2017/n1/2017/0305/c411237 – 29124199. html，最后访问时间：2017年3月5日。

促进经济发展。2017 年 1 月 11 日李克强主持召开的国务院常务会议，确定规范发展区域性股权市场的政策措施，拓宽中小微企业融资渠道。[①]“大众创业、万众创新”的经济发展浪潮开启并推进我国为中小微企业提供融资通道的私募股权众筹制度的建立和发展。

（2）股权众筹的尴尬处境——现行《证券法》规定的局限

每一种法律制度的产生均起源于其经济发展的必要性，但是，由于经济基础决定上层建筑，法律制度的制定和实施总是滞后于经济发展的需要，我国的股权众筹制度与小微企业的股权融资需求之间的关系也理当如此，证券发行制度与经济发展的不同步导致现行的《证券法》无法为股权众筹提供制度保障。分析我国现行《证券法》的证券发行制度规范，《证券法》关于证券发行方式的规定有两种：公开发行和非公开发行。依据《证券法》第十条第一款的规定：“公开发行证券，必须符合法律、行政法规规定的条件，依法报经国务院证券监督管理机构或者国务院授权的部门核准；未经依法核准，任何单位和个人不得公开发行证券。”也就是说，公开发行除了必须符合法律、行政法规规定的条件之外，还要经过核准，否则不得公开发行。如果将该条规定适用于中小微企业，中小微企业显然达不到现行《证券法》规定的公开发行条件，因而得不到国务院证券监督管理机构的核准。根据现行《证券法》规定的公开发行条件，股权众筹必须将发行对象限定在 200 人以下的特定对象，否则，股权众筹的融资者的发行行为将面临承担《证券法》法律责任的风险，[②]

---

① 2017 年 1 月 11 日国务院常务会议，http：//www. gov. cn/guowuyuan/gwycwhy/20170111c02/index. htm，最后访问时间：2017 年 1 月 20 日。

② 《中华人民共和国证券法》第一百八十八条规定：未经法定机关核准，擅自公开或者变相公开发行证券的，责令停止发行，退还所募资金并加算银行同期存款利息，处以非法所募资金金额百分之一以上百分之五以下的罚款；对擅自公开或者变相公开发行证券设立的公司，由依法履行监督管理职责的机构或者部门会同县级以上地方人民政府予以取缔。对直接负责的主管人员和其他直接责任人员给予警告，并处以三万元以上三十万元以下的罚款。

擅自发行被认定为非法行为而被叫停的案例有之。[①] 也可能因触犯《中华人民共和国刑法》（以下简称《刑法》）第一百七十九条擅自发行股票、公司、企业债券罪，承担刑事责任。[②]

再分析非公开发行制度，根据《证券法》第十条第二款规定的公开发行的情形可以推断非公开发行的情形，向累计不超过200人的特定对象发行证券为非公开发行，《证券法》第十条第三款规定："非公开发行证券，不得采用广告、公开劝诱和变相公开方式。"由此可以推断我国《证券法》对于非公开发行的条件是：第一，向特定对象发行；第二，特定对象累计不超过200人；第三，不得以公开方式发行。按照这三个条件将股权众筹归属于非公开发行的法律依据也不够充分，我国关于证券非公开发行的制度，除了《证券法》第十条规定非公开发行的对象和宣传方式外，《上市公司证券发行管理办法》第三章规定了非公开发行股票的条件，[③] 但其适用对象是上市公司采用非公开发行方式，向特定对象发行股票的行为。[④] 关于私募的规定，目前仅有《中华人民共和国证券投资基金法》和《私募投资基金监督管理暂行办法》，但是它们是适用于证券投资基金，而不是证券法上的广义证券。因此，从严格意义来说，私募股权众筹的上位法不足。

（3）私募股权众筹运作中的问题

第一，互联网众筹平台法律地位的矛盾。股权众筹的运作模式是融

① 美微传媒通过淘宝网销售原始股进行股权众筹的行为就被证监会于2013年3月24日认定为"非法证券活动"而停止股权众筹行为，参见《国内众筹模式十大成功经典案例详解》，迪蒙，http：//www. dimeng. net/news/content－33929－7. html，最后访问时间：2016年12月10日。

② 根据《最高人民法院关于审理非法集资刑事案件具体应用法律若干问题的解释》第六条、《最高人民检察院、公安部关于公安机关管辖的刑事案件立案追述标准的规定（二）》第三十四条的规定，未经主管机关核准，擅自发行股票，发行数额在50万元以上，或者虽未达到前述数额标准，但擅自发行致使30人以上的投资者购买了股票，就应按擅自发行股票、公司、企业债券罪立案选择。

③ 《上市公司证券发行管理办法》（证监会令【第30号】）

④ 《上市公司证券发行管理办法》第三十六条。

资者借助互联网上的众筹平台，将其准备创办或已经创办的企业或项目信息向投资者展示，投资者通过互联网众筹平台挑选项目，并通过该平台进行投资，进而获得被投资企业或项目的股权。股权众筹的运作模式突出互联网众筹平台的地位，《私募股权众筹融资管理办法（试行）（征求意见稿）》第五条将“互联网众筹平台”的性质和定位规定为：“股权众筹平台为股权众筹投融资双方提供信息发布、需求对接、协助资金划转等相关服务的中介机构。”但是，根据《证券法》第一百二十二条规定：“设立证券公司，必须经国务院证券监督管理机构审查批准。未经国务院证券监督管理机构批准，任何单位和个人不得经营证券业务。”根据《国务院办公厅关于严厉打击非法发行股票和非法经营证券业务有关问题的通知》,[①] 股权众筹平台应该是经过国务院证券监督管理机构审查批准，满足相应的资本、风险控制等要求的券商。目前的股权众筹融资平台显然达不到这一要求。因此，美微传媒通过淘宝网销售原始股进行股权众筹的行为被证监会于2013年3月24日认定为“非法证券活动”而停止股权众筹活动。

另外，《私募股权众筹融资管理办法（试行）（征求意见稿）》将股权众筹确定为“非公开发行性质”，与以互联网为信息传播方式的手段是矛盾的，虽然其第九条第（五）项规定：股权众筹平台不得向非实名注册用户宣传或者推介融资项目，但是，互联网众筹平台是股权众筹的信息发布平台，在互联网和电子设备非常发达的现代社会，互联网公开方式的受众广度甚或超过了公开广告的宣传和劝诱。

第二，私募股权众筹的缺陷。将股权众筹定性为“非公开发行性质”的缺陷是不言自明的：一是私募限定了股权众筹的投资者数量，投资者累计不得超过200人且为合格投资者。200人的限制和合格投资者与非

① 《国务院办公厅关于严厉打击非法发行股票和非法经营证券业务有关问题的通知》（国办发〔2006〕99号）。

合格投资者之分，将许多的投资者拒之于股权众筹之外，股权众筹的分散性特点难以体现。另外，中小投资者达不到合格投资者的标准，为股权众筹的“人数之众”又设置了一道门槛，项目所能筹集到资金数额就会受到限制。二是没有最高融资限额的规定，此规定与众筹的少量融资有矛盾的一面，只有少量融资与众多的投资者结合才能达到较高的融资金额的要求，少量融资与私募结合，由于合格投资者要求的严苛导致融资金额达不到预期的融资目标。所以，目前国内的股权众筹为了突破投资者人数限制，筹集足够的项目资金，很多零散资金以股权代持的方式汇聚在潜在投资人名下。[①] 三是融资者和投资者为股权众筹平台核实的实名注册用户，股权众筹平台不得向非实名注册用户宣传或者推介融资项目[②]，互联网股权众筹平台发布的企业项目信息是通过互联网媒介传播信息，本质是公开发行方式，即使只向实名注册用户宣传或者推介融资项目，其他的非特定社会公众也可以通过互联网知晓项目信息。由于股权众筹的上述种种限制，导致我国的股权众筹实践扭曲了股权众筹的实质。[③] 针对“200 人以下人数”，通过强制规定投资人投资额度百分比，[④] 或是将持股模式转化成“直接有限合伙企业模式”和“有限合伙 + 公司模式”，[⑤] 强行限制投资人数，导致的结果是交易客体的实质不再是“股权”。

第三，私募股权众筹的配套制度建设难以推进。《证券法》没有非公开发行的监管制度，由于私募发行监管制度的缺位，私募股权众筹的配

① 《我国股权众筹模式介绍》，百度文库，http：//wenku. baidu. com/view/d62825c7dd88d0d232d46a13. html，最后访问时间：2015 年 8 月 27 日。

② 《私募股权众筹融资管理办法（试行）（征求意见稿）》第十条和第九条第（五）项。

③ 郑若瀚：《中国股权众筹法律制度问题研究》，载《南方金融》2015 年第 1 期。

④ 参见《新手指南》，大家投私募股权融资平台，http：//www. dajiatou. com/help – 17. html，最后访问时间：2016 年 3 月 1 日。

⑤ 郑若瀚：《中国股权众筹法律制度问题研究》，载《南方金融》2015 年第 1 期。

套制度建设也难以推进。私募股权众筹的监管部门和交易场所一直处于缺位状态，《若干意见》将区域性股权市场纳入多层次资本市场体系，[①]国务院一直提倡和推动区域性股权市场的发展，2017 年国务院常务会议确定规范发展区域性股权市场的政策措施，拓宽中小微企业融资渠道。[②]《区域性股权市场监督管理试运行办法》已于 2017 年 7 月 1 日起施行。[③]国务院的会议精神和中国证监会的战略部署旨在加快建立私募市场，为中小微企业的私募股权众筹融资制度建立配套制度和设施，即提供私募股权交易市场。但是，我国的私募股权众筹制度的建立和实施遭遇两方面的障碍，一则是法理的障碍，私募和众筹是一对矛盾的范畴，在前文已有论述。二则是私募发行上位法的欠缺，我国私募发行证券的监管部门和交易方式现行《证券法》都没有明确规定，虽然《证券法》第三十九条规定："依法公开发行的股票、公司债券及其他证券，应当在依法设立的证券交易所上市交易或者在国务院批准的其他证券交易场所转让。"但是关于其他证券没有更明确的范围、监管部门与监管规则，其他证券交易场所的申请筹建将很茫然。因而，私募股权众筹没有协调的衔接制度。

（4）私募股权众筹的理想主义因素

鉴于我国私募股权众筹的出台背景与制度局限，我国目前将股权众筹定性为"非公开发行"性质具有一定的理想主义思想：一是可以不经依法核准，因此加快股权众筹融资步伐；二是没有最高融资限额的限制，可以获取更多融资资金，充分体现了股权众筹担当的快速融资机制的使命。但是，私募与众筹是一对矛盾的范畴，私募股权众筹忽略了众筹的

① 《国务院关于进一步促进资本市场健康发展的若干意见》（国发〔2014〕17 号）。

② 2017 年 1 月 11 日国务院常务会议，http：//www. gov. cn/guowuyuan/gwycwhy/20170111c02/index. htm，最后访问时间：2017 年 1 月 20 日。

③ 证监会令［第 132 号］。

特点是“小额”与“分散”，众筹的“小额”适用于投资者与筹资者，筹资者的筹资额度要小，规定筹资者的筹资最高限额，根本原因在于其为中小企业提供融资服务，不规定融资限额，各类融资者都可以利用众筹融资，中小微企业将与大企业形成竞争，中小微企业依然存在融资难题。① 投资者的小额投资确保股权众筹的分散，同时也可以减少大额资金的挤压。私募受投资者数额的限制和没有最高限额的规定，违背了众筹的特点。正如有的学者所述，在任何特定情况下区分“公开”与“特定”（private），都应当考量用来建立区别的决定因素和寻求建立这种区别的目的。② 我国的私募股权众筹暴露出经济基础与上层建筑间的不同步导致股权众筹在夹缝中生存的尴尬境地。当前的经济发展形势急需为小微企业融资提供制度通道，而现行的法律制度没有为其建立融资通道创设制度空间，《证券法》的修改又需假以时日。只能利用我国非公开发行制度的空间先行先试，解决燃眉之急。因而，《私募股权众筹融资管理办法（试行）（征求意见稿）》将股权众筹界定为“非公开发行性质”，只是权宜之计。

（5）股权众筹如何回归公开发行的制度轨道

为了符合现行法律的规定，股权众筹融资采用了规避法律的迂回模式，试图满足非公开发行的标准。《私募股权众筹融资管理办法（试行）（征求意见稿）》发布以后，引发了学界和业界的激烈争论和批评。③ 正

① 余涛：《众筹规制探究——一个规范分析的路径》，载《证券市场导报》2015 年第 3 期。

② 彭冰：《1933 年证券法（中英文对照本）》，高等教育出版社 2007 年版，第 47 页。

③ 彭冰：《私募众筹？一个自相矛盾的词汇》，《法律与新金融》2015 年第 1 期，第 21～38 页；邢会强：《不入法眼的“私募股权众筹”》，载《法治周末》，http：//legalweekly. cn/index. php/Index/article/id/6696，最后访问时间：2015 年 8 月 20 日；万国华、王才伟：《“私”募何以“众”筹——评〈私募股权众筹融资管理办法〉（试行）（征求意见稿）》，载郭锋主编：《证券法律评论》，中国法制出版社 2015 年版，第 435～451 页；刘明：《论私募股权众筹中公开宣传规则的调整路径：兼评〈私募股权众筹融资管理办法〉（试行）》，载《法学家》2015 年第 5 期。

如有的学者所指出，这种试图满足非公开发行标准的方式从法律解释的角度来看往往是不可靠的，股权众筹的实质还是属于公开发行。[①] 当私募股权众筹的理想与现实发生碰撞时，理想必须适应现实。立法机构、国务院和监管部门的态度很明朗，明确股权众筹的公开发行性质。《证券法（修订草案）》第十三条规定："通过证券经营机构或者国务院证券监督管理机构认可的其他机构以互联网等众筹方式公开发行证券，发行人和投资者符合国务院证券监督管理机构规定的条件的，可以豁免注册或者核准。"[②] 该条规定虽然确认了股权众筹的公开发行性质，并且将股权众筹的监督管理权赋予了证监会，但是似乎对于投资者有特别要求，而公开发行证券的投资者是不受限制的。国务院的《若干政策措施的意见》明确支持互联网金融发展，引导和鼓励众筹融资平台规范发展，开展公开、小额股权众筹融资试点。[③] 中国人民银行等十部门发布的《关于促进互联网金融健康发展的指导意见》第（九）项将股权众筹定位为"通过互联网形式进行公开小额股权融资的活动"，并明确"股权众筹融资业务由证监会负责监管"。[④] 当前学界、国务院和监管部门对于股权众筹的公开发行性质的意见一致，从法理上确认了股权众筹的公开发行性质。

笔者认为，股权众筹是证券公开发行，只是发行平台与一般证券公开发行不同，考虑到股权众筹的融资服务对象是中小微企业，企业的风险承受能力较弱，故而重点突出股权众筹投资者"众"的特点，以分散投资风险。只是我国现行的《证券法》没有为股权众筹公开发行的合法

---

① 彭冰：《非法集资行为的界定——评最高人民法院关于非法集资的司法解释》，载《法学家》2011 年第 6 期。

② 《中华人民共和国证券法（修订草案）》全文（2015 年 4 月 20 日人大审议版），中国金融服务法治网，http：//www. financialservicelaw. com. cn/article/default. asp？ id =4777，最后访问时间：2015 年 5 月 20 日。

③ 《国务院关于大力推进大众创业万众创新若干政策措施的意见》（国发〔2015〕32 号）。

④ 《关于促进互联网金融健康发展的指导意见》（银发〔2015〕221 号）。

化地位创设空间，《私募股权众筹融资管理办法（试行）（征求意见稿）》只是为了适应经济发展需要的权宜之计。国际经验也向我们表明，小额证券发行豁免制度是股权众筹的前置条件。除了美国将小额证券发行作为股权众筹的前置条件之外，日本国会2014年5月23日通过的《金融商品交易法等部分修改法案》建立了小额证券发行豁免制度，以期能够促进众筹融资的发展，为企业提供更加灵活多样的融资渠道。①

因此，我国必须通过修改《证券法》确立我国的小额证券发行注册豁免制度的地位，才能为股权众筹公开发行合法化正名。正值《证券法》修改之际，《证券法（修订草案）》第二节已经确立了股票发行注册制，为小额证券发行注册豁免制度的建立确立了前提，其第十九条第二款规定，不在交易所上市交易公开发行股票的注册条件和程序由国务院证券监督管理机构依照本节的原则另行规定。②《证券法（修订草案）》第十三条和第十四条也已经认可了豁免注册，③在具体的细节问题上还需要进一步磋商修改，《证券法（修订草案）》第十三条规定，以互联网众筹方式公开发行证券，应通过证券经营机构或者国务院证券监督管理机构认可的其他机构，这种发行方式或许反映了立法者的慎重态度，担心豁免注册带来的证券发行风险的增加。但同时可能限制了股权众筹的发展步伐，我国由证券经营机构经营股权众筹平台的距离还相对遥远，由证券经营机构经营股权众筹平台还将限制股权众筹的发展规模。同时，股权

① 毛智琪、杨东：《日本众筹融资立法新动态及借鉴》，载《证券市场导报》2015年第4期。

② 《中华人民共和国证券法（修订草案）》第十九条规定：“公开发行股票并拟在证券交易所上市交易的，应当依照本节规定注册。公开发行股票且不在证券交易所上市交易的，其注册条件和程序由国务院证券监督管理机构依照本节的原则另行规定。”

③ 《中华人民共和国证券法（修订草案）》第十三条规定：“通过证券经营机构或者国务院证券监督管理机构认可的其他机构以互联网等众筹方式公开发行证券，发行人和投资者符合国务院证券监督管理机构规定的条件的，可以豁免注册或者核准”；《中华人民共和国证券法（修订草案）》第十四条规定：“通过证券经营机构公开发行证券，募集资金限额、发行人和投资者符合国务院证券监督管理机构规定的条件的，可以豁免注册或者核准。”

众筹平台的确定以为筹资者提供高效低廉的融资服务为宗旨。《证券法（修订草案）》第十四条的规定也存在类似的情况，限额证券发行也需要通过证券经营机构公开发行，其发行成本和监管成本的增加与对第十三条的分析相同。笔者认为，股权众筹和限额发行不必强求一定通过证券经营机构，只要能达到促进企业融资发展，降低融资成本，融资平台可以更灵活。因为立法的成本效益分析方法是立法时应该考虑的一个重要因素，立法中确定的监管行为可能产生的社会效益必须大于可能的社会成本，监管应该以社会净福利最大化为目标。[①] 同时，法律制度的变化也应能跟随经济脉搏的跳动，[②] 做到与时俱进。因此，修改后的《证券法》确立小额证券发行注册豁免制度，其发行的具体路径与注册制的公开发行相似，只是豁免证监会的注册审核，可以通过其他制度代替证券经营机构或国务院证券监督管理机构认可的其他机构的监督。[③] 小额证券发行注册豁免制度为股权众筹公开发行合法化铺平道路，使股权众筹通过互联网众筹平台实现股权公开融资，使股权众筹的投资者范围更加广阔，通过“众人拾柴火焰高”的理念达到股权众筹的预期融资目标，降低股权众筹融资成本，使股权众筹真正成为为中小微企业提供金融服务的快速融资通道。

（三）建立我国多层次资本市场的制度渠道

1. 未上市证券发行制度的必然路径选择

证券发行制度应与一个国家的市场经济主体相适应，为不同规模和层次的企业提供证券融资机会。中小企业是一个国家市场经济主体的重要组成部分，但是大量的中小企业由于规模偏小、证券发行上市成本负

---

① Executive Order 12291, section 2 (b), 46 FR 13193, Feb. 17, 1981.

② 陆玲、王晓璐、李勇：《良法能随经济脉搏跳动——专访中国政法大学研究生院常务副院长李曙光教授》，载《财经》2015 年第 12 期。

③ 小额证券发行注册豁免以后，发行程序管理可以选择地方证券业协会登记，以低成本、高效率的审核登记达到监管的效果。

担能力较弱，所以，未上市证券发行制度应成为中小企业融资的重要方式，这是从中小企业自身的条件来说明建立小额证券发行注册豁免制度的理由。就我国证券发行的监管资源来说，无论是证监会还是证券交易所的资源都无法满足所有企业的融资需要，建立分层的证券发行制度，将证券未上市企业的小额发行监管权授予自律组织，豁免证监会的注册监管，减轻监管机构的工作负担，提高小额证券发行效率，更好地满足中小企业“短、频、快、廉”的融资需求，这是建立小额证券发行注册豁免制度的理由之二。小额证券发行注册豁免制度适用于对证券市场秩序影响不大而又能适时满足企业融资需求的小额证券的发行，证券未上市的大中小企业只要符合小额证券发行注册豁免制度的发行条件，均可以通过小额证券发行注册豁免制发行证券，满足其融资需求。由此可见，小额证券发行注册豁免制度的建立将完善我国的证券发行制度体系，解决我国证券未上市企业的融资问题，使证券市场更好地为企业发展提供融资服务。

2. 多层次资本市场建设目标的实现途径

多层次资本市场体系是当前资本市场改革、发展的目标，但是多层次资本市场是与证券发行制度的层次性相适应的。因此，股票发行注册制度的确立是建立多层次资本市场体系的先决条件，因为只有在股票发行注册制下，才能建立小额证券发行注册豁免制度，也才有与之相适应的多层次资本市场。《证券法》第三十九条规定：“依法公开发行的股票、公司债券及其他证券，应当在依法设立的证券交易所上市交易或者在国务院批准的其他证券交易场所转让。”该条规定表明，我国的场外证券交易市场在法律制度上是许可的，只是证券发行制度与相关的法律法规尚不健全，证券的品种和数量的局限性限制了场外交易市场的发展。所以，我们将资本市场的发展目标与证券发行制度的构建结合，即积极稳妥推进股票发行注册制改革，加快多层次股权市场建设。多层次股权市场建设的要求是多渠道、广覆盖、严监管和高效率。多渠道是指通过多种融资方式实现企业在证券市场的融资，如小额证券发行制度、通过互联网众筹平台的股权众筹融资，当多种融资渠道建立时，相应的多层次股权市场也应势而生。广覆盖是指资本市场能为大中小微企业全面提供融资服务，严监管不是指证监会独揽监管大权，而是通过规范的发行规则、严格的信息披露等制度、法律责任的惩戒机制监管发行企业的证券发售行为和证券市场的交易活动，确保资本市场的安全。高效率是指提高发行企业的融资效率，高效率要求较为柔性的证券发行监管。例如，豁免小额证券发行的注册程序要求，可以减轻注册申报材料的准备时间、缩短发行证券排队等待的时间等。

我国现行证券交易市场的划分基本是以企业的规模为标准确定不同企业的证券发行和上市条件，我国现有的证券交易市场是主板市场、中小板市场、创业板市场和新三板市场，主板市场、中小板市场和创业板市场都是上市证券的交易，新三板市场是指中关村科技园区非上市股份有限公司进入代办股份系统进行转让试点，针对的是高科技企业。我国由于缺乏未上市证券的发行制度，因而也没有未上市证券的交易市场。所以，我国的资本市场的层次单一，可以说，几乎仅有证券交易所市场，这与我国多元化的市场经济主体不相匹配，推行股票发行注册制改革，建立多层次的资本市场是我国经济体制改革的重要内容。十八届三中全会《决定》通过股票发行注册制改革推动多层次资本市场建设，股票发行注册制的意蕴包含着小额发行注册豁免制度，由于小额证券发行注册豁免制度是注册制的延伸，是对发行额度在一定范围内、不会危及经济安全和投资者利益的证券发行免除注册程序。只有实行小额证券发行注册豁免制度，新的基础层次的资本市场才有建立的前提，因为证券市场是证券的销售市场，只有当特定类型的证券发行制度存在时，才会有该类证券的交易，与之相适应的证券市场才得以建立。

如果借鉴美国的未上市证券[1]的交易制度，可以推论我国建立未上市证券交易市场的特殊需要。例如，美国股票市场总共有5.5万多种股票，其中只有3000～4000种能在美国的各证券交易所上市，仅占股票市场总数的5.5%～7.3%。由此可见，90%以上的未上市股票只能在场外交易（OTC）市场进行交易。[2] 据统计，美国的证券融资渠道占到中小企业融资规模的一半以上。美国的纳斯达克市场凭借较低的准入门槛吸引了大量高科技型中小企业入驻，柜台交易市场主要为中小企业推出和股权转让提供了平台。[3] 当然，美国的场外交易市场产生的原因很复杂，[4] 而美国场外交易市场有两点值得借鉴，一是为广大的中小公司的股票和债券提供了交易通道和更多交易机会，二是为政府债券等提供方便的销售市场。[5] 由此可见，美国场外交易市场为其证券交易提供了非常重要的场所。

除了上述列举的美国的未上市证券的交易制度外，英国的证券市场遵循自律监管模式，英国证券市场同样是条块结合、有集中、有分散的多层次市场体系。全国性的三板市场（未上市证券市场）在英国的证券市场中，有由伦敦证券交易所创办的为中小企业进行股权融资服务的AIM，还有为更初级的中小企业融资服务的未上市公司股票交易市场

---

① 未在证券交易所里上市的证券称为未上市证券。

② 夏斌主编：《证券大辞典》，山西经济出版社1993年版，第10页。

③ 赖诚成：《解决中小企业融资难的国际经验与对策》，载《特区经济》2014年第8期。

④ 美国场外交易市场目的是为各种证券提供交易场所，美国场外交易市场产生原因的复杂性表明美国证券市场很强的灵活性和适应性，证券市场切实服务于经济全面发展的需要。美国场外交易产生的原因主要是：（1）某些证券发行以后，达不到在证券交易所上市的要求，不能在交易所上市。（2）某些公司规模较小而不为人知，其证券不可能在证券交易所上市，只能私下在熟悉者手中流转。（3）某些证券即使具备上市条件，但由于种种原因，如不愿公开自己的经营状况或不愿让自己的股票为很多人持有等，亦不愿在证券交易所上市交易。（4）有一些证券的风险较大或价格偏高，在交易所内很难成交。（5）有些证券即便上市，但由于种种原因，如一次交易量极大，也常常会在交易所外成交，等等。

⑤ 黄达、项怀诚、郭振乾主编：《中国证券百科全书》，经济管理出版社1993年版，第117页。

(Off Exchange)，简称 OFEX.[①]AIM 由伦敦证券交易所创办，是伦敦证券交易所的一部分，属于正式的市场；OFEX 是由在伦敦证券交易所承担做市商职能的一家家族公司创办的，属于非正式市场。OFEX 与 AIM 非常相似，都是为中小型高成长企业进行股权融资服务的市场。但是，OFEX 的市场准入门槛更低，层次更初级。2002 年以前，OFEX 的监管由 Jenkins 公司依据英国法律和伦敦交易所的相关管理规定自己实施监管，从 2002 年起，由于该市场日益发展壮大，已正式纳入英国金融监管局的监管范围内。在 OFEX 挂牌交易的公司，通过市场的培育，可以按照相应的规则进入 AIM 交易。这种结构完整、功能齐备的市场体系，有力地支撑和维护了英国在国际金融市场的地位。[②]

与我国小额证券相对应的证券交易市场主要是场外证券交易场所，场外证券交易场所是中国资本市场不可或缺的重要组成部分。由于我国地域辽阔，企业间的地域差距明显，如果将证监会和证券交易所作为全国不同层次企业同一和仅有的证券发行和交易监管机构，忽略不同层次企业证券发行和交易的制度需求，将极大地降低企业融资的效率。随着小额证券发行注册豁免制度的建立，我国将有大量的未上市证券在场外证券交易场所进行交易。因此，按照《证券法》第七条的规定，国务院证券监督管理机构依法对全国证券市场实行集中统一监督管理，国务院证券监督管理机构的派出机构按照授权履行监督管理职责，《证券法》第七条的规定为我国证券市场的集中统一管理与分工协调奠定了基础，我

---

① OFEX 是 JP Jenkins 公司为大量中小企业所提供的专门交易未上市公司股票的电子网络的注册商标。JP Jenkins 公司作为一个家族性公司，则是伦敦证券交易所登记注册的、具有良好经营记录和信誉的做市商。OFEX 创立于 1995 年 10 月 2 日，其目的是为那些未进入伦敦证券交易所主板市场或 AIM 挂牌交易的公司股票建立一个可出售其股票、募集资金的市场。一些在 AIM 交易的公司股票及以前在 1996 年年底关闭的“未上市证券市场”交易的公司股票也可以在 OFEX 进行交易。

② 尚福林主编：《证券市场监管体制比较研究》，中国金融出版社 2006 年版，第 236 页。

国按照地域设置场外证券交易场所是符合《证券法》的规定的，场外证券交易场所作为未在证券交易所上市的证券交易机构，可以为不同地区的企业发行的小额证券的发售提供交易场所。同时，场外证券交易场所也可以为我国的政府债券、企业债券等提供交易场所。

一言以蔽之，我国股票发行注册制改革正在如火如荼地进行中，为我国小额证券发行注册豁免制度和多层次资本市场建设开创道路，小额证券发行注册豁免制度是我国多渠道融资制度和多层次资本市场建设的枢纽。股票发行注册制和小额证券发行注册豁免制度的先后确立，将丰富我国证券发行渠道，为广大企业提供全方位的融资服务，是“使小企业铺天盖地、大企业顶天立地，市场活力和社会创造力竞相迸发”的经济发展势头的形成和发展[①]的助推器。

三、我国小额证券发行注册豁免制度的建构逻辑

（一）剖析我国小额证券发行制度的现行法律基础

美国《1933年证券法》是专门规范证券发行的法律，其由二十八节和两个附件构成，从法律规范的总体构成来看，其结构比较简单。但是，其每一节所囊括的内容非常厚实，使法律条文的内涵十分深邃和全面。例如，《1933年证券法》第3节，本法中证券的类别，第3节（a）豁免证券；第3节（b）附加豁免；第3节（c）小型投资公司发行的证券。[②] 因而，《1933年证券法》包括了国内国外公司在美国发行证券的规范要求和监管规范。我国现行《证券法》是集证券发行、交易和监管于一体的一部法律，证券发行法律规范条文共二十七条，与美国证券发行法律规范相比，证券发行的条款的数量也不算太少，但是法律条款的内容较为

① 《李克强谈“双创”：使小企业铺天盖地、大企业顶天立地》，人民网，http://lianghui.people.com.cn/2017/n1/2017/0305/c411237-29124199.html，最后访问时间：2017年3月5日。

② 《美国1993年证券法（中英文对照本）》，张路译，法律出版社2006年版，第15~27页。

单薄，导致基础法律制度的供给和条文规范内容的完善性不足，关于小额证券发行注册豁免法律制度的基础性缺陷主要表现在两个方面：

第一，基础法律制度暂付阙如。由于我国的经济体制与美国不同，我国证券市场的发展历程和模式也与美国大相径庭，美国强调市场经济，证券发行制度是以自下而上的模式形成的，其能充分反映市场需求和服务于市场，而我国证券发行制度是在行政力量的推动下建立起来的，由于监管力量的限制和对于不同经济成分的市场主体的法律地位认识的差异，证券市场没有充分反映融资企业的愿望，因此也限制了投资者更广阔的投资选择权。例如，我国证券发行制度的最初目标是服务于大中型国有企业，因而我国证券发行制度的监管标准单一，对企业规模要求严格，而现实的市场经济主体是多元并存，多元化的企业之间的融资需求差异的满足以及证券发行监管强度的灵活性未能在证券发行制度中体现出来。因为证券发行监管的目标是保证证券发行的安全，在证券发行不危及市场安全的前提下，为企业提供更多的融资渠道使企业可以根据自身需要和意愿进行融资，从总体来说，对于活跃证券市场和促进经济发展都是有益的。

我国现行《证券法》尚没有小额证券公开发行注册豁免的规定，如前所述，美国的小额发行注册豁免制度不仅在《1933 年证券法》第 3 节（b）已有规定，而且《1933 年证券法》第 3 节（b）采用开放性的思维，给豁免证券种类的扩大留有空间，确保了《1933 年证券法》基础法律地位的稳定性和适应性。[①] 2012 年出台的《JOBS 法案》将《1933 年证券法》第 3 节

① 《Securities Act of 1933》Section 3（b）. 参见《美国 1933 年证券法（中英文对照本）》，张路译，法律出版社 2006 年版，第 26－27 页。

(b) 规定为第3节（b)(1)，增加了第3节（b)(2)-(5) 新的豁免规定。[①] 因此，我国在修改《证券法》时，首先应考虑证券发行制度与企业融资需求的适应性，使证券发行制度形成层次化以与多元化体系的企业主体的融资需求相匹配，均衡不同规模企业的融资便利，为促进经济全面发展服务。虽然我国《证券法（修订草案)》正在朝拓展多种融资渠道的方向迈进，《证券法（修订草案)》第二节明确规定了股票发行注册制，为我国小额证券发行注册豁免制度的建立提供了前提，而且《证券法（修订草案)》第十三条至第十六条基本形成了证券发行豁免注册的规范体系，[②] 但是有些法条在具体条件上需要再进一步斟酌。如果在本次《证券法》的修改中正式确立小额证券公开发行注册豁免制度，将为我国小额证券的多渠道发行建立法律基础，协调我国证券发行基础法律制度结构。

第二，授权性实施规则的缺欠和非体系化。我国现行的《证券法》对于证券发行监管规定的结构安排，只能通过《证券法》的法律条款确立明确证券发行、交易等涉及的每一个基本问题，每一法律条款不可能事无巨细地囊括每一个问题的所有方面，发行制度的法律条文过于简单概括，缺乏柔性规定，即授权性规定。如果《证券法》有授权性规定，

---

① Amendments for Small and Additional Issues Exemptions under the Securities Act（Regulation A）（Final Rule), we are adopting a number of terms and conditions for Regulation A offerings pursuant to our discretionary authority under Sections 3b（2）-(5), Where we have done so, as discussed in detail in Section II. below, it is because we find such terms and conditions to be necessary in the public interest and for the protection of investors.

② 《中华人民共和国证券法（修订草案)》[以下简称《证券法（修订草案)》] 第十三条："通过证券经营机构或者国务院证券监督管理机构认可的其他机构以互联网等众筹方式公开发行证券，发行人和投资者符合国务院证券监督管理机构规定的条件的，可以豁免注册或者核准"；《证券法（修订草案）第十四条："通过证券经营机构公开发行证券，募集资金限额、发行人和投资者符合国务院证券监督管理机构规定的条件的，可以豁免注册或者核准"；《证券法（修订草案）第十五条："企业实施股权激励计划或者员工持股计划，向职工发行股票累计超过二百人，符合国务院证券监督管理机构规定的，可以豁免注册"；《证券法（修订草案）第十六条："向下列合格投资者公开发行证券，可以豁免注册或者核准……"

证监会根据《证券法》的授权性规定制定实施细则，有利于落实证券发行监管规则的实效性和证券发行实践中的可操作性。然而，虽然我国《证券法》第十条的规定涵盖了证券的公开发行与非公开发行，但是公开发行必须符合法律、行政法规规定的条件并依法报经国务院证券监督管理机构或者国务院授权的部门核准，《证券法》没有授权证券监督管理机构或国务院授权的部门对特殊情况下的公开发行制定发行规则并豁免核准，一般的非公开发行的具体条件没有在《证券法》中规定，也没有授权证券监督管理机构或者其他部门制定发行规则，因而，非公开发行的自由化程度很高，也提供了投机发行和非法发行的机会。[①]《证券法》中的非公开发行的授权性规定仅是针对上市公司发行新股的情况，《证券法》第十三条第二款规定："上市公司非公开发行新股，应当符合经国务院批准的国务院证券监督管理机构规定的条件，并报国务院证券监督管理机构核准。"如果在《证券法》中规定公开发行的不同情形和非公开发行的专门法律条款，如增加小额公开发行注册豁免的法律规范，授权证券监督管理机构制定不同情形公开发行、非公开发行的具体规则，既增强了证券发行的灵活性与市场主体的融资需求与意愿之间的有效对接，也可以避免监管真空，将极大地提高《证券法》实施的可行性与效益性，减少证券市场的纠纷。

（二）构建我国小额证券发行制度的基本思路

构建我国的小额证券发行制度，与其他国家和地区一样，应以美国小额证券发行制度为蓝本，因为美国市场经济和法治均很发达，美国的豁免证券种类很多，通过豁免证券和豁免交易充分地利用社会资源为企业提供直接融资机会。从经济基础与上层建筑关系的角度分析，美国的小额证券发行制度通过服务于中小企业融资很好地促进了美国经济的发

① 一般的非公开发行，即相当于美国的私募发行。

展。因此，小额证券发行豁免制度是美国证券发行制度的非常重要的有机组成部分，所以美国早在《1933 年证券法》中即规定了小额证券发行注册豁免制度。美国《1933 年证券法》第 3 节（b）规定附加豁免，理由是 SEC 若认为因公开发行所涉金额不大或公开发行受限制的特点，从维护公共利益和保护投资者的角度，遵照注册发行没有必要，SEC 可通过制定规则和条例并依据规则和条例的条款以及规则和条例的条款规定的条件，不时增加本条中所规定的豁免证券的种类，但是享受豁免注册的公开发行最高限额为 500 万美元。[①] SEC 依此规定相继制定了条例 A、规则 504 和 505。考虑到法律的稳定性与适应性，《1933 年证券法》第 3 节（b）采取非常开放的姿态。根据经济发展的变化，2012 年《JOBS 法案》将《1933 年证券法》第 3 节（b）指定为第 3 节（b）(1)，并增加了 3 节（b）（2）－(5)，[②] 美国 SEC 于 2015 年通过了修订的条例 A +，将每 12 个月的周期内的小额证券最高发行额度提高至 5000 万美元，以实施《JOBS 法案》第 401 节。

股票发行注册制是一国建立小额证券发行注册豁免制度的前提，在我国，中共十八届三中全会《决定》已明确提出“健全多层次资本市场体系，进行股票发行注册制改革”，为我国股票发行制度的深化改革奠定了基调。十八届三中全会之后，我国着手并正在修订《证券法》，《证券法（修订草案)》第二节明确规定股票发行注册，[③] 将为我国股票的注册

---

① 《Securities Act of 1933》Section3（b），参见《美国 1933 年证券法（中英文对照本)》，张路译，法律出版社 2006 年版，第 26－27 页。

② Amendments for Small and Additional Issues Exemptions under the Securities Act（Regulation A）（Final Rule），we are adopting a number of terms and conditions for Regulation A offerings pursuant to our discretionary authority under Sections 3b（2）－(5)，Where we have done so，as discussed in detail in Section II. below，it is because we find such terms and conditions to be necessary in the public interest and for the protection of investors.

③ 《中华人民共和国证券法（修订草案)》全文（2015 年 4 月 20 日人大审议版)，中国金融服务法治网，http：//www. financialservicelaw. com. cn/article/default. asp？id＝4777，最后访问时间：2015 年 5 月 20 日。

发行提供直接法律依据，为股票发行注册豁免制设置了前置条件。

在小额证券发行法律规范与规则体系的安排上，借鉴美国等国家和地区的小额证券发行制度经验，我国小额证券发行注册豁免制度法律规范体系采用《证券法》的法律条款规范与小额证券发行注册豁免实施规则相结合。《证券法（修订草案）》第十九条第二款规定："公开发行股票且不在证券交易所上市交易的，其注册条件和程序由国务院证券监督管理机构依照本节的原则另行规定。"① 《证券法》的小额公开发行注册豁免法律条款是制定小额证券实施规则的基石，修改后的《证券法》可以保留《证券法（修订草案）》第十九条的规定，将其作为中国证监会获得小额证券发行注册豁免规则制定授权的法律基础，并进一步在《证券法（修订草案）》中明确规定小额证券发行注册豁免的条文，作为将来《证券法》修改后的正式注册豁免法律规范条款。关于小额证券发行条件和规范的规则由中国证监会根据《证券法》的授权性法律条款制定，小额证券发行规则包括小额证券发行监管的全部流程，具体流程类似于美国条例 A + 下的规则 251 ~ 263。②

小额证券发行规则在小额证券的发行中具有承上启下的作用，其既应保持《证券法》的权威性，又是企业发行小额证券的行为规则，是联结企业与证券市场的纽带。中国证监会在制定规则时应注意规则的实际应用价值，根据经济发展需要和企业融资需求，在必要时修订原有规则并可以制定新的规则，按照这种模式形成的证券发行制度将是一个干支分明、有规可循的体系，证券发行法律制度的改革和建设将会有条不紊地推进。

---

① 《中华人民共和国证券法（修订草案）》全文（2015 年 4 月 20 日人大审议版），中国金融服务法治网，http：//www.financialservicelaw.com.cn/article/default.asp? id = 4777，最后访问时间：2015 年 5 月 20 日。

② 17 C. F. R. § 230. 251 – 263.

小额证券发行制度规范体系是《证券法》的法律条款与小额证券发行规则的结合，使《证券法》规定的小额证券发行法律规定和小额证券发行规则的内容保持繁简适宜，形成法治统一、层次分明的小额证券发行制度规范体系。

（三）建议制定小额发行注册豁免储架发行规则

本书建议小额证券发行适用储架发行制度，储架发行制度更能满足小额证券发行对于效率的追求和降低发行成本的要求。储架发行制度可以更充分地利用简化的发行制度，储架发行制度是一次申报，多次发行，可以节约企业的申报文书的准备时间，发行企业可以择机进行后期发行。另外，后期发行发行企业只需向证券主管机关提交补充信息和变更信息，可以采用参照编入方式简化申报信息内容。而且，储架发行制度在国内外均有应用的经验，对于节约发行资源和提高发行效率都是有好处的。美国早有储架发行制度的规则415，其适用于注册证券的储架发行，适用范围较为广泛。[①] 2015年美国SEC在条例A+中确立了小额证券储架发行制度的规定，并且规定了具体的适用条件。[②] 我国国内已有证券储架发行制度的规定，[③] 2012年中国证监会发布的《非上市公众公司监督管理办法》已确立了非上市公众公司定向发行的储架发行制度，其第四十一条规定："公司申请定向发行股票，可申请一次核准，分期发行……"[④]，

---

① https://www.sec.gov/interps/telephone/cftelinterps_ rule415.pdf.

② 17 C.F.R. §230.251（d）（3）.

③ 2007年《公司债券发行试点办法》（中国证券监督委员会第49号令）；2012年《非上市公众公司监督管理办法》（中国证券监督委员会第85号令）。还有2014年中国人民银行、银监会的《商业银行次级债券发行管理办法》、2012年《证券公司次级债管理规定》、2012年保监会《基础设施债权投资计划管理暂行规定》。

④ 《非上市公众公司监督管理办法》第四十一条规定："公司申请定向发行股票，可申请一次核准，分期发行。自中国证监会予以核准之日起，公司应当在3个月内首期发行，剩余数量应当在12个月内发行完毕。超过核准文件限定的有效期未发行的，须重新经中国证监会核准后方可发行。首期发行数量应当不少于总发行数量的50%，剩余各期发行的数量由公司自行确定，每期发行后5个工作日内将发行情况报中国证监会备案。"

2013年根据《关于修改〈非上市公众公司监督管理办法〉的决定》修改后的《非上市公众公司监督管理办法》[①] 第四十四条仍然沿用了2012年《非上市公众公司监督管理办法》第四十一条的规定。非上市公众公司储架定向发行的特点在于由证监会一次核准后，每次发行时无需向证监会报告，且不用提供更新的信息，笔者分析该规定的主要原因在于储架定向发行的发行对象周知发行企业的信息。

本书将我国小额注册豁免证券的储架发行在12个月内的最高发行额度确定为5000万元，一次申报，多次发行，后期每次发行时须向证券主管机关提交变更的信息并须经核准后才能发行，提交变更信息是意图实现对发行人“身份”和“行为”双重监管的思路，[②] 因为小额证券发行的最高发行额在初次发行申报时，向证券主管机关提交的信息是发行企业“身份”的揭示，在申报后的经营过程中，企业的经营行为与业绩发生变化时，向证券主管机关提交的变更信息揭示的是发行企业的“行为”，如果发行企业的后期经营行为符合小额证券发行的规范要求，证券主管机关准予在初次申报的储架发行的额度范围内发行。这样规定的目的主要是确保简化发行制度应用的适当性，防止出现监管真空，使储架发行制度与小额证券发行配合适当，在降低发行成本、提高发行效率时确保小额证券的发行安全。

上述阐述的《证券法》中关于小额证券发行注册豁免的条款以及证监会的规则是小额证券发行法律规范的主体组成部分，企业在发行小额证券的运作实践中，还须在《证券法》的统一规范下，遵行《公司法》以及相关法律规范、《中华人民共和国会计法》（以下简称《会计法》）及其相关法律规范以及自律组织的监管规则等。小额证券发行法律规范

---

① 《关于修改〈非上市公众公司监督管理办法〉的决定》（证监会令【第96号】）

② 刘志伟：《论证券储架发行制度在上市公司IPO中的拓展适用》，载《证券市场导报》2015年第4期。

是证券管理法律规范体系的构成部分，其与证券管理法律规范体系的其他部分共同形成证券法的完整体系，因此，其法律规范体系的构成是广泛分布于与证券管理相关的法律规范之中，以此确保监督小额证券发行活动的法治的统一和对于证券市场的集中监管的协调。

本章构思了如何构建我国小额证券发行注册豁免制度的法律规范体系的基本思路，小额证券发行注册豁免制度的适用要件、信息披露要求、发行登记监管程序和交易规制、制度等，将以本章构思的小额证券发行注册豁免法律制度的规范体系为基础，在本书的第三、四、五、六章分别展开论述。

第二章 境外*小额证券发行制度的经验揭示

本书对于境外小额证券发行制度的研究对象包括美国、欧盟、日本和我国台湾地区。这些国家和地区的小额证券发行制度各有千秋，本书在我国小额证券的发行制度的研究中综合运用其各自制度中的优点。美国是市场经济和法治最为发达的国家，美国是小额证券发行制度的起源地并且美国的小额发行制度成为世界各国小额证券发行制度的典范；日本小额证券发行制度的缜密和完善是很有特色的，而且日本的证券市场的特殊板块设置适应多种类型证券的交易需求；我国台湾地区证券发行监管制度的演进路径与中国大陆证券发行监管制度的演进路径相似，其证券发行豁免思想和店头市场的自律管理经验值得我们借鉴。研究美国、欧盟、日本和我国台湾地区小额证券发行与交易监管制度，取其精要并加以本土化后融合于我国的小额证券发行制度中，作为我国建构小额证券发行注册豁免制度的经验借鉴。

一、美国小额证券发行制度的演进与改革思路

（一）美国小额证券发行的历史演进

按照美国《1933 年证券法》第 5 节的规定，禁止未经注册而直接或间接发行证券，然而，考虑到具体发行行为在发行对象、发行限额等方面的特殊性，要求所有的证券发行行为都由监管机关进行事前注册审核

---

* 为了标题用语的凝练，此处的境外包括我国台湾地区。

既不经济也不必要，故立法者在《1933 年证券法》第 3 节和第 4 节又规定了豁免证券（Exempted Securities）与豁免交易（Exempted Transactions）两类证券发行注册豁免制度。① 美国小额发行豁免制度的形成和演进过程坚持的核心理念是：SEC 豁免对小额证券发行的审核注册，提高小企业发行人的融资效率，节约筹资成本，同时，能够达到保护投资者利益的目标。美国小额证券发行制度的发展经历了两个比较显著的历史阶段，由此形成的小额发行豁免法律规范体系是：以美国《1933 年证券法》第 3 节（b）和《JOBS 法案》第 401 节为基础的小额发行豁免法律规范体系，美国 SEC 根据《1933 年证券法》第 3 节（b）和《JOBS 法案》第 401 节的授权制定了条例 A 并修定为条例 A + 。

1. 1933 ~2012 年之前的小额证券发行豁免制度法律规范体系

（1）条例 A 的形成与发展。由于美国《1933 年证券法》高昂的注册发行成本，企业在公开资本市场上的小额融资很不经济。美国创设小额发行的目标是在不牺牲公共利益和投资者保护的前提下，使小额证券发行的效率和效益更高。本着这一目标确定小额发行的条件，美国证券法创设豁免发行制度的条件是，SEC 必须根据证券法的授权，考虑公共利益和投资者保护的必要性，对于发行数额较小或者公开发行特征有限，执行证券法的注册要求没有必要。② SEC 根据《1933 年证券法》第 3 节（b）的授权，通过规则（Rule）或条例（Regulation）的形式允许总额不超过 500 万美元的证券免于注册，前提是被“豁免”注册发行的证券对于公共利益及投资者保护没有多大必要。

需要特此说明的是，美国《1933 年证券法》第 3 节（b）在 1933 年通过时的可豁免注册发行的最高额度是 10 万美元，SEC 根据此授权制定

---

① Louis Loss, Joel Seligman, Troy Paredes, *Securities Regulation*, Volume III, 4th Edition, Wolters Kluwer Law &Business 2008, pp. 4 – 14.

② 《美国法典》15 U. S. C. § 77c（b）.

了条例A，于是条例A成为最古老的《1933年证券法》第3节（b）规定的小规模发行豁免，规则251～263是小额发行行为规则。① 除了条例A之外，美国为了鼓励小规模发行采取了许多措施，如改进小企业登记表格，表格S－18适用于基于发行数额而非企业规模制定的表格，② 表格SB－2则根据发行人的规模而不限制发行的数额大小。③ 从1933年以来，国会和证券交易委员会已经发展了许多适用于小企业的豁免。④ 尽管如此，仍有呼声要求再增加小规模发行的豁免额度，条例A的最高发行限额，1945年增加到30万美元，1970年时的最高限额是50万美元，1978年从50万美元增加至150万美元，1978年再次提高到200万美元。⑤ 1980年将条例A的最高发行限额增加到500万美元，1992年证券交易委员会对条例A的修订，放宽了对条例A的限制，批准了“试水”规定，1992年条例A修订的发布与采纳证实了证券交易委员会在条例A中更加

① 《联邦法典》17 C. F. R. §230. 251－263。参见Harvey Frank，《条例A规定的小规模证券发行程序》，载《1962年Duke法律杂志》1962年Vol. 1962，第507－521页；参见Robert R. Burge. 《条例A：近期发展的评论与观察》，载《洛杉矶律师公告》第46期第290页（1971）。

② 参见Jerry L. Amold&Merle W. Hopkins，《表格S－18适用时期小公司发行证券登记：专业人员的理解》，载《公司法评论》1985年第8期。

③ 表格SB－2适用于最近一个财务年度收入不足2500万美元的“小企业发行人”，不包括外国私人发行人，外国政府，投资公司，以及非“小规模发行人”拥有多数股权的子公司。《1933年证券法》规则405和1994年《证券交易法》规则12b－2规定了“小企业发行人”。《联邦法典》17 C. F. R. §230. 405，240. 12b－2。

④ 参见3A Harold S. Bloomenthal，《证券及联邦公司法》第五章（1981年修订本）；J. William Hicks：《1933年证券法规定的豁免交易》（1979）；Roy L. Brooks，《〈1933年证券法〉规定的小企业融资选择权》，载《U. C. Davis. 法律评论》1980年第13期；Stuart R. Cohn：《小企业发行人的证券市场：联邦代理的障碍与广告禁止》，载《佛罗里达大学法律评论》1986年第38期。

⑤ 转引自［美］托马斯·李·哈森：《证券法》，李学安译，中国政法大学出版社2003年版，第159页。

周密平衡投资者保护和资本形成。[①] 1992 年委员会也曾建议国会将第 3 节（b）的上限增加到 1000 万美元，[②] 但是 500 万美元的最高限额一直延续至 2015 年 6 月 19 日条例 A + 生效日之前。

条例 E 和条例 D 的形成，《1933 年证券法》第 3 节（b）是明确授权证券交易委员会为小额发行豁免创造规则的唯一规定，在《1958 年小企业投资法》增加到《1933 年证券法》的 3 节（c）之前。[③]《1980 年小企业发行人简化法》也增加第 4 节（6）[④] 到《1933 年证券法》，其规定：如果发行的对象仅为获许投资者，发行总额不超过第 3 节（b）规定的限额，如果发行人或者代表发行人的任何人不做广告或公开劝诱，并向 SEC 提交通知，则其发行可免于注册。[⑤]

SEC 根据《1933 年证券法》第 3 节（b）、3 节（c）和 4 节（5）的授权，[⑥] 通过规则（Rule）或条例（Regulation）的形式允许总额不超过 500 万美元的证券免于注册，前提是被"豁免"注册发行的证券对于公共利益和投资者保护没有多大必要。并且相继制定了条例 A、条例 D 和条例

① In the release adopting the 1992 amendments to Regulation A, the SEC described its consideration and analysis of the changes on competition and investor protection in Regulation A. Small Business Initiatives, Securities Act Release No. 6949, 7 Fed. Sec. L. Rep. (CCH) 72, 439, at 62, 167 - 70 (July, 30, 1992).

② In the release adopting the 1992 amendments to Regulation A, the SEC described its consideration and analysis of the changes on competition and investor protection in Regulation A. Small Business Initiatives, Securities Act Release No. 6949, 7 Fed. Sec. L. Rep. (CCH) 72, 439, at 62, 167 - 70 (July, 30, 1992).

③ In 1996 the Commission was given a general exemptive authority in § 28 of the Securities Act. See supra ch. 1. B. 3. c. What is now § 4 (5) piggybacks on § 3 (b) and exempts transactions involving offers or sales to accredited investors if the offering price does not exceed the amount allowed under § 3 (b).

④《1933 年证券法》§ 4（6）在 2010 年重新编号为 § 4（a）（5）；§ 4（a）（5）- Accredited investorexemption, Section4 (a) (5) of the Securities Act exempts from registration offers and sales of securities to accredited investors when the total offering price is less than $ 5million。

⑤《1933 年证券法》第 4（6）节；See Louis Loss, Joel Seligman, Troy Paredes, *Securities Regulation*, 6th Edition, Volume I, Wolters Kluwer Law &Business 2011, p. 531。

⑥《1933 年证券法》§ 4（6）在 2010 年重新编号为 § 4（a）（5）；§ 4（a）（5）- Accredited investorexemption, Section4 (a) (5) of the Securities Act exempts from registration offers and sales of securities to accredited investors when the total offering price is less than $ 5million。

E，条例A下的规则由251~263构成，条例D包括规则504和规则505，由此形成了美国小额证券发行注册豁免制度的法律规范体系。由于条例A+生效以后，对于条例D规定的内容修改较多，规则504的最高发行限额提高到500万美元，规则505已废止，规则506也按解禁私募发行公开劝诱后的新规定执行。条例E主要是针对小企业投资公司的，故此处不再赘述这些规则的内容。

（2）条例A下的规则

前面已提到过，条例A由规则251~263[①]组成，并通过规则251~263规定小额证券的发行要件和发行流程，以规范小额证券的发售行为和过程。为了执行《JOBS法案》第401节，美国SEC通过了修改的条例A，修改后称为条例A+，于2015年6月19日生效。由于条例A的规则251~263被修改以后，一方面由于修改内容较多，另一方面修改后将遵照新的规则执行。因此，在这里只列举条例A下的规则251（b）累计的发售价额以与条例A+对照，发行新的小额证券依据条例A+关于规则251~263的规定。

规则251（b）[②]累计的发售价款、证券（发行）所获得的全部现金及其他对价[③]（发行总价）不得超过500万美元，其中包括了不超过150万美元的旧股（存量）出售收入，同时还要减去在依据条例A进行本次证券发售之前12个月内对全部该类证券发行所获得的发行总价。如果发行

① 17 C. F. R. §230. 251-263.

② 17 C. F. R. §230. 251.

③ 当（发售收入）为现金与非现金对价的混合时，发行总价应依据证券以现金形式发售的价格进行计算。任何在发行总价中所收到的外汇部分应以在证券销售日之前合理的时间段内依照外币兑换率换算成美元。若证券的发售不是为了募集现金，则发行总价应取决于这些对价物在合理时间内可被善意出售的价值，或者在不存在出售条件时，由依据一个可接受的准则所评估的公允价值。在对非现金对价进行评估时应确保（评估）的合理。参见中国证券监督管理委员会组织编译：《美国〈1933年证券法〉及相关证券交易委员会规则与规章（中英文对照本）》，法律出版社2015年版，第327页。

人在过往2年中的至少一年未能从持续性经营中产生净利润，则发行人关联人的转售行为不被允许。

（3）条例A的实施效果评析。美国虽然在《1933年证券法》的基础上形成了较为完备的小额证券发行注册豁免法律制度体系，尤其是SEC遵照《1933年证券法》的第3节（b）规定制定的条例A，限制了对公共利益和投资者保护没有不利影响的证券发行的规制。① 1992年证券交易委员会对条例A的修订，放宽了对条例A的限制，批准了“试水”规定，1992年条例A修订的发布与采纳证实了证券交易委员会在条例A中周密平衡投资者保护和资本形成。② 然而，条例A规定的“豁免注册”并非自由发行，发行人仍需要提交一定的材料获得批准，只是材料的要求比IPO注册简易，申请条例A“豁免注册”的公司同时需要满足其发行对象所在州蓝天法的规定，获得州一级的许可。500万美元的融资与申请依条例A发行的材料准备成本和各州蓝天法的合规成本相比金额太低。③ 此外，“蓝天法”对股票发行公司质量要求非常高，申请上市的公司如果不符合其要求，哪怕在招股说明书中实事求是地披露了公司的缺点和不足，也根本不被允许注册向公众发行股票。如此规制的结果是，使用条例A的证券发行非常之少，1994～2004年，条例A仅被使用78次。在2010年一年内，仅用了3次。因而，证券交易委员会一直寻求帮助小企业获得接近公开资本市场的机会，没有不适当的规制和使发行成

① 15 U.S.C. § 77c（b）（1994）.

② In the release adopting the 1992 amendments to Regulation A, the SEC described its consideration and analysis of the changes on competition and investor protection in Regulation A. Small Business Initiatives, Securities Act Release No. 6949, 7 Fed. Sec. L. Rep. （CCH） 72, 439, at 62, 167－70 (July, 30, 1992).

③ 《美国众筹法律如何演进：蓝天法、乔布斯法案、Reg A、Reg A+》，北方金融，https://www.beifangdai.com/newscenter/a594.html，最后访问时间：2015年8月10日。

本复杂化，没有使小企业进一步经受证券交易法要求的持续报告成本。①

2. 以《JOBS 法案》为标志的小额证券发行制度的全面改革

美国小额证券发行豁免制度改革进入第二阶段的标志是2012年《JOBS法案》的出台，为了增强条例A的适用性，满足中小企业融资需求，应对中小企业IPO危机，美国国会于2012年1月通过了《JOBS 法案》。在《JOBS 法案》第401节对小额证券发行豁免法律制度的修改主要是《1933年证券法》第3节（b），将第3节（b）指定为第3（b）（1）节，并增加第3（b）（2）-（5）节，作为第3（b）（1）节之外新的小额豁免路径，② 并将其纳入第四章（Title IV）。为了实施《JOBS 法案》，SEC在条例A+《建议规则（Proposed Rule）》③ 广泛征求社会意见后，于2015年3月25日发布条例A+《正式规则（Final Rule）》，与2002年颁布的《萨班斯-奥克斯利法案》相比，明显地放松了管制，主要是为了降低EGC公司的证券发行成本，《JOBS 法案》被称为“EGC”（emerging growth companies）的一类新的发行人的IPO创造了专门的规则。④

（1）条例A+部分规则的内容⑤

规则251（a）：⑥建立了第一层级和第二层级两个层次的发行额度。合格证券的公开发行或销售，如规则261⑦ 的规定，根据按照第（3）（b）节授权的条例A+将豁免《1933年证券法》的注册登记要求。（1）第一层

① Id, at 82, 484; Priscilla S, Johnson, “The SEC’s small buiness initiatives and regulation A: new life for an old exemption” [notes], *Journal of Law and Commerce*, Vol. 13, 1993, pp. 157-178.

② Jumpstart Our Business Startups Act, pub. L. No. 112-106 § 402.

③ Securities Act Release No. 33-9497; “Proposed Rule Amendments for Small and Additional Issues Exemptions Under Section 3 (b) of the Securities Act”, (Dec. 18, 2013).

④ JOBs Act § 101 (a). SeeTodd Blakely Skelton, “2013 Jobs Act Review &Analysis of Emerging Growth Company IPOs”, *Transactions: The Tennessee Journal of Business Law*, Vol. 15, 2014, pp. 455-500.

⑤ 条例A+的内容严谨、详细，由于论文篇幅所限，本书摘选部分内容，其余规则适用时分散贯穿于论文的对照写作中，并以脚注的形式表明规则来源。

⑥ 17 C. F. R. § 230. 251 (a).

⑦ 17 C. F. R. § 230. 261.

级发行证券（发行）所获得的全部现金及其他对价①（发行总价）加本次证券发行开始前12个月内和最近证券发行期间（总的销售）根据其他发售声明销售证券的总价额不得超过2000万美元，其中包括不超过600万美元的发行企业附属机构的证券持有人销售的证券。（2）第二层级发行总的发行价额和总的销售价额不超过5000万美元，包括由发行企业附属机构的证券持有人销售的证券不超过1500万美元。（3）在第一年度对二次分销的额外限制。在以下两种情形的任一条件下，证券持有人销售的证券的发行价额不得超过一次发行的证券发行总价额的30%，（i）发行人根据条例A+第一次发行证券；或（ii）在发行人第一次发行认可日期的一年内根据条例A+的任何随后的发行。

规则252（d）:② 秘密递交。根据条例A+已认可的发售或者生效的注册声明之前没有销售过证券的发行人可以向委员会递交草拟的发售声明由委员会工作人员在公开前秘密审查，条件是发售声明在向委员会公开提交之前的21天内没有被认可：（1）初次非公开递交；（2）所有非公开修订；（3）由发行人或者发行人代表递交给委员会工作人员关于这次递交的所有秘密通信［根据规则251（e）③ 经过任何独立批准的保密处理请求］。

---

① 当（发售收入）为现金与非现金对价的混合时，发行总价应依据证券以现金形式发售的价格进行计算。任何在发行总价中所收到的外汇部分应以在证券销售日之前合理的时间段内依照外币兑换率换算成美元。若证券的发售不是为了募集现金，则发行总价应取决于这些对价物在合理时间内可被善意出售的价值，或者在不存在出售条件时，由依据一个可接受的准则所评估的公允价值。在对非现金对价进行评估时应确保（评估）的合理。如果发行的是可转换证券或认股权证，这些证券是可转换的，可运用的，或可交换的在发售声明认可或者发行人的自行决定自由的一年内，附属公司证券也被认可，总的发行价额必须包括这些证券实际或最高估计转换、运用或交换价额。See Securities and Exchange Commission, 17 CFR Parts 200, 230, 232, 239, 240, 249 and 260, ［Release Nos. 33 - 9741; 34 - 74578; 39 - 2501; File No. S7 - 11 - 13］RIN 3235 - AL39, Amendments for Small and Additional Issues Exemptions under the Securities Act (Regulation A), pp. 351 - 352.

② 17 C. F. R. § 230. 252.

③ 17 C. F. R. § 230. 251 (e).

规则255（a）[1]试水和其他交流。发售声明被认可前的任何时候，包括秘密递交或者发售声明的公开提交之前，发行人或其授权的任何人代表发行人口头或者书面交流以决定对考虑发行的证券是否有兴趣。这种交流被认为是证券的销售要约为了联邦证券法的反欺诈规定的目的。从任何人处获得金钱或其他对价的诱惑或接受，也没有任何承诺、约束或别的类似情形被准许直到发售声明被认可。

规则256[2]　合格购买人的定义

因为《1933年证券法》第18（b）（3）节[3]的目的，合格购买者意味着根据条例A+第二层级发行的证券被要约或销售的任何人。

规则257[4]　定期报告和临时报告；退出报告

（a）第一层级：退出报告。根据条例A+为了第一层级的证券发行提交了证券发售声明并获得认可的发行人在证券发行终止或完成后30个日历日必须以表格1-Z[5]提交退出报告。

（b）第二层级：定期报告和临时报告。根据条例A+为了第二层级的证券发行的每一个发行人提交了证券发售声明并获得认可的发行人必须向委员会提交以下的定期报告和临时报告：（1）年度报告表格1-K。[6]（2）特定财务报告。（3）半年度报告表格1-SA。[7]（4）临时报告表格1-U。[8]（5）继任发行人报告。

（c）修改。在本节（a）和（b）规定的报告的所有修改必须提交，加有被修改表格的封页，标注字母“A”以命名该文件为修订文件，例

① 17 C. F. R. §230. 255（a）的部分内容。
② 17 C. F. R. §230. 256.
③ 15U. S. C. 77r（b）（3）.
④ 17 C. F. R. §230. 257.
⑤ 17 C. F. R. §239. 294.
⑥ 17 C. F. R. §239. 291.
⑦ 17 C. F. R. §239. 292.
⑧ 17 C. F. R. §239. 293.

如，“1－K/A”，遵守适用于这些报告的相关要求。根据该（c）段提交的修改必须建立每一项修改的完整文本，但是不必包括没有被修改的任何项目。修改必须按顺序标号，被修改的每一个报告分开提交。修改必须由发行人正式授权的代表代表发行人签字，如在申请表规定的要求包括证明，对任何报告的修改必须包括适当人员的新的证明。

规则 262（d）[①] 剥夺豁免资格的事件。发行人必须在发行招股说明书中包括在本节（a）（3）和（5）[②]，但是是以前发生的引发丧失豁免资格的事件的信息描述。未能提供这些信息将不能阻止发行人运用条例 A＋，如果发行人确定它不知道，在尽到合理注意义务，不可能知道未披露事件的存在。

（2）小额发行规则的协调修改

此外，为了实施《JOBS 法案》第三章和第四章，SEC 还修改了《1934 年证券交易法》的注册要求。[③] 由于《JOBS 法案》第三章确立了众筹豁免和解禁规则 506 的公开劝诱，规则 504 和规则 505 自身的因素，考虑到众筹豁免和规则 506 对规则 504 与规则 505 的冲击，规则 504 和规则 505 的适用率下降，为了提高各小额发行豁免规则的实际效用，协调彼此间的冲突和矛盾，SEC 于 2015 年 10 月 30 日发布规则 504《建议规则（Proposed Rule）》和规则 505《建议规则（Proposed Rule）》，[④] 根据广泛征求的社会意见，SEC 于 2016 年 11 月 21 日发布规则 504 和规则 505 的《正式规则（Final Rule）》，将规则 504 的发行总额确定为 500 万美

---

① 17 C. F. R. §230. 262（d）.

② 17 C. F. R. §230. 262（a）（3）和（5）.

③ 17 CFR Parts 230 and 240 [Release No. 33－10075; 34－77757; File No. S7－12－14], Changes to Exchange Act Registration Requirements to implement Title V and Title VI of the JOBS Act (Final Rule).

④ Federal Register/Vol. 8o, No. 217, 17 CFR Part 230 exemptions to facilitate intrastate and Reginal Securities Offerings; proposed Rule.

元，废止了规则505。

3. 小额证券发行的监管程序

在发行程序方面，规则252、256和257① 包含条例A的备案和通知要求，用Form 1 – A向委员会在华盛顿的国家总部提交7份发行声明，② 发行声明由按照Form1 – A要求的内容和要求的声明必须的任何其他重大信息，按照信息发生时的环境，这些信息必须不是误导性信息。③ 美国早在2005年就提出，使条例A的限制要求、交流和发行程序适应现代化的需要，表达与《1933年证券法》注册程序类似的规定。④ 依据条例A的证券发行要求发行人在证券销售行为开始前至少20日提前向SEC提交7份发行声明（Offering Statenent，具体形式为Form 1 – A），必须得到SEC的同意，并经历提交前阶段（Pre-filing Period）、同意前阶段（Pre-qualification Period）、同意后阶段（Post-qualification Period）三个阶段，类似于注册，所以有时被称为“简式注册”（Short Form Registration）或者“迷你注册（Mini-Registration）”。⑤ 发行声明和之后对于发行声明的任何修改的认可日期和时间由委员会决定，⑥ 与《1933年证券法》的注册程序类似，不存在顺延计算，发行声明在提交后满20个日历日生效，⑦ 备案修改的生效日自备案修改提交之日重新计满20个日历日生效。⑧ 对于发行声明的修改必须签字并按照初次提交的方式向委员会提交，对于发行声明的修改必须附加Form1 – A的封面，并在封面按照提交的顺序连续编号。⑨

---

① 17 C. F. R. §230, 252, 256, 257.

② Hazen, Thomas Lee, *The law of securities regulation*, 5th Edition, Thomson/West, 2005, p. 178.

③ 17 C. F. R. §230. 252 (a).

④ See e. g. , Securities Offering Reform, Rel. No. 33 – 8591 (July 19, 2005) [70 FR 44722] .

⑤ SeeWilliam J. Hick, "*Exempted Transactions under the Securities Act of* 1933," *Indiana Law Journal* , Vol, 56, 1980, pp. 95 – 101.

⑥ 17 C. F. R. §230. 252 (e).

⑦ Rule 252 (g) (1), 17 C. F. R. §230. 252 (g) (1).

⑧ Rule 252 (g) (3), 252 (h) (1), 17 C. F. R. §230. 252 (g) (3), (h) (1).

⑨ 17 C. F. R. §230. 252 (f) (1) (i).

按照条例 A 要求发行声明被证券交易委员会认可后才能销售证券。[①]

与条例 A 相比，条例 D 规定的受限制小额发行不需要事先通知 SEC，依据规则 504 和 506 发行或出售证券的发行人必须在发行的证券首次销售后 15 天内向 SEC 提交为每次新发行的证券要求以 FormD 的形式及其包含的信息的销售通知（Notice of sales）。如果 15 天的最后一日是星期六、星期天或者假日，在这种情况下，到期日是休息日随后的第一个工作日。[②] 发行人可以随时提交对于以前提交的销售通知的修改，[③] 当发现以前提交的销售通知中存在重大错误或差错，或者在以前提交的销售通知中的信息发生变化，发行人必须提交对于以前提交的证券销售通知的修改。[④] 销售通知 FormD 必须以电子版的形式与按照条例 S－T[⑤] 规定的 EDGAR 规则向 SEC 的 EDGAR 系统提交。[⑥] 每次的销售通知 FormD 必须由发行人授权的符合资格的人签署。[⑦]

（二）美国小额证券发行制度的改革思路

美国小额发行制度的演进与变迁过程表明美国国会与立法部门意识到了小企业对于美国经济的重要性[⑧]和小额证券发行对于美国小企业融资的意义。[⑨] 美国国会通过小额证券发行制度改革为中小企业提供良好的融

---

① 17 CFR Parts 200, 230, 232, 239, 240, 249, and 260 [Release Nos. 33－9741; 34－74578; 39－2501; File No. S7－11－13] RIN 3235－AL39 Amendments for Small and Additional Issues Exemptions under the Securities Act (Regulation A), p. 354, See 17C. F. R.. §230. 251 (d) (i).

② 17 C. F. R. §230. 503 (a) (1).

③ 17 C. F. R. §230. 503 (a) (2).

④ 17 C. F. R. §230. 503 (a) (3) (i) (ii).

⑤ 17 CFR Part 232.

⑥ 17 C. F. R. §230. 503 (b) (1).

⑦ 17 C. F. R. §230. 503 (b) (2).

⑧ Id; Priscilla S, Johnson, "The SEC' s small business initiatives and regulation A: new life for an old exemption" [notes] *Journal of Law and Commerce*, Vol. 13, 1993, pp. 157－178.

⑨ Proposing Rease, supra note 5, at 82, 483. Priscilla S, Johnson, "The SEC' s small business initiatives and regulation A: new life for an old exemption" [notes] *Journal of Law and Commerce*, Vol. 13, 1993, pp. 157－178.

资服务，促进经济发展。如有的学者对《JOBS 法案》修改的评价：《JOBS 法案》涉及对《1934 年证券交易法》、2002 年《萨班斯 - 奥克斯利法案》、2010 年《多德 - 弗兰克法案》等美国重要证券法律的诸多修改，其改善中小企业融资服务的力度之大、内容之全面是前所未见的。[①]也有学者总结《JOBS 法案》的改革目标是：《JOBS 法案》综合多部法律在融资便利化方面的不足，直接针对中小企业融资服务推出系统性的改革措施，以便利中小企业融资为目标，简化发行程序，减轻监管负担，降低上市成本。[②] 小额证券发行制度改革的整体思路是去管制化，注重监管强度与投资者保护需求之间的适度匹配，对不同发行方式和发行额度采取差异化的监管标准，突出监管实效。具体表现在以下四个方面。

1. 简化中小企业的融资流程

《JOBS 法案》简化中小企业 IPO 流程的突出贡献体现在两个方面：一是降低了申请材料的要求。在《JOBS 法案》出台之前，拟上市公司需要向 SEC 提交复杂的申请材料，其中需要提供公司在 IPO 之前 3 年的经审计的财务报告，同时需要提供之前 5 年的经审计的特定财务指标报告，这些报告会引发高昂的审计费用。而改革之后，财务报告只需提供发行前两年的，而特定财务指标报告只需提供当年的，这样一方面减少了公司准备申请材料的难度，另一方面节省了大量的审计费用。二是统一优先适用联邦法以降低证券发行成本。从美国《1933 年证券法》到《1996 年全国性证券市场促进法》[③] 和 2002 年《统一证券法》，美国跨州的证券活动受到联邦与州双重注册及豁免注册的规制。《JOBS 法案》出台之前，除条例 D 之 506 规则排除了各州“蓝天法”的管辖外，各州仍然保留对

① 张承惠、田辉、朱明方：《中国场外股权交易市场发展与创新》，中国发展出版社 2013 年版，第 89 页。

② 田辉：《美国乔布斯法（JOBS ACT）分析及对中国的启示》，《调查研究报告》2012 年第 193 号。

③ Pub. L. 104 - 290，110 Stat. 3416（Oct. 11，1996）.

各种联邦证券法规定的小额发行豁免（条例 A，条例 D 规则 504、规则 505）的注册管辖权和实质审核权，使得条例 A 使用率低。《JOBS 法案》对条例 A 修订后的条例 A + 实行发行额度的分层管理，协调州法与联邦注册审核规则：第一层级 2000 万美元以下发行保持州法的实质审核，第二层级 2000 万 ~ 5000 万美元区间，联邦法取代州法的适用，豁免各州“蓝天法”的审核注册，① 解决了依据条例 A 发行的证券必须在各州注册审核耗费的时间和高成本问题。

2. 减轻中小企业的信息披露负担

在《JOBS 法案》中，降低了新兴成长企业（EGC）的信息披露负担，使其获得接近资本市场融资的机会，为中小企业提供融资服务以促进中小企业创业和提供就业机会。《JOBS 法案》发布后，市场上认为对 EGC 公司最为利好的消息就是关于信息披露要求的降低，据测算，在《JOBS 法案》执行后，一个 EGC 公司年平均合规和信息披露费用将比改革前降低 40% ~ 50%，这其中还不包括对公司时间和人力成本的节省。因此，从现有信息来看，《JOBS 法案》将会大大促进和鼓励符合 EGC 标准的公司实施 IPO，重新实现与资本市场的高效对接。主要体现在降低美国对于证券发行信息的严格要求：

第一，EGC 公司无须提交审计师对公司内部控制的证明报告。2002 年出台的《萨班斯 - 奥克斯利法案》第 404（b）节要求公众公司管理层在年报中对财务报告的内部控制进行报告，并要求这些公司的审计师对管理层的评估进行认证和评价，以防止上市公司舞弊欺诈，提高资本市场财务信息质量。但由于获得审计师对公司内部控制的证明报告需要花

① Securities and Exchange Commission, 17 CFR Parts 200, 230, 232, 239, 240, 249 and 260, [Release Nos. 33 - 9741; 34 - 74578; 39 - 2501; File No. S7 - 11 - 13] RIN 3235 - AL39, Amendments for Small and Additional Issues Exemptions under the Securities Act (Regulation A), p. 314.

费较高的成本，据美国证券交易委员会2009年的调查，执行该条款的年平均费用大约是200万美元，这对于成长期的小型公司来说是沉重的负担，《JOBS法案》免除了新兴成长型公司履行这一条款的义务。①

第二，降低高级管理人员薪酬的披露标准。《JOBS法案》降低EGC高级管理人员薪酬披露标准主要包括两大部分内容，一是降低了条例S-K中对公众公司高级管理人员薪酬的披露要求，二是豁免了《多德—弗兰克法案》中要求公众公司召开股东大会就高级管理人员薪酬进行投票的义务。在《JOBS法案》出台之前，公众公司需要按照条例S-K的402项披露公司的高级管理人员薪酬信息，并出具研究报告，而高级管理人员名单包括CEO、CFO和其他三名主要行政人员。在《JOBS法案》中，EGC公司被认为是402项目中所定义的“小型披露公司”，从而减少一些披露信息，包括高级管理人员数目的减少和披露内容的减少。

第三，EGC公司无须按照GAAP会计准则进行信息披露。《JOBS法案》推出之前，美国上市公司和公众公司需要按照GAAP会计准则进行信息披露，鉴于GAAP会计准则的烦琐和财务报告编制的难度，此项改革措施减轻了EGC的信息披露负担。

第四，EGC公司豁免PCAOB的部分规定。根据《JOBS法案》第104节的规定，美国公众公司会计监督委员会（PCAOB）要求强制轮换审计师事务所，或者要求在审计报告中提供关于发行人审计和财务报表的补充信息的任何规定，将不适用于EGC公司。该委员会在《JOBS法案》制定日之后通过的任何额外规定将不适用于EGC公司，除非SEC有特殊决定。无论对于审计事务所还是被审计公司来说，强制轮换都意味着承担更多的财务报表审计成本，尤其对于一个成长期的小型公司，审

---

① JOBs Act §102-106. See Todd Blakely Skelton, “2013 Jobs Act Review &Analysis of Emerging Growth Company IPOs”, *Transactions: The Tennessee Journal of Business Law*, Vol. 15, 2014, pp. 455-500.

计师的轮换意味着公司要重新花费大量的时间和成本让新的审计师熟悉公司的业务流程和适用的审计模型，《JOBS 法案》的这项修订将极大地减轻企业负担。

3. 提高小额证券发行的效益

SEC 仍然忧虑遵从州证券法，甚至在协调审查计划下的发行成本阻碍修订后的条例 A，这将极大地限制作为资本形成的工具，① SEC 规定条例 A + 下所发行的证券，如满足以下两个条件之一的：（1）通过全国性的证券交易所发行或销售；（2）向符合 SEC 界定的合格购买者发行或出售，则无须在州层面注册。此外，《JOBS 法案》还要求总审计长专项研究州级证券监管对条例 A 下发行的影响。② SEC 依证券法第 18（b）(3) 的目的是将条例 A + 创造性地分为两类不同发行要求的证券，第一层级和第二层级证券发行要求的差异为发行人提供了在初次和持续发行成本与要求之间的有意义的模式选择。③ 条例 A + 的规定给予 2000 万美元及以下数额的发行企业在一级发行程序和二级发行程序之间的选择自由，发行人可以选择通过一级或二级发行程序发行证券。④ 对于 2000 万美元及以下数额的证券发行如果选择一级发行程序，则要满足州法的注册要求，相应地免除了选择二级发行程序的信息披露义务。反之，如果选择

① Securities and Exchange Commission, 17 CFR Parts 200, 230, 232, 239, 240, 249 and 260, [Release Nos. 33 –9741; 34 –74578; 39 –2501; File No. S7 –11 –13] RIN 3235 – AL39, Amendments for Small and Additional Issues Exemptions under the Securities Act (Regulation A), p. 224.

② 转引自郭雳：《"创寻制度'乔布斯'（JOBS）红利"——美国证券监管再平衡探析》，载《证券市场导报》2012 年第 5 期。

③ Securities and Exchange Commission, 17 CFR Parts 200, 230, 232, 239, 240, 249 and 260, [Release Nos. 33 –9741; 34 – 74578; 39 – 2501; File No. S7 – 11 – 13] RIN 3235 – AL39, Amendments for Small and Additional Issues Exemptions under the Securities Act (Regulation A), p. 225.

④ Securities and Exchange Commission, 17 CFR Parts 200, 230, 232, 239, 240, 249 and 260, [Release Nos. 33 –9741; 34 – 74578; 39 – 2501; File No. S7 – 11 – 13] RIN 3235 – AL39, Amendments for Small and Additional Issues Exemptions under the Securities Act (Regulation A), p. 227.

二级发行程序，则意味着依州法注册的豁免，但要履行相对繁重的持续信息披露义务。然而，对于选择一级发行程序的企业来说，虽然选择一级发行的州监管需要耗费相应的时间，但是相比于二级发行中庞大的信息披露要求，更有利于企业保护商业秘密。因为企业披露的信息包含企业的财务信息和经营信息，这些信息的传播可能导致企业丧失商业机会。所以，允许2000万美元及以下的发行企业选择一级发行或二级发行程序，给予了发行企业选择发行程序的灵活性，更能适应不同企业的特殊的融资要求。正如美国SEC主席Mary Jo White所说，新规则提供有效、可行的保护投资者的资金募集路径。[①] 另外，《JOBS法案》的改革内容还包括扩展了与分析师的许可交流和研究报告的公布，提供保密登记声明书，在证券发行之前允许“EGC”试水，[②] 这些改革措施旨在增强证券发行制度与证券发行企业融资需要的适配性，保护发行企业利益，提高证券发行的效益。

4. 协同小额证券交易改革

为了实施《JOBS法案》第三章和第四章，SEC还有条件地豁免了《1934年证券交易法》的注册要求，《JOBS法案》修订《1934年证券交易法》的12（g）和15（d），调整豁免、注册终止和要求报告的门槛。《JOBS法案》不仅降低了小企业发行证券的门槛，降低发行成本，其出台后的影响也为探索小企业证券的销售渠道提供了新的思路，学界也着手研究小企业的新的资本市场融资渠道。为了使《JOBS法案》真正实现小企业融资便利化的目标，2012年7月，纽约泛欧证券交易所（Nyse

① 参见Press Release，SEC adopts Rules to facilitate smaller companies Access to Capital，New ruels provide Investors with More Invesotorment Choices，2015-49，http：//www.sec.gov/news/pressrelease/2015-49.html? from=singlemessage&isappinstalled=0#.VRX-JtwayJK，最后访问时间：2016年12月17日。

② JOBs Act §102-106. See 2013 Jobs Act Review &Analysis of Emerging Growth Company IPOs By Todd Blakely Skelton，Citation：15 Transactions Tenn. J. Bus. L. 455 2013-2014，pp. 455-500.

Euronext）发布一份战略规划报告，提出尽快建立一个创新企业家交易所（Entrepreneurial Exchange），专门应对中小企业和创新成长型企业的融资需求，为其提供简便的、个性化的资本市场融资渠道，并为长期投资者增加更加多样化的投资选择。①

二、欧盟小额证券发行豁免制度

欧盟小额证券发行制度的根本特点是通过招股说明书向证券市场提供发行企业和发行证券的信息，对于不同规模和类型证券的发行制定不同的招股说明书要求。例如，小额证券发行和交易豁免公布招股说明书，针对成长型企业的招股说明书，再次发行证券的简化的信息披露要求等，从而增强证券发行的实效性。

（一）欧盟小额证券发行豁免的法律规范

欧洲议会与欧盟理事会于2003年11月4日通过《证券公开发售或交易公开招股说明书及修改第2001/34号指令的指令》（英文缩写RPD，简称《修改说明书指令》），② 该指令设置了小额豁免制度，该指令第3（1）条规定，成员国在公开招股说明书之前不允许在他们的领土范围内向公众发行证券，该指令第3（2）条规定了豁免公开招股说明书的5种情形，其第3（2）(e）款规定：在12个月期间内发行总额不超过10万欧元的证券发行，可以豁免履行公开招股说明书的义务。欧洲议会与欧盟理事会在2010年11月24日的《2010/73/EU号修改2003/71/EC和2004/109/EC指令的指令》保持了在12个月期间内发行总额不超过10万欧元的证券发行，可以豁免履行公开招股说明书的义务的规定。根据现实需

① 张承惠、田辉、朱明方：《中国场外股权交易市场发展与创新》，中国发展出版社2013年版，第89页。

② Directive 2003/71/EC of the European Parliament and of the council of November 2003 on the prospectus to be published when securities are offered to the public or admitted to trading and amending Directive 2001/34/EC, OJ L 345, 31 December 2003, p. 64.

要，欧洲议会于2016年9月15日通过了《欧洲议会与欧盟理事会关于证券公开发行或者许可交易必须公布招股说明书的条例》（以下简称《公布招股说明书的条例》）。《公布招股说明书的条例》第三条第一段规定："只有按照该条例提前公开招股说明书之后，才能在欧洲联盟向公众发行证券。"①《公布招股说明书的条例》第三条第二段规定："对本条例第15条②没有偏见，只要12个月内在欧洲联盟的总发行额不超过500万欧元，成员国向社会公开发行证券时可以决定豁免在第一段安排的公布招股说明书的义务。"当然，欧盟小额证券发行的豁免也有不适用的例外情形。（a）该条例不适用于利用护照制度跨境发行的成员国，因此，不适用于本条例第23条和第24条的情形；（b）应该包含明确的指示：公开发行不具有跨境的性质；（c）不积极地劝诱第一小段指称的成员国之外的投资者。此外，成员国应该向欧盟委员会和欧盟证券与市场管理局通知根据第一段做出的任何决定和为总发行额选择的门槛。③《公布招股说明书的条例》第三条第三段规定：只有在招股说明书公开之后，证券才被允许在欧盟建立的受管制的市场交易。④《公布招股说明书的条例》第3a段规定，考虑到汇率变动，包括通货膨胀和除欧元以外的货币的汇率变化，通过与《公布招股说明书的条例》的第四十二条一致的代表行为，委员

① "Prospectus to be published when securities are offered to the public or admitted to trading", see Council of the European Union , Interinstitutional File: 2015/0268 (COD), Brussels, 21 September 2016 (OR, en), 12142/16 ANNEX, Article 3, p. 40.

② "Prospectus to be published when securities are offered to the public or admitted to trading", see Council of the European Union , Interinstitutional File: 2015/0268 (COD), Brussels, 21 September 2016 (OR, en), 12142/16 ANNEX, Article 15 "EU Growth prospectus", p. 61.

③ "Prospectus to be published when securities are offered to the public or admitted to trading", see Council of the European Union , Interinstitutional File: 2015/0268 (COD), Brussels, 21 September 2016 (OR, en), 12142/16 ANNEX, Article 3, p. 41.

④ "Prospectus to be published when securities are offered to the public or admitted to trading", see Council of the European Union , Interinstitutional File: 2015/0268 (COD), Brussels, 21 September 2016 (OR, en), 12142/16 ANNEX, Article 3, p. 61.

会可以采取措施规定本条第2段设置的豁免公布招股说明书的门槛。[①]

（二）欧盟小额发行豁免证券的发行程序规定

《欧洲议会与欧盟理事会关于证券公开发行或者许可交易必须公布招股说明书的条例》第一条第四段（v）规定：在该豁免下寻求在受管制的市场交易证券的人在成员国受管制的市场可以获得向公众销售证券，以在《公布招股说明书的条例》第20（2）条安排的方式，[②] 当招股说明书以电子版的格式公布在以下网站时，（a）发行人、受要约人或者请求许可交易证券的人的网站；（b）配售或者出售证券的金融中介的网站，包括支付机构；（c）许可证券交易的受管制的市场或者适当时，也可以是多边交易设施的经营者，招股说明书都能被公众获取。文件的内容遵从本条例第7条的规定公布招股说明书摘要，摘要提供投资者需要的、以理解发行人的性质和风险，担保人和正在发行或许可在受管制的市场交易的证券的关键信息，还应考虑是否投资这些证券时帮助投资者的招股说明书的其他组成部分也应该被提供。[③] 以寻求许可销售的成员国的主管机关接受的语言研拟文件。文件应该阐明获得最新招股说明书的地点和根据发行人的持续信息披露义务发行人公开财务信息的地点。[④] 由上述规定得知，享有豁免公开招股说明书义务的人寻求证券在一个受管制的市场许可销售，其证券被许可在一个成员国受管制的市场销售，公开招股说明书无须经过母国的证券主管机关审查和批准，只需按《公布招股说

---

① Regulation of the European Parliament and of the Council on the prospectus to be published when securities are offered to the public or admitted to trading", Article 3 (3a), p. 45.

② Regulation of the European Parliament and of the Council on the prospectus to be published when securities are offered to the public or admitted to trading", Article 20 (2), p. 70.

③ "Regulation of the European Parliament and of the Council on the prospectus to be published when securities are offered to the public or admitted to trading", Article 7, p. 43 –48.

④ "Prospectus to be published when securities are offered to the public or admitted to trading", See Council of the European Union, Interinstitutional File: 2015/0268 (COD), Brussels, 21 September 2016 (OR, en), 12142/16 ANNEX, Article 3, p. 36.

明书的条例》第20（2）条安排的方式向公众公开。

（三）欧盟制定小额证券发行豁免制度的准则

欧盟证券市场是欧洲共同体市场的重要组成部分，其以增强欧洲联盟的成员国与其他国家和地区经济组织的竞争力为目标，由于存在欧洲联盟和成员国两个层面的证券法律规则，欧盟证券市场与美国的情形相似，欧洲议会在制定小额证券发行豁免法律规范时，需要考虑欧洲联盟层面的协调，还需协调欧洲联盟与成员国之间的证券法律冲突。

1. 提高小额证券发行的效率与效益

欧盟的小额证券发行制度以效率与效益为原则，在欧洲联盟向公众发行的证券总额在100万欧元以下，按照《欧洲议会与欧盟理事会关于证券公开发行或者许可交易必须公布招股说明书的条例》制作招股说明书的成本可能与发行证券的预计收益不成比例。因此，按照本条例研拟招股说明书的要求不适用于100万欧元以下的小规模发行是适当的。成员国不应该将按照本条例研拟招股说明书的要求延伸到发行总额在100万欧元以下的证券发行。[①] 有学者指出，证券的转让或者发行应遵从降低转让成本或证券发行者的成本的欧盟指令。[②] 小额证券发行募集的资金有限，但是发行企业公开招股说明书的成本费用相对固定，当小额证券发行的收益小于成本时，企业不选择发行小额证券的融资渠道。发行总额在100万欧元以下的证券发行的公开招股说明书义务的豁免，增加了企业在欧盟证券市场和成员国证券市场融资的机会，提高了小额证券发行的效率与效益。对于100万欧元以下的小额证券发行，不对投资者利益造成损失的情况下，免除公开招股说明书的义务，有利于企业发行小额

---

① "Regulation of the European parliament and of the council on the prospectus to be published when securities are offered to the public or admitted to trading"（Text with EEA relevance（12））, See Council of the European Union , Interinstitutional File：2015/0268（COD）, Brussels，21 September 2016（OR，en）, 12142/16 ANNEX，p. 9.

② Alastair Hudson，Securities Law，2nd，Sweet&Maxwell，c2013，p. 71.

证券融资，促进经济发展。

2. 协调欧盟与成员国小额证券豁免制度

欧洲联盟为协调欧盟证券市场与成员国证券市场的一致性，欧洲议会与欧盟理事会按照一般立法程序行事。① 第一，成员国应该控制在国家层面施加对小规模证券发行形成不适当或不必要的负担的其他披露要求，在施加了这种国家层面信息披露要求的成员国，成员国对于小规模证券发行施加的国家层面的信息披露要求应通知欧盟委员会和欧盟证券与市场管理局，包括相关规定的文本。② 第二，欧盟委员会创造联盟层面的规制环境为公司提供足够的募集资金选择权。欧盟委员会应该分析国家层面的信息披露要求，将这些结果吸收进欧盟委员会的众筹工作中，以形成欧盟共同证券市场。因此，为了形成资本市场联盟，解锁投资，欧盟委员会应该提议规制和协调整个欧盟众筹实践的监管倡议。③ 第三，允许成员国确定差异化的豁免总额，保护成员国投资者的利益。由于欧盟金融市场规模大小的不同，给予成员国不超过500万欧元的公开发行证券的豁免本条例下的公开招股说明书义务的选择权，特别是成员国可以在100万~500万欧元之间自由确定本国的法律门槛，明确12个月内在欧盟的发行总额，考虑到国内投资者的保护水平，这个豁免总额门槛的运用应该是适当的。成员国应该通知欧盟委员会和欧洲证券与市场管理局他们选择的门槛。④

① JO C 195, 2. 6. 2016, p. 1.

② "Prospectus to be published when securities are offered to the public or admitted to trading", See Council of the European Union , Interinstitutional File: 2015/0268 (COD), Brussels, 21 September 2016 (OR, en), 12142/16 ANNEX, Article 3, p. 9.

③ "Regulation of the European parliament and of the council on the prospectus to be published when securities are offered to the public or admitted to trading" (Text with EEA relevance (12)), See Council of the European Union , Interinstitutional File: 2015/0268 (COD), Brussels, 21 September 2016 (OR, en), 12142/16 ANNEX, p. 9.

④ JO C195, 2. 6. 2016, pp. 9 – 10.

（四）欧盟小额证券发行立法制度的协调性特征

1. 欧盟小额证券发行立法体系的协调创新

根据《欧洲议会与欧盟理事会第2003/71/EC号指令》① 的内容，欧盟证券发行制度的立法协调自2001年2月15日欧盟证券市场监督专家委员会的最终报告中就已提出，2001年3月23日至24日于斯德哥尔摩举行的欧洲理事会会议同意并支持了专家委员会的最终报告及其所建议的四级立法程序，以保证欧共体证券领域立法的监管程序更高的效率和透明度。基于欧洲议会在证券发行立法监管程序中的作用，2002年2月5日的《欧洲议会关于实施金融服务立法的决议》也同意和支持专家委员会的四级立法程序的立法技术。四级立法程序即框架原则、实施细则、合作与执法。第一级的立法，即指令，应只阐述宏观的“框架性”原则，第二级的立法应当阐述欧盟委员会在各个委员会的协助下制定的技术性实施细则。根据欧洲理事会斯德哥尔摩会议的决议，应更多地使用第二级立法即实施细则，以确保技术性条款能反映市场和监管的最新发展动态。同时，应为第二级立法的每一阶段工作设定完成期限，本指令及其实施细则的宗旨为依照相关国际组织制定的高监管标准来确保投资者保护和市场效率。

《欧洲议会与欧盟理事会第2003/71/EC号指令》之（40）规定，考虑到金融市场的发展，有必要就本指令的规则不时制定技术性指引和实施细则。欧盟委员会作为欧盟的执行机构，其负责欧盟各项法律文件的具体贯彻执行，因此，欧盟委员会应有权制定相关实施细则，前提是此等实施细则不对本指令的基本要素进行改动，并且欧盟委员会在行事时应先咨询根据欧盟委员会2001/528/EC号决定设立的欧盟证券委员会意

① 引自【北大法宝】Pku law. cn，［法宝引证码］CL I. FL. 1228。

见，并遵循本指令规定的原则。① 随着证券市场的发展和复杂化，欧盟委员会制定技术性指引和实施细则的作用越来越重要，《欧洲议会与欧盟理事会关于证券公开发行或者许可交易必须公布招股说明书的条例》的建议案的提议者便是欧盟委员会，其（12a）的规定体现了欧盟委员会的技术性指引功能，当成员国施加了国家层面的信息披露要求时，成员国应该将其施加国家层面的信息披露要求的应用规则通知欧盟委员会和欧盟证券市场管理局。欧盟委员会应该分析这种国家层面的信息披露要求，并应将其分析结果合并进欧盟委员会关于众筹的工作，考虑避免内部市场分割的需要。确保公司有足够的筹资选择的欧盟层面的规制环境是很重要的。因此，本着资本市场统一和解锁投资的目标，委员会应该提出在欧洲联盟规制和众筹实践的倡议。②

2. 欧盟小额证券发行信息披露制度的协调性

（1）小额发行豁免证券的持续信息披露要求

如前所述，早在《欧洲议会与欧盟理事会第2003/71/EC号指令》第3条2项（e）规定，证券要约总对价少于10万欧元（以12个月为期计算该限额）的证券发行要约不受公布招募说明书义务的约束。③ 此条规定表明，欧盟成员国发行小额证券可豁免公布招募说明书的义务，但是小额证券发行企业没有被豁免披露定期报告和持续信息披露的义务。《欧洲议会与欧盟理事会2004/109/EC号指令》（以下简称《2004/109/EC号指令》）第1条规定："对于证券获准在位于某成员国境内或在某成员国境

① 《欧洲议会与欧盟理事会第2003/71/EC号指令》之（40），引自【北大法宝】pku law. cn，［法宝引证码］CLI. FL. 1228。

② "Prospectus to be published when securities are offered to the public or admitted to trading", See Council of the European Union , Interinstitutional File：2015/0268（COD）, Brussels, 21 September 2016（OR，en），12142/16 ANNEX，Article 3，p. 9.

③ 《欧洲议会与欧盟理事会第2003/71/EC号指令》第3条2项（e），引自【北大法宝】pku law. cn，［法宝引证码］CLI. FL. 1228。

内运营的受监管市场交易的发行人，本指令规定了其定期和持续信息披露的要求。”① 另外，《2004/109/EC 号指令》第 8 条关于“豁免”的规定也没有排除企业发行小额证券的定期和持续信息披露义务。② 从《2004/109/EC 号指令》的该两条规定可以推断出欧洲小额证券发行豁免制度依然要求发行企业履行定期和持续信息披露的义务。

（2）欧盟小额证券发行信息披露制度的整体协调规范

《欧洲议会与欧盟理事会第 2003/71/EC 号指令》的目标之一是保护投资者，应顾及各类投资者的不同保护要求及其专业水平。反之，以公众为对象的转售或获准在受监管市场进行的任何公开交易，都应公布招募说明书。③《第 2003/71/EC 号指令》的实施应以不同投资者的保护要求为目标，以降低融资成本和拓宽融资渠道。

欧盟委员会在执行《第 2003/71/EC 号指令》的实施权时应坚持的总体原则：高标准的透明度；独立监管机构执行规则的一致性；鼓励创新并保持金融系统的稳定；降低证券发行成本、拓宽融资渠道；保护消费

① 《欧州议会与欧盟理事会第 2004/109/EC 号指令》第 1 条，参见中国证券家督管理委员会组织编译：《欧盟证券监管法规汇编（中英文对照本）》，法律出版社 2013 年版，第 165 页。

② 根据《欧洲议会与欧盟理事会第 2004/109/EC 号指令》第 8 条的规定，证券发行企业披露财务报告、半年度财务报告和中期管理说明书的要求不适用于以下发行人，（a）成员国、成员国的地区或地方政府部门、国际公共机构（其一个或多个成员为欧盟成员国）、欧洲中央银行以及各成员国的中央银行（不论其发行或不发行股票或其他证券）；及（b）仅发行获准在受监管市场交易的债务证券的发行人，前提是证券单位面值最低应达 5 万欧元，非欧元债务证券单位面值则应在发行当日最低等值于 5 万欧元。母国可选择不将第 5 条规定适用于股票未获准在受益监管市场交易且仅持续或重复地发行债务证券的信贷机构，前提是所有上述债务证券的总面值始终低于 1 亿欧元且该等信贷机构未曾公布过第 2003/71/EC 号指令中的招募说明书。母国可选择不将第 5 条规定适用于下述发行人，即其在第 2003/71/EC 号指令生效之日已经存在，且仅在受监管市场上发行由母国或母国某个地区或地方政府部门提供无条件且不可撤销担保的债务证券的发行人。由《欧洲议会与欧盟理事会第 2004/109/EC 号指令》第 8 条的规定可以推断欧盟没有豁免发行小额证券的企业的持续信息披露义务。

③ 《欧洲议会与欧盟理事会第 2003/71/EC 号指令》之（16），引自【北大法宝】Pku law. cn，[法宝引证码] CL I. FL. 1228。

者和小型投资者的利益。[1] 欧盟委员会执行《第 2003/71/EC 号指令》的原则在证券发行制度的具体方面的体现：

以招募说明书为依据，通过全方位的信息披露制度协调，实现不同投资者保护的目标要求，从而达到欧盟资本市场的统一和协调。

第一，通过制度、规章的协调实现欧盟资本市场内成员国以及投资者利益保护的一致性和等效性。具体的规则是：

（1）豁免公布招募说明书义务的证券发行人、要约人或请求获准在受监管市场交易其证券的人，只要遵守本指令均可获得单一护照。[2]

（2）上述信息（即公布招募说明书的信息）应当充分，尽可能客观地反映发行人的财务状况以及与证券有关的权利，并以易于分析和理解的形式列报。对欧共体各成员国关于招募说明书信息的规定进行协调时，应力求对欧共体各成员国投资者提供同等的保护。[3]

（3）鉴于成员国审核招募说明书信息的效率、方法与时间各不相同，不仅使企业筹募资金以及证券获准在一个以上成员国受监管市场交易的难度加大，也阻碍在某一成员国设立的投资者购买在另一成员国设立的发行人所发行的证券或在另一成员国获准交易的证券。应通过协调各成

---

① 正如《第 2003/71/EC 号指令》之（41）规定，欧盟委员会在根据本指令行使实施权时应遵守下列原则：有必要推行高标准的金融市场透明度，确保小型投资者与中小企业（SMEs）对金融市场的信心；有必要确保独立监管机构执行相关规则（特别是打击白领犯罪的规则）的一致性；有必要保持高水平的透明度，并征求所有市场参与者以及欧洲议会和欧盟理事会的意见；有必要鼓励创新，使金融市场具有活力和效率；有必要对金融创新进行密切、灵活的监控，确保金融系统的稳定；有必要降低资本成本和拓宽融资渠道；采取任何实施细则均需实现市场参与者（包括中小型企业和小型投资者）成本和效益的长期平衡；有必要确保此领域法律与其他欧共体法律的一致性，以防止信息的不对等和透明度的缺失危害市场运行，尤其是防止因此损及消费者和小型投资者的利益。参见《欧洲议会与欧盟理事会第 2003/71/EC 号指令》之（41），引自【北大法宝】pku law. cn，【法宝引证码】CLI. FL. 1228。

② 参见《欧洲议会与欧盟理事会第 2003/71/EC 号指令》之（17），引自【北大法宝】Pku law. cn，［法宝引证码］CL I. FL. 1228。

③ 参见《欧洲议会与欧盟理事会第 2003/71/EC 号指令》之（20），引自【北大法宝】Pku law. cn，［法宝引证码］CL I. FL. 1228。

员国的规则和规章来弥合差异，使各成员国规定实施的保障措施达到充分的等效程度，从而确保发行人向实际或潜在的证券持有人提供充分且尽可能客观的信息。①

第二，充分的信息披露制度，招募说明书是充分披露信息的重要手段，其具体的条文规范是：

（1）关于证券及证券发行人信息充分披露的条款以及业务行为规则共同促进了对投资者的保护。此外，上述信息有效地增强了公众对证券的信心，从而促进了证券市场的稳健运行及发展，而提供信息的适当方式即为公布招募说明书。②

（2）在遵守欧盟数据保护规定的前提下，发行人、要约人或请求获准在受监管市场交易其证券的人均应向相关主管部门提交并向公众提供招募说明书。③

（3）信息是投资者保护的关键因素：招募说明书应包含一份摘要，简述发行人、任何担保人及证券的基本特征以及相关风险。为确保此信息易于理解，上述摘要应以非技术性语言撰写，且按起草的源语言计算，正常情形下篇幅不得超过2500字。④

（4）为方便构成招募说明书的各种文件的流通，应鼓励使用如互联网之类的电子通信手段。任何时候一经请求招募说明书即应以纸质形式向投资者免费提供。⑤

---

① 参见《欧洲议会与欧盟理事会第2003/71/EC号指令》之（30），引自【北大法宝】Pkulaw. cn，［法宝引证码］CL I. FL. 1228。

② 参见《欧洲议会与欧盟理事会第2003/71/EC号指令》之（18），引自【北大法宝】Pkulaw. cn，［法宝引证码］CL I. FL. 1228。

③ 参见《欧洲议会与欧盟理事会第2003/71/EC号指令》之（32），引自【北大法宝】Pkulaw. cn，［法宝引证码］CL I. FL. 1228。

④ 参见《欧洲议会与欧盟理事会第2003/71/EC号指令》之（21），引自【北大法宝】Pkulaw. cn，［法宝引证码］CL I. FL. 1228。

⑤ 参见《欧洲议会与欧盟理事会第2003/71/EC号指令》之（31），引自【北大法宝】Pkulaw. cn，［法宝引证码］CL I. FL. 1228。

（5）证券投资和任何其他形式投资一样，均存在风险。所有成员国均应采取保障措施，保护实际或潜在投资者的利益，使其能对证券投资风险作出知情评估，从而在充分了解事实的情形下作出投资决定。①欧盟在修订后的《公布招股说明书的条例》第16条“风险因素”中，对于风险因素以及风险因素的分析专门予以规定。对于做出投资决定来说，体现在招股说明书中的风险因素应该限于对于发行人和（或）证券是特殊的和重大的风险。② 欧盟证券市场管理局应该研制风险因素特殊性和重大性评估指南。此外，欧盟证券市场管理局应该研制帮助主管机关审查风险因素的方式的指南，以鼓励发行人适当的和集中的风险因素披露。③

第三，信息披露要求的灵活性，信息披露要求的灵活性目标是达到既满足投资者的信息需求，又节约信息披露成本的目标，具体的规定是：

（1）基本招募说明书的内容尤应考虑到证券信息的提供需要一定的灵活度这一事实。④ 欧盟在修订后的《公布招股说明书的条例》第13条“最低限度信息和格式”，第13条第1段规定：“根据第42条，欧盟委员会应该通过关于招股说明书格式，基础招股说明书和最终条件的授权法案，明细表限定必须包含在招股说明书中的具体信息，当招股说明书由独立文件构成时避免信息重复。”第13条第2段规定：“根据第42条，授权法案安排限定包含在通用登记文件中的最低限度的信息的明细表，和信贷机构的通用登记文件的专门的明细表。”

（2）某些情形下，经主管部门豁免，招募说明书可省略敏感信息，

---

① 参见《欧洲议会与欧盟理事会第2003/71/EC号指令》之（19），引自【北大法宝】Pkulaw. cn，［法宝引证码］CL I. FL. 1228。

② “Regulation of the European Parliament and of the Council on the prospectus to be published when securities are offered to the public or admitted to trading”, Article 16（1）, p. 63.

③ Regulation of the European Parliament and of the Council on the prospectus to be published when securities are offered to the public or admitted to trading", Article 16（2）, p. 63.

④ 参见《欧洲议会与欧盟理事会第2003/71/EC号指令》之（24），引自【北大法宝】Pkulaw. cn，［法宝引证码］CL I. FL. 1228。

以避免发生对发行人造成损害的情况。[①] 欧盟在修订后的《公布招股说明书的条例》第 17 条“信息省略”，尤其是第 17 条第 2 款规定了信息可以省略的条件。[②] 第 17 条第 5 段规定：“欧盟证券市场管理局可以根据第 2 段研制草拟指南规定信息可以被省略的情形，考虑到第 2 段提到的主管机关提交给证券市场管理局的报告。”

（3）要针对获准在受监管市场交易其证券且经常在该等市场募集资金的发行人建立快速通道程序，需要在欧盟层面出台一套全新的发行方案的招募说明书格式或抵押债券招募说明书格式，并引入新的注册文件系统。发行人可以选择不使用该等格式，而以单一文件形式起草招募说明书。[③]

（4）如能允许发行人在招募说明书中引用含有待披露信息的文件（前提是引用的文件在此之前已向主管部门提交过或已为主管部门所接受），招募说明书的编制将更为便利，并且不影响投资者保护即可降低发行人的成本。[④]

（5）在招募说明书公布后、发行截止前或证券开始在受监管市场交易前，如出现任何新增事项可能影响到投资评估，则应披露给投资者，

---

① 参见《欧洲议会与欧盟理事会第 2003/71/EC 号指令》之（25），引自【北大法宝】Pkulaw. cn，［法宝引证码］CL I. FL. 1228。

② See “Regulation of the European Parliament and of the Council on the prospectus to be published when securities are offered to the public or admitted to trading”, Article 17 Paragraphy2, p. 64. 第 17 条第 2 段规定：母国主管机关可以授权省略包含在招股说明书中的某些信息，当下列条件中的任一条件被满足时：（a）该类信息的披露与公共利益相反。（b）该类信息的披露将严重损害发行人，如果该类信息的省略不可能使公众对于发行人、要约人，任何与招股说明书相关的依附于证券的权利的评估的基本事实和环境造成误导。（c）相对于具体的证券发行或者许可在受管制的市场交易来说，该类信息是不重要的，不影响对于发行人、要约人或保证人的财务状况和前景的评估。

③ 参见《欧洲议会与欧盟理事会第 2003/71/EC 号指令》之（23），引自【北大法宝】Pkulaw. cn，［法宝引证码］CL I. FL. 1228。

④ 参见《欧洲议会与欧盟理事会第 2003/71/EC 号指令》之（29），引自【北大法宝】Pkulaw. cn，［法宝引证码］CL I. FL. 1228。

供其作出恰当评估，因此需要针对该事项对招股说明书进行补充，补充文件应提交批准并予以传播。①

第四，通过强制监管保证信息披露的真实性和可靠性，主要体现为招募说明书披露信息的时效性和持续披露信息的真实性，具体的规范有：

（1）应为招募说明书设定明确的有效期限，避免信息过时。②欧盟在修订后的《公布招股说明书的条例》第 12 条第 1 段规定："招股说明书或基础招股说明书，不论是一个单一文件还是由独立的文件构成，自批准公开发行或者允许在受管制市场交易后的 12 个月期间为有效期，依照第 22 条的要求，12 个月期间的计算时间从补充文件提高完整后起算。"

（2）应确保所公布信息的可靠性以保护投资者。证券获准在受监管市场交易的发行人有持续披露义务，但不必定期公布更新的信息。鉴于上述持续披露义务，发行人应至少每年列报一次前 12 个月期间内公布过的或向公众公开过的所有相关信息，包括其他欧共体立法所制定的各种报告规定所要求提供的信息。此举将能确保发行人定期公布相互一致且易于理解的信息。为避免加重某些发行人的负担，不得要求最低面额较高的非股权证券发行人遵守此项义务。③ 欧盟在修改后的《公布招股说明书的条例》第 11 条第 1 段规定：成员国应该确保在招股说明书中提供的信息与发行人或者发行人的管理人员、管理或者监督机构、要约人、请求允许在受管制的市场交易证券的人或保证人之间联系的责任。

（3）对于证券获准在受监管市场交易的发行人应提供的年度信息，成员国有必要依照其在欧共体法律和成员国国内法律关于证券、证券发

① 参见《欧洲议会与欧盟理事会第 2003/71/EC 号指令》之（34），引自【北大法宝】Pkulaw. cn，［法宝引证码］CL I. FL. 1228。

② 参见《欧洲议会与欧盟理事会第 2003/71/EC 号指令》之（26），引自【北大法宝】Pkulaw. cn，［法宝引证码］CL I. FL. 1228。

③ 参见《欧洲议会与欧盟理事会第 2003/71/EC 号指令》之（27），引自【北大法宝】Pkulaw. cn，［法宝引证码］CL I. FL. 1228。

行人以及证券市场的监管规定中的义务进行适当监控。① 欧盟修改后的《公布招股说明书的条例》第30条第1段规定：为了履行在本条例下的义务，根据国内法，主管机关至少应该有的监督和调查权力。例如，第30条第1段（a）规定，主管机关有权力要求发行人、要约人或者请求许可在受管制市场交易证券的人为了投资者保护必要时在招股说明书中包括补充信息。第30条第1段（l）规定，披露或者要求发行人披露所有可能对许可在受管制市场交易的证券的评估具有重大影响的信息，以确保投资者保护或者市场协调运作。②

3. 违反欧盟证券发行规则的处罚制度的协调

欧盟旨在建立统一的资本市场，欧洲议会和欧盟理事会关于证券发行的指令由各成员国在指令的规范下，制定实施细则来执行。关于成员国执行欧盟委员会指令的违法行为的处罚规则，可参见《欧洲议会和欧盟理事会第2003/71/EC号指令》之（43）③ 和（44）的规定，④ 各成员国对于违反其依欧盟委员会的指令制定的本国规定的行为建立处罚制度，各成员国依本指令制定的处罚制度应是有效、恰当并具有威慑作用的，并采取一切必要措施确保处罚的执行。并对成员国的司法审查权作出规定，以对成员国主管部门适用本指令所做的决定进行司法审查，以法律制裁的权威保障本指令的贯彻执行，实现欧盟建立统一资本市场的目标。2016年欧盟修改后的《公布招股说明书的条例》第36条第1段规定了成

① 参见《欧洲议会与欧盟理事会第2003/71/EC号指令》之（28），引自【北大法宝】Pkulaw. cn，［法宝引证码］CL I. FL. 1228。

② "Prospectus to be published when securities are offered to the public or admitted to trading", See Council of the European Union , Interinstitutional File：2015/0268（COD）, Brussels, 21 September 2016（OR, en）, 12142/16 ANNEX, Article 30 第1段(a)(l), pp. 84 – 85。

③ 参见《欧洲议会与欧盟理事会第2003/71/EC号指令》之（43），引自【北大法宝】Pkulaw. cn，［法宝引证码］CL I. FL. 1228。

④ 参见《欧洲议会与欧盟理事会第2003/71/EC号指令》之（44），引自【北大法宝】Pkulaw. cn，［法宝引证码］CL I. FL. 1228。

员国主管机关采取行政措施和处罚的权力，刑事制裁以及刑事制裁与行政处罚的协调。① 2016 年欧盟修改后的《公布招股说明书的条例》第 38 条规定，成员国应该确保按照本条例做出的决定是非常合理的，而且在裁决之前有上诉权。

通过上述对于欧盟小额证券发行制度的分析可知，欧洲议会和欧盟委员会颁布的条例和指令，旨在为建立欧盟统一的资本市场确立框架原则，各成员国在此基础上协调其本国的小额证券发行制度，使各成员国的小额证券发行制度与欧洲议会和欧盟委员会发布的条例和指令保持一致，从而实现欧盟资本市场的统一。

三、日本小额证券发行与交易制度经验

日本《证券交易法》和《金融商品交易法》② 不仅规定了公募之少额免除公开义务，日本的小额证券交易市场制度和交易管理制度也很值得我们借鉴。日本为不同创业企业提供特殊的市场板块以满足其融资需求，而且，日本场外交易市场的管理制度也另有特色。笔者认为，根据我国中小企业的层次特点和地域分布，以及多层次资本市场体系建设的

① 对于主管机关根据第 30 条的监督权和调查权没有偏见，成员国规定和施加刑事制裁与成员国国内法一致，成员国应该规定主管机关采取有效的、恰当的和劝诫性的行政措施和行政处罚的权力，这些行政措施和行政处罚至少应适用于：(a) 对于本条例的第 3 条，第 5 条，第 6 条，第 7 条 (1)-(10)，第 8 条，第 9 条 (1)-(13)，第 10 条，第 11 条 (1) 和 (3)，第 12 条，第 14 条 (2)，第 15 条 (1) 和 (2)，第 16 条 (1)，第 17 条 (1) 和 (3)，第 18 条 (1)-(3)，第 19 条 (1)，第 20 条 (1)-(4)，(7)-(10)，第 21 条 (2)-(4)，第 22 条 (1)(2) 和 (4)，第 25 条。(b) 不配合或遵守调查、检查或者本条例第 30 条涉及的要求。成员国可以决定不制定在第 1 小段所指的行政处罚规则，在那段的 (a) 和 (b) 所指的侵害已经遭受了国内法的刑事制裁，在本条例实施日期的 12 个月期间，当成员国这样决定时，成员国应该详细通知欧盟委员会和欧盟证券与市场管理局它们的刑事法律的相关部分。See "Prospectus to be published when securities are offered to the public or admitted to trading", See Council of the European Union , Interinstitutional File: 2015/0268 (COD), Brussels, 21 September 2016 (OR, en), 12142/16 ANNEX, Article 36 第 1 段，pp. 90 - 91。

② 《日本金融商品交易法及金融商品销售等相关法律（中日文对照本）》，中国证券监督管理委员会组织编译，法律出版社 2015 年版，第 37 页。

需要，我国小额证券发行和交易制度可以借鉴日本的场外市场法律制度和场外交易市场管理制度，本书将日本的小额证券发行、交易管理制度和场外市场分述如下：

（一）日本的小额证券发行制度规定

1. 小额发行申报豁免

日本对于公募之少额免除早有规定，小额证券发行豁免《证券交易法》的注册要求。[①] 与美国小额证券规制不同，[②] 日本根据发行证券最低数额要求对于发行新的证券和已发行证券的二次分销的规定不同。如果在一次公开发行中的总票面价值不超过5亿日元，[③] 或者在二次分销证券票面总价值不超过1亿日元，对于该类证券没有注册要求。[④] 这种区分的理由是没有前述的立法防备，将一次新的发行分解为几次，通过二次分销出售给购买者逃避注册要求。[⑤] 随着日本对《证券交易法》的修订，这种区分的差异逐渐趋向融合，《金融商品交易法》第四条规定："有价证券的募集（包括特定组织重构发行程序）或有价证券的发售，发行人未就该有价证券的募集或发售向内阁总理大臣申报的，不可发行。但符合下列各项情形之一的，不在此限。具体的情形有……五内阁府令规定的，发行价额或发售价额总额未满一亿日元的有价证券的募集或发售。"[⑥] 由该条规定可知，日本证券的发行以申报为原则，对于一亿日元以内且没有超过内阁府令规定金额的少额之公募可免除向内阁总理大臣申报。

① SEL, art. 4 para. 1 proviso.

② Securities Act of 1933, sec. 3 (b), 15 U. S. C. A. §77c (b); Regulation A and Regulation A +.

③ No - par - value stock is computed by its issuing price. SEL, art. 4 para. 1 proviso. The same rule applies hereafter. par - value securities, on the other hand, are computed by par value, and not by offering price as under the U. S. regulation.

④ Registation Rule, art. 1.

⑤ ODA, MrwA &SUMI 22.

⑥ 《金融商品交易法》第四条第一款第五项，引自《日本金融商品交易法及金融商品销售等相关法律（中日文对照本）》，中国证券监督管理委员会组织编译，法律出版社2015年版，第37页。

日本《金融商品交易法》第四条第五款规定："在第一款第五项所列有价证券的募集或发售或者依第二款但书规定不适用同款正文规定的合格机构投资者取得有价证券一般劝诱或者以第三款但书规定不适用同款正文规定的特定投资者等取得有价证券一般劝诱中，属于有价证券发售的劝诱或者不属于有价证券发售且不属于已披露情形的劝诱（以下本款及此款中称特定募集），或在使他人取得或者卖出该特定募集相关的有价证券时使用的资料中，均应表明该特定募集不适用第一款正文、第二款正文或第三款正文规定之情况。"[①] 日本《金融商品交易法》第四条第五款的规定表明，在符合以上规定的条件下，发行人就该有价证券的募集或发售均可以不向内阁总理大臣申报，这些规定包括"发行价额或发售价额总额未满一亿日元的有价证券的募集或发售"，即日本《金融商品交易法》第四条第五款所述的"第一款第五项所列有价证券的募集或发售"。

日本《金融商品交易法》第四条第六款规定："进行特定募集或第一款第三项所列有价证券的发售（以下本款中称特定募集等）时，该特定募集等相关有价证券的发行人应在该特定募集等开始之日的前一日之前，按照内阁府令规定，将该特定募集等相关通知书提交给内阁总理大臣。但已进行信息披露的第四款规定的有价证券的发售且其发售价总额未满一亿日元的、第一款第三项所列有价证券的发售系该有价证券发行人等内阁府令规定的业者以外的业者进行的，以及同款第五项所列有价证券的募集或发售，其发行价额或发售价额的总额不超过内阁府令规定金额的，不在此限。"[②]《金融商品交易法》此款的规定表明，发行价额或发售价额总额未满一亿日元的有价证券的募集或发售，发行人在募集开始

① 《金融商品交易法》第四条第五款，引自《日本金融商品交易法及金融商品销售等相关法律（中日文对照本）》，中国证券监督管理委员会组织编译，法律出版社2015年版，第41页。

② 《金融商品交易法》第四条第六款，引自《日本金融商品交易法及金融商品销售等相关法律（中日文对照本）》，中国证券监督管理委员会组织编译，法律出版社2015年版，第41页。

之前不必向内阁总理大臣提交募集或发售通知书。

2. 小额发行申报豁免的程序管理

按照《证券交易法》的规定，在以下情况下，如果必要，发行人被要求向财务大臣提交关于发行证券的通知。(1) 根据公开发行或二次分销的总价额，公开发行或二次分销被豁免注册，除非发行证券的票面总价额不超过100万日元，[①] (2) 证券不是公开发行或者二次分销，即私募发行，发行证券的票面总价额超过5亿日元。[②]

根据日本《金融商品交易法》第四条第六款的规定，日本证券的发行程序可以概括为，向内阁总理大臣申报备案、向内阁总理大臣提交特定募集通知书和免于前两项程序的证券发行。[③] 日本的一定数额以下的小额证券发行没有严格的管理程序，既不向内阁总理大臣申报备案，也不向内阁总理大臣提交募集通知书。[④] 小额证券发行申报豁免和免除向内阁总理大臣提交通知书，必须符合两个条件：第一，发行价额或发售价额总额未满一亿日元；第二，发行价额或发售价额总额在内阁府令规定的限额内，即没有超过内阁府令规定的金额。

日本要求小额发行提交发售通函是为了监管豁免注册要求的小额发行，使小额发行依法实施，促进国家制定小额发行制度目标的实现。通知应该使用 Form I，[⑤] 附随提交：章程，公司创办人关于证券发行的一致同意的证明，或者股东会，或董事会批准发行的会议记录复印件；被用

---

① SEL，art. 4 para. 3；Registration Rule，art. 4 para. 1.

② Registration Rule ，art . 8.

③ 《金融商品交易法》第四条第一款和第六款，引自《日本金融商品交易法及金融商品销售等相关法律（中日文对照本）》，中国证券监督管理委员会组织编译，法律出版社2015年版，第37～41页。

④ 《金融商品交易法》第四条第一款第五项和第六款，引自《日本金融商品交易法及金融商品销售等相关法律（中日文对照本）》，中国证券监督管理委员会组织编译，法律出版社2015年版，第37～41页。

⑤ Registration Rule，Form I.

于与发行有关的招股说明书。[①] 在发行完成之前，如果发售通函的任何信息发生变化，对发售通函的修改应该及时提交财务大臣。[②] 在小额发行或者二次分销的情况下，自财务大臣收到发售通函之日第二日起算，5 天期满，发行人才可以公开发行或者二次分销。[③] 私募发行没有等待期，通知收到就可以发行或出售证券。[④]

3. 有价证券报告书的提交与查阅

（1）有价证券报告书的提交

根据日本《金融商品交易法》第二十四条的规定，有价证券发行公司发行的有价证券，属于下列有价证券之一的，应按照内阁府令规定，在每个会计年度，将记载了该公司的商号、该公司所属的企业集团及该公司的财务管理状况及经营内容相关的其他重要事项等内阁府令规定的，为公共利益或投资者保护必要且适当事项的报告书（以下简称有价证券报告书）提交给内阁总理大臣。系国内公司的，应在该会计年度结束后的三个月以内（因不得已的理由被认为在该期间内无法提交的，指按照内阁府令规定的方式，事先取得内阁总理大臣批准的期间内）提交。属于第二十四条规定范围的下列有价证券是指："一、在金融商品交易所上市的有价证券（特定上市有价证券除外）。二、政令规定的，流通状况相当于前项所列的有价证券（政令规定的流通状况相当于特定上市有价证券的除外）。三、该募集或发售适用于第四条第一款正文、第二款正文或者第三款正文，或第二十三条之八第一款正文或者第二款规定的有价证券（前二项所列的除外）。四、该公司发行的有价证券（限于股票、依第二条第二款规定被视为有价证券的有价证券投资业务权利等政令规定的

① Registration Rule, arts 4 and 8.

② Registration Rule, art 6.

③ Registration Rule, art 5.

④ Securities Exchange Commission Release No. 73, June 24, 1949.

有价证券），在该会计年度或该会计年度的开始日前四年以内开始的任一会计年度的最后一日，该持有人人数超过政令规定人数（该有价证券系依同款规定被视为有价证券的有价证券投资业务权利等情形的，在该营业年度的最后一日该持有人人数超过政令规定人数）的（前三项所列的除外）。”但是属于第二十四条第一款第三项所列有价证券，在具备以下条件之一时，“该发行公司的该会计年度的最后一日及该会计年度开始之日前四年以内开始的会计年度所有最后一日的该有价证券持有人人数不满按照政令规定的方式计算的人数的，”或者“该募集或发售适用第四条第一款正文、第二款正文或者第三款正文，或第二十三条之八第一款正文或者第二款规定的有价证券（前二项所列的除外）。”按照政令规定方式取得内阁总理大臣的批准，不提交有价证券报告书不欠缺公共利益或投资者保护的，可以不提交有价证券报告书。①《金融商品交易法》第二十四条第六款规定：“有价证券报告书应添附章程等内阁府令规定的为公共利益或者投资者保护必要且适当的文件。”②

日本有价证券发行公司发行有价证券提交季度报告书的规定主要分为两种情形，第一种情形是《金融商品交易法》第二十四条第一款第一项所列有价证券的发行公司等政令规定的业者（以下在本款中称上市公司等），依第二十四条第一款规定应提交有价证券报告书的公司（包括依第二十三条之三第四款规定已提交该有价证券报告书的公司），在其会计年度超过三个月的情况下，应按照内阁府令规定，在该会计年度期间按每三个月为期划分的各期间（政令规定的期间除外），将记载了该公司所属企业集团的财务管理状况等内阁府令规定的为公共利益或投资者保护必要且适当的事项

① 参见日本《金融商品交易法》第二十四条，引自《日本金融商品交易法及金融商品销售等相关法律（中日文对照本）》，中国证券监督管理委员会组织编译，法律出版社2015年版，第89~91页。

② 参见日本《金融商品交易法》第二十四条第六款，引自《日本金融商品交易法及金融商品销售等相关法律（中日文对照本）》，中国证券监督管理委员会组织编译，法律出版社2015年版，第95页。

的报告书，在该各期间届满后四十五日以内政令规定的期限内（因不得已的理由被认为在该期限内无法提交的，为按照内阁府令规定事先取得内阁总理大臣批准的期限内）提交给内阁总理大臣。在该种情况下，从事内阁府令规定业务的上市公司，除季度报告书记载事项外，还应将记载了该公司的财务管理状况等内阁府令规定的为了公共利益或投资者保护必要且适当事项的季度报告书，在该各期限届满后六十日以内政令规定的期限内，提交给内阁总理大臣。[①] 第二种情形是依第二十四条第一款规定应提交有价证券报告书的公司是非上市公司时，可任意提交季度报告书。[②]

日本的有价证券发行公司发行的有价证券，除依第二十四条之四之七第一款规定应提交季度报告书的公司（包括依第二十四条之四之七第二款规定已提交季度报告书的公司）以外的公司，凡依据第二十四条第一款规定应提交有价证券报告书的公司（包括依第二十三条之三第四款规定已提交该有价证券报告书的公司），其会计年度超过六个月的，应按照内阁府令规定，于每个会计年度，将记载了该会计年度开始之日以后六个月期间的该公司所属企业集团及该公司的财务管理状况及其他经营内容相关的重要事项，及其他内阁府令规定的为公共利益或投资者保护所必要且适当事项的报告书，在该期间届满以后的三个月以内（因不得已的理由被认为在该期间内无法提交的，为按照内阁府令规定事先取得内阁总理大臣批准的期限内），提交给内阁总理大臣。[③]

---

① 参见日本《金融商品交易法》第二十四条之四之七第一款，引自《日本金融商品交易法及金融商品销售等相关法律（中日文对照本）》，中国证券监督管理委员会组织编译，法律出版社2015年版，第109页。

② 参见日本《金融商品交易法》第二十四条之四之七第二款，引自《日本金融商品交易法及金融商品销售等相关法律（中日文对照本）》，中国证券监督管理委员会组织编译，法律出版社2015年版，第109页。

③ 参见日本《金融商品交易法》第二十四条之四之五第一款，引自《日本金融商品交易法及金融商品销售等相关法律（中日文对照本）》，中国证券监督管理委员会组织编译，法律出版社2015年版，第115~117页。

（2）有价证券报告书等的公众查阅

日本的有价证券发行公司发行有价证券的，其向内阁总理大臣提交的有价证券报告书等须供公众查阅。《金融商品交易法》第二十五条第一款规定了查阅文件的查阅期间，[①] 第二款规定有价证券的发行人应将该等文件的副本置备于该发行人的总公司及主要分支机构，自该等文件提交给内阁总理大臣之日至该各项所列期限届满日为止的期间，供公众查阅。[②] 第三款规定金融商品交易所及政令规定的认可金融商品交易业协会，应按内阁府令规定将该等文件副本置备于其办事机构，自该等文件副本提交之日至第一款各项规定期间届满之日的期间，供公众查阅。[③]

《金融商品交易法》第二十六条规定为公共利益或投资者保护所必要且适当时，可以调取申报人等的报告或者资料，或者检查该业者的账簿文件等。[④] 该条规定是对有价证券发行公司的经营活动的进一步核实和查证，确保其报告的资料信息与公司经营的实际状况相符。

由上述论述可以推论，有价证券报告书的提交是证券监管机关监督日本有价证券发行公司发行有价证券的重要途径，也是公众获取有价证券发行公司信息的主渠道。证券监督管理机关通过有价证券发行公司主动提交有价证券报告书、责令提交参考的报告或者资料和派遣工作人员

---

① 参见日本《金融商品交易法》第二十五条第一款，引自《日本金融商品交易法及金融商品销售等相关法律（中日文对照本）》，中国证券监督管理委员会组织编译，法律出版社 2015 年版，第 131～133 页。

② 参见日本《金融商品交易法》第二十五条第二款，引自《日本金融商品交易法及金融商品销售等相关法律（中日文对照本）》，中国证券监督管理委员会组织编译，法律出版社 2015 年版，第 133 页。

③ 参见日本《金融商品交易法》第二十五条第三款，引自《日本金融商品交易法及金融商品销售等相关法律（中日文对照本）》，中国证券监督管理委员会组织编译，法律出版社 2015 年版，第 133 页。

④ 参见日本《金融商品交易法》第二十六条，引自《日本金融商品交易法及金融商品销售等相关法律（中日文对照本）》，中国证券监督管理委员会组织编译，法律出版社 2015 年版，第 135 页。

检查业者的账簿文件的方式监督有价证券发行公司的业务活动，使证券市场有序运行，以达到维护公共利益和保护投资者利益的目标。

（二）日本场外交易市场的管理制度

日本场外交易市场的性质比较复杂，其稳定性和流动性均不及交易所，日本政府参照美国等国家的做法，加强对场外交易市场的管理制度建设，以监督场外交易。① 日本对场外交易市场管理的特色：（1）双重注册制。首先，对参与交易的证券发行公司的管理，即在场外交易的公司按规定向证券管理机构注册。其次，证券业协会登记未上市证券，公布场外交易的买卖价格及有关股票发行公司的资料。（2）证券业协会制定管理规则，防止和制裁违法行为。协会制定各种管理规则，防止操纵市场的行为，保证公平交易，信守商业道德，监督收取不正当的利益和手续费，保护投资人利益，对违反者取消会员资格时科以罚金。此外，未加入协会的场外交易市场的证券商，也要接受证券管理机构制定的各种规则。（3）设定协会登记股票的标准：经协会会员证券商的联名推荐；发行公司的资本额在5000万日元以上；发行公司开设经营已两年，并继续经营者；发行公司必须进行股息分配；发行公司已发行的30%以上的股票，必须公布在东京证券业协会管辖地区。②

（三）设立创投企业证券交易的特殊市场板块

为了便于中小企业从证券市场上筹集股权资本，日本从1995年开始分别在不同的证券市场设立特殊板块。例如，1995年在店头市场内设立特殊板块，为符合条件的创业企业（研究开发费用占销售额3%以上等）提供交易场所，放宽其上市条件，特别是首次原则上许可亏损企业上市，但是对信息公布有更严格的要求。日本证券业协会1997年开设的Green-

① 黄达、项怀诚、郭振乾主编：《中国证券百科全书》，经济管理出版社1993年版，第118页。

② 夏斌、张志平、李肖敏、杨云龙、陈浩武主编：《证券大辞典》，山西经济出版社1993年版，第9112页。

sheet 市场，其中的新兴板块（Emerging Market）专门为还不能在证券交易所（包括主板和二板）上市的企业提供股票交易服务。1998 年在大阪证券交易所开设（新市场板块），2000 年札幌证券交易所、福冈证券交易所分别开设地方性的新板块，创业企业在该板块公开上市的条件比较宽松，主要重视企业的未来成长性，而不是到现在为止的财务记录，但是对企业的信息公开有更严格的要求。① 为中小企业服务的退出与股权转让的柜台交易市场在日本表现得也十分活跃。② 日本在不同证券交易市场设立的这些特殊板块，首先表明日本对于创投企业的融资扶持理念。在管理策略上，尽管日本放松场外市场的上市条件，以便为更多的成长型企业敞开融资大门，但是严格要求企业的信息公开，使投资者在准确掌握企业信息的基础上做出投资判断，通过投资者的市场选择筛选优质企业，以为具有良好发展前景的企业提供融资平台，是值得借鉴的证券市场发展思路。

四、台湾地区证券发行豁免管理制度

（一）我国台湾地区证券交易豁免思想

我国台湾地区的证券豁免交易，主要表现为特定的三种情况：第一，证券的核准，如附有时间上的条件或某种特定交易的限制，则其交易构成豁免交易；第二，“台湾证券交易法”（以下简称“证券交易法”）生效前的发行，无法加以管理，应视为豁免交易。对于此种证券，如依证券商管理办法公开发行，视同依“证券交易法”公开发行（第一百六十一条），即所谓拟制公开发行。“证券交易法”第二十四条也规定，公司

① 日本证券市场设立特殊板块的资料来源于《日本创投产业政策年表》（1963～2005 年），参见李宏舟、王惠贤：《日本促进创业投资产业发展的主要措施及启示》，载《现代日本经济》2007 年第 4 期（总第 154 期）。

② 赖诚成：《解决中小企业融资难的国际经验与对策》，载《特区经济》2014 年第 8 期。

依“证券交易法”发行新股的，以前未依本法发行的股份，视为已依证券交易法发行，均有权申请上市或在证券商营业处所买卖。第三，对特定人的非公开发行是最主要的豁免交易。[①] 由此看来，虽然“证券交易法”未明确规定小额证券发行注册豁免，但是“证券交易法”有豁免的规定，而且也有小额豁免交易制度思想的体现，具体表现为“证券交易法”第二十四条的规定，该条规定意味着台湾地区小额证券交易的豁免，因为在证券商营业处所进行的证券交易活动是台湾地区的场外交易，在场外交易的证券一般来说公司发行证券的规模偏小。

（二）我国台湾地区店头市场管理的法则

为活跃证券市场，台湾地区的证券交易制度灵活多样，证券管理机构通过调整不同市场乃至同一市场内不同板块的上市标准，可以满足不同类型企业募集资金的要求以及为社会资金创造投资环境。特别是对于创业不久、在产业中地位尚未确立、风险较高的科技类公司来说，相对灵活的上市标准提供了良好的资本筹集渠道。[②] 我国台湾地区证券的上市标准主要规定以下四个方面的条件：设立年限、资本额、盈利能力与股权分散状况，依据不同交易市场的证券交易企业的特性规定不同的要求，因之，台湾证券交易所、柜台中心、兴柜市场形成一个有层级差别的上市标准：交易所对上市标准的要求最为严格，柜台中心次之，兴柜市场的标准最低。

我国台湾地区 1988 年开始筹办柜台交易服务时，其目的是为公开发行但尚未上市的公司开拓股票流通渠道，本书就台湾地区上柜股票的交易管理制度进行研究分析以资在我国小额证券发行注册豁免制度中借鉴应用。

---

① 高旭晨编著：《台湾证券交易法》，中国广播电视出版社 1993 年版，第 33 ~ 34 页。

② 刘彬、于宏伟：《台湾证券市场发展经验》，中国证监会，网址：http：//www.csrc.gov.cn/pub/newsite/yjzx/sjdjt/zcyj/201505/t20150514_ 276912.html，最后访问时间：2015 年 5 月 14 日。

首先，分析股票上柜的条件。我国台湾地区从资本总额、开业期限、获利能力、股东人数与股票分散状态、高级管理人员与大股东持股股票转让限制等申请股票上柜的企业条件、券商推荐和股票交易处所这些方面设定股票的上柜条件。① 如同发行公司上市标准一样，除了规定一般企业的上柜条件之外，针对不同行业特性，另订有不同之上柜标准。② 从保护投资者利益和维护证券市场秩序的角度出发，只有满足这些条件的股票才能取得上柜资格。

与上柜条件相对，台湾地区证券交易法规也有不宜上柜的条款，台湾地区证券柜台买卖中心证券商营业处所买卖有价证券审查准则第十条规定，若有下列情形，经柜台买卖中心认为不宜上柜者，则上柜申请将不被同意。③ 例如，发行有价证券的公司遭受诉讼案件或其他事件，或发行有价证券的公司遇有发生特殊事故，改变业务计划的重要内容或退票，或发行公司之其他行为有虚假不实或违法事件，这些事件造成的后果是有影响市场秩序或损害公益之虞。④ 公司经营状况明显有重大衰退者，未依相关法令及一般公认会计原则编制财务报告，或内部控制、内部稽核及书面会计制度未经建立健全且有效执行，其情节重大者。公司或申请之时董事、监察人、总经理或实质负责人于最近三年内，有违反诚信原则之行为者。其他因事业范围、性质或特殊情况，柜台买卖中心认为不宜上柜者。⑤

其次，申请台湾店头市场股票交易的管理程序。股票买卖申请的审定和批准权分别由台湾证券商同业公会和证券管理委员会行使。具体程

---

① 参照“台北市证券商同业公会证券商营业处所买卖有价证券审查准则”等法规的规定，参见高旭晨编著：《台湾证券交易法》，中国广播电视出版社 1993 年版，第 172 ~ 173 页。

② 陈信编著：《证券法规概论》，鼎茂图书出版股份有限公司 2003 年版，第 275 ~ 281 页。

③ 陈信编著：《证券法规概论》，鼎茂图书出版股份有限公司 2003 年版，第 282 ~ 283 页。

④ 参见“台湾证券交易法”第一百五十六条。

⑤ 刘彬、于宏伟：《台湾证券市场发展经验》，中国证监会，网址：http：//www.csrc.gov.cn/pub/newsite/yjzx/sjdjt/zcyj/201505/t20150514_276912.html，最后访问时间：2015 年 5 月 14 日。

序如下：发行公司向证券商同业公会柜台买卖服务中心提出申请后，证券商同业公会认为合乎柜台买卖条件的，发行人应与证券商同业公会订定柜台买卖契约，报经证券管理委员会核准，发行人应在接到证券管理委员会指定通知或柜台买卖契约核准后，在证券商同业公会指定的柜台安排买卖事宜；证券商同业公会公告该有价证券柜台买卖事项后，开始柜台买卖。① 为便利企业有效利用证券发行市场筹措资金，达到发展国民经济与保障投资之双重目标，证期局不断研究发展采行各项措施建立上柜审查制度并简化其作业流程，自 1998 年 9 月 11 日由柜台买卖中心担负证券上柜的实质审查责任，证期局不再逐案审查，唯事后将采抽查或对重大疑义案件进行追查，如发现有执行疏失者，并将明确归属责任。因审查作业流程大幅简化，审查期间约可缩短一个月以上，审查效率已显著提升。②

最后，证券商同业公会制定店头市场规则。我国台湾地区法律规定，证券商同业公会应就若干事项，订定证券商营业处所买卖有价证券业务规则，并报请证券管理委员会核定；证券商同业公会应订定证券商营业处所买卖有价证券审查规则，并报请证券管理委员会核定。③ “证券商同业公会业务管理规则”第四条规定，证券商同业公会对会员从事有价证券之承销、自行买卖及经纪业务，应拟定自律规则申报本会核备，并确实执行之。④

经过对我国台湾地区的证券交易豁免和店头市场管理制度的研究得出：台湾证券商同业公会在台湾柜台市场证券的交易中居于关键地位，其既对发行企业的证券交易申请具有审核权，又有对交易规则的制定权，

① 高旭晨编著：《台湾证券交易法》，中国广播电视出版社 1993 年版，第 172～173 页。

② 李开远：《证券管理法规新论（增订四版）》，五南图书出版股份有限公司 2006 年版，第 57 页。

③ 高旭晨编著：《台湾证券交易法》，中国广播电视出版社 1993 年版，第 175 页。

④ “证券商同业公会业务管理规则”第四条，引自刘连煜主编：《证券管理法令选录（2000 年 11 月修订版）》，元照出版公司 2000 年版，第 793 页。

充分体现了台湾证券商同业公会对于上柜证券交易的自律管理原则，证券管理委员会的核准权是一种自下而上的监管权，有利于扩大上柜证券的规模。

五、境外小额证券发行制度的基本原则与启示

（一）境外小额证券发行制度的基本原则

不受政府规制的完全自由的市场经济是不能长期存续的，现代市场经济实际上都是一种混合经济体制，[①] 通过政府规制干预经济是一种常见方式。法律手段是政府干预经济的主要方式，政府通过法律制度对市场加以调控是必要的，只是政府干预经济时根据规制的成本收益分析需要把握干预的程度，[②] 核心是政府与市场之间的功能配置适当。美国是实行自由主义市场经济制度，但是美国的自由市场经济也不是完全放任自流的，美国证券市场100多年的发展史也一直蕴含着国家干预主义和自由经济主义两种思想的融合，美国的证券发行监管制度结合了市场自由与监管的适度性，充分体现了自由与监管的均衡原则，最终表现为政府干预、市场自律与市场效率之间的均衡关系。

1. 政府干预与市场效率的均衡。美国的证券发行立法，一方面，重视国家干预对市场的调控功能，需要市场以外的力量的介入并给予强制性的约束，如美国证券交易委员会SEC，SEC必须制定证券发行规则和对小额证券发售声明认可备案等。另一方面，SEC作为证券监管机构在证券发行过程中行使监管职能极其注重适度性，其权限在于它仅仅确定证券发行最基本的游戏规则，使所有市场参与者遵守市场规则，将政府监管限定在市场失灵的限度内，从而促进而不是阻碍市场功能的发挥。

---

① 谢地主编：《政府规制经济学》，高等教育出版社2003年版，第229页。

② 规制的成本收益分析对于判断是否及应该怎样实行政府规制具有重要意义，参见谢地主编：《政府规制经济学》，高等教育出版社2003年版，第22页。

美国《1933 年证券法》第 5 节禁止未经注册而直接或间接进行证券发行。然而，当小公司发行新的证券时，它们需要支付相当高的代价，承销补偿、会计、法律和申请费用都高于大公司，对于一些小公司，公开发行证券的成本是过高的。① 为了适应不同程度发展水平公司的融资需求，SEC 在制度设计上提供了多种发行制度供不同投资者和企业选择，提高证券发行效率。美国 2012 年出台的《JOBS 法案》是为了降低发行成本、便利中小企业融资，将《1933 年证券法》的第 3 节（b）重新规定为第 3 节（b)(1)，并增加第 3 节（b)(2)－(5)，作为第 3 节（b)(1) 之外新的小额豁免路径。②《JOBS 法案》是为新兴成长企业量身定做的证券发行制度，以很低的证券发行标准为更多企业提供融资机会，《JOBS 法案》生效后成功发行的美国 IPO 企业中，大约 75% 为新兴成长企业，这样整体上有力降低融资成本。根据 SEC 的 2012 年年报，美国的资本成本从 2011 年的 10.67% 降低到了 2012 年的 8.96%，在 43 个国家中排名第 7 位，和美国经济危机后政府放松监管激发市场活力的举措不无关系。③ 在发行程序方面，条例 A＋要求事前提交表格 1－A，并得到认可（qualification)，规则 504 和规则 506 要求事后提交表格 D，④ 而不需要对小额证券发行进行实质审查。美国小额证券发行规则的颁布和修改体现了政府对于小额证券发行与经济发展需要的协调规范与引导，小额证券发行程序充分体现了政府干预的有限性，程序监管仅在于监督规则的执行，从而使小额证券发行依法进行，保证政府干预与市场效率的均衡。

2. 政府监管与市场自律的均衡。自律监管在证券市场的监管中居于基础地位，首先由自律监管组织制定内部监管规则，监督证券市场可能

① Louis Loss, Joel Seligman, Troy Paredes, *Fundamentals of securities regulation*, 6th Edition, Volume 1, Wolters Kluwer Law & Business, 2011, p. 529.

② Jumpstart Our Business Startups Act, pub. L. No. 112－106 § 402.

③ 中国证监会　中银万国证券：《借鉴国外证券发行制度》，载《资本市场》2015 年第 2 期。

④ 17 C. F. R. § 230.503 (1995).

发生的违法行为，并通过自律组织的内部监管规则处理证券市场的违法行为。而政府更多致力于建立公共政策目标与标准，作为自律组织的行为规范，政府并保持对自律组织的监管行为和活动的监督，以弥补自律监管的不足，在自律组织能够发挥作用的地方减少不必要的干预，这毫无疑问是效率更高而成本更低的监管模式。从总体上来说，政府监管与市场自律之间的均衡是法制统一下的分工协作与互补关系。根据美国《1934 年证券交易法》第 19 节（a）(b)(c)(d）的规定，美国的自律组织接受《1934 年证券交易法》和 SEC 的监督，在法律和政府的监管下发挥市场自律的监管功能，可以直接为我国小额证券发行自律监管借鉴的是证券监管机构与全美证券商协会之间的均衡关系，《1934 年证券交易法》对全美证券商协会（NASD）进行了授权，SEC 要求发行证券必须向其注册。全美证券商协会（NASD）作为全美券商独立的自律性组织，主要宗旨是确保会员的行为符合法律法规的要求，其依法审核公开募集文件，监管证券发行过程中证券公司及其从业人员的行为活动，防止他们牟取不正当利益。

（二）域外小额证券发行制度立法的启示

减轻企业的证券发行负担，提高发行效率与效益，豁免小额证券发行的注册要求，建立与发行企业融资需求相适应的监管制度，不仅是我国顶层制度设计的强烈愿望，美国、欧盟、日本和我国台湾地区等也一直追求并致力于建立完善的小额证券发行制度。这些国家和地区的小额证券发行监管制度经验值得我国学习和借鉴。尤其是《JOBS 法案》的出台背景和我国当前的经济发展形势与金融市场改革浪潮遥相呼应，大众创业、万众创新的热潮正在中国大地蓬勃兴起，[①] 促进直接融资服务中小

① 《李克强出席 2015 夏季达沃斯论坛开幕式并致辞》，新华网，http：//news. xinhuanet. com/fortune/2015 - 09/10/c_ 128215773. html，最后访问时间：2015 年 10 月 10 日。

企业，是我国当前经济发展“势”之所向，国外小额证券发行制度对我国小额证券发行制度的立法启示如下：

第一，建立与小额证券发行相适应的监管制度，加大为中小企业融资服务的力度。成本—效益分析是理性的经济人行为决策的首要考虑因素，证券立法的良法需要恰当平衡证券发行制度的经济性与规制性的特性，① 一国小额证券发行制度的建立与实施也须经过成本——效益核算，才能决定其实施效果。正是出于证券发行效率与效益的考虑，美国的《JOBS 法案》豁免新兴成长公司的很多义务，其主要表现在：豁免《证券交易法》第 14A 节和第 14 节（i），《JOBS 法案》修订了《证券法》第 7 节（a），新制订或修订的财务会计准则的要求，只要非发行人不被新准则明确要求遵守，新兴成长公司就无须遵守。新兴成长公司仅需就最近两个会计年度（而不是三年）提供管理层讨论与分析（MD&A），新兴成长公司豁免适用 2002 年《Sarbanes - Oxley 法案》第 404（b）节要求，公司应聘请独立的外部审计师对财务报告的内控情况进行验证等，因为上述的监管制度对于大型上市公司或许是必要的措施，却给初创或成长中企业带来了难以承受的负担，② 《JOBS 法案》对《1933 年证券法》、《1934 年证券交易法》、2002 年《Sarbanes-Oxley 法案》、2010 年《多德—弗兰克法案》等美国重要证券法律的修改，旨在为新兴成长公司全方位松绑，建立与新兴成长公司相适应的发行监管制度，以改善对中小企业的融资服务。我国现行的证券发行制度存在类似的情形，规模大小不同的企业的证券发行监管制度几乎一致，大量中小企业被拒之于证券市场的融资平台之外，为了给广大的证券未上市企业提供证券融资平台，建立与证券发行规模和风险程度匹配的证券发行监管制度，既节约

① 张守文：《经济法学（第三版）》，中国人民大学出版社 2016 年版，第 18 ~ 19 页。

② See Larry E. Ribstein, Sarbanes - Oxley After Three Years, 3N. Z. L. REV. 365（2005）.

了资源，也促进对中小企业的融资服务。本书研究构建的小额证券发行注册豁免制度是为证券未上市企业提供融资平台，综合考量证券发行收益与发行成本、发行风险，确定与发行企业的承受能力相适应的监管水平。

美国《JOBS法案》旨在放宽对中小企业的融资限制促进就业,[①] 为了执行《JOBS法案》第401节对《1933年证券法》新增的第3（b）（2）节，授权SEC制定新的规则提高注册豁免证券发行额度，形成了条例A的修订版条例A+，在12个月内所有依条例A+豁免发行证券的累计总额不得超过5000万美元，使得豁免注册发行证券的融资规模与证券发行成本比例适当。日本的公募之少额免除是由于少额有价证券之公募依公开制度保护投资者之实益性小，而为避免增加发行企业之负担，故免除少额证券发行公开招股说明书的义务，并且导入了公开简化制度。[②] 我国台湾地区的证券发行制度，经历从证券发行核准制—注册制—注册豁免制的发展历程，正是探索与追寻证券发行监管制度的适当性的结果。广大中小企业是我国经济发展的生力军，我国又在大力推动大众创业，万众创新的创业创新浪潮，急需建立为中小企业融资服务的快速通道。构建与小额证券发行相适应的监管制度，在没有造成证券发行风险的前提下，豁免小额证券发行注册要求，扩大中小企业的融资服务渠道，进而促进经济增长。

第二，坚持小额证券发行监管的法制统一与自律监管相结合。小额证券发行注册豁免的法律依据是《证券法》，实施规则由中国证监会根据《证券法》的规定制定，并由中国证监会行使行政监管权，小额证券发行

---

① 黄健青、刘雪霏、辛乔利、张琦：《美国〈JOBS法案〉出台的背景分析、实施进展及其创新启示》，载《国际金融》2015年第5期。

② 林丽香：《证券发行市场规制之加强——日本近年之修正法》，载柯芳枝主编：《财经法论集》，台湾三民书局1997年版，第229～258页。

的执行权由自律组织实施，实行自律监管。自律监管是世界各国的通行做法，如美国的全美证券交易所协会、日本的证券业协会、我国台湾地区的证券商同业公会，其优点是减少行政监管费用和降低行政监管的工作量，提高证券发行的效益和效率。而降低企业融资成本，提高企业融资效率正是企业融资的迫切需求，我国应当顺应国际资本市场监管的模式，改变以往的自律监管功能弱化的局面，适度授予证券业协会在小额证券发行中的监管权能，小额证券发行由地方证券业协会审核登记，使小额证券发行的登记管理分散化，发挥小额证券发行的地域优势，节约财力和时间，适合中小企业"短、频、快、廉"的融资需求特点，充分发挥自律组织在小额证券发行中的作用，使证券发行制度市场化改革与经济发展相得益彰。

第三，证券发行制度相互之间、证券发行制度与证券交易制度的协调。证券发行制度的协调是指证券发行制度内部结构严密，不存在矛盾冲突和监管真空。证券发行制度的建设包括证券发行制度体系的构建和单项制度的建立两个方面，证券发行制度体系完整与否决定证券发行制度的横向覆盖的严密性、协调性，单项制度的优劣决定单项发行制度纵向的可实施性。以美国的证券发行制度为例，美国证券立法以公开发行注册要求为原则，逐步构建起了其例外规则体系，即多种多样的豁免证券和豁免交易。① 美国证券法规定的证券发行方式包括注册发行、公开发行豁免和私募发行豁免，美国的证券发行制度考虑、照顾了不同类型企业的融资需求和投资者的特点，形成了完善的证券发行法律制度体系，以解决不同规模和类型的企业的融资需求。美国小额证券发行制度体系的协调性的具体体现为，美国将证券发行豁免制度规范分为法律规定和规则两个层级，美国《1933 年证券法》和《JOBS 法案》原则规定小额

① 郭雳：《美国证券私募发行法律问题研究》，北京大学出版社 2004 年版，第 91 ~ 94 页。

证券发行豁免制度的法律条款，为 SEC 制定小额发行注册豁免规则奠定了基础，更多操作层面的规则授权 SEC 来制定。SEC 将证券法的小额证券发行注册豁免制度的条文规定落实到具有可操作性的具体规则，使法律规定具有可实施性。美国《1933 年证券法》第 3 节（b）是对每 12 个月发行总额不超过 500 万美元的证券发行设置的法定豁免条款，条例 A、条例 D 的规则 504、规则 505 是实施该条款的具体规则。① 《JOBS 法案》将《1933 年证券法》的第 3 节（b）指定为第3 节（b)(1)，并增加第 3 节(b)(2)－(5)，作为第 3 节（b)(1）之外新的小额豁免路径。② 小额证券发行制度内部的协调性还体现在《JOBS 法案》发布以后的新一轮证券发行制度改革，改革涉及条例 A 的修订、私募发行豁免制度的调整、众筹豁免制度的创设以及州内发行豁免规则的整体性调整。众筹的发行总额 100 万美元、众筹豁免州法的注册义务，其适用率将高于规则 504，因而将规则 504 的发行限额提高到 500 万美元。③ 由于私募发行豁免解除了公开广告和劝诱的禁止，规则 505 几乎失去适用的空间而被废止。④

就单项法律制度的可实施性而言，美国立法很注重立法的实践操作性。为了执行 2012 年《JOBS 法案》，SEC 于 2015 年 3 月 25 日通过了关于《JOBS 法案》第四章的最新实施规则条例 A＋，不仅将其落到实处，且在第四章和条例 A＋基础上豁免了 5000 万美元的州“蓝天法”注册审核，刺激了中小企业采用条例 A＋发行小额证券的意欲，极大地增强

---

① Alan R. Palmiter, *Securities Regulation*: *Examples&Explanations*, 6th edtion, Wolters Kluwer Law &Business 2014, pp. 209－221.

② Jumpstart Our Business Startups Act, pub. L. No. 112－106 § 402.

③ Fedral Register/Vol. 81, No. 224, 17 CFR Parts 230－General Rules and Regulations, Securities Act of 1933, § 230. 504.

④ Fedral Register/Vol. 81, No. 224, 17 CFR Parts 230－General Rules and Regulations, Securities Act of 1933, § 230. 505.

了条例 A + 的适用性。条例 A + 的发行数额标准设定为两个层级，第一层级的发行总额是每 12 个月的发行数额是2000 万美元及以下，只披露发行信息，不豁免州证券法的注册义务；第二层级的发行总额是每 12 个月的发行数额是5000 万美元，要求披露发行信息和持续信息披露，豁免州法的注册义务，条例 A + 的两个层级体现了 SEC 立法的细致周密。协调性还体现在非限制证券与受限制证券之间，即条例 A + 与规则 504 之间。

第四，我国制定小额证券发行制度应突出立法的问题意识。美国小额证券法律规则的全面、广覆盖正是其立法注重问题意识的结果，美国证券发行制度以公开发行注册要求为原则，逐步构建起了其例外规则体系，即多种多样的豁免证券和豁免交易。① 美国证券发行制度例外规则体系是根据解决具体融资问题的特殊渠道形成的，而且随着经济发展变化的需要进行立、改、废。《JOBS 法案》的出台突出体现美国证券立法的问题意识，即应对美国的 IPO 危机，加大中小企业的融资服务力度，促进就业。《JOBS 法案》扩展了原来的发行注册豁免制度的模式，其一，放松了私募发行豁免的募集方式限制，SEC 根据《JOBS 法案》修改了的《1933 年证券法》第 4 节，将私募发行豁免的募集方式修改为：在符合规则 506 规定的条件下，且仅出售给或许投资者时，证券发行可以采取广告或公开劝诱的方式。其二，条例 A + 将 12 个月内的豁免发行证券的累计总额提高到5000 万美元。其三，《JOBS 法案》创设了众筹（crowd funding）豁免。美国证券立法的问题意识和针对性在《JOBS 法案》中有显著的体现，《JOBS 法案》的适用对象主要是“发展阶段的成长型公司（Emerging Growth Companies，下文简称 EGC 公司）”，《JOBS 法案》对 EGC 的定义是在最近一个财政年度的总收入不超过 10 亿美元的公司，其

① 郭雳：《美国证券私募发行法律问题研究》，北京大学出版社 2004 年版，第 91 ~94 页。

对于“发展阶段的成长型公司”的标准设定、资格控制是相当严格的。《JOBS 法案》对 EGC 公司资格的丧失也规定了具体条件。[①] 美国 SEC 于 2017 年 4 月 5 日修改了《众筹条例》，根据通货膨胀的调整，将 EGC 公司在最近一个财政年度的总收入规定为 10.7 亿美元。EGC 公司的定义被《1933 年证券法》规则 405 和《1934 年证券交易法》规则 12b－2 采纳反映了这种调整的门槛，而且今后将每隔五年根据通货膨胀水平进行调整。[②]《JOBS 法案》的以上特点足以说明其旨在为“发展阶段的成长型公司”提供融资平台，除此之外，其还简化和降低了该类公司实施 IPO 和公开披露的相关要求和标准，如果该类公司丧失 EGC 资格，即按照其申请发行证券时所属公司类型规定的发行条件申请证券发行，不再适用《JOBS 法案》关于 EGC 公司的规定。

我国国务院意欲通过“大众创业、万众创新”的经济发展模式增加就业，促进经济发展。[③] 李克强总理在 2015 年 3 月 5 日的政府工作报告中指出，推动大众创业，万众创新，既可以扩大就业，增加居民收入，

---

① EGC 公司满足下面任何一个条件时，视为 EGC 资格的丧失：（1）公司年收入超过 10 亿美元后的第一个财政年度；（2）公司实施 IPO 五周年后的第一个财政年度；（3）公司在之前三年发行了超过 10 亿美元的非可转债；（4）公司符合“large accelerated filer”（公司在过去的一年中公开发行的股权价值的变动幅度超过 7 亿美元）。参见鲁公路、李丰也、邱薇：《美国新股发行制度改革：JOBS 法案的主要内容》，http：//stock. hexun. com/2013－03－20/152306903. html，最后访问时间：2016 年 5 月 8 日。See S. 1933：The Reopening American Capital Markets to Emerging Growth CompaniesAct of 2011Section－by－Section Summary，P1. at：https：//www. sec. gov/info/smallbus/acsec/s1933summary. pdf。

② See Securities and Exchange Commission，17 CFR Parts 210，227，229，230，239，240 and 249 [Release Nos. 33－10332；34－80355；File No. S7－09－16] RIN 3235－AL38，Inflation Adjustments and Other Technical Amendments under Titles I and III of The Jobs Act，p. 15.

③ 该号召是李克强总理在 2014 年 9 月的夏季达沃斯论坛上提出的，2015 年 9 月的达沃斯论坛上再次强调。《李克强在 2014 夏季达沃斯论坛开幕式发表致辞（全文）》，中国新闻网，http：//www. chinanews. com/gn/2014/09－10/6578895. shtml，最后访问时间：2014 年 10 月 10 日；《李克强在 2015 夏季达沃斯论坛开幕式上的致辞［实录］》，新华网，http：//news. xinhuanet. com/fortune/2015－09/10/c_ 128215773. html，最后访问时间：2015 年 10 月 10 日；《李克强在第十届夏季达沃斯论坛开幕式上的致辞全文》，新华网，http：//news. xinhuanet. com/politics/2016－06/28/c_ 1119122273. html，最后访问时间：2016 年 6 月 30 日。

又有利于促进社会纵向流动和公平正义。① 而良好的融资服务是激发大众创业、万众创新的创业、创新企业和企业家精神的必需条件，小额证券发行立法制度突出的问题意识，即主要为我国的广大中小企业提供融资服务，解决我国当前面临的中小企业融资难的问题，建立与中小企业的承受能力相适应的小额证券发行制度，并且发展具有时代特征的互联网金融模式，建立股权众筹公开发行制度，为我国中小企业拓展融资渠道，推动“大众创业、万众创新”的经济发展进程。

本章对于境外小额证券发行制度的研究与经验揭示，主要阐述境外小额证券发行制度的立法原则、立法理念以及监管规则的概述，监管规则的更为详细的具体条款以及与我国小额证券发行注册豁免制度的结合，分散于本书的各章，对照于具体问题的分析论述中。

① 《2015 年政府工作报告（全文实录）》，人民网，http：//www.people.com.cn/n/2015/0305/c347407 –26643598.html，最后访问时间：2015 年 3 月 6 日。

第三章 小额证券发行适用要件的逻辑规范

虽然小额证券发行注册豁免制度去除了在证监会的注册程序，实行以自律监管为主的发行监管程序，可以为广大企业提供低成本、高效率的直接融资渠道，改善我国证券发行制度结构单一、监管强度与证券发行规模不匹配的状况，也丰富了我国证券发行制度的层次，但是只有合理、恰当确定小额证券发行的适用要件，才能保证小额证券发行制度适用的有效性。本章研究小额证券发行适用要件的目标就是为小额证券发行制度的适用提供制度规范，合理确定小额证券发行的监管标准，在该项制度的实施中严格规范适用小额证券发行制度的各项条件，寻求小额证券发行企业获得融资便利和保持小额证券发行交易安全之间的平衡点，使小额证券发行制度的适用达到便利企业融资、保护投资者的安全与利益以及保持良好的证券市场秩序的效果，预防和减少小额证券发行制度实施的不良后果。在确定我国小额证券发行注册豁免制度的适用要件时，坚持安全性和经济性优先的原则，处理安全性和经济性的关系时，应在保证小额证券发行安全的前提下，追求经济效益最大化，这也是其他国家和地区小额证券发行制度设立和实施的基本原则。①

① 参见《美国1933年证券法（中英文对照本）》，张路译，法律出版社2006年版，第27页；林丽香：《证券发行市场规制之加强——日本近年之修正法》，柯芳枝主编：《财经法论集》，台湾三民书局1997年版，第229～258页。

一、发行额度的评定准则

（一）考量发行额度的主要影响因素

1. 发行企业规模

尽管美国 SEC 认为以发行人的一定规模限定豁免注册发行没有必要，美国 SEC 同意有些评论者的建议，每 12 个月的最高发行限额对于限制较大规模的发行人在需要较大数额的资金时利用注册豁免是有用的，[①] 但是在小额证券交易实践中，发行企业的规模与额度在一定程度上依然影响小额证券交易的注册，条例 A + 规定豁免《1934 年证券交易法》第 12（g）规定的公司满足的要求与证券法和证券交易法对于小型报告公司的定义要求相似。[②] 在此种情形下，条例 A + 规定的有条件的豁免限于发行人为少于 7500 万美元的公众持股量，最近一个完整的半年度期间的最后一个工作日决定，[③] 或者在没有公众持股的情况下，年收入少于 5000 万

---

① Securities and Exchange Commission: 17CFR Parts 230, 232, 239, 240 and 260 [Release Nos. 33 -9497; 34 -71120; 39 -2493; File No. S7 -11 -13] RIN 3235 -AL39, Proposed Rule Amendments for Small and Additional Issues Exemptions Under Section3 (b) of the Securities Act, p. 24.

② "Smaller reporting company" is defined in Securites Act Rule 405, 17 CFR 230. 405, Exchange Act Rule 12b -2, 17 CFR 240. 12b -2, and Item 10 (f) (1) of Regulation S -K, 17 CFR 229. 10 (f) (1). The provision of smaller reporting company definition relating to initial registration statements under the Securities Act is not applicable to exempt offering pursuant to Regulation A. See Item10 (f) (1) (a) (ii) of Regulation S -K, 17 CFR 229. 10 (f) (a) (ii). The final rules do not therefore incorporate this concept for purposes of Rule 12g5 -1 (a) (7). See Rule 12g5 -1 (a) (7).

③ Consistent with the smaller reporting company definition, an issuer will calculate "public float" by multiplying the aggregate worldwide number of shares of its common equity securities held by non -affiliates by the price at which such securities were last sold (or the average bid and asked prices of such securities) in the principal market for such securities. Rule 12g5 -1 (a) (7). See also, e. g., Item 10 (f) (1) (i) of Regulation S -K.

美元，按照最近一个完整的财政年度确定。① 在财政年度的最后一天当公司超过了规定的公众持股量或年收入门槛，公司的总资产超过1000万美元，股权证券被2000人以上持有或非获许投资者达到500人，公司只能按照美国《1934年证券交易法》第12（g）的规定被要求注册。② 尽管条例A+规定只要发行人依条例A+履行而且保持最新的定期报告义务即可豁免第二层级的证券发行依《1934年证券交易法》第12（g）注册的规定，③ 但是当发行企业超出《1934年证券交易法》第12（g）和规则12g5-1（a）（7）的门槛时，不再具备"新型成长型公司"的地位而被要求注册。④ 由此可以推断，美国小额证券在本质上还是将企业规模与发行额度相关联的。本书将发行企业规模确定为影响小额证券发行额度的一个重要因素，主要是基于发行企业规模与证券发行额度之间的关联性，一是与企业规模相适应的资金需求。企业资金需求量一般与企业规模成正相关关系，企业规模越大，项目资金的需求越多。因此，从企业规模可以初步断定企业的融资需求量。二是融资资金的盈利率与证券持有人的股息水平的匹配程度。企业在资本市场融资是为了满足企业项目发展

---

① Rule 12g5-1（a）（7）. The Commission adopted the smaller reporting company regime in 2007. See SEC Rel. No. 33-8876（Dec. 19, 2007）[73 FR 934]. Some commentators, such as the Commission's Advisory Committee on Small and Emerging Companies, have suggested that the Commission revisit the smaller reporting company regime, including the definitional thresholds. Recommendations Regarding Disclosure and Other Requirements for smaller Public Companies, Securities and Exchange Commission, Advisory Committee on Small and Emerging Companies（February 1, 2013）, at 2-3, available at: http: //www. sec. gov/info/smallbus/acsec/acsec-recommendation-032113-smaaler-public-co-ltr. pdf. Although the Commission has not yet responded to this recommendation, in considering any potential changes to the smaller reporting company regime, we would expect to consider whether corresponding changes to the thresholds included in Rule 12g5-1（a）（7）should also be made, taking into account how the Regulation A regime is working.

② 15 U. S. C. 781（g）.

③ Rule 12g5-1（a）(7).

④ Id; See Securities and Exchange Commission, 17 CFR Parts 200, 230, 232, 239, 240, 249 and 260,[Release Nos. 33-9741; 34-74578; 39-2501; File No. S7-11-13] RIN 3235-AL39, Amendments for Small and Additional Issues Exemptions under the Securities Act（Regulation A）, p. 59.

的需要，以使融资募集资金高效运转，获得较高的盈利率，提高企业利润增长率，因之增加股东的股息红利。假设允许中小企业筹集资金的发行额度畸高，融资募集资金流转不畅，资金不但达不到为企业增值的目标，反而须向投资者支付更多股份的红利，摊薄股东的红利水平。三是与中小板、创业板的中小企业的规模差别。企业规模是我国股票交易市场分类的重要依据之一，我国现行的证券市场分类的条件之一即为企业规模，处在不同发展阶段的中小企业，其规模大小有所不同，融资需求也有较大的差异，需要根据具体情况选择融资市场。一般来说，小额证券发行企业的规模应低于中小板、创业板市场发行企业的规模，当中小企业规模达到中小板或创业板要求并且具备中小板或创业板的其他发行条件，即可申请在中小板、创业板上市，获得的发行资金远高于小额证券发行的最高限额。四是适用对象的特殊性。小额证券发行注册豁免制度虽然可以适用于不同规模的企业，但其主要适用对象为中小微企业，为中小企业和一些高成长性的微型企业提供及时、具有专业化融资平台的融资服务。[①] 中小微企业的规模决定了其证券发行额度不宜过高，而以短期、多次发行为特征，完成企业资本的积累和企业规模的转型。因为我国小额证券发行制度对于中小微企业以外的其他企业而言，是一种辅助的融资平台。

2. 目标投资者群体

目标投资者对于小额证券注册豁免制度的适用性和小额证券的流动性具有重要影响。美国的小额证券发行对于投资对象的划分十分细致，也以此为依据制定了不同的小额证券发行规则，[②] 在这些不同的发行规则

① 《报告：中国 1/3 小微企业经营困难资金缺口 22 万亿》，网易财经，http：//money. 163. com/15/0106/14/AF9HN82D00254TFQ. html，最后访问时间：2015 年 1 月 8 日。

② 例如，条例 A + 的投资人资格虽然没有特别要求，但是对于发行额度在 2000 万美元以上的第二层级的发行规定了非合格投资者有投资限额要求，在规则 504 中有合格投资者的规定。

中，小额证券的投资对象是影响小额证券适用性的因素之一。[①] 在我国，证券发行制度和小额证券发行制度的投资对象虽然没有严格意义上的划分标准，但是在实践中不同的证券发行制度和市场的投资者群体的分布显现出倾向性的偏好。

小额证券注册豁免发行对于投资者没有特殊的要求，不像私募发行证券或者其他的发行方式那样限于合格投资者或获许投资者，具备投资能力的个人和机构投资者都可以在小额证券交易市场投资。这里所说的目标投资者群体是与其他证券市场的投资者和非公开发行的投资者相比较而言，在证券交易所上市的证券的投资者群体的构成种类相对较丰富，有机构投资者、个人投资者，而且个人投资者中有很多交易大户。当然，也有不少的普通投资公众。但从投资者的总体水平来看，交易所市场的投资者的投资专业知识和平均经济能力高于小额证券市场的投资者。而非公开发行证券的投资对象大多数是与证券发行企业关系相对密切，对于证券发行企业的经营业绩较为熟悉的投资者。

从理论上讲，具备较高风险识别和承受能力的“富人”及风投、创投等机构投资者是小额证券的理想投资者，由于机构投资者投资专业知识和资金都较为雄厚，能够较好地抵御场外证券交易市场的风险。如果允许个人投资者直接或间接进入市场，可能衍生出欺诈、操纵等损害普通投资者利益的现象。[②] 但是，如前所述，与交易所市场和非公开发行市场之间通过竞争吸引投资者，小额证券市场对于投资者的吸引力显然处于劣势。在小额证券发行市场，由于企业发行的证券规模有限，很难与

---

① See , e. g. Proposing Release, at Section I. C. , see also Securities and Exchange Commission, 17 CFR Parts 200, 230, 232, 239, 240, 249 and 260, [Release Nos. 33 –9741; 34 –74578; 39 –2501; File No. S7 –11 –13] RIN 3235 –AL39, Amendments for Small and Additional Issues Exemptions under the Securities Act (Regulation A), pp. 260 –261.

② 刘鹏：《资本的涅槃——美国场外市场发展与我国新三板启示》，中国金融出版社 2013 年版，第 233 页。

机构投资者的投资需求匹配，至少在小额证券发行制度的实施初期，机构投资者的投资活跃度不会过高，机构投资者的培育需要较为成熟的证券市场。就小额证券市场的个人投资者而言，小额证券的投资者多数为散户投资者，投资者的购买力和风险承受能力较低，而且更关注短期收益回报，当然，在小额证券市场的个人投资者中，也不乏富有的个人投资者，但他们同样关注短期收益回报和在不同的投资模式下进行比较权衡。

故目标投资者群体是影响小额证券交易流动性的重要因素，根据投资者的证券购买力和兴趣偏好确定证券发行规模，增强发售证券的易销售性。为保证证券发售的成功，每年的最高发行数额应在确保证券的可流动性范围内，以使证券的发售和资金的流通处于良性循环状态。

3. 证券市场的层次

证券市场的层次与发行企业规模和投资者的类型是密切相关的，因而证券市场的层次也影响小额证券的最高发行额度。例如，美国的多层次资本市场，发行的证券虽然在不同类型的市场之间可以交易，但全国性交易市场、区域性交易市场、OTCBB 市场之间的股票类型差异还是很大的，规模较大企业发行的大规模股票在全国性交易市场所占的比例很大，OTCBB 板块是向实力暂时达不到全国性股票市场和区域交易所市场的小型企业提供股权融资的非交易所市场。① 由于我国的证券市场的形成是以政府为主导力量推进建立起来的，加之经济体制的特点，证券市场与企业规模密切关联。因此，现有的证券市场主要为大中型企业提供融资服务，监管程序较为烦琐，不能适应证券发行的市场化要求。按照证券发行的市场化的规律，我国目前缺少为规模偏小的中小企业和较大规模的企业的小额证券发行交易提供融资平台的证券市场，建立主要面向中小企业的场外证券交易市场是多层次资本市场体系建设的重要一环，

① 孙婧：《美国多层次的股票市场》，载《招商周刊》2007 年第 9 期。

其目标是向达不到在全国性证券交易所上市要求或不愿通过全国性证券交易所上市融资的企业提供融资平台。由于我国场外证券交易市场处于资本市场的最底层，面向那些规模尚小，但前景不错、急需资金的高科技创新型企业提供直接融资市场，由于这些企业虽然急需项目发展资金，但是其风险承受能力和资金分红能力偏弱，因而不能与在全国性证券交易所上市的企业一样可以获得很大规模的融资。故而证券发行最高限额的确定更加突出不同发展时期企业的融资能力的差异性，确定的发行数额应满足发行企业当下的融资能力和实现场外证券交易市场证券的流动性相匹配的目标，证券市场的层次与这些因素是相互关联，互相促进的。

4. 宏观经济环境安全考量

安全性是证券发行制度的意蕴之一，小额证券发行制度的安全性表现在投资者的投资安全和小额证券市场秩序的稳定。安全性是确定小额证券最高发行额度的首要考虑因素，只有在能保障投资者安全和维护证券市场秩序范围内的证券发行才允许适用小额证券发行注册豁免制度。基于安全性的考虑，美国条例 A 最初规定的小额证券豁免发行额仅有 10 万美元。① 因为美国起初建立小额发行制度也带有探索性，在后来的条例 A 的修订中，发行额度不断提高，但始终贯穿安全性原则，当小额证券的最高发行额度提高到 5000 万美元时，美国 SEC 为保障小额证券发行的安全性，增加 2000 万美元以上至 5000 万美元的发行额度的监管强度，包括财务报告的审计要求、提交持续信息披露报告和非合格投资者的投资数额的限制。依据条例 A + 的第二层级发行证券的公司，当投资者是规则 501（a）规定的非合格投资者时，自然人投资者购买的证券不得超过

① Proposed Rule Amendments for Small and Additional Issues Exemptions Under Section 3（b）of the Securities Act.［《证券法 3（b）下小额发行和其他发行豁免的修订》］参见赵英杰：《美国小企业公募注册监管及其对我国的启示》，载黄红元、徐明主编：《证券法苑》（第十四卷），法律出版社 2015 年版，第 341 ~ 360 页。

年收入或净资产高者的10%；非自然人投资者购买的证券不得超过年收益或净资产高者的10%。[①] 美国SEC对于小额证券的第二层级的发行施加更高要求的目的就是将监管强度加强至与其发行额度相匹配，保护投资者和证券市场的安全。而我国小额证券发行注册豁免制度的安全性考量主要是受限于服务对象，我国适用小额证券发行注册豁免制度的未上市中小企业，与主板、中小板、创业板的上市公司相比，其资产总额明显偏小，小额发行额度应与企业的盈利能力相当，较小规模的融资额可以保证该类企业支付股息红利的可靠性。反之，一旦发行额度偏高超过了发行企业的盈利能力和股息派发能力，将会减弱小额证券的流动性，降低投资者对于小额证券市场的信心，增加小额证券市场的不安全性。由于我国的小额证券市场的投资者尚未培育起来，如果限制投资者投资数额以保证证券投资的安全，也将不利于增强我国小额证券的流动性。因此，我国目前仅能以小额证券的最高发行额度确保小额证券市场的安全，所以准确确定小额注册豁免证券的发行额度，以实现满足企业的融资需求、保护投资者利益和经济社会安全的平衡，维护良好的证券市场秩序。

5. 小额证券发行的效益性

确定小额证券发行额度的一个重要的考虑因素即提高企业，尤其是中小企业的证券发行效益。发行证券需要耗费材料准备等的成本资源，小额证券发行效益的提高在于以最小的发行成本获取最大化的筹集资金，依照小额证券发行程序发行证券，其一次发行证券的成本相对固定，通过提高发行额度的途径方能提高发行效益。所以，发行额度的高低决定了单次证券发行的效益，即在发行成本固定的前提下，必须通过提高发行额度实现发行效益的最大化。因而，小额证券的发行额度亦不应过分

---

① https：//www. sec. gov/info/smallbus/qasbsec. htm#jobsact。

偏低，否则，小额证券发行注册豁免制度即使建立也难以付诸实施。美国条例 A 的实施结果已经证明了这一论点。根据美国政府问责办公室（United states Government Accountability Office）的调查，援引条例 A 小额公开发行证券案例较少与发行上限有关。受到合规等固定发行成本影响，条例 A 小额公开发行难以盈利，承销商也不愿意参与其中。① 为了提高小额证券发行制度的适用性，美国通过了一系列的改革法案，《1996 年资本市场效率法》② 被实施以促进金融市场的效率和资本形成。③《1996 年全国性证券市场促进法》通过修改《1993 年证券法》第 18 节实现州和联邦规制的调整，规定豁免被定义为特定证券的州法注册和认可要求。《JOBS 法案》通过增加特定证券的交易修改《1933 年证券法》第 18 节，特定证券包括根据第 3 节（b)(2）采纳的规则或条例豁免注册的证券和要约或销售给合格投资者的证券，合格投资者由 SEC 根据第 18 节（b)(3）关于购买或销售的证券类别规定，④ 以此获得州法的注册豁免，提高小额证券的发行效益。为了实施《JOBS 法案》第 401 节，条例 A + 于 2015 年 6 月 19 日生效，旨在提高小额证券的发行额度以增强发行小额证券的效益，从而提升条例 A + 的适用性，进而更好地与其他小额证券发行制度缜密配合，减少中小企业的 IPO 危机。在修改条例 A 时，美国 SEC 仍然考虑确定修改后的条例 A 的基础对于市场参与者的成本与收益的影响以及修改后的条例 A 对于效率、竞争和资本形成的影响，这个基

① GAO, "Factors That May Affect Trends in Regulation a Offerings, Report to Congressional Committees", GAO - 12 - 839 , p. 9, July 2012, http: //www.gao.gov/assets/600/592113.pdf, 2016 - 1 - 10.

② NSMIA, section 101 (Short Title).

③ H. R. Rep. No. 622, 104th Cong. 2d Sess. at 1 (1996) (House Report).

④ JOBS Act Section 401 (b) (adding Section 18 (b) (4) (D) (ii) to the Securities Act). Section 401 (b) also included in the list of "covered securities" transactions involving Section 3 (b) (2) securities that are offered or sold on a national securities exchange, see Section 18 (b) (4) (D) (i), see also Title III of the JOBS Act, which added to the list of "covered securities" in Section 18 (b) (4) (C) transactions involving securities issued pursuant to Section 4 (a) (6).

础包括与正式规则相关的豁免范围等的具体规定的可能的经济影响。①

在确定小额证券发行额度的考量因素中，各因素与发行额度的高低之间以及各因素相互之间具有很强的相关性和矛盾冲突，小额证券的发行效益是企业非常关注的一个因素，因为我国小额证券的发行效益的提高，除了降低程序性成本之外，主要在于恰当确定小额证券的最高发行额度。由于发行证券的成本相对固定，当发行小额证券的额度提高时，发行效益随之提高，但是随之而来的是安全性的降低。因此，厘定小额证券发行额度时的考量因素重在保障安全性和流动性，在确保小额证券发行的安全性和流动性的前提下，尽可能提高小额证券的发行额度，提高小额证券发行收益与成本之间的比例，为我国广大的企业提供有效的融资平台。

（二）其他国家厘定发行额度的经验

1. 美国小额证券发行限额的规定

美国是最先建立小额证券发行注册豁免制度的典范，其小额发行注册豁免的类型涵盖了不同情况。《JOBS 法案》通过之后，美国最新小额证券发行注册豁免规则的类型与比较归纳为下表（表 1）：②

① Securities and Exchange Commission, 17 CFR Parts 200, 230, 232, 239, 240, 249 and 260, [Release Nos. 33 –9741; 34 –74578; 39 –2501; File No. S7 – 11 – 13] RIN 3235 – AL39, Amendments for Small and Additional Issues Exemptions under the Securities Act (Regulation A), p. 237.

② 对表 1 的说明：1. 此处表 1 主要通过对不同豁免规则的对照，分析美国确定小额发行最高额度考虑的因素。2. 规则 505 已废止。3. 将众筹和 Rule147 与小额发行注册豁免规则安排在同一表格，主要表明美国融资渠道的广阔性，有些规定可以在本书中参照。4. 私募豁免是美国证券发行豁免的重要内容，此处没有列举，主要原因是没有发行数额的限制，本书以文字形式另行阐述。

表1 JOBS 法案通过之后美国最新小额证券发行注册豁免规则的类型

比较项目	A+条例		规则 504	Regulation Crowd funding	Rule147
	第一层级	第二层级			
发行总价	2000 万美元（每 12 个月）	5000 万美元（每 12 个月）	500 万美元（每 12 个月）	107 万美元（每 12 个月）①	500 万美元
投资人资格	无要求	无要求，但对非合格投资者有投资限额要求	无要求	非合格投资者有投资限额	无限制
投资人的数额	无限制	无限制	无限制	无限制	无限制
发行人的资格	非“报告公司”“空壳公司”“投资公司”“坏孩子”公司等	非“报告公司”“空壳公司”“投资公司”“坏孩子”公司等	非“报告公司”“空壳公司”“投资公司”“坏孩子”公司等	非“报告公司”“空壳公司”“投资公司”“坏孩子”公司等	目前没有“坏孩子”条款
发行方式（或融资途径）	公开	公开	禁止公开招揽，在仅出售给合格投资者或已在州证券法下注册时允许公开招揽	众筹必须通过集资门户或者证券经纪商进行	可以公开招揽
信息披露要求	发行信息披露	发行信息披露与持续	相关州证券法的要求	持续披露信息	无要求
转售限制	无限制	无限制	无限制	有限制，1 年内转让受限	有限制，9 个月内转让受限
SEC 通知义务	事前提交表格 1—A	事前提交表格 1—A	事后提交表格 D	事前提交表格 C	不需要

① 2012 年 4 月 5 日美国出台了的《JOBS 法案》，其第三章规定了股权众筹，于 2016 年 5 月 16 日生效的《众筹条例》（正式规则）规定众筹的最高发行限额是 100 万美元，根据通货膨胀的调整，2017 年 4 月 5 日美国 SEC 修订了《众筹条例》的规则 100，将众筹的最高发行限额提高至 107 万美元。See Securities and Exchange Commission, 17 CFR Parts 210, 227, 229, 230, 239, 240 and 249 [Release Nos. 33 - 10332; 34 - 80355; File No. S7 - 09 - 16] RIN 3235 - AL38, Inflation Adjustments and Other Technical Amendments under Titles I and III of The Jobs Act, p. 16.

续表

比较项目	A + 条例		规则 504	Regulation Crowd funding	Rule147
	第一层级	第二层级			
是否豁免州法注册义务	不豁免	豁免	不豁免	豁免	不豁免

从上表可以看出，美国小额证券发行注册豁免种类的丰富性，可以使小额证券发行适应各种不同情况的融资需要。尽管融资规模有所差异，美国证券交易委员会规则对于小额证券发行豁免的适用主要从发行数额、投资者和发行人三个方面设定标准，涵盖了不同类型的发行人和投资者，发行人和投资者可以根据实际条件决定适用不同发行规则进行融资或投资。

由以上对美国不同小额证券发行监管的比较可以看出，美国厘定小额证券发行额度的考虑因素有：首要因素是证券发行的安全。① 美国小额证券发行豁免是在不危及证券市场秩序、不损害社会公共利益的情况下允许规定范围内的小额证券可以免于注册。其次是小额证券发行的适应性。这里的适应性蕴含两层含义，第一层含义是小额证券发行制度的诞生是为了适应小企业的融资需要，第二层含义是小额证券的发行额度适应企业的融资需求。美国小额证券发行制度的修订过程就是调整小额证券发行的适应性的过程。条例 A 初次颁布时的注册豁免发行额仅有 10 万美元，所以，依据条例 A 的注册豁免发行在过去很少被使用。因为虽然没有要求向 SEC 注册，这种豁免在州一级施加的注册要求使得条例 A 的注册豁免发行成本仍然过高，考虑到发行规模的限制。② 因而，之后条例

① According to《The Securities Act of 1933》3（b）, any class of securities as to which it finds that by reason of the small amount involved or the limited character of the public offering compliance with the registration provision is not necessary; See Allen E Throop, Chester T Lane, "some problems of Exemption under the Securities Act of 1933", *Law & Contemporary Prolems*, Vol. 4, 1937, pp. 89 – 127.

② Thaya Brook Knight, Huiwen Leo, and Adrian A. Ohmer, "A very quiet revolution: a primer on securities crowdfunding and title III of the JOBS ACT", *Michigan Journal of Private Equity & Venture Capital Law*, Vol. 2, 2012, pp. 135 – 154.

A 的几次修改基本是围绕最高发行额的提高进行的。最后是宏观经济环境和效益性。从条例 A 的多次修改直到条例 A + 的实施，以及《JOBS 法案》新增加的第 3 节（b）（2）的最高发行限额 5000 万美元及以后的发行限额增加都是围绕宏观经济环境变化和融资效益的提高两个中心。小额证券发行规模的提高自始至终未停止过，而且将继续延续下去。在以往的小额证券发行规则中，发行规模随着规则的修改而提高，以使发行企业的融资活动能够更好地达到融资收益与融资成本的协调。《JOBS 法案》第 3 节（b ）(5)规定 SEC 在《JOBS 法案》实施后的两年内审查第 3 节（b ）(2)规定的 5000 万美元的发行限额，此后每隔两年审查《JOBS 法案》规定的发行限额，且授权 SEC 增加年发行限额，如果证券交易委员会认为增加年发行限额确属必要。[①]

2. 日本的小额证券发行规模

日本对于公募之少额公开义务免除的规定非常严谨，明确规定发行人未就有价证券的募集或发售向内阁总理大臣申报的，不可发行，其发行价额或发售价额总额未满 1 亿日元并符合内阁府令规定者，发行人可不向内阁总理大臣申报。[②]《金融商品交易法》要求发行人的特定募集发行须向内阁总理大臣提交有价证券通知书，发行价额或卖出价额以 1 亿日元为标准确定特定募集的情形有：出售已经公示的有价证券，卖出总额在 1 亿日元以上，或者发行的价格或卖出价格的总额未满 1 亿日元但超出内阁府令规定的募集或出售金额的，或者面向适格机构投资者发行的有价证券，发行后已经公示的部分再面向一般投资者出售的，且出售总额在 1 亿日元以上的。由此可见，日本将小额证券发行豁免公开义务的

① Securities and Exchange Commission, 17 CFR Parts 200, 230, 232, 239, 240, 249 and 260。[Release Nos. 33 – 9741; 34 – 74578; 39 – 2501; File No. S7 – 11 – 13] RIN 3235 – AL39, Amendments for Small and Additional Issues Exemptions under the Securities Act (Regulation A), p. 6.

② 《金融商品交易法》第四条第一项之五，引自《日本金融商品交易法及金融商品销售等相关法律（中日文对照本）》，中国证券监督管理委员会组织编译，法律出版社 2015 年版，第 37 页。

规模界定在 1 亿日元，主要是平衡融资需求和投资者保护之间的关系，当证券发行额度在 1 亿日元以下，发行企业的公开义务予以豁免，不影响投资者的利益保护，又减轻发行企业的证券发行成本时，企业发行证券的公示义务就有必要被免除。根据学者的表述，① 日本的公募之少额公开义务的免除是由于少额有价证券之公募依公开制度保护投资者的实益性小，而为避免增加发行企业的负担故而免除其公开义务。由此可见，日本的《金融商品交易法》在确定小额证券发行豁免公开义务的最高金额时，考虑到公开制度对于投资者保护的实际意义、发行企业的负担和维护公共利益的需要，豁免小额证券发行公开义务的最高发行额度范围内的证券发行应能达到保护投资者利益、维持良好的公共秩序和不应增加发行企业的证券发行成本。

（三）小额证券最高发行限额的断定与适用

上文分析了影响小额证券发行最高额度的主要因素，本书确定最高发行额度时将综合考虑以上各因素，使确定的小额证券发行最高额度能均衡各因素的要求，最高发行额度确定的数额在小额证券发行实践中付诸实施之后，能够最终实现小额证券发行注册豁免制度的初衷。小额证券的最高发行额度在所有企业之间适用统一标准，以 12 个月作为一个发行周期来确定小额发行的最高额度。

1. 累计最高发行额度

参照学者已有的研究成果，② 深圳证券交易所发行审核部将上市公司未来两年的投资项目数量和规模、中小板公司的负债比例作为参考依据，将小额再融资豁免制度的发行金额上限设定为 3500 万元每年，依此制作

① 林丽香：《证券发行市场规制之加强——日本近年之修正法》，载柯芳枝主编：《财经法论集》，台湾三民书局 1997 年版，第 229 ~ 258 页。

② 中小板上市公司的再融资豁免制度的发行金额上限 3500 万元可以起参考作用，由于本书的小额证券发行注册豁免制度主要适用于未上市中小企业的融资，中小板上市公司的再融资适用仅是适用对象的一个组成部分。

的调查问卷结果显示：3500 万元每年的再融资限额能够满足 80% 的中小板上市公司的股权融资需求。① 综合考虑场外证券交易市场的层次、发行企业的具体状况和融资需求、投资者的短期投资收益夙愿以及影响小额证券发行额度的各种因素，将企业 12 个月内发行小额证券的累计最高发行额度确定为 5000 万元，5000 万元包含合并发行的情形。这 5000 万元的最高发行额度照顾了投资者利益保护、发行企业的融资需求和证券市场秩序的维护。

从投资者利益保护的角度看，5000 万元的融资规模对于中小企业来说是一个较为适中的额度，参与分红的股份数量有限，投资者持有的股份分红比例占企业利润的比例较低，企业的盈利率能保证企业经营的结果达到投资者的分红要求，与企业的盈利能力相适应，投资者的收益回报愿望容易被实现，保证投资者的投资安全，符合投资者短期收益回报的心理需求，有助于提升投资者的信心，增加小额证券市场的流动性。

从企业经营管理和资本积累角度看，适当限制融资规模，可以使企业的自有资金所占比例较高，股权相对集中，企业控制权不容易分散，在某种程度上可以提高管理效率，对于初创阶段的企业来说，是一种高效的管理模式。就资本积累而言，在证券市场筹集 5000 万元的资金，一方面与小额证券市场投资者的购买力吻合，增加了小额证券的适销性，另一方面适当规模的发行，募集期较短，容易募集成功。这一效应不但促进本次证券发行的顺利完成，而且为后续发行创造了条件，使小额证券发行呈现良性循环，通过“短、快、频、廉”的融资策略实现发行企业资本的积累。

从稳定有序的证券市场环境看，中小企业恰当的发行规模能较好地

---

① 王一萱、赖建清：《中小企业板再融资制度创新：小额融资豁免》，载张育军主编：《深圳证券交易所综合研究所研究报告》2005 年版，第 333～358 页。

协调投资与融资的平衡，有利于投资者和发行企业利益目标的实现，以免两者失衡造成经济社会秩序的混乱，降低证券市场的风险。反之，即使发生证券交易风险，由于融资规模有限，也比较容易化解风险，保持证券市场的稳定，实现证券市场宏观经济环境的安全。

2. 再次发行的条件

小额证券的发行周期是12个月，5000万元的最高发行额度是在12个月内一次或多次发行募集，这5000万元包括在12个月的发行期间之前或之后的6个月内以其他可以与之合并的方式发行的证券销售价款。小额证券发行与其他发行方式的不同之处在于，其发行周期是12个月，在12个月发行周期之后即可再次申请小额证券的发行。然而，为了确保证券发行的成功，避免发行证券造成的资源浪费，发行企业再次申请发行证券时，前一次发行证券的股款必须募足且募集资金的用途与发行申请中申报的用途一致，股款募足之后，一旦发现募集资金的用途与发行申请的用途不符，必须驳回再次发行小额证券的申请或停止已再次发行证券的销售。

因为小额证券发售需要良好的流通市场环境，这种环境的构建需要证券主管机关的监督和维护，监管机构从证券发行入口环节进行管理，实质是证券的发行与销售状况都在证券主管机关的视野之内，禁止销售状况欠佳的发行企业的证券再次进入证券市场，避免证券市场的证券良莠不齐，破坏证券交易秩序，挫败投资者的信心。

3. 上市公司再融资适用

小额证券发行注册豁免制度不仅适用于中小企业融资，还可以适用于上市公司的再融资。如果上市公司通过主板、中小板、创业板市场进行再融资，再融资除必须符合法定的发行条件之外，还需要满足三年甚至更长时间的等待期，阻碍了企业再次从资本市场筹集资金。深圳证券交易所发行审核部曾调查了深圳证券交易所中小板的50家上市公司的再融资需求，根据其“中小板发展与创新调查问卷”的统计，在未来一年内有16家（32%）公司有再融资需求，有17家（34%）公司在两年内有融资需求。[①] 而目前我国上市公司再融资的条件严苛且核准手续较为繁琐需要漫长的等待时间，[②] 必然延误上市公司再融资的机会。而允许上市公司在小额证券发行市场再融资，为上市公司的项目发展提供资金来源，能够更有效地发挥募集资金的效用，而且上市公司的规模一般都能达到发行小额证券的要求。故而，上市公司运用小额证券发行注册豁免制度实现再融资，增加了利用市场资源的机会，提高资金筹集效率。

二、发行主体资格的规范

（一）发行企业的资格要件

1. 中小企业的规模

企业规模能否作为适用小额证券发行主体的条件，目前理论界正在关注和研究这一问题。在美国，有反对以企业规模为标准限制小额证券发行豁免资格的，[③] 反对者中的两个评论者认为，第二层级的5000万美元的发行限额已经限制了以发行人规模为基础的发行人对于豁免发行的利用——较小规模的发行人可能从豁免发行获益最大——建议反对以规模为基础的豁免资格，以规模为基础的豁免资格是很难规定的。[④] 一评论者建议具有大量公众持股的大多数发行人很可能需经受证券交易法的报告要求，因此没有资格适用条例A。[⑤] 另一评论者指出，以公众持股量为

---

① 王一萱、赖建清：《中小企业板再融资制度创新：小额融资豁免》，载张育军主编：《深圳证券交易所综合研究所研究报告》2005年版，第333~358页。

② 参见《上市公司证券发行管理办法》（证监会令【第30号】）。

③ Letter from E. Cartier Esham, Executive Vice President, Emerging Companies, Biotechnology Industry Organization (BIO), March 11, 2014 ("BIO Letter"); IPA Letter; Letter from Tom Quaadman, Vice President, Center for Capital Markets Competitiveness, U. S. Chamber of Commerce, March 24, 2014 (U. S. Chamber of Commerce).

④ BIO Letter; U. S. Chamber of Commerce Letter.

⑤ IPA Letter.

基础的规模限制对于生物技术公司尤其有害，因为它们的公众持股量与公司结构、员工数量或收入相比是不成比例的高。① 企业在适用条例 A 的证券发行注册豁免时，条例 A 通常限制证券发行规模，而不是按照发行企业的规模享有豁免资格。SEC 意识到，发行规模的限制在一定程度上限制了较大规模发行企业依赖条例 A 发行的能力，SEC 正在征求以发行企业的规模为基础潜在地限制获得条例 A 的发行机会的意见。② 也有学者关注以发行企业规模为标准确定发行企业小额证券发行豁免资格，例如说，我们可以关注小型报告公司的标准，限制公众持股量少于 7500 万美元的发行企业的豁免资格，或者，如果不能计算出公众持股量，以达不到 5000 万美元的年收入为标准。③ 从学者的上述观点可以看出，以公众持股量作为衡量企业规模的标准确实存在很多问题，美国以公司的资产、年收入等作为衡量公司能否适用条例 A 的标准对于小企业来说更具有普适性，因为依据条例 A + 的潜在证券发行人中有很多是小公司，尤其是早期阶段和高成长性公司，它们通过股权融资的方式寻求资金，因为它们没有充足的担保物或者必要的现金流支持债务融资的固定偿还。④

笔者认为，将企业规模作为适用小额证券发行主体资格的条件筛选发行企业，主要是为了使发行企业具备相当的经济实力，在企业经营中能够顺利实现利润增长，作为投资者获得收益回报的坚实物质基础。因而，企业规模达到小型企业以上标准时，才允许在小额证券发行和交易

---

① BIO Letter. citation: Securities and Exchange Commission, 17 CFR Parts 200, 230, 232, 239, 240, 249 and 260, [Release Nos. 33 -9741; 34 -74578; 39 -2501; File No. S7 -11 -13] RIN 3235 -AL39, Amendments for Small and Additional Issues Exemptions under the Securities Act (Regulation A), P 21.

② Securities and Exchange Commission, Proposed Rules, Proposed Rule Amendments for Small and Additional Issues Exemptions Under Section3 (b) of the Securities Act, p. 37.

③ See 17 CFR 229. 10 (f).

④ See Berger, Allen N., and Gregory F. Udell, 1998, The economics of small business finance: The roles of private equity and debt markets in the financial growth cycle, Journal of Banking and Finance 22 (6), pp. 613 -673.

市场发售证券，因为只有具备一定规模的企业，其企业盈利能力才能够支付投资者的证券收益，因此促进和增加证券的可流动性。关于在小额证券发行中企业规模的确定依据，以《中小企业促进法》界定的“中小企业”为基本评判标准，[①] 其判断指标主要是人员规模、经营规模，按照《统计上大中小微型企业划分标准》，[②] 每一类行业企业的从业人员、营业收入、资产总额符合中小企业以上标准的，小额证券发行注册豁免制度对于发行企业的指标选择可以参照以上两个准据。

适用小额证券发行注册豁免制度的中小企业，在《中小企业促进法》和《统计上大中小微型企业划分标准》划分确定的“中小企业”的基础上，明确资产总额和增加纳税状况标准，将资产总额不低于5000万元，年度应纳税额不低于100万元的企业确定为适格的享有小额证券发行豁免资格的中小型企业。这种界定方法进一步排除了企业虚假的销售额和利润信息的披露，严格筛选了适用小额证券发行制度的中小企业，将不合格的发行企业排除在小额证券发行豁免制度之外，保护投资者利益，维护证券市场秩序的稳定。

2. 企业的主营业务与资质能力

企业的主营业务既受国家宏观产业政策的指导和约束，也决定企业的盈利能力，所以，将企业的主营业务作为确定发行企业的资格要件，是从微观企业主体的选择支持宏观经济发展，维护证券市场秩序。从宏观经济发展的角度看，国家产业政策是国家有效调整和优化产业结构，加强宏观调控，保持国民经济持续、健康、快速发展的重要手段。实现国家产业政策目标的任务分解到企业，就是企业的主营业务应反映国家的产业政策导向，国家建立小额证券发行制度的目的在于为中小企业提

① 《中华人民共和国中小企业促进法》第二条。

② 《关于印发〈统计上大中小微型企业划分办法（2017）〉的通知》。

供融资平台，促进经济发展，当然，该制度支持的对象应是符合国家产业政策的企业的发展，如果是需要抑制产能的企业，即使符合小额证券发行注册豁免的其他条件，也不允许享有小额证券发行注册豁免资格，因为该类企业与国家的产业政策目标不一致，没有良好的宏观经济环境和乐观的市场前景，其产品（或服务）很容易被新的产品（或服务）取代，没有广阔的发展空间，自然不会有较高的盈利，投资者的收益难以保障。另外，主营业务决定企业的盈利能力，如果企业的主营业务市场前景黯淡，企业又不具备转换新产品的能力，其发展潜力难以有效转化为产品的价值，因此，制约了其盈利目标的实现。即使允许其在小额证券市场融资，其盈利能力无法满足投资者的收益回报，造成的结果将是资源浪费，证券市场陷入恶性循环。因而，企业的主营业务必须符合国家产业政策要求，尤其是国家政策关注的热点项目的产业投资更容易得到国家和证券市场融资的支持。

除了主营业务符合国家产业政策之外，企业还应具备与主营业务发展相适应的资质条件，如高科技企业必须具备所需的高级技术人员，生产企业必须具备基本的生产设施和生产条件；而且，企业资质级别的高低也是区分企业规模和决定企业盈利能力的重要条件，如同一企业资质等级在条件具备的情况下，可以从乙级升为甲级，一般情况下，甲级的资质条件高于乙级的资质条件，其企业规模和盈利能力也高于乙级企业。申请发行证券的企业，只有在企业的主营业务与资质能力符合条件的情况下，才能享有小额证券发行注册豁免资格。

3. 企业最近两年的盈利要求

企业盈利能力是企业自身生存和向股东支付股息的基础，在考察企业的盈利能力时，应坚持定量指标与定性指标相结合的原则。定量指标是指企业最近两年的盈利状况，要求适用小额证券发行制度的企业最近两年连续盈利，如果企业最近两年连续盈利，至少说明企业具有盈利的某些潜质，因为初创阶段的企业，存在组织机构的协调配合能力差、管理经验不足等问题，在短期内获得盈利说明其具有很强的盈利潜质。定性指标是指企业能否保持持续盈利，考量一个企业是否保持持续盈利状态的方法，除财务会计指标和财务报告披露的内容外，项目利润的对比是一种更直观的考察方法。在项目利润的对比中，结合使用两种比较体系：一种比较体系是与上年同期同比，企业的同期利润与以前年度相比有所提高，说明企业盈利处于上升状态；另一种比较体系是年度比较，即年初预算目标与年终实际业绩指标的对比。通过将企业的年终利润与预算目标比较，评价企业利润的实现情况。通过与这两个指标的比较，在某种程度上可以确定企业年度业绩的满意度。①

在核查企业的盈利状况时，不仅应要求企业最近两年处于持续盈利状态，而且应考量企业的盈利质量，盈利质量通过企业的盈利结构来衡量。盈利结构是指企业利润构成中各项利润指标所占的比重，在企业的利润构成中主营业务营业所得的利润是考察企业盈利能力的关键指标，如果企业主营业务利润或者营业利润数额较高，说明企业盈利质量较好；如果企业确实有很多利润，但不是主营业务利润，而是通过无法控制的事项或偶然的交易获得的，这种盈利质量不能说明企业盈利能力的大小。故而，即使企业在最近两年内的确具有较高的盈利能力，也必须考察其主营业务利润所占的比重，其占利润总额的比重应最高，其他业务利润、投资收益和营业外收支的比例应相对较低，才能最终确定该企业的盈利能力和盈利质量。

---

① 《如何通过利润表判断企业的经营状况》，中华会计网校，http：//www.chinaacc.com/new/635_650_201103/14ya166557711.shtml，最后访问时间：2015 年 3 月 12 日。

（二）约束发行企业的刚性行为规范

1. 遵纪守法——企业的基本行为规范

遵纪守法（compliance）一词有有效守法和道德规范计划的含义，[①] 是所有企业必须遵守的基本行为规范。我国《中小企业促进法》第四条规定中小企业应当依法经营，遵纪守法，不得损害劳动者合法权益和社会公共利益。企业遵纪守法要求的理论基础是企业理论（或者称为产业组织理论，Industrial Organization Theory）中的企业的边界，[②] 主要是处理企业和市场的关系，企业和市场之间的过渡状态及其原理的理论问题。由于一个企业承担着对政府、股东、债权人、雇员、客户或有相关关系的公众的受托责任，该种受托责任不仅对企业的诚信义务形成了明显的约束，而且应承担法律责任。诚信义务是指企业在生产经营中诚实守信，在产品中不掺杂、掺假，不向社会投放假冒伪劣商品，公布企业信息时严格以事实为根据，不公布虚假和重大误导性信息。道德责任是指一个人除了要向自己的行为负责之外，还使得责任带有了道德判断的属性。[③] 遵守社会公德自然成为生产经营企业的行为规范，企业在产品的生产中掺杂、掺假，向社会公布虚假的企业信息，违背诚实信用原则，给利益相关者造成损害，既违反了企业的法律责任，也背弃了企业的社会责任。所以，遵纪守法是企业的基本行为规范。

企业是市场经济活动的主要主体，企业只有遵纪守法（compliance）经营，才能维护市场经济秩序，如果企业违反遵纪守法（compliance）的

---

① 遵纪守法一词是在 1991 年美国制定联邦量刑手册（Federal Sentencing Guidelines）之后在涉及企业丑闻中被广泛运用，后来"遵纪守法"一词在日本也固定下来。See Pattib. Saris，Ricardo H. Hinojosa，Ketanji B. Jackson，Charles R. Breyer，Dabney L. Friedrich，Rachel E. Barkow，William H. Pryor. Jr，Jonathan J. Wroblewski，Isaac Fulwood. Jr，*United States Securities Commission Guidelines Manual* 2014，LexisNexis，2015，pp. 503 – 504.

② 邓峰：《普通公司法》，中国人民大学出版社 2009 年版，第 46 页。

③ Simon Zadek，*The civil corporation*，1st，Earthscan. London and Sterling，VA，2001，pp. 1 – 3.

要求，将会遭受法律的惩罚和社会的谴责，最终被社会遗弃。企业违反遵纪守法（compliance）的要求而使企业陷入极大困境的案例不胜枚举。为使适用小额证券发行豁免制度的企业符合遵纪守法（compliance）的规范要求，本书将遵纪守法（compliance）设置为适用小额证券发行豁免制度的企业必须遵守的刚性行为规范，从事前预防、事中监管到事后惩戒的全过程要求发行企业遵纪守法（compliance）。一般来说，企业遵纪守法的要求包括遵守实体法和程序法两个方面。

遵纪守法（compliance）的实体法对象除法律和社会规则外，还有企业伦理、商业道德等。在企业生产经营和证券发售活动中，企业遵纪守法的行为主要表现为：第一，企业应合法经营。企业的合法经营是指企业遵守企业的法律规范和社会公德的约束，例如，产品的生产者和销售者必须遵守《中华人民共和国产品质量法》（以下简称《产品质量法》），《产品质量法》第四十三条规定，如果生产或者销售缺陷产品，造成人身、财产损害的，产品的生产者或销售者必须承担赔偿责任。现行《中华人民共和国食品安全法》第一百四十八条第二款规定："生产不符合食品安全标准的食品或者经营明知是不符合食品安全标准的食品，消费者除要求赔偿损失外，还可以向生产者或者经营者要求支付价款十倍或者损失三倍的赔偿金……"这些法律规范都是为了惩戒发行企业的违法经营行为，促使其合法经营。尽管相关法律规定了违法经营的法律责任，但是国内外企业在经营实践中违反遵纪守法（compliance）的事例很多。我国食品、药品企业违法经营的现象屡见不鲜，尤其是食品安全方面的问题很多，食品中添加化学物质的违法事件不断涌现。日本的不二家使用过期原材料的问题，DASUKIN 公司在多纳先生店铺销售的肉包子中掺入了不允许的食品添加剂。[①] 因此，为了严惩违反遵纪守法（compliance）的企业，维护证券市场秩序，如果企业有违反遵纪守法（compliance）的记录或证据，符合企业丧失小额证券发行注册豁免资格的条件，该企业不能获得小额证券发行注册豁免资格或者剥夺其小额证券发行注册豁免资格。第二，企业应遵守会计法规范。企业的会计报表是企业经营活动的记录，反映企业的经营业绩和资金流向，会计法规范是约束和监督企业会计人员依法从事会计事务的行为规范。如果会计人员严格遵守会计法规范的要求，企业内部将减少高级管理人员的违法行为的滋生，具体到证券市场，将避免信息欺诈行为的发生。然而，企业通过会计造假行为短期内可以粉饰企业的财务状况，使与 IPO 密切联系的年度的财务状况更能符合要求。因此，会计造假行为屡禁不止，美国 SEC 调查的会计违法案件很多，如早期的安然前会计欺诈案——极光食品，[②] 这是一个典型的旧式会计欺诈案，涉及交易市场费用下的报告欺诈案件，在这个案件中导致 CEO、CFO 和其他人员遭受监禁，有的案件甚至最终导致企业濒临灭亡。美国 Enron（安然公司）和大型通信公司世通公司（WorldCom）都因违法的会计行为而最终破产倒闭，2001 年年底美国 Enron（安然公司）被发现存在巨额的不当会计处理和不正当交易行为，最后该公司以背负 160 亿美元以上的负债而宣布公司破产倒闭；2002 年美国世通公司（WorldCom）因粉饰公司决算情况计入虚构利益达近 40 亿美元的丑闻被曝光，该公司的负债总额超过 410 亿美元，公司宣布经营失败，最后被另外一家大型通信公司吞并。[③] 这些在美国具有代表性的大型企业因为违反会计法就这样消失了。在我国，企业违反会计法的现象也很多见。

---

① 小川杰：《企业经营和遵纪守法》，载天津市人民政府外事办公室等组编：《企业的社会责任》，南开大学出版社 2008 年版，第 17～26 页。

② https：//www. sec. gov/news/speech/spch091913ac#_ ftn1.

③ 小川杰：《企业经营和遵纪守法》，载天津市人民政府外事办公室等组编：《企业的社会责任》，南开大学出版社 2008 年版，第 17～26 页。

企业违反会计法规范，一旦达到“坏孩子”标准，将禁止其获得小额证券发行注册豁免资格，对于已取得小额证券发行注册豁免资格的企业，剥夺其豁免资格。

为了加强对虚假会计行为的严格规范，构建规范会计行为和会计制度所必需的企业内部治理体系，是企业遵纪守法（compliance）的必备条件，美国的上市公司为构建和维持这种内部治理体系，倾注了大量的人力和财力。美国于2002年通过了《萨班斯—奥克斯利法案》（Sarbanes - Oxley Act of 2002），特别强调严格管理者责任，加强信息公示等。特别是就严格管理者责任这一点，规定CEO（首席执行官）和CFO（首席财务官）在每次决算时要宣誓保证决算文件、财务报表的内容真实无误。因此，美国SEC的发行人财务欺诈性信息披露减少，2012年是124个案件，2006年和2007年分别是304件、228件，2012年提出了79起信息披露欺诈诉讼案，与2007年的219起相比有所下降，会计欺诈案件也在下降。[①] 该类案件数量的减少除了《萨班斯—奥克斯利法案》的作用之外，企业财务报告内部控制体系的试验和建等也发挥了重要作用。[②] 当然，实施严格管理的法律制度对于企业遵纪守法的行为规范能够起到威慑作用，但是，遵纪守法的要求不能扼杀企业的经营活力，美国《JOBS法案》在企业的信息披露方面降低了2002年《萨班斯—奥克斯利法案》（Sarbanes - Oxley Act of 2002）的要求，减轻企业的信息披露负担。因此，我国对于小额证券发行企业遵纪守法的要求的控制主要分散在企业内部控制责任制度以及加强证券发行申报登记文书、定期报告中签字人员的法律责任制度中，通过加强高级管理人员的责任制度促使其勤勉尽责，进而规范企业的内部治理体系，促使企业遵纪守法。该部分内容在本书的第三章、

① https：//www. sec. gov/news/speech/spch091913ac.

② https：//www. sec. gov/news/speech/spch091913ac.

第六章以及其他地方均有提及和论述。

遵纪守法的程序法是指企业依法公开其经营信息，企业不仅应公开披露对企业有利的经营信息，而且应主动公开披露对企业不利或违法事实。因为发行企业披露的信息应具备客观性、真实性，而大多数企业在披露信息时，往往披露对企业有利的信息，隐瞒对企业不利或企业的违法信息，殊不知隐瞒违法事实和信息的做法将会给企业造成更大的损失。由于企业隐瞒违法或不利事实最常见的表现形式是粉饰企业财务报表，披露虚假或误导性信息，而信息披露的真实是企业信息披露的基本准则之一，该准则自始至终贯穿于企业证券发行和交易之中，企业隐瞒违法或不利事实的信息披露行为的严重后果在本书后面的章节中均有论述。[①]因为违法行为本身已经触犯法律，隐瞒违法行为的做法再次违反法律，雪上加霜，增加企业违法行为的严重程度，如果企业因为没有披露不利事实的行为符合停止或剥夺小额证券发行豁免资格的法定要求，应该驳回企业的小额证券发行申请或者剥夺企业的证券发行资格。

2. 企业高级管理人员等股票交易行为的制约机制

企业的董事、高级管理人员和主要股东一般熟知发行企业的信息，更容易获得发行企业的内幕信息，为了防止企业的董事、高级管理人员和主要股东利用内幕信息操纵股票价格，牟取暴利。对于企业的董事、高级管理人员和主要股东的股票持有和交易行为进行披露，为监督董事、高级管理人员和主要股东的交易行为提供前提，对其违法交易行为加以处罚，最严重的措施是连带剥夺发行企业的注册豁免资格。

（1）董事、高级管理人员和主要股东信息的披露。第一，董事、高级管理人员和主要股东的报备要求。董事、高级管理人员和主要股东的

① 企业披露虚假或重大误导性信息的论述在本书第二章第三个问题（欺诈发行的禁限规定）和第五章发行企业的信息欺诈均有论述。

报备要求包括三个方面的内容：人员报备、报备说明书的内容和报备时间。一是人员报备。凡是拥有超过发行企业10%股份的股东，发行企业的董事、高级管理人员应向证券业协会报备存档。因为无论是发行企业的主要股东还是董事、高级管理人员都会对发行企业的运营产生决定性的影响，董事、高级管理人员和主要股东的信息是发行企业信息的重要组成部分，其备案和披露能使管理机构充分掌握董事、高级管理人员和主要股东的信息，控制董事、高级管理人员和主要股东的证券交易行为。二是报备说明书的内容。报备说明书的内容是拥有超过发行企业10%股份的股东、董事、高级管理人员持有的股份数量的报告，股份持有人的股权变动、股份销售和购买情况的报告以及发行企业的每位高级管理人员和董事在过去五年的商业经历的陈述说明。三是报备时间。发行企业的董事、高级管理人员和主要股东保持相对稳定状态，然而，由于企业的经营是持续的过程，小额证券发行是以12个月为一个周期，随着股票发售和交易活动的进行，主要股东也在发生变化。此外，发行企业的董事、高级管理人员也在更替变换中。故而，发行企业的董事、高级管理人员和主要股东的报备时间确定为两种情况：①发行企业提交小额证券发行申请时的登记信息中关于董事、高级管理人员和主要股东信息；②在其成为拥有发行企业10%股份的股东、董事或高级管理人员后10日内报备。

第二，董事、高级管理人员和主要股东禁限买卖的利润归入企业。公司归入权是控制企业高级管理人员利用内幕信息获取暴利，操纵市场的有效制度。因为中小企业股权的分散程度一般低于大型企业，企业高级管理人员利用内幕信息牟利更加便利，因而产生内幕交易的机会更大。为了防止内幕人员利用其在企业中的优势地位，在证券交易中利用内幕信息获取暴利，在小额证券交易中采纳利润归入权制度。

世界很多国家采纳了公司归入权制度控制大股东或高级管理人员的

内幕交易行为。美国国会于 1934 年 12 月正式通过的《证券交易法》第 16 节（c）对受益所有权人、董事或高管的短线交易及公司的归入权作出明确规定，因而成为公司归入权的先驱者。① 此后，日本《证券交易法》仿效美国规定了上市公司董事、监事及大股东买卖公司股票时应负报告义务，不得利用手中掌握的公司内部信息在公司股票上市 6 个月内买卖股票，否则追究法律责任。② 我国台湾地区“证券交易法”第一百五十七条关于短线交易与归入权的规定也借鉴了美国立法。③ 日本《证券交易法》和我国台湾地区“证券交易法”还规定了股东的代位权，当公司或董事会、监察人怠于向大股东、高级管理人员行使公司归入权请求权时，股东可以公司的名义就大股东或高级管理人员的公司归入权向法院提起诉讼，追回大股东或高级管理人员的该利润。

我国自 2014 年 3 月 1 日起实施的《公司法》的收入归入权主要惩罚董事、高级管理人员违反忠实义务的行为，董事、高级管理人员违反《公司法》第一百四十八条第一款列举的八种忠实义务的行为所得收益归公司所有。在小额证券发售中，企业归入权限于董事、高级管理人员、大股东利用内幕信息买卖股票的行为，利润归入权制度的具体内容是拥

① 《美国 1934 年证券交易法（中英文对照本）》，张路译，法律出版社 2006 年版，第 451～453 页。

② 1984 年日本《证券交易法》即有公司归入权规定，1988 年日本《证券交易法》第 189 条规定：“为防止公司董事、监事或主要股东不当利用其职务或地位取得之秘密，就其在该公司股份于买进股票后六个月内即行卖出，或卖出股票后于六个月内即行买进，因而获得利益者，该公司得请求其利益归于公司”。“公司之股东向公司要求依前项规定行使请求权后 60 日内，公司不依前项之规定请求时，公司之股东代位请求之”。转引自刘天君：《公司归入权的规制与适用（一）》，法律快车，http：//www. lawtime. cn/article/lll1006048301006099 24oo83950。

③ 我国台湾地区“证券交易法”第一百五十七条规定：“发行股票公司董事、监察人、经理人或持有公司百分之五以上股权之股东，对公司之上市股票，于取得六个月内再行卖出，或于卖出后六个月内再行买进。因而获得利益者，公司得请求将其利益归于公司。”“发行股票公司董事会或监察人不为公司行使前项请求权时，股东得以三十日之期限，请求董事会或监察人行使之；逾期不行使时，请求之股东得为公司行使前项请求权”。“第一项之请求权，自获得利益之日起二年间不行使而消失”。来源：《台湾股市及证券交易所》编写组编：《台湾股市及证券交易所》，中信出版社 1992 年版，第 230 页。

有发行企业10%股份的股东、董事或高级管理人员在任何不超过6个月的期间从先买后卖或先卖后买该发行人的任何该等权益证券而实现的任何利润，应归属发行人所有并可由发行人追回，不论拥有发行企业10%股份的股东、董事或公司高级管理人员在不超过6个月期间达成该等交易持有已购证券或售出证券时的主观意志，杜绝大股东、董事或公司高级管理人员的内幕交易行为。

董事、高级管理人员、大股东的利润归入企业请求权是一种民事权利，该制度是预防与惩戒相结合的制度，主要是为了防止上述人员利用内幕信息操纵股票价格。为了加强企业归入权的执行力度，对抗企业的高级管理人员的内幕交易行为，引入代位请求权制度。笔者认为，企业归入权是对发行企业和高级管理人员的信息欺诈行为的惩戒，视董事、高级管理人员、大股东和发行企业行为的具体情节，可以结合本书第六章的小额证券交易欺诈行为的法律责任追究制度确定其承担相应的法律责任。

（2）董事、高级管理人员、主要股东适用“坏孩子”标准。发行企业丧失注册豁免资格的范围并不限于发行人及其附属实体，对其董事、高级管理人员、主要股东也适用“坏孩子”标准。关于董事、高级管理人员、主要股东适用“坏孩子”标准，可以参照美国的具体做法。如果发行企业的董事、高级管理人员、主要股东在近五年内受到证监会的处罚或法院的司法判决，发行企业即遭遇“坏孩子”的待遇。如果发行企业选用了五年内受到控告或者被剥夺资格的做市商，有关做市商的禁止也会妨碍发行企业注册豁免资格的适用。美国有关发行人的董事、高级管理人员等的“坏孩子”禁止要求可见于规则262（b）和262（c）。[①]因为发行企业是组织体，其一切经营活动必须依靠企业的意思机关进行

① 17 C. F. R. §230.262.

决策和执行经营管理，企业的生产经营活动才能持续进行。因而，只有使企业对高级管理人员等的行为承担连带责任时，才能使企业改进用人机制，并严格审查和监督高级管理人员的任职资格与行为，杜绝因高级管理人员的不法行为而使发行企业丧失注册豁免资格。

3. 企业豁免资格的自动丧失或剥夺

发行证券是企业筹集资金的活动，企业发行证券必须具备法定的条件，而且其证券发行行为必须符合法律规范，否则，将禁止企业发行证券或者剥夺企业的证券发行资格。我国关于证券发行的法律规范只有《证券法》的法律条款，《证券法》第十三条规定了企业发行证券的条件，[①] 只有当企业满足《证券法》第十三条规定的所有条件时才有资格公开发行新股。丧失新股发行资格的法律条款是《证券法》第十五条规定："公司对公开发行股票所募集资金，必须按照招股说明书所列资金用途使用。改变招股说明书所列资金用途，必须经股东大会作出决议。擅自改变用途而未作纠正的，或者未经股东大会认可的，不得公开发行新股。"

《证券法》第十三条第二款还规定了上市公司非公开发行新股的条件，上市公司非公开发行新股，应当符合经国务院批准的国务院证券监督管理机构规定的条件，并报国务院证券监督管理机构核准。由此可以推断，《证券法》第十条规定的证券非公开发行是不包括上市公司的，其没有规定非公开发行的具体条件，根据《证券法》第十条的规定推定证券非公开发行的条件为：（一）向累计不超过200人的特定对象发行证券；（二）不得采用广告、公开劝诱和变相公开方式。非公开发行资格的丧失可以推定为：未经依法核准，（一）向不特定对象发行；（二）向累计超过200

① 《中华人民共和国证券法》第十三条："公司公开发行新股，应当符合下列条件：（一）具备健全且运行良好的组织机构；（二）具有持续盈利能力，财务状况良好；（三）最近三年财务会计文件无虚假记载，无其他重大违法行为；（四）经国务院批准的国务院证券监督管理机构规定的其他条件。上市公司非公开发行新股，应当符合经国务院批准的国务院证券监督管理机构规定的条件，并报国务院证券监督管理机构核准。"

人的特定对象发行证券；（三）向累计不超过200人的特定对象发行证券，但是采用广告、公开劝诱和变相公开方式。由此可见，我国对于证券发行资格的规定是从积极条件和消极条件两方面加以规定，证券的公开发行与非公开发行只要具备消极条件之一种情形，发行企业即丧失证券发行资格。而只有非公开发行享有证监会的核准豁免资格，其豁免资格的丧失即不得进行非公开发行。

在美国，排除某些“坏孩子”的豁免资格的规则是存在的。[①] 其规则涉及有关发行豁免资格限制的各种情形。条例A的规则262有类似的规定，规则262禁止经受与证券法有关的行政命令或强制命令的发行人、附属机构或承销商利用豁免制度。[②] 某些刑事犯罪也阻止当事人适用证券发行注册豁免。[③] 条例A+要求证券交易委员会颁布实质类似于《Dodd-Frank法案》的规章，禁止某些发行人适用规则506。[④] 条例A+的“坏孩子”豁免资格丧失规定与规则506（d）的规定相似。条例A+涉及的人和引发的事件与包括在规则506（d）中涉及的人和引发事件本质相同。[⑤] 与规则506（d）的“坏孩子”豁免资格丧失一致，条例A+还包括两个新的豁免资格丧失的引发条件：一是最终命令和某些州和联邦规制者的禁止，[⑥] 在证券发售声明提交委员会的关于联邦证券法的scienter-based反欺诈规定和证券法第5节的违反的取消和停止令。[⑦] 评论者已经建议证券交易委员会修改应用于条例A的规则262，以适应关于条例

① 15 U.S.C. § 77c（b）（2）（G）（ii）.
② 17. C.F.R. § 230.262.
③ See Id.
④ 15 U.S.C. § 77c（b）（2）（G）（ii）；17. C.F.R. § 230.506（d）.
⑤ 17 CFR 230.506（d）.
⑥ 17. C.F.R. §230.262（a）（3）.
⑦ 17. C.F.R. §230.262（a）（5）.

A + 发行的新规则。[①] 条例 A + 的最后规则增加了两类新的不合资格小额证券发行人：一类是按照条例 A 的规则在新的证券发售声明提交前的两年内（或者发行人被要求提交该类报告的更短的期间）被要求向 SEC 提交但是没有提交持续披露报告的发行人。[②] 另一类是在证券发售声明提交前的五年内，根据美国《证券交易法》第 12 节（j）的规定，正在或者已经遭受 SEC 的拒绝、暂停或者撤销某类证券的注册的发行人。[③]

笔者认为，小额证券发行注册豁免制度是注册制下证券发行制度的重要组成部分，发行企业取得和丧失小额证券发行注册豁免资格都需具备一定的条件。具备和取得豁免资格的企业的行为符合法律规范的要求，即对于制度的运用得当，小额证券发行注册豁免制度将成为中小企业融资的主渠道。反之，将剥夺企业的小额证券发行注册豁免资格，排除证券发售中具有“不良行为”的企业，以保护投资者和维护证券市场秩序。在小额证券发行注册豁免制度的运作中，企业享有小额证券发行注册豁免资格的前提条件是企业的资质、企业和企业高级管理人员等的行为符合相应的法律规范要求，否则，其不得享有或者可能被剥夺小额证券发行注册豁免资格。

在我国的小额证券发行注册豁免制度研究中，导致企业小额发行豁免资格丧失的有三类主体及他们的特定行为，假如发行企业或发行企业的高级管理人员、做市商等符合以下情形，对发行企业也将适用“坏孩子”规则剥夺企业的豁免资格。

---

① Letter from Catherine T. Dixon, Chair, Fed. Regulation of Sec. Comm., Bus. Law Section, Am. Bar Ass'n, to SEC 10 – 11 (Sept. 7, 2012), available at http: //www. sec. gov/comments/jobs-title-iv/jobstitleiv – 13. pdf, 2016 – 1 – 12.

② Securities and Exchange Commission, 17 CFR Parts 200, 230, 232, 239, 240, 249 and 260, [Release Nos. 33 – 9741; 34 – 74578; 39 – 2501; File No. S7 – 11 – 13] RIN 3235 – AL39, Amendments for Small and Additional Issues Exemptions under the Securities Act (Regulation A), p. 23.

③ 17. C. F. R. § 230. 251 (b).

第一，发行企业或者发行企业的关联企业：（1）其在申报登记表要求的发售声明之前的三年内受限于拒绝（受理）决定或者禁止令。该项条件是概括性的规定，一方面给予前一次申报被拒绝的企业休整期，另一方面督促正在进行申报登记的企业尽到合理的注意义务，以免申报拒绝后经受三年的等待期。（2）在发售声明作出之前的三年内，受制于任何有管辖权的法院的命令、判决或者裁定，被临时性或者初步性或永久性地限制或者禁止该发行人从事或者持续从事与购买或者销售任何证券有关的，或者涉及向证券业协会作出证券发行申报有关的行为或者实践。

第二，发行人的董事、经理等高级管理人员、持有发行人10%以上证券的实际所有人存在以下情形之一，发行企业则自动丧失豁免资格。（1）在发行申请申报前的三年内被判定存在与以下活动有关的严重犯罪行为或者较轻违法行为：其一，任何与购买或者出售任何证券有关的行为；其二，涉及向证券业协会作出虚假申报。（2）受制于任何有管辖权的法院的命令、判决或者裁定，被临时性或者永久性地限制或者禁止该人从事或者持续从事与以下活动有关的行为或者实践：其一，购买或者销售任何证券；其二，涉及向证券业协会作出证券发行申报；其三，受制于在发售声明作出之前的三年内，由任何有管辖权的法院所作出的存在类似禁止或限制的命令、判决或者裁定。[①]（3）证券发行申报表的信息欺诈。如主管机关在审查“证券发行申报文书”的过程中发现有与事实不符、漏报、含混不清等不符合公开发行条件的情况，有权要求其按期进行修正、澄清或就有关问题进行补充。逾期未改正的，不予以登记。如果证券发行企业的高级管理人员等在发行申报文书中有意谎报、漏报本企业的重要信息，蒙骗证券登记主管机关并取得发行资格，一经发现

① 中国证券监督管理委员会组织编译：《美国〈1933年证券法〉及相关证券交易委员会规则与规章（中英文对照本）》，法律出版社2015年版，第347～349页。

后立即停止该企业的小额证券发售，并永久剥夺发行企业的豁免资格。

第三，做市商的投机买卖。为了确保做市商客观、公正地从事做市业务，做市商的行为应接受发行企业和证券主管机关的监督，然而，发行企业在证券市场也是追求证券价值最大化，容易放纵做市商的行为，只有证券监督管理机关对发行企业的规范约束，才能进而促使发行企业尽职监督做市商的报价和交易行为并避免合谋串通，谨慎选择做市商。剥夺发行企业证券发行注册豁免资格是证券监督管理机关制裁违规企业的强有力监督措施。这一制度的具体设置，可以借鉴美国的做法。在 Oklahoma-Texas Trust 案中，① 美国 SEC 宣称，证券的分配是一个完整的过程，在这个公开发行的过程中，大量的证券被分散，并且最终到达投资公众手中。② 在 Lewisohn Copper Corp③ 案中，强有力地重申了此观点。然而，在 Oklahoma-Texas Trust 案中，超过一半的发行证券出售给经纪—交易公司的账户或者他们的家庭成员的账户。SEC 认为，这些股份没有直接到达投资公众手中，这些股份的很大一部分以超过声明发行价的价格再次销售给公众。按照再次销售给投资公众的价格计算，发行证券的累计发行价格超过了 30 万美元，豁免被暂停。④ 我国的场外证券交易场所的做市商在其承担做市业务的证券中，也存在投机买卖，其投机买卖主要表现为虚假报价和与他人合谋，做市商既可以与发行企业合谋抬高证券的报价，也可以与第三人串通将证券以低价销售给第三人，再提高证券的卖出报价，与第三人从中分享利益。一经发现做市商存在串通合

---

① 2 S. E. C. 764 (1937), aff' d, 100 F. 2d888 (Ioth Cir. 1939); Harvey Frank, "The processing of small issues of securities under Regulation A," *Duke Law Journal*, Vol. 1962, 1962, pp. 507 – 521.

② 2 S. E. C. 764, 769 – 70 (1957). Harvey Frank, "The processing of small issues of securities under Regulation A," *Duke Law Journal*, Vol. 1962, 1962, pp. 507 – 521.

③ SEC Securities Act Release No. 3907 (March 18, 1958). Harvey Frank, "The processing of small issues of securities under Regulation A," *Duke Law Journal*, Vol. 1962, 1962, pp. 507 – 521.

④ Harvey Frank, "The processing of small issues of securities under Regulation A," *Duke Law Journal*, Vol. 1962, 1962, pp. 507 – 521.

谋的行为，即在五年内取消其做市商资格。如果做市商是与发行企业串通合谋，该发行企业已发行的证券停止交易，剥夺发行企业的证券发行豁免资格五年，以惩戒发行企业，进而督促做市商按照公允的价格从事做市业务，保护投资者的利益。

三、小额证券发行的相关元素

（一）发行周期

小额发行注册豁免证券发行周期的确定要考虑三个因素，一是发行企业的融资效率。之所以建议采用小额证券发行注册豁免制度，是为了降低中小企业融资的时间耗费。如果通过注册制融资，证券交易所和证监会的审核复核需要漫长的等待时间，有些中小企业在 12 个月的时间内未必能够取得发行资格，更谈不上在证券市场销售证券筹集到所需资金。二是证券市场的稳定。12 个月时间的发行周期内，确定的最高发行额基本在发行企业的融资能力范围内，企业盈利能够达到投资者的分红要求，如果发行周期过长，只有提高发行额度，才能满足企业的融资需求，较高的发行额度既增加了发行企业的分红负担，也增加了投资收益的不确定性。因此，必须相应提高监管要求，否则容易引起证券市场秩序的混乱。三是发行企业经营状态相对平稳。小额证券发行注册豁免的发行周期确定为 12 个月，在 12 个月的期间内，企业的经营状态具有相对的稳定性，短期不会出现经营业绩的巨大变化，能够保持企业信息的可靠性，因而，增强投资收益的可预见和可控制性。笔者认为，发行企业可以采纳储架发行制度，初次发行申请登记 5000 万元，在此后的发行中，只需更新企业信息和经营信息，这样更能节约企业的证券发行成本，在 12 个月的期间内未能足额发行 5000 万元的，未发行部分数额失效。第一个发行周期的 12 个月期间届满之后，重新申请发行证券，其发行周期从新的发行日开始起算，以 12 个月为一个新的周期，需扣除该期间内可以合并计算的其他豁免方式发行的证券价额。

（二）合并计算规则

合并的概念首次在1933年引入美国证券法，并且从那时起一直被更新。[①] 合并是调整以组织发行人逃避本质上是一个单一公开发行证券的注册，证券法暗含的基本前提是符合发行规模和范围的公开发行必须向证券交易委员会注册，接受证券法的要求和保护，除非发行符合豁免注册的要求。合并规则企图确定什么情况下表面似乎分离的多次豁免发行应该被合并，而且应该被作为一个单一的按照证券法第5节要求注册的非豁免发行。[②] 发行合并是指依据合并法律原则累加计算同一发行人的连续发行的证券，设置发行合并计算规则的目的是将发行企业的小额证券发行总价额严格控制在法律规定的范围内，减少小额证券发行带来的额外风险。因为发行企业为规避注册要求，将一次价额较大的发行拆分为多次小额发行，与注册发行相比，小额注册豁免发行的监管要求降低，多次小额发行将增加发行企业的风险负担，危害投资者利益和证券市场秩序。

由于各国证券发行制度的差异，发行合并的规则也各有千秋，但其共同目的是控制小额证券发行规模，维护证券市场秩序，防止发行企业利用不同的发行规则或者将较大规模的发行分解为多次小额发行规避证券注册发行。例如，美国小额证券发行合并的案例主要发生在依不同规则发行的证券之间，下面举例说明依条例A+的第一层级的2000万美元的发行与不超过500万美元的有限制要约发售和销售的注册豁免累计要约价格的计算方式：

---

① See SEC Rel. No. 33 - 97; SEC REL. NO. 33 - 4434 (DEC. 6, 1961); SEC REL. NO. 33 - 4552 (NOV. 6, 1962); see also, adopting release, exemptions to facilitate intrastate and regional securities off erings (oct. 26, 2016) at fn. 181.

② https: //www. sec. gov/news/statement/statement-stein-intrastate-securities-offerings - 10 - 26 - 2016. html. 最后访问时间：2016年11月12日。

示例：若发行人在2016年11月22日依据规则504[①]出售共计300万美元的证券，并在同年12月1日依据条例A+出售了共计200万美元的证券，则发行人在2017年11月22日之前不得依据规则504出售任何证券。因为规则504出售的300万美元与条例A+出售的200万美元合并达到500万美元的最高出售限额。反过来，发行人在2017年12月1日之前发行或出售的证券价额不得超过1700万美元，因为发行人在2017年12月1日之前发行或出售的证券应与2016年11月22日依据规则504出售的300万美元的证券价额合并计算不得超过2000万美元。[②]

日本小额证券发行的累加计算分为两种情形，在计算公开发行证券的总价额时，在拟公开发行证券开始之前的一年内开始或者完成的豁免公开发行的票面价值应该被累加，并且如果总的发行价额超过5亿日元，发行人被要求提交注册声明。[③] 在二次分销的情况下，在计算的总额中不包括以前的二次分销的证券价额。实质上，废止包括以前两次分销的要求为逃避注册打开了通道，发行企业通过将二次分销拆分为多次小额分销，[④] 因为如果价格或者其他条件发生变化，按照规定，多次分销不是一个独立的二次分销的组成部分。[⑤] 由日本的小额证券发行累加计算的规定可以看出，日本避免小额证券合并的安全港是拟发行小额证券之前的12个月之外。

借鉴美国小额证券发行合并规则经验，结合我国《证券法》对证券发行制度的现有规定和新的改革思路，本书将连续发行合并计算限于发行人合并和发行方式合并两种类型，而且在这两类情形下发行企业发行

---

① 17 C. F. R. §230. 504.

② See17 C. F. R. §230. 251 (a) (1), 251 (c).

③ Registration Rule, art 2; Ministry of Finance Release No. 6162, July 30, 1962.

④ Matsumoto, supra note 9 p. 23, at 160.

⑤ This loophole may be closed, to some extent, by broad interpretation of the phrase "with a uniform term" in the definition of a secondary distribution. See p. 25 supra.

的证券是否合并计算以及如何合并计算，还须综合考虑影响发行企业证券发行合并的因素，只有在这三个条件同时具备的前提下，发行企业发行的证券才可以被合并。

1. 影响证券发行合并计算的因素

关于发行企业小额注册豁免证券的发行与其他发行的合并计算，美国在小额证券发行合并时，考虑以下与合并计算相关的因素：（1）发行是否为单一融资计划的构成部分；（2）发行是否围绕同一类别证券发行；（3）发行行为是否发生在同一或大约相同的时间；（4）报酬类型；（5）共同的目的。① 笔者认为发行证券的报酬类型是可以忽略的因素，因为发行企业在证券市场发售股票，融资所得都是现金，唯一特殊之处在于，企业原有出资人如果以实物出资，也可以折合为股份计算。共同的目的在具体个案的认定中具有复杂性和模糊性，虽然美国的证券管理规则在合并计算时考虑了这一因素，但是设计这个因素为了发挥什么样的功能和与同一融资计划的区别之处尚不完全清楚。② 由于合并规则的核心是两个或更多表面上区别的证券发行是否合并的理由在于它们构成一个单一的发行，故而本书将影响发行企业小额证券发行与其他发行合并计算的因素限定为发行证券融资计划、发行证券的类别和证券发行时间三个方面。

第一，证券发行是否属于单一融资计划。多次发行是否属于单一融资计划的组成部分是合并分析的一个重要条件。的确，有权威人士认为这一因素是最重要的考虑因素。③ 但是，什么是单一的融资计划？学者观点各异，美国有学者认为，可以参考列入 No. 4552 和 No. 4434 上布告的

---

① James D. Cox, Robert W. Hillman, DonaldC. Langevoort, *Securities regulation cases and materials*, Wolters Kluwer Law&Business, 2013, p. 323.

② James D. Cox, Robert W. Hillman, DonaldC. Langevoort, *Securities regulation cases and materials*, Wolters Kluwer Law&Business, 2013, p. 324.

③ See, e. g. Sonnenblick, Parker &Selvers, SEC No - Action Letter (Jan. 1, 1986).

其他四个因素的存在或欠缺来决定。[①] 在其他情况下，疑问主要集中于发行的目的，在这个问题上，发行者在发行时的意图是决定性的。[②] 然而，聚焦于发行企业的意图产生了一些问题，因为发行企业不承认或者确定计划的记录不存在，计划存在的证据平衡极大地倾向于发行企业。笔者认为，确定是否与小额注册豁免证券发行属于单一的融资计划，决定因素是发行资金用途和发行企业的意图，证据材料是发行资金的使用规划和最终用途。因为小额证券注册豁免发行总额是由最高限额制约的，因此，其在制定资金使用规划时的目标是非常明确的，如果其资金使用规划不明确，首先不能获得证券主管机关的发行登记资格；其次，多种资金使用规划必然超出最高限额的范围，其证券发行也不会被允许。此外，小额注册豁免证券的发行是在 12 个月的期间内完成的，在此之前或之后的合规期间和这 12 个月的法定期间内，发行证券获得的资金使用情况可以通过实际用途来证实，其实际证明材料是发行证券筹集资金的实际使用情况披露材料和财务会计报表。如果发行企业在依不同规则或同一规则的不同次证券发行中，其资金使用规划和实际用途是围绕同一具体项目进行的，就可认定为该发行企业不同次发行的证券属于单一融资计划，是可以合并计算的一个因素。

第二，同一类别证券。从大的方面分类，同一类别证券是指债券与债券是同一类别证券，股票与股票属于同一类别证券。同一企业不同次发行的股票属于同一类别的证券，尽管在募集方式和股息分配等方面会有一些细微差别。但是，同一企业不同次发行的债券和股票不属于同一类别证券，是绝对不能合并的。如有的学者所言，总体来说，债务证券的发行不能与普通股票的发行合并，即使目的、时间和收到的报酬是相

---

① See, e. g. Property Inv. , Inc. SEC No – Action Letter (Oct. 18, 1972).

② See, e. g. Risdall v. Brown – Wilbert, Inc. 759 N. W. 2d67, 72 (Minn. Ct. App. 2009).

同的。[①] 同一企业多次发行的同一类别证券虽然在内部细分上存在差别，但是，如果其属于同一证券融资计划，发行时间符合合并计算的要求，即使在同类证券内部有细节上的差异，也必须按合并计算处理，否则，发行企业便会利用法律规定的罅隙，规避发行合并。

第三，发行时间间隔要求。发行时间是决定两次或多次证券发行能否合并的关键因素，如果两次证券发行符合发行合并的其他条件，但两次发行的时间间隔期超出了发行合并的时间要求，两次发行则不能合并。尽管 No. 4552 和 No. 4434 发布的消息表明发生在大约同一时间的两次发行是支持合并的一个因素，实际上这个因素应用时有点不同于它的陈述建议的做法。如果多次发行被隔离很长的一段时间，这种间隔足以创造不利于合并的推定，6 个月的时间似乎足以产生反驳的推定。如果多次发行被至少隔离一年的时间，推定变得不容置疑。相反地，两次发行的时间接近通常不会产生结论性的推定——发行应该被合并。[②] 这些观点仅表明，两次发行的时间间隔是支持合并要求的因素之一，在具体个案中，只有两次发行的时间间隔符合法律规定的间隔期限要求，才具有合并的可能性。因为发行合并计算的目的与单次小额发行的目的不同，其不仅仅是降低小额证券发行的成本，更重要的是控制发行额度，维护证券市场的稳定和保护投资者利益。

2. 合并的分类

第一类，发行人合并。发行企业企图从证券市场获得更多资金，可以通过形式上独立但经济上互相依赖的几个发行人进行连续发行，也可能被合并，这被称为“发行人合并”。这种情况是发行人规避法律制度的较为隐蔽的方法，这种发行合并主要发生在具有上下游或产品供应关系

① See, e. g. SBT Corp. SEC No-Action Letter (Dec. 19, 1980).

② See Darryl B Deaktor, "Integration of Securities Offerings", *University of Florida Law Review*, Vol. 31, 1979, pp. 465 - 550. But of LaserFax, Inc. SEC No - Action Letter (Aug. 15, 1985).

的关联企业之间。例如，A 企业和 B 企业是具有关联关系的两个企业，从形式条件来看，它们是两个独立的企业，但实质上这两个企业具有紧密的关联关系，两个企业之间互相输送利益，各自发行证券获得的资金用于同一经营目标。对于具有关联关系的两个企业发行证券的数额予以合并计算，关联关系的判断标准：一方半数以上的高级管理人员（包括董事会成员和经理，下同）或至少一名可以控制董事会的董事会高级成员是由另一方委派，或者双方半数以上的高级管理人员或至少一名可以控制董事会的董事会高级成员同为第三方委派；一方的购买或销售活动主要由另一方控制；一方对另一方的生产经营、交易具有实质控制，或者双方在利益上具有相关联的其他关系。

第二类，不同次发行的合并。虽然《公司法》和《证券法》没有关于私募发行的明确规定，但是《证券法》第十条第三款规定："非公开发行证券，不得采用广告、公开劝诱和变相公开方式。"此条规定为证券的非公开发行提供了法律制度依据。所以，我国目前的证券发行方式有公开发行和非公开发行。假定一个企业公开发行注册豁免证券，在相同或相近的期间内，又向特定对象非公开发行证券以募集资金，应将公开发行注册豁免证券和非公开发行豁免证券筹集资金的数额合并计算，两者合并后的最高限额为 5000 万元每 12 个月。对于具备在沪深证券交易所证券上市资格的企业来说，必须在该 12 个月期间之前或之后 6 个月内未在交易所有上市证券时才可以在场外证券交易市场发售小额注册豁免证券。

我国豁免证券发行种类有限，因而，不同次发行的合并主要有两种情形：第一种情形是，同一发行企业多次公开发行的合并，同一发行企业在小额证券公开发行的 12 个月期间之前或之后的 6 个月内，分不同次公开发行的证券必须合并计算，累计发售价格不得超过 5000 万元。这种合并方式相对简单明了，在合并过程中不容易产生混淆，只要掌握好每次发行的时间是否在应该合并计算的12个月的起止时间之前或之后的6个月内，即可准确确定每次单独发行的证券是否属于应与该12个月期间内发行的证券合并计算。第二种情形是，同一发行企业的公开发行与非公开发行的合并。此种类型的合并在美国已有规定。拟发行证券发行前的一年内，违反证券法第5节销售的证券，不论是财产或服务，其证券价格总额被计算在发售证券价格的最高限额内。① 关于证券交易通常是被依赖的。私募发行和公开发行能否合并的关键在于促销人员、公司高级管理人员和董事获得股票的目的，股票被给予的考虑因素通常根本不同于公开发行的目的和考虑因素，这两次发行将很难被合并。当证券发行被扩展到起初的限定群体的朋友和亲戚或普通大众时，该发行不被看作私募发行，但是规则不精确，每一种情况按照特殊的事实基础被独立解决。② 一方面，证券发行给限定的关键员工通常被视为私募发行，如果它不同于拟公开发行的目的和条件，将不被合并。在这种情况下，两种发行可以同时发生。另一方面，当证券发行给大量的职工时是不可能豁免的。③ 就私募发行与公开发行合并的时间条件来说，发行日期开始之前或之后12个月证券销售不包括在最高限额内。④《JOBS法案》颁布后，条例D的规则506取缔了禁止公开劝诱的限制，这种公开劝诱活动产生了合并问题和降低了公司本应有的灵活性，如依规则506（c）发行的公开劝诱活动阻止完成向非合格投资者，也可能阻止了规则506（c）之外的

---

① Rule 254 (a) (3) of Regulation A, 17C. F. R. 230. 254 (a) (3) (Supp. 1962). The procedure for calculating the price at which these sales will be counted towards the ceiling is set forth in rule 254 (b), (c) of Regulation A, 17C. F. R. § § 230. 254 (b), (c) (Supp. 1962). See Harvey Frank, "The processing of small issues of securities under Regulation A," *Duke Law Journal*, Vol. 1962, 1962, pp. 507 – 521.

② SEC Securities Act Release No. 285, Jan. 24, 1935.

③ SEC v. Ralston Purina Co., 346 U. S. 119 (1953).

④ Rule 254 (a) of Regulation A, 17 C. F. R. § 230. 254 (a) (Supp. 1962). Harvey Frank, "The processing of small issues of securities under Regulation A," *Duke Law Journal*, Vol. 1962, 1962, pp. 507 – 521.

其他豁免发行，如《1933 年证券法》第 4 节（2）的私募发行豁免和规则 506（b），在这些规则下公开劝诱是不允许的，类似地，试水活动能构成某些豁免发行的公开劝诱。[①] 对条例 A + 中的合并规则修改时，美国 SEC 也再次核实了在拟议公告规定的合并指南，其与 SEC 在 2007 年关于条例 D 的规则建议一致。[②] SEC 认为依据条例 A + 的证券发行不应该与发行人的其他豁免发行合并，具体的规定是每一次发行证券依从的豁免要求是所依据的特定发行的豁免要求。例如，一个发行人进行的同时发生的不允许公开劝诱的豁免发行将被要求满足在那次发行中的购买人没有通过依据条例 A + 的发行手段被劝诱，包括没有限制任何试水交流。[③] 或者，一个发行人进行的一个同时发生的允许公开劝诱的豁免发行，如依据规则 506（c），在任何公开劝诱中不能包含条例 A + 发行条件的宣传，除非这种宣传也被包括在必要的事项中，否则依从条例 A + 。[④] SEC 的此观点使得美国小额发行的合并规则执行起来更加严格，而且在执行中对于能否合并的决定更加复杂。

由美国的私募发行与公开发行合并的规定可以看出，私募发行能否

---

① Stanley Keller Locke Lord：“Post – Jobs – Act intergration issues for small business financing”，https：//www. sec. gov/info/smallbus/sbforum111716 – keller – 2. pdf.

② See Revision of Limited Offering Exemptions in Regulation D，Release No. 33 – 8828（Aug. 3，2007）（expressing the view that the determination as to whether the filing of the registration statement should be considered to be a general solicitation or general advertising that would affect the availability of an exemption under Securities Act Section4（a）（2）for such a concurrent unregistered offering should be based on a consideration of whether the investors in the private placement were solicited by the registration statement or through some other means that would otherwise not foreclose the availability of the Section4（a）（2）exemption）.

③ For a concurrent offering under Rule 506（b），an issuer will have to conclude that purchasers in the Rule 506（b）offering were not solicited by means of a Regulation A general solicitation. For example，the issuer may have had a preexisting substantive relationship with such purchasers. Otherwise，the solicitation conducted in connection with the Regulation A offering may preclude reliance on Rule 506（b）. See also Rel. No. 33 – 8828（Aug. 3，2007）[72 FR 45116].

④ Securities and Exchange Commission：17CFR Parts 230，232，239，240 and 260 [Release Nos. 33 – 9497；34 – 71120；39 – 2493；File No. S7 – 11 – 13] RIN 3235 – AL39，Proposed Rule Amendments for Small and Additional Issues Exemptions Under Section3（b）of the Securities Act，pp. 53 – 54.

与公开发行合并，除时间条件外，还有两种情形：一是特定人获得证券的目的和条件与公开发行不同，私募发行与公开发行则不能合并。二是发行证券是否扩展授予一般公众（含多数职工），如果扩展授予一般公众（含多数职工），将不可能被豁免，也不能被合并。我国的非上市企业，私募发行是其主要的证券发行方式，当私募发行与公开发行合并时，应符合两个条件：一是具备私募发行与公开发行合并的条件，二是私募发行时间在公开发行的 12 个月期间之前或之后的 6 个月内。当这两个条件都具备时，私募发行证券的价格总额应与公开发行证券的价格总额合并计算。否则，将免除私募发行与公开发行的合并。下面举例说明不同发行方式合并的具体计算方法。

示例一：连续多次公开发行合并的计算示例。如果发行企业在 2015 年 3 月 1 发售了 1000 万元的股票，2015 年 7 月 26 日又发售了 3000 万元的股票，直到 2016 年 3 月 1 日，发行企业再次发售股票 2000 万元，在此情形下，尽管 2016 年 3 月 1 日发售的 2000 万元的股票超出了 2015 年 3 月 1 日以来发售的股票的 12 个月期间，但是 2016 年 3 月 1 日发售的 2000 万元的股票将被与 2015 年 3 月 1 日以来发售的股票的价额合并计算，因为 2016 年 3 月 1 日发行的 2000 万元的股票没有超出避免合并的 6 个月的安全港，超出 5000 万元的最高发行限额的部分将不享有小额发行注册豁免。

示例二：私募发行与公开发行合并计算的示例。如果发行企业在 2014 年 7 月 1 日，通过私募发行向特定投资者发售股票 2000 万元，2015 年 2 月 1 日，该发行企业又通过公开发售股票 2000 万元，在 2015 年 2 月 1 日至 2016 年 2 月 1 日的 12 个月期间内，发行企业可豁免发行的股票价额仅剩 3000 万元，也即 2015 年 2 月 1 日发售的 2000 万元股票包含在 2015 年 2 月 1 日至 2016 年 2 月 1 日的 12 个月期间内，2014 年 7 月 1 日私募发售的 2000 万元因不在 2015 年 2 月 1 日至 2016 年 2 月 1 日的 12 个月期间及应合并计算的时间间隔内而不能合并。

3. 避免合并的安全港

为了避免因各种发行和交易合并降低发行企业的豁免注册发行数额，削弱其筹资能力，证券发行制度应为避免合并提供安全港。此项规定可以借鉴美国的小额发行的安全港制度，如条例D的规则502（a）规定，条例D发行开始6个月之前或结束6个月之后进行的发行和销售不予合并。[①] 修订后的条例A+规定，除了依据证券法第4节（a）（6）豁免注册发行的证券之外，保持了条例A的安全港制度的规定，依据条例A+发行的证券开始或完成之后超过6个月发行或销售的证券均不能与该次依条例A+发行的证券合并。[②] 我国小额证券发行注册豁免制度的发行周期为12个月，在此期间之前和之后的6个月期间之外进行的证券发售不能与这12个月期间的发行价额合并计算。该安全港适用于在小额证券发行和交易市场发行和交易证券的所有企业。

为了确保证券发售符合注册豁免的条件，有必要对证券发售精心筹划。不但必须考虑某一具体发行的每一步，还必须关注过去和将来可能进行的发售。发行人时常在较短的时期内从事两次（或更多）独立的豁免发售，在这种情况下，证券主管机关应进行严密审查，以确定是否将该两次（或多次）证券发行中进行的所有销售合并成为一个交易，作为一个单笔发行和交易对待。如果采用合并理论，合并后的该两次（或多次）发行将丧失原来赋予的可受到保护的优势。只要存在一系列证券发行和交易，仅保证该单笔发行和交易符合豁免完全是不够的，除了每一笔发行和交易能够符合豁免的要求之外，从整体上看，该一系列发售还必须不违反小额证券发行注册豁免的规定和募股融资说明书的要求。

此外，小额证券发行的合并计算规则的确定性是有适用条件的，当

---

① 17 C. F. R. § 230. 502（a），available at：https：//www. ecfr. gov/cgi－bin/text－idx？amp；node＝17：3. 0. 1. 1. 12&rgn＝div5#se17. 3. 230_ 1502.

② 17 C. F. R § 230. 251（c）.

小额证券的发行规则被修改且符合合并的规则时，小额证券发行的合并规则也应随之发生变化。例如，美国《JOBS 法案》中规则 506 去除公开劝诱的规定影响了原有合并规则的适用，一个依规则 506（c）、通过普遍的一般性广告的完整发行的证券仅销售给适当的已证实的合格投资者，规则 152 是否允许随后的注册公开发行与《1933 年证券法》第 4 节（2）的私募发行合并都是 SEC 的监管工作需要处理好的关系。① 美国 SEC 关于进一步修改条例 D 的提议保持待定状态，那些提议的通过在处理合并事务问题上将带来更大的挑战。② 由美国的发行规则和合并面临的问题来看，我国小额证券发行的合并规则也会随着发行规则的修改而调整变化。

（三）小额证券欺诈发行的禁限规定

小额证券欺诈发行的禁限规定是对小额证券发行企业负面清单的监管，限制、禁止不具备小额证券发行适格条件的企业进入小额证券发行市场，扰乱证券市场秩序，损害投资者的利益。笔者认为，为使证券市场持续协调发展，证券立法的重心之一是保护社会公众投资者，正如有的学者的观点也强调证券立法的重心是保护社会公众投资者，③ 投资者的保护体现为投资者在购买小额证券时的权利得到保护，其中知情权是非常重要的权利内容。因为权利是构成法律制度的基本要素，并借助法律的形式使权利得以表现的保证，马克思也指出“从法律上来看，这种交换的唯一前提，是任何人对自己产品拥有所有权和支配权”。④ 虽然小额

① Lyman. P. Q. Johnson and Steve Patterson, “The Reincarnation of Rule 152: False Hope on the Integration Front, 46 wash. Q Lee L. Rev, 539 (1989), http: //scholerly commens. Law wlv. edv/wlolr/Vol 46/ 2553/3.

② Charles C. Cox Commissioner, “small issuer disclosure policy and the fringes of ‘merit regulation’”, Remarks to Nineteenth Annual Rocky Mountain State-Federal-Procincial Cooperative Securities conference, Denver Colorado October 3, 1986. https: //www. sec. gov/news/speech/1986/100386cox. pdf.

③ 刘鸿儒：《证券法律制度与证券市场规范化》，载中国证券监督管理委员会法律部编：《证券市场专家谈》，中国政法大学出版社 1994 年版，第 1～27 页。

④ 《马克思恩格斯全集》（第四十八卷），中共中央马克思 恩格斯 列宁 斯大林 著作编译局译，人民出版社 1985 年版，第 161 页。

证券和其他商品与货币的交换一样均以所有权为前提，但是小额证券与其他商品又有所不同，小额证券的价值由发行企业的信誉和经营业绩信息决定。所以，从某种意义上来说，小额证券的价值在人为因素的影响下可以被“改变”，这种人为因素就是信息欺诈，不仅严重破坏投资者的知情权，而且信息欺诈造成的损失是相当严重的。尽管没有确切的测量投资者因为信息欺诈遭受的经济损失的数额，根据美国 NASAA 的统计，由于欺诈每年投资者损失数亿美元。① 此外，其他研究发现，美国的组织（包括所有类型，不只是证券公司）由于欺诈损失年收入的 7% 。② 除了欺诈的直接成本之外，间接损失是投资者失去市场信心和对于市场参与者的尊敬。很明显，预防的利益要大于成本。③ 因此，禁止小额证券的欺诈发行是从小额证券发行监管的源头控制不适格的发行企业进入小额证券发行市场，预防损害投资者利益和扰乱证券市场秩序的情形发生。

从证券立法的总体目标来看，证券法追求的是总体上的经济效益，证券发行的监管，应体现经济法的积极的鼓励、促进与消极的限制、禁止相结合的特性。④ 小额证券发行注册豁免制度的建立即为了体现证券法的经济性特性，豁免小额证券发行的注册要求，不仅降低发行企业发行小额证券的成本，而且降低小额证券发行的社会成本。如果允许小额证券欺诈发行存在，将使小额证券交易参与者的利益失衡，损害处于劣势地位的投资者的利益，破坏证券市场秩序，最终将导致社会资源的浪费。为了保护小额证券投资者的合法利益，证券监管机构必须以适当方式介入小额证券发行审查，以减少劣质证券的存在。因而，证券发行监管应

---

① http：//www. nasaa. org/Investor Education/NASSA Fraud Center/.

② ACFE, 2008 Report, at footnote 6. The report applies this figure to the projected U. . S. gross domestic product, which translates to approximately $994 billion in fraud losses.

③ “Why dose ftaud occur and what can deter or prevent it?” Speech by Lori Richards, https：// www. sec. gov/news/speech/2008/spch090908lar. htm#P62_ 20502.

④ 张守文：《经济法学（第三版）》，中国人民大学出版社 2016 年版，第 18 ~ 19 页。

兼顾经济法的鼓励和禁限的双重特性，鼓励适格企业进入证券市场，禁止不合格企业的证券市场准入，避免证券市场形成“柠檬市场”。[①]

各国证券欺诈的情形都非常相似，从历史资料来看，相当多的证据显示很大一部分证券欺诈是新型、投机性公司的发行人所为。[②] 所以，市场准入禁止或限制是监督小额证券欺诈发行企业的重要关口。本书从发行主体和发行行为两方面设置小额证券发行企业的市场准入禁止条件。申请小额证券发行注册豁免的企业，其主体资格和证券发行行为活动都应符合小额证券发行法律规定的要求；反之，如果其主体资格或证券发行行为活动违反小额证券发行法律的规定，将禁止或限制其发行小额证券。

1. 禁止不符合豁免发行资格要求的企业发行小额证券

第一，小额注册豁免证券发行并非适用于所有中小企业。公开证券市场利用有限资源创造更大财富的作用机制在于发行企业通过证券发行筹集社会资金，将风险收益直接分散于投资者之间，假如投资者投资的企业经营业绩欠佳，最终承担亏损风险的是投资者。因此，即便是实行严格的投资者管理适当性制度，也会涉及较多数量的公众投资者利益。所以，为保护投资者利益，必然对企业的持续经营能力和信息披露提出较高的要求，这就使进入证券市场的企业面临较高的合规成本和持续披露成本，虽然初创企业急需在证券市场融资筹措发展资金，但是并非所有的初创企业都适合在小额证券发行市场融资，初创企业在创立初期，企业经营风险大，成本承担能力很弱，处于该阶段的中小企业不适合进行股权融资和进入公开证券市场。初创企业往往需要走过“死亡谷”：统计数据表明，欧洲、日本中小企业的平均寿命为 12.5 年，美国中小企业

① George A. Akerlof: “The Market for ‘lemons’: Quality Uncertainty and the Market Mechanism”, *The Quaterly Journal of Economics*, Vol. 84, 1970, pp. 488 - 500.

② Joel Seligman, “The Historical Need for a Mandatory Corporate Disclosure System”, *Journal of Corporation Law*, Vol. 9, 1983, pp. 1 - 62.

的平均寿命为8.2年，而我国中小企业的平均寿命只有3.7年，其中小微企业还不到3年。[①] 处于这一阶段的中小企业缺乏历史业绩、创业者才能还无法判断，潜藏过多风险，公众投资者难以通过信息披露进行估值和投资决策，因此更适合“天使投资人”和风险投资（VC），股权众筹制度也可以为该类企业提供小额发行豁免融资机会。

第二，发行小额证券的企业的高成长性和合规性要求。首先，申请小额证券发行的企业应具备良好的发展潜力。投资者投资购买发行企业的证券更为关注企业未来收益，资产证券化的实质是未来现金流的折现，股权证券适合高增长预期和相对高风险的现金流折现。换言之，证券市场，包括场外市场，欢迎的是能够有成长预期、有想象空间的企业，而不是暮气沉沉、没有想象空间的企业。其次，申请发行小额证券的企业应有承受证券发行成本的能力。发行企业申请发行小额证券，最先须承担证券发行成本，各种资料的准备、申请和登记都需要支付金钱和花费时间，进入证券市场的企业需要履行持续信息披露义务，证券销售之后还须向投资者分发股息。因此，进入证券市场的中小企业应能够充分履行证券发行必须承担的义务。只有当申请发行小额证券的企业符合企业的高成长性和合规性要求时，才准许发行小额注册豁免证券。

2. 小额发行信息欺诈行为的禁止规定

按证券交易法管理规制的原则，证券发行应注重企业资讯的提供，使证券市场上的投资人得以形成合理的投资判断为其要务，防止善意不知情的投资人从事证券投资并因此而蒙受损失。然而，由于证券市场参与各方的利益冲突与利益关联，在证券市场的资讯披露中，无论是证券发行人还是中介机构，在其所公开的文件中为虚假记载、误导性陈述或

---

① 李卫华、文严：《帮助创新企业跨越死亡谷（建言“十三五”）》，载《人民日报》2015年9月9日19版，议政建言。

重大遗漏的行为屡禁不止，违背法定信息公开义务。就小额证券发行的信息欺诈行为而言，通常具有以下三种行为表现形式。

（1）证券发行登记文件的陈述不全或不准确。证券发行登记文件的陈述不全或不准确是指登记文件所需的信息资料内容不全面、缺失，不准确指两种情况，一种是提供的资料信息不符合证券登记机关的要求，另一种情况是登记文件的语言文字表述不符合规范要求，文字表述的方式使其表达的内容易产生歧义和误解。对于证券发行登记文件的陈述不全或不准确，证券登记机关要求发行企业进行补充、修改，补充、修改期限为 15 个工作日，在规定期限内补充、修改的，予以登记。如果未按规定的期限补充、修改的，证券登记机关拒绝发行企业证券发行登记申请。美国《1933 年证券法》第 8 节（b）款授权 SEC 阻止不合格的登记文件生效。SEC 阻止登记文件生效的原因是登记文件在重大方面存在显著的不完整或不准确性。SEC 在登记文件生效前签发命令，发行企业在对登记文件补正之前，不允许注册登记文件生效。如果发行企业对登记文件予以补正，则登记文件的生效日为 SEC 确定的日期或 SEC 发出补正公告的日期生效。① 日本《金融商品交易法》第九条规定，有价证券发行公司发行证券提交的申报文件在形式上的不完备或应记载于该文件的重要事项的记载不充分时，可责令申报人提交修改申报书，内阁总理大臣责令提交修改申报书的，应举行听证，② 修改申报书的生效日为内阁总理大臣指定的期限届满之日。③

（2）发行登记文件中的重大错误陈述或遗漏。发行登记文件中的重

① 参见美国《1933 年证券法》第 8 节（b），引自《美国 1933 年证券法（中英文对照本）》，张路译，法律出版社 2006 年版，第 47～49 页。

② 参见《日本金融商品交易法》第九条第一款，引自《日本金融商品交易法及金融商品销售等相关法律（中日文对照本）》，中国证券监督管理委员会组织编译，法律出版社 2015 年版，第 51 页。

③ 参见《日本金融商品交易法》第九条第三款，引自《日本金融商品交易法及金融商品销售等相关法律（中日文对照本）》，中国证券监督管理委员会组织编译，法律出版社 2015 年版，第 51 页。

大错误陈述与遗漏严重影响投资者对于发行企业和证券价值的判断，扭曲“投资人责任”原则，责任人应对此行为后果承担法律责任。美国《1933 年证券法》第 8 节（d）则授权 SEC 在任何时候发现登记文件存在重大错误陈述或遗漏，SEC 签发停止令，在登记文件生效之前，停止发行企业的证券发行申请生效。发行企业对登记文件进行补正之后，SEC 发出补正公告，与此同时停止令失效。停止登记令程序都要在正式通知申请人以及给予申请人听证机会以后才可签发。[①] 美国《1933 年证券法》第 11 节（a）明确规定，当登记文件中对重大情况有错误陈述或隐瞒的时候，证券购买者有权起诉。除非能够表明购买者购买证券时已经知道存在错误陈述和隐瞒，否则，“任何获得这种证券的人”都可根据第 11 节（a）提起诉讼。[②] 第 11 节（b）规定了免责理由以及体现了要求发行人对其重大错误陈述或隐瞒承担责任的严格归责原则。[③] 美国《1933 年证券法》第 11 节关于因虚假注册说明书引起的民事责任表明了保护投资者利益的坚定性，而且是非分明，彰显发行人信息披露责任的重大性。日本有价证券发行公司发行证券时提交的申报书存在对重要事项的虚假记载，或欠缺应记载的重要事项或者为避免产生误解所需记载的重要事实，可随时责令申报人提交修改申报书，在必要时，可责令停止发行证券的申报的效力，在责令提交修改申报书及停止申报书生效时，均应举行听证。[④]

① 参见美国《1933 年证券法》第 8 节（d），引自《美国 1933 年证券法（中英文对照本）》，张路译，法律出版社 2006 年版，第 48 页。

② 参见美国《1933 年证券法》第 11 节（a），引自《美国 1933 年证券法（中英文对照本）》，张路译，法律出版社 2006 年版，第 65 ~ 67 页。

③ 参见美国《1933 年证券法》第 11 节（b），引自《美国 1933 年证券法（中英文对照本）》，张路译，法律出版社 2006 年版，第 67 ~ 69 页。

④ 参见《日本金融商品交易法》第十条第一款，引自《日本金融商品交易法及金融商品销售等相关法律（中日文对照本）》，中国证券监督管理委员会组织编译，法律出版社 2015 年版，第 51 页。

内阁总理大臣受理修改申报书之日视为已受理证券发行申报书，[①] 提交责令修改的申报书的生效日为内阁总理大臣指定的期限届满之日。[②]

本书此处的重大错误陈述或遗漏是指登记文件中的信息陈述严重偏离客观事实或者遗漏了对企业经营产生重大影响的信息，致使投资者依据该信息购买证券将遭受严重经济损失。例如，企业资产的大幅度减少，企业重要合同的签订等信息对于投资者的投资判断均具有重大的影响。对于此类错误陈述与遗漏的信息的甄别和处理，采用事前监督和事后救济的措施。事前监督的办法是经证券主管机关的审核和通过信息预披露让社会公众监督举报，一旦发现申请企业的发行登记文件存在影响投资者判断的重大错误陈述和遗漏，即驳回该企业的证券发行申请。投资者购买股票后，如果发现发行企业的该类重大错误陈述或信息遗漏客观上影响了其对股票和企业前景的判断而遭受了经济损失，投资者可以向法院提起赔偿诉讼。证券主管机关根据违法行为后果的严重程度，决定停止该企业证券的交易，剥夺其证券发行豁免资格。

欣泰电气因为欺诈发行遭受中国证监会的行政处罚，虽然其为上市公司，但是其证券欺诈发行的性质类似于小额证券的欺诈发行，因而此处可以类比适用。欣泰电气被处罚的原因主要是财务数据存在虚假记载，中国证监会在 2016 年 7 月 5 日作出的处罚决定书中认定欣泰电气通过外部借款、使用自有资金或伪造银行单据的方式虚构应收账款的收回，在年末、半年末等会计期末冲减应收款项，致使其向中国证监会报送的 IPO 申请文件中相关财务数据存在虚假记载。欣泰电气将包含虚假财务数据

---

① 参见《日本金融商品交易法》第十条第一款，引自《日本金融商品交易法及金融商品销售等相关法律（中日文对照本）》，中国证券监督管理委员会组织编译，法律出版社 2015 年版，第 51 页。

② 参见《日本金融商品交易法》第十条第三款，第九条第三款、第四款，第八条第二款、第四款，引自《日本金融商品交易法及金融商品销售等相关法律（中日文对照本）》，中国证券监督管理委员会组织编译，法律出版社 2015 年版，第 51 页。

的 IPO 申请文件报送中国证监会并获得中国证监会核准的行为，违反了《证券法》第十三条和第二十条第一款的规定，构成《证券法》第一百八十九条所述“发行人不符合发行条件，以欺骗手段骗取发行核准”的行为。欣泰电气在上市后继续通过财务数据虚假记载，导致其披露的相关年度和半年度报告财务数据中存在虚假记载的情形。同时，欣泰电气在《2014 年年度报告》中未披露实际控制人以员工名义从公司借款供其个人使用的事项，存在重大遗漏，违反了《证券法》第六十三条的规定，构成《证券法》第一百九十三条所述信息披露违法行为。中国证监会决定，依据《证券法》第一百八十九条、第一百九十三条第一款和第三款、第二百三十三条和《证券市场禁入规定》第五条的规定，对欣泰电气责令改正，给予警告，并处以 832 万元罚款；对实际控制人给予警告，处以 892 万元罚款，并采取终身市场禁入措施。欣泰电气案涉及的因素较为复杂，就违法主体来说，既有公司违反信息披露的行为，又有主要负责人和实际控制人的违法行为，信息披露欺诈行为贯穿于证券的发行信息和持续披露信息，因此，其警示作用可以贯穿适用于证券发行和流通的过程中。

（3）申报登记表签字人员的过错行为禁止。申报登记表签字人员的签字意味着签字人员尽到尽职调查义务，[①] 默示申报登记表的申报内容与企业经营业绩相符，不存在重大错误陈述或遗漏，所有在申报登记表上签字的人员对文件所陈述的内容都负有不可推卸的责任，如果申报登记表有重大错误陈述和遗漏的情形，不论是由于签字人员的疏忽或故意，投资者可以起诉在登记表上签名的所有人。申报登记表签字人员将被停止从事证券业务，发行企业对签字人员的行为承担连带责任，停止该企业证券的发行和交易。签字人员的过错行为法律责任可以借鉴适用美国

① 尽职调查是一种带着相当高的责任风险和付出巨大努力的行为，又称为“due diligence”（谨慎性调查）。

《1933年证券法》第11节的规定，根据美国《1933年证券法》第11节的规定，当注册登记生效后，如果注册登记表有谎报和遗漏的重大事实，将被追究“注册陈述缺陷责任”（Liability for Defective Registration Statements），投资者可以起诉在登记表上签名的所有人。[①] 这些人员包括企业的董事、经理、财务总监以及审计师等，由于他们的职业性质而使得登记文件中的有关内容必须征得他们的签字认证或评估后方可申报登记。当实际控制人发生直接或间接控制责任人的情形时，实际控制人也应当与责任人承担相同程度的连带责任，除非其善意行事且未直接或间接诱致构成违法的行为或构成违法行为的原因。[②] 日本《金融商品交易法》也规定了虚假记载申报书的提交的公司管理人员的赔偿责任，《金融商品交易法》第二十一条规定，有价证券申报书对重要事项存在虚假记载或欠缺应记载重要事项或者为避免产生误解所需重要事实的记载，对接受募集或发售而取得该有价证券的业者承担因记载虚假或欠缺而产生的损害赔偿责任的业者有：一、提交该有价证券申报书的公司及其提交时的管理人员，指董事、监事、执行官、财务顾问或相当于此的人员，或该公司的发起人；二、该发售相关的有价证券持有人（该人经与持有该有价证券的业者签订发售之内容的协议从而取得时，为该协议的对方）；三、该有价证券相关的第一百九十三条之二第一款规定的审计证明中，对该审计证明相关文件中存在的记载虚假或欠缺，证明没有虚假或欠缺的注册会计师或审计法人；四、与该募集相关的有价证券发行人或第二项所列业者之一签订总承销合同的金融商品交易业者或注册金融机构。[③]

---

① 陈思进：《解密美国“1933年证券法”》，搜狐财经，http：//business. sohu. com/20121203/n359270662. shtml，最后访问时间：2014年10月8日。

② 参见美国《1934年证券交易法》第20条规定，引自《美国1934年证券交易法（中英文对照本）》，张路译，法律出版社2006年版，第567～569页。

③ 参见日本《金融商品交易法》第二十一条，引自《日本金融商品交易法及金融商品销售等相关法律（中日文对照本）》，中国证券监督管理委员会组织编译，法律出版社2015年版，第63页。

总而言之，小额证券欺诈发行的禁限规定以发行企业的资格要件为前提，通过负面清单禁止不适格发行企业发行小额证券。[①] 对于发行企业的发行小额证券的资格审核以信息陈述的真实性、准确性为准则，发行人对于陈述信息的真实性承担责任，以此限制甚至停止或剥夺证券发行人的小额证券发行资格。此种监管手段与国际证券市场的监管制度相吻合。美国不仅规定了发行人对于欺诈性陈述承担责任的制度，规则175的规定适用于证券发售声明的陈述。[②] 而且美国《1933年证券法》规定：所有公开发行证券的公司都有供给公开资料的义务，在公开发行前，发行人必须把需要公开的事项据实填写在“注册书”上，向委员会申请发行，在注册书生效后，证券才准许发行。[③]

本章主要从不同维度阐述适用小额证券发行注册豁免制度的适用要件，确保小额证券发行市场的规范化，实现小额证券发行的安全，从而保护投资者利益和维护证券市场秩序，以取得投资者对于小额证券市场的信任。因为只有秩序化、法律化、规范化的市场，才是确实真正保护投资者利益的市场，投资者才有安全感。[④] 当投资者的安全需求被满足后，其对于证券市场的信任感随之加强，他们将以自己的投资行为保证证券发行成功，从而保证适度的证券交易规模，进而使小额证券发行制度真正能够为企业融资提供服务，以扩大证券市场的容量。

---

① 市场准入的负面清单制度是保证公平竞争和维护市场秩序的重要手段，十九大报告强调全面实施市场准入负面清单制度，参见“中国共产党十九大报告全文实录”，新华网，2017年10月18日，http://money.163.com/17/1018/16/D11U1DL5002598V7.html，最后访问时间：2017年12月24日。

② 17 C.F.R. §230.175（a）、（b）（1）（i）.

③ 转引自黄达、项怀诚、郭振乾主编：《中国证券百科全书》，经济管理出版社1993年版，第353页。

④ 刘鸿儒：《证券法律制度与证券市场规范化》，载中国证券监督管理委员会法律部编：《证券市场专家谈》，中国政法大学出版社1994年版，第1～27页。

第四章 发行主体信息披露义务的特殊性

要求发行企业依法履行信息披露义务是对信息披露的规制，如果对于信息披露不加以规制，通过市场力量获取信息将导致投资者之间拥有的信息不均衡，这种对信息获得的非对称本质上是不公平和违反证券法的公平披露的含义的。[①] 因此，通过信息披露制度，依法公开企业的事实内容，不仅使投资人进行有价证券买卖决策时有充分准确的信息资料作为判断的基础，也是政府和社会公众监督发行企业的依据，因而，使制度具有遏制企业管理者违法经营的监控作用。故而，资讯公开制度乃证券交易法上最高的立法原则的称谓。[②] 当处理发行人和证券交易者的关系时，美国 SEC 历史上依赖信息披露。[③] 美国《1933 年证券法》和《1934 年证券交易法》的核心观念是要求发行企业披露发行企业业务的所有重大方面的信息，在该信息的基础上，投资者才能够作出理性的投资选择

---

① William H. Beaver, “The Nature of Mandated Disclosure”, *Richard A. Posner & Kenneth E. Scott*, *Economics of Corporation Law and Securities Regulation*, Little, Brown&Company, 1980. pp. 317 - 331.

② 转引自廖大颖：《公司制度与企业金融之法理》，台湾元照出版公司 2003 年版，第 206 页。赖源河：《企业内容之公开制度》，载《公司法问题研究（一）》，政治大学法学藏书 1982 年版，第 184 页；赖英照：《证券交易法逐条释义（2）》，自版，1992 年，第 223 页；证券市场发展基金会，前揭报告（注 1），第 110 页。陈松兴：《证券市场资讯公开体系革命》，实用税务，1990 年，第 14 页，指出公开制度是将有关于上市公司的重要资讯揭露给投资大众，是提供其投资决定之依据所在，同时也是证券管理上保护投资大众之主要工具。

③ Charles C. Cox Commissioner, “small issuer disclosure policy and the fringes of ‘merit regulation’”, Remarks to Nineteenth Annual Rocky Mountain State-Federal-Procincial Cooperative Securities conference, Denver Colorado October 3, 1986. https://www.sec.gov/news/speech/1986/100386cox.pdf.

并降低欺诈的机会。① 随着我国证券市场的日趋成熟，我国证券法修订草案二审稿将现行证券法“证券交易”一章中的“持续信息披露”一节扩充为专章规定，并予以修改完善。② 上述理论与实践表明学者和实务界对于信息披露制度的适用价值的普遍肯定。当然，过于严格的信息披露制度是昂贵和耗费时间的，适应发行企业和投资者信息需求特点的信息披露制度日益成为研究的热点命题。因为美国 SEC 发现，当 SEC 对小企业发行人严格适用充分披露要求时，美国 SEC 的行为有点儿像价值调控，因此，SEC 在有些情况下发现它处于价值调控的边缘。例如，当一个新的发行人初次公开发行证券时，没有可以披露的重大事项。美国 SEC 在一些案例中面临的问题是，即使严格执行充分披露，仍然不能向投资者提供关于发行证券的很多信息。③ 在美国，小企业发行注册的豁免或者简化的发行程序越来越被重视，④ 简化的信息披露方式已被采纳，美国 1979 年 4 月采纳的S－18 注册表格，可供资产少于 100 万美元、股东总数不足 500 人，发行额为 500 万美元的公司适用。⑤ 在我国，分行业信息披露⑥等适应投资者需求特点的信息披露研究也日益涌现。这些研究表明信息

① Robert B. Titus，“Assessing the impact of securities regulation on small business：how to more effectively bridge the capital gap”，*University of Bridgeport Law Review*，Vol. 1，1980，pp. 19 –54.

② “证券修订草案二审”，摘自《中国证券报》2017 年 4 月 25 日。http：//www. sac. net. cn/hyfw/hydt/201705/t20170502_ 131208. html。最后访问时间：2017 年 5 月 2 日。

③ Charles C. Cox Commissioner，” small issuer disclosure policy and the fringes of ‘merit regulation’”，Remarks to Nineteenth Annual Rocky Mountain State-Federal-Procincial Cooperative Securities conference，Denver Colorado October 3，1986. https：//www. sec. gov/news/speech/1986/100386cox. pdf.

④ Robert B. Titus，“Assessing the impact of securities regulation on small business：how to more effectively bridge the capital gap”，*University of Bridgeport Law Review*，Vol. 1，1980，pp. 19 –54.

⑤ SEC Securities Act Release No. 6049，［1979 Transfer Binder］Fed. Sec. L. Rep. （CCH）‖82，046（Apr. 20 1979）. As originally proposed，the S –18 would have been available for cash offerings of up to ＄3million. SEC Securities Act Release No. 5915，［1978 Transfer Binder］Fed. Sec. L. Rep. （CCH）‖81，531（March 15，1978）. See Robert B. Titus，“Assessing the impact of securities regulation on small business：how to more effectively bridge the capital gap”，University of Brid*geport Law Review*，Vol. 1，1980，pp. 19 –54.

⑥ 赵立新、黄燕铭等：《构建以投资者需求为主导的上市公司信息披露体系》，中国金融出版社 2013 年版，第 83 ~104 页。

披露制度坚持资讯公开乃证券交易最高原则的前提下，应特别突显不同企业信息披露义务的监管效用。而且这一适用性在美国的上市证券与非上市证券之间已获得认可，联邦信息披露要求拓展到未上市证券之前，① Special Study② 和评论者③已经认识到：在全国证券交易所上市证券市场交易披露信息获得的价值也能够被非上市证券交易获得。④ 本书的小额证券发售企业的信息披露制度是针对小额证券发售市场的信息监管需求设计发行企业的信息披露义务，体现小额证券发行企业信息披露的特殊性。

实行小额证券发行注册豁免制度，证券发售市场将面临两大问题，一是风险控制问题，二是市场流动性问题，而风险控制与市场流动性是相辅相成的，这两个问题的解决都有赖于信息披露制度对于发行主体信息披露义务的规范。风险控制主要是投资者的投资风险和证券市场的系统性风险，因为实施发行注册豁免制度，实行“买者自负”的投资责任原则，证监会不再负责小额发行的注册登记管理，投资者依据发行企业披露的信息进行投资判断并承担投资风险。投资者投资判断的唯一客观基础是发行企业披露的信息，只有当发行企业披露的信息真实、准确时，才能减少内幕交易、操纵市场等违法行为的发生，从客观基础上预防发

---

① Congress extended disclosure requirements to securities of corporations having more than 500shareholders and one million dollars in assets which are traded over the counter through passage of the Securities Acts Amendments of 1964, Act of August 20, 1964 , Pub. L. No. 88 – 467, 78 Stat. 565, amending 15 U. S. C. § 78a et seq. (1970); Bruemmer, Russell J, “Finacial disclosure by small corporations” [notes] , University of M ichigan Journal of Law Reform, Vol. 9, 1976, pp. 256 –279.

② Bruemmer, Russell J, “Finacial disclosure by small corporations”, University of M ichigan Journal of Law Reform, Vol. 9, 1976, pp. 256 –279.

③ See, e. g. Knauss, supra note 49, at 626; Bruemmer, Russell J, “Finacial disclosure by small corporations” [notes] , *University of M ichigan Journal of Law Reform*, Vol. 9, 1976, pp. 256 –279.

④ Some indication that disclosure of financial information is benenficial in assessing the value of shares of stock can be drawn from the fact that the ascertainment of such value is considered a proper purpose for inspection of the corporation’ s books and records. See. e. g. State ex rel. Rogers v. Sherman Oil Co. , 31 Del. 570, 117 A. 122 (Sup. Ct. 1922) .

生系统性的投资风险，增强投资者对证券市场的信心，提高市场的流动性。正如有的学者在研究中所指出的，信息披露培育全体投资者的信心，[①] 还有学者认为，信息披露有助于资本市场的形成。[②] 有学者研究总结，小公司和大公司都能从投资者充满信心的证券市场获得利益，投资者相信他们的投资将会得到相应的管理，公司经营的结果将报告给他们。[③] 学术研究已经发现信息披露要求和流动性之间的密切关系。[④] 因而，条例 A + 规定发行企业发行小额证券时按照第一层级发行，必须履行发行信息披露义务，按照第二层级发行必须履行持续信息披露义务。

信息披露制度的功用除控制风险、增强证券市场流动性之外，信息披露制度的效益性是中外证券法律制度设计与学者追求和研究的目标，小额证券发行信息披露制度还要达到减轻企业的信息披露负担，提高信息披露效益的目标。《JOBS 法案》的信息披露要求就是减轻小企业信息披露负担的非常具有代表性的例证。有学者认为，《JOBS 法案》第四章给证券交易委员会提供了建立对中小企业高效和合理的新的 3（b）注册豁免规则。该规则产生好的结果的最重要问题是设置 3（b）豁免的高效

① Bruemmer, Russell J, "Finacial disclosure by small corporations" [notes], *University of Michigan Journal of Law Reform*, Vol. 9, 1976, pp. 256 – 279.

② Feuerstein, supra note 66, at 403 – 04; Bruemmer, Russell J, "Finacial disclosure by small corporations" [notes], *University of Michigan Journal of Law Reform*, Vol. 9, 1976, pp. 256 – 279.

③ Bruemmer, Russell J, "Finacial disclosure by small corporations" [notes], *University of M ichigan Journal of Law Reform*, Vol. 9, 1976, pp. 256 – 279.

④ One study found improved liquidity at companies that chose to comply with Exchange Act reporting requirements in order to remain eligible for quotation on OTCBB. See Bushee, B., and C. leuz, 2005, Economic consequences of SEC disclosure regulation: Evidence from the OTC bulletin board, Journal of Accounting and Economics39 (2), pp. 233 – 264. Another study found significant decreases in liquidity for issuers that deregistered their securities, with the subsequent loss of liquidity attributed to decreased disclosure separate from the effect of delisting from a major exchange. This study also shows that some companies choose to deregister under Section 12 (b) and trade on less liquid OTC markets instead of trading on national securities exchanges, indicating that, for such companies, the expected costs of reporting under the Exchange Act outweigh the expected liquidity benefits. See Leuz, C., A. Triantis, and T. Wang, deregistrations, Journal of Accounting and Economics 45 (2 – 3), pp. 181 – 208.

的披露标准和排除州的按照3（b）发行的注册权的管理方法。[①] 美国证券交易委员会担心要求适用条例A+的所有发行人统一持续披露信息会不适当地影响发行人的小额发行。[②] 对于按照第一层级2000万美元发行证券的发行人，条例A+除了要求其披露概要信息之外，没有任何持续信息披露义务的要求。[③] 然而，按照第一层级发行小额证券的发行人可以选择适用持续信息披露义务和第二层级的其他发行要求。[④] 所以，减轻信息披露负担，提高信息披露效益，也是小额证券发行信息披露制度研究的重要内容。

一、信息披露的基本准则

信息披露义务有两个主要目的：一是依法要求证券发行企业向投资者提供有关公开发行证券的企业的财务报告及其他资料；二是禁止用欺骗或其他欺诈手段销售证券。也就是说，通过发行企业的信息披露义务实现对发行企业信息披露行为的应然性和禁止性规范，达到控制证券市场风险的效果。

在小额证券发行注册豁免制度下，除了发行企业加强内部控制以外，证券发售信息的披露准则非常重要。在此制度下，小额证券发行完全实

---

① Rutheford B Campbell，Jr："The New Regulation of Small Business Capital Formation：The Impact—If Any—Of the JOBS Act"，*Kentucky Law Journal*，Vol. 102，2013 - 2014，pp. 815 - 848.

② Securities and Exchange Commission，17 CFR Parts 200，230，232，239，240，249 and 260，[Release Nos. 33 - 9741；34 - 74578；39 - 2501；File No. S7 - 11 - 13] RIN 3235 - AL39，Amendments for Small and Additional Issues Exemptions under the Securities Act（Regulation A），p. 161.

③ See Rule 257（a）.

④ An issuer offering up to $20 million in a Tier 2 offering would，in addition to providing ongoing reports to the commission on an annual and semiannual basis，with interim current event updates，be required to file audited financial statements in the offering statement，just as issuers in larger Tier 2 offerings are required to do. See section II. C. 3. b（2）（c）. above. "above" indicates Securities and Exchange Commission，17 CFR Parts 200，230，232，239，240，249 and 260，[Release Nos. 33 - 9741；34 - 74578；39 - 2501；File No. S7 - 11 - 13] RIN 3235 - AL39，Amendments for Small and Additional Issues Exemptions under the Securities Act（Regulation A），p. 227.

行“买者自负”原则，投资者承担对发行企业的价值判断责任，而发行企业披露信息的质量和充分性是投资者投资判断的唯一客观基础。故此，小额证券发行企业信息披露义务更为特殊，须向投资者提供充分而又正确的信息，其披露信息的内容、形式和信息披露方式都紧紧围绕信息的完全性、准确性、最新性和利用容易性的准则，由于信息披露的四项基本准则保护投资者的知情权。① 廖大颖和林国全两位学者也均支持此观点，在他们的著述中表达了同样的思想观点。② 小额证券发行企业披露充分而正确的信息是其基本义务，一旦小额证券发行企业违反信息披露义务，证券行政管理机关和司法机关进行事后监督，依法追究发行企业的法律责任，弥补投资者因此遭受的经济损失，保护投资者利益，维持证券市场秩序。下文就小额证券发行企业披露信息的四项基本准则展开论述：

（一）信息公开的完全性

信息公开制度是为了让发行企业将企业的经营信息真实地披露给投资者，以便投资者对于发行企业的股票价值和企业发展潜力作出正确判断，防止发行企业和其他投机者利用虚假信息欺骗投资者。许多学者都表达了类似的观点，他们认为，信息披露制度的制定是为了保证证券发行与交易的合理和诚信。③ 也有学者从信息披露的另一面加以阐述，信息公开制度的阙如，公众投资者作为社会的弱者群体的利益将得不到有效的保护，有悖社会的公正价值，而信息公开的不充分也与法的平等的理念不相符。④ 信息的完全公开是指信息公开的充分性，包括公开信息的质

---

① 《国务院办公厅关于进一步加强资本市场中小投资者合法权益保护工作的意见》（国办发〔2013〕110号）。

② 企业内容公开的重点是资讯揭露原则有效基准的要求；要求企业内容公开之完全性、正确性与最新性，配合资讯揭露之利用容易性，以符合市场上投资大众所能有效利用的考虑。转引自廖大颖：《公司制度与企业金融之法理》，台湾元照出版公司2003年版，第207页。林国全：《企业内容之公开》，载《月旦法学杂志》第18期，第69页。

③ 黄达、项怀诚、郭振乾主编：《中国证券百科全书》，经济管理出版社1993年版，第353页。

④ 代文明等：《中国证券市场运行法律问题研究》，辽宁大学出版社2008年版，第249～250页。

和量两个方面的要求。正如有学者的观点认为，信息披露的全面性体现在质和量两个方面：披露信息的质必须是“重大信息”，即能够对投资决策产生影响的信息，披露信息的量必须使投资者有足够的投资依据，即满足披露信息的必要性要求。[①] 由于“重大信息”界定的复杂性，目前尚无“重大信息”研究的一致认定标准，还需进一步加强这方面的研究。披露信息的量化标准也需要深入研究，降低成本、提高效率是小额证券发行的核心价值，其中降低信息披露成本和提高信息获取效率是其应有之义。因此，尽管目前无法用非常精确的质量和数量来规定信息的充分性，此处用“必要信息”来界定信息公开的充分性。同时，“必要信息”也必须是披露信息的一定的质和量的结合，才能为投资者提供充足的信息判断依据。关于此观点，我国台湾地区学者林国全在其所著的《证券交易法研究》中的论述的企业内容公开的完全性，是指公开投资人做成投资判断所需的全部必要信息。[②] 小额证券发行注册豁免制度的信息披露制度首先须确定投资者做成投资判断所需的“必要信息”，“必要信息”的内容需从两个方面界定，必要信息包括哪些方面和每一方面的具体内容的规定。本书的小额证券发行注册豁免制度要求披露的“必要信息”包括《公司法》和《证券法》明确规定的发行企业应向投资者公开的事项，企业的基本情况的信息、财务报告的定期报告、经审计的财务报告、重大事件的临时报告等，信息披露的要求由中国证券监督管理委员会规定，中国证监会制定财务报告准则、公开发行公司财务报告查核签证核准准则和募股融资说明书应行记载事项的准则，地方证券业协会在审查发行企业的登记申请时遵照审查发行企业的申报登记信息是否与要求披露的“必要信息”相符而决定是否审核通过。

---

① 周友苏主编：《新证券法论》，法律出版社2007年版，第368页。

② 林国全：《证券交易法研究》，中国政法大学出版社2002年版，第43页。

（二）披露信息的正确性

正确性是企业信息公开的最基本准则，企业信息披露即使满足了充分性、最新性和理解容易性的要求，如果没有以正确性为前提，信息披露可能完全背离向投资者披露企业资讯，使投资者据以作出合理的投资判断的制度设计目的。假如企业披露的信息虚假或错误，则不仅无法达到信息公开制度设计的目的，反而误导投资者作出错误的投资判断，抑或引起信息披露欺诈的后果。

由于关于企业经营状况的不同信息具有客观性和主观性的差异，有学者认为，信息真实性的标准因信息的性质不同而有所差异。[①] 按照有的学者对于证券发行公司信息的分类，证券发行公司的信息可分为描述性信息、评价性信息和预测性信息。[②] 笔者认为，依据每一类信息的特征研究其基本要求和价值更能符合信息披露要求的客观规律和实现信息的价值目标。例如，描述性信息公开的是一种客观事实，只要在公开的文件中对事实不为虚假记载即为真实。评价性信息是一种主观判断，是对历史事实的性质、结果或影响的分析和价值判断，该类信息是信息发布者在历史事实的基础上的主观判断，判断评价性信息的真实性标准是历史事实信息的真实性和评价方法与评价结果的合理性。预测性信息是对公司未来经营状况的估量（多是盈利预测），注重公司的既存事实与未来趋势之间的联系。[③] 因此，描述性信息的真实性是信息披露研究的基石，评价性信息和预测性信息都是以既存事实描述的正确性为前提。可以从两方面增强描述性信息的正确性，一是主观上没有信息欺诈、信息误导的故意或疏忽，二是语言文字的准确性。因而，信息的正确性与信息的真实性和准确性密切相关，在考究信息的正确性时，应结合披露信息的真

① 陈甦、吕明瑜：《论上市公司信息公开的基本原则》，载《中国法学》1998 年第 1 期。
② 陈甦、吕明瑜：《论上市公司信息公开的基本原则》，载《中国法学》1998 年第 1 期。
③ 周友苏主编：《新证券法论》，法律出版社 2007 年版，第 367 页。

实性与准确性。有学者对信息披露的准确性理论研究如下：信息披露的准确性一方面应与虚假信息相区分，一个虚假的信息固然是不准确的信息，但不准确的信息未必是虚假的信息，因为对不准确的信息也有可能作出正确的理解或解释。① 另一方面应避免语言文字的模糊和歧义，由于上市公司的经营活动具有很强的专业性，其公开公司经营状况的信息时，专业术语或行业术语在表述准确性上有不可替代的效果。② 否则，信息披露产生的结果将会是“失之毫厘”“谬误千里”。为保证信息披露的准确性，披露信息所使用的专业或行业术语，信息披露义务人必须通过其他方式进行解释。关于评价性信息和预测性信息，都是在描述性信息的基础上，带有较浓的主观色彩，在分析评价性信息和预测性信息时，首先应考察其依据的事实信息的真实准确性，然后分析其评价和预测方法，当然，评价性信息和预测性信息只能作为一种信息参考，其真实性有待于用企业经营成果去验证。所以，对于评价性信息和预测性信息需不断地更正和更新。

小额证券发行企业大多数是新兴成长性企业，一方面由于管理经验的不足，另一方面由于获得融资机会的迫切需要，加之小额证券发行放松了行政监管，信息披露时较易出现虚假陈述信息，欺诈发行，重大误导性陈述或遗漏等情况，信息失真现象的发生，有故意为之，也有过失引起。美国曾经发生过一系列案例，涉及 20 多个有关 Form S－18 和条例 A 的由犹他州的发行人向 SEC 在丹佛的地区办公室提交发行信息。尽管有最低披露要求，每一个发行人提交的信息明显遵从 Form S－18 和 Form 1－A 的要求。因为没有已经存在的业务，所以披露内容很少。然而，所有提交的资料具有共同的因素，工作人员进一步调查发现在每一个发行人提交的信息资料

---

① 陈甦、吕明瑜：《论上市公司信息公开的基本原则》，载《中国法学》1998 年第 1 期。

② ［美］托马斯·李·哈森：《证券法》，张学安等译，中国政法大学出版社 2003 年版，第 4 页。

中均存在重大遗漏和错误陈述，工作人员声称尤其是发行人都没有披露作为发行人对于所有发行的单次行为的存在，而且每一个发行人都没有根据普遍接受的审计标准审计。工作人员向 SEC 申请，SEC 授权 S-18 的注册声明的停止令和暂停根据条例 A 的证券发行。① 因此，严格规范小额证券发行企业的信息披露活动就显得尤为重要，在要求企业披露信息的正确性时，除关于企业的基本情况的信息外，企业信息正确性主要体现为财务报告的正确性，因为几乎企业所有的信息最终都落脚于财务信息中。因此，保证企业披露财务信息的正确性是至关重要的。首先，借助于外部审核保证财务信息的正确性，发行企业信息性的外部审核主要依托于会计师，主要借助于会计师的专业知识、工作经验，使注册会计师以独立第三人的身份审核发行企业的财务报告并签证，以确保财务报告信息的正确性。因此，会计师是发行企业信息正确性的独立监管方，然而，如何保证会计师签署发行企业财务报告的独立性，又是一个很复杂的问题。会计师审核签署发行企业的财务报告，不仅应遵守《会计法》的独立性规定，也应在《证券法》中规定会计师违反独立性的法律责任。会计师签署发行公司财务报告的独立性保证，也可以借鉴台湾证券交易法的规定。② 其次，企业高级管理人员签署经会计师审计签字的财务报告，签字高管负有确保财务报告正确性的义务，否则，应追究签字高管的法律责任。最后，发行企业的财务信息经过证券发行登记机关审核之后，向投资者予以公开。证券发行登记机关的审核是形式审查，审核内容主要包括两个方面：一是审核信息公开的完全性，发行企业必须提交的信息披露文件齐全；二是审核发行企业披露信息的责任人员和审计人员的

① Charles C. Cox Commissioner, "small issuer disclosure policy and the fringes of 'merit regulation'", Remarks to Nineteenth Annual Rocky Mountain State-Federal-Procincial Cooperative Securities conference, Denver Colorado October 3, 1986. https://www.sec.gov/news/speech/1986/100386cox.pdf.

② 参见林国全：《证券交易法研究》，中国政法大学出版社 2002 年版，第 46~51 页。

签名。

（三）企业信息披露的最新性

企业信息公开的最新性要求发行企业及时披露信息，企业信息公开的最新性不仅有利于投资者，而且有利于发行企业，企业之间的竞争格局瞬息万变，发行企业及时披露最新信息有利于吸引更多的投资者。也有学者的研究提出发行公司公开最新之资讯的观点，发行企业信息披露的最新性不仅表现在证券发行申请时，即发行信息披露。还表现在证券发行后的证券交易中，即持续信息披露，也就是说，发行企业应以继续公开的方式，公开企业最新的财务、经营信息。① 企业公开最新信息的具体表现为信息披露的及时性和信息更新的及时性。证券流通市场信息披露的及时性是指临时重大事项、季度财务报告、半年度财务报告和年度财务报告的及时、正确披露，定期报告披露的及时性一方面是指发行企业尽可能迅速地披露定期报告，另一方面是指发行企业按法定的披露时间要求披露定期报告，避免延误。虽然我国《证券法》对于发行公司的财务报告的年度报告、半年度报告的披露时间都有规定，但毕竟小额证券发行周期更短，其年度报告、半年度报告的披露时间应相应缩短。笔者认为，对于在场外证券交易场所发售证券的企业来说，季报和临时重大事项的及时披露尤为重要，发行企业应在最优先的时间公开发行企业的临时重大事项和季度报告。信息更新的及时性是指预测性信息和善意披露错误的信息。在小额证券发行中，为了使成长性企业获得接近资本市场的机会，预测性信息占有非常重要的分量，然而，预测性信息应接受企业经营实践的检验，一旦发行企业的经营业绩与预测性信息披露的业绩指数不相吻合，发行企业应及时更正和更新预披露的信息。善意披露错误的信息一经发现与事实不符，应及时予以更正。此外，评价性信

---

① 参见林国全：《证券交易法研究》，中国政法大学出版社2002年版，第46~51页。

息是对历史事实的性质、结果或影响的分析和价值判断，具有很强的主观性，一旦发现披露错误，也应及时加以更正。

有学者认为信息公开的及时性表现为：“一是公司经营和财务发生变化后，应立即向社会公众公开其变化状况，即讲求信息公开的速度；二是公司所公开的信息应一直保持最新的状态，不能向社会公众提供过时的和陈旧的信息，”[①] 信息公开的及时性表现为速度与最新性的结合。在信息化时代，不仅信息的及时公开与最新性是信息披露及时性的应有之义，而且应选择最快捷的信息披露方式，以最早和优先的时间向投资者传播企业信息，增加投资者对于本企业的信心。因此，信息披露方式随着时代的发展应不断研究创新。

（四）公开信息利用容易性

企业信息利用容易性包括信息取得容易性和信息理解容易性。企业信息利用容易性不仅是小额证券发行信息披露的准则，而且是证券发行信息披露的普遍性要求。然而，一般来说，小额证券投资者的投资专业知识和获取信息的技术条件都相对处于劣势，而投资证券的价值又完全由投资者判断，小额证券投资者的投资责任更重。故而，投资者对企业信息利用容易性的需求更为突出，小额证券发行制度更应关注投资者获取信息的特殊需要。

本书首先分析普遍意义上的信息理解容易性，信息的理解容易性在其他地区和国家已经受到高度重视并实施。美国证券交易委员会和法院均意识到企业信息利用的容易性的重要性，委员会的增强招股说明书的可理解性的观点始于1948年的Universal Camera案，委员会明确要求信息清晰明了的登记文件，而不是在登记文件中阐述理论性极强的论点，以

① 王保树：《发行公司信息公开与投资者保护》，载王保树主编：《商事法论集》（第1卷），法律出版社1997年版，第284页。

至于掩盖了明晰的企业信息。委员会的这一观点表明证券交易委员会开始意识到增强招股说明书的可读性对于没有丰富投资经验的投资者理解招股说明书的意义。[①] 而且，委员会显现出对于信息理解容易性普遍扩张的态势，考虑到备案内容的理解容易性，要求发行人的备案资料应具备公众可获得的发行人的相关信息的充足性。[②] 在案件的审理中，法院也意识到了使用简明语言的必要性。[③] 我国台湾地区现行法令亦以理解容易性作为编制公开书类之基本原则。[④]

将信息的理解容易性适用于小额证券发行的信息披露要求中，信息的理解容易性是指信息的表达方式易于被投资者理解和掌握。为了满足信息理解容易性的要求，信息的表达方式采用图示和文字有机结合的方式。图示表达方式将企业的历史业绩信息、当前经营信息和未来预测信息绘制成条状示意图，显示企业不同业绩指标的发展趋势。对于已获得小额证券发售资格的企业，企业的股票价格走势曲线图也能向投资者展示企业的股票价值，图示表达方式将影响企业发展潜力的指标直观地展示给投资者。语言文字主要用于表达企业财务数据的信息和文字分析，用语言文字表达的信息，在遣词造句中，表达同样内容的语句，尽量选择通俗易懂、众所熟知的词汇，而避免生僻或不易理解的过分冗长的专业技术性术语。另外，在编制公开信息披露文件时，以附件的形式解释

---

① 参见条例 S－K，《联邦法典》17 C. F. R. §229. 01. 参见［美］托马斯·李·哈森：《证券法》，张学安等译，中国政法大学出版社 2003 年版，第 120 页。

② Lee B. Spencer. Jr, "Issuer Registration and Distributions", *Pace Law Review*, Vol. 1, 1981, pp. 299－318.

③ 见 Feit 诉 leasco 资料处理设备公司案，332F. Supp. 544, 549（E. D. N. Y. 1971）参见［美］托马斯·李·哈森：《证券法》，张学安等译，中国政法大学出版社 2003 年版，第 120 页。

④ 如"公开说明书所记载之内容，必须翔实明确，文字叙述应简明易懂，不得有虚伪或欠缺之情事"（公开说明书准则第二条第一款）；"年报宜力求详实明确，文字叙述应简明易懂，善用统计图表、流程图或其他图表"（年报准则第三条第一款）。至于，发行公司之公开内容是否符合理解容易性之要求，似有赖主管机关就具体事实予以审查。参见林国全：《证券交易法研究》，中国政法大学出版社 2002 年版，第 46～51 页。

专门术语或生僻或容易产生歧义的词语。

信息取得容易性是指负载信息的载体便于投资者接近并能够作为传递信息的有效途径。笔者认为，小额证券发行企业的信息披露渠道以纸质和网络媒介为载体，通过间接交付和发布公告的方式将发行企业的信息传递给投资者。纸质载体负载的内容包括募股融资说明书、发售通知和定期报告，募股融资说明书是通过向地方证券业协会报备存档和向认股人间接交付；募股融资说明书、发售通知直接置备于场外证券交易场所，定期报告和临时报告除向地方证券业协会报备外，也置备于证券交易场所以供公众查阅。信息披露网络平台披露向地方证券业协会报备的所有信息资料。我国台湾地区现行法将直接交付与公告确定为信息公开的方法。[①] 诚然，向投资者直接交付信息资料的是投资者取得信息资料的最直接和有效途径，但是，这种方式只能照顾数量极小的股东，如参加股东会会议的大股东等。而以公告告知资讯资料置于何种处所供公众查阅的信息传播方式是一种可取途径。故而，信息披露采用间接交付与公告相结合的方式，供不同的投资者使用，实现不同信息获取渠道的互补、提高信息披露的实效。

二、信息预披露的强制性规范

证券发行预披露是指发行人申请首次公开发行（IPO）证券的，在提

① 台湾现行法定之公开方法有两种其一为将资讯直接交付予投资人，如募集有价证券，应先向认股人或应募人交付公开说明书（证交第三十一条第一项），发行公司应于股东常会将年报分送股东（证交第三十六条第三项）等。其二为使资讯处于投资人容易取得之状况，惟仍须投资人有积极之取得行为，始能获得该等资讯。例如公告（公司第一三三条、公司第二五二条、公司第二七三条、证交第三十六条第一项、第二项），以及将法定应公开资讯以抄本送证券交易所及证券商同业公会供公众阅览（证交第三十六条第四款）等是。就资讯传达之效果而言，自以前者为佳。惟欲求发行公司一律采行将公开资讯直接交付予投资人之方式，实际上并无可能。故而，以公告与将资讯置于一定处所供公众阅览之间接传达方式，仍为必要。参见林国全：《证券交易法研究》，中国政法大学出版社 2002 年版，第 46～51 页。

交申请文件后，应当按照国务院证券监督管理机构的规定预先披露有关申请文件，其基本功能在于以拓宽社会监督的渠道的方式来规范发行人。我国《证券法》第二十一条规定了证券发行的信息预披露制度，具体的做法是发行人申请首次公开发行股票的，在提交申请文件后，应当按照国务院证券监督管理机构的规定预先披露有关申请文件。有学者认为，之所以规定信息的预披露制度，是因为我国证券市场对于公开信息的反应速度和程度目前尚未达到半强式有效市场（充其量只是弱化有效市场），并在很大程度上体现出股市的高投资性和容易为少数人所操纵的特点，[①] 有学者认为，证券发行预披露就是检测证券发行文件是否真实、准确、完整的制度安排，证券发行人、证券服务机构和相关人员有监督证券发行信息的明确的义务和责任，通过各种渠道对有关发行信息的真实、准确、完整进行市场监测，发挥社会监督力量，无疑是比较理想的选择。[②] 信息预披露可以让证券发行企业的信息提前公布于众，从而预防和减少发行企业采取弄虚作假的手段骗取上市。

预披露制度虽然不是小额证券发行信息披露的特有制度，但是信息的预披露对于小额证券发行企业具有特殊的效用。股票能否发售成功，在相当大的程度上取决于投资人对发行企业是否了解，对其经营和财务状况是否放心，对其盈利水平和发展前景是否乐观，小额证券的发行主体主要是中小企业，社会信用度较低，小额证券发行企业信息的预披露可以达到相当于试水和检举的功效。

信息的预披露为搜寻潜在投资者的发行企业和着手投资的投资者提供了连结纽带，信息预披露的功效之一相当于美国证券发行的试水制

① 林国春、彭蕾：《中国证券市场的有效性与上市公司信息披露的规范化》，载《金融理论与实践》1997 年第 7 期。

② 王银凤：《论证券发行预披露制度》，载《证券市场导报》2006 年第 3 期。

度，[①] 美国证券发行的试水制度允许依赖条例 A 的发行企业在向证券交易委员会提交披露文件之前作出书面或口头要约，或者向投资者提供充分的发行说明。[②] 我国小额证券发行的预披露主要是试探中小企业是否关心发行企业的证券，对发行企业披露的信息进行质疑和举报。

信息预披露的另一个重要功效是广泛集中社会力量监督证券的发行，当预披露信息存在虚假、遗漏等情形，有关知情人员可以进行举报，尤其是与发行企业有经济往来或者债务关系的组织或人员，他们是发挥检举作用的重要渠道。有学者认为，为确保证券发行申请文件的真实、准确、完整，除为证券发行人、证券服务机构和相关人员规定明确的义务和责任外，发挥社会监督力量，通过各种渠道对有关发行信息的真实、准确、完整进行市场监测，无疑是比较理想的选择。证券发行预披露就是检测证券发行文件是否真实、准确、完整的制度安排，其阐述的预披露的主要内容应是发行人是否具有公开发行股票的资格，对投资者投资决策产生重大影响并直接决定是否能够获准公开发行的经营信息和财务信息，以及公司基本信息和软信息。[③] 正如学者们的理论所述，证券发行预披露内容主要是影响发行人股票发行资格的事项和信息。然而，欲达到预期的效果，应周密设置证券初次发行公开的内容，虽然各国关于证券初次发行应公开的内容规定不尽一致。[④] 国际证券市场联合会认为，为

---

① 17C. F. R. §230. 254（a）（2005）; Rutheford B Campbell, JR, "Regulation A: Small Businesses' Search For 'A Moderate Capital'", *Delaware Journal of Corporate Law*, Vol. 31, 2006, pp. 77 – 124.

② Id; Rutheford B Campbell, JR, "Regulation A: Small Businesses' Search For 'A Moderate Capital'", *Delaware Journal of Corporate Law*, Vol. 31, 2006, pp. 77 – 124.

③ 王银凤：《论证券发行预披露制度》，载《证券市场导报》2006 年第 3 期。

④ 一般美国对证券初次发行规定得较为周密，并以保护投资者为主要目的。例如，证券发行的公开说明书必须做到完全公开，发行的证券要经过证券委员会的严格审查后方可对外公开发行。美国部分州的证券法还规定有实质检查的原则，如发行条件不合理，则管理机构可禁止其发行。欧洲大陆各国的管理机构除法国和比利时之外，一般只是为了上市技术上的目的而对证券发行加以限制，而对投资人的保护要依靠交易所在上市时的审查。参见黄达、项怀诚、郭振乾主编：《中国证券百科全书》，经济管理出版社 1993 年版，第 351 页。

了充分保护投资人的利益，在准许证券上市时，证券发行人至少要将下列事项公开：(1) 公司章程、经营范围以及公司基本情况的详细信息。(2) 发行证券的详细资讯，与发行的证券有关的权利、义务和责任。(3) 公司之前的经营业绩、资产和负债情况。如公司的经审计财务报告和主要财务报表等资料。(4) 公司运营资金筹集办法、公司的经营现状与前景，以及潜在的风险因素等信息。(5) 承诺定期向证券主管机关、证券交易所提交披露的信息资料或根据证券主管机关、证券交易所的要求随时提供有关的信息资料。①

本书借鉴国际证券市场联合会的观点，将证券发行企业预披露信息的内容限定为公司章程、募股融资说明书和软信息，这些资料基本涵盖发行企业的基本信息和组织管理规则、与本次证券发行的相关事项和企业未来的发展潜力，较全面地反映了企业的经营状况，使投资者能够综合判断企业股票的投资价值。预披露的信息在地方证券业协会接受发行企业申请后的第二日在小额证券发行信息披露网站公布，并将纸质版存放于当地场外证券交易场所。

（一）公司章程公开的摘要内容

公司章程是对公司重要和基本问题做出明确规定的法律文件，公司章程的规定调整公司组织机构的职责权限，协调与公司相关的多元利益主体间的权利义务关系和利益冲突，同时规制公司的行为，使公司的利益相关方不遭受公司违法行为的侵害，公司章程对上述利益关系进行调节和控制，以正式制度确认和保证不同利益主体的意志的实现，以使公司在良好的法律和经济制度环境中实现利益最大化。公司章程的公开主要是发挥公司章程的对外宣示功能，《公司法》第八十一条规定的公司章

① 转引自黄达、项怀诚、郭振乾主编：《中国证券百科全书》，经济管理出版社 1993 年版，第 351 页。

程应载明的事项集中体现了公司的内部管理组织制度和外部行为活动的范围，为投资者判断公司的经营能力、对公司外部的第三方的行为活动的资格提供依据。本书将预披露的公司章程的内容摘要精炼为三个方面：公司股东的权利与义务；公司的组织规则；公司的权力与行为规则。这三个方面的内容充分体现了公司的权利配置、治理结构的权责范围和公司的权力边界与行为规则，可以有效向投资者和利益相关方传递公司权益分配规则、内部治理规则和对外经营活动权限的信息。

1. 公司股东的权利与义务

公司股东的权利与义务是投资者与企业关系最为密切的连接纽带，因为投资者投资于公司，都是以获取投资收益为目标，投资者最为关注的问题便是股东的权利与义务。而公司章程与《公司法》共同肩负调整公司活动的责任，与《公司法》一样具有法定性，其所规定的内容具有根本性，其中包括权利义务的分配，因而在公司章程中规定的股东权利与义务具有法定性，其修改由法律强制规定，任何公司不得违反。因此，本书强调在预披露的公司章程的记载事项中，股东的权利与义务的规定应详尽明确，以提升投资者的信心。根据《公司法》关于股东权利和义务的规定，本书将股东权利分为股东权利和大股东的特有权利。股东权利是中小股东和大股东都享有的权利，其遵照《公司法》第九十七条和第四条规定的内容。《公司法》第九十七条规定的股东权利包括知情权、查账权，股东有权查阅公司章程、股东名册、公司债券存根、股东大会会议记录、董事会会议决议、监事会会议决议、财务会计报告，对公司的经营提出建议或者质询。《公司法》第四条规定，股东依法享有资产收益、参与重大决策和选择管理者等权利。《公司法》第一百零一条规定了大股东的特有权利，董事会或监事会不召集和主持股东大会会议的，单独或者合计持有公司百分之十以上股份的股东可以自行召集和主持。当然，公司是多方参与主体利益的集合体，只有利益平衡才能维持公司的正常运作，因此，应为股东的权利设定边界，否则股东将会滥用股东权利损害其他股东和公司的利益。因而，在预披露的公司章程中必须明确股东的义务，其义务遵从《公司法》第二十条的规定，《公司法》第二十条规定的股东义务包括：遵守公司章程，向公司缴纳股款（或持有公司股份），不得滥用股东权利损害公司或者其他股东的利益；不得滥用公司法人独立地位和股东有限责任损害公司债权人的利益。《公司法》第二十条的规定明示遵守公司章程的法律强制性，股东违反公司章程的行为即是违法行为，为公司章程中的股东义务的履行提供了强制性保障。故而，在公司章程中载明的股东权利和义务向投资者起到预测和指引的作用，[①] 使其明白股东享有哪些权利，权利如何行使和权利得到怎样的保护，以及股东的义务是什么，股东的哪些行为是法律所禁止的。公司章程对于股东权利和义务的规定，不仅能有效指引股东的行为，也是股东维护其权益的保障。

2. 公司的组织规则

公司组织规则论述公司组织机构的设置原则、公司组织机构的设置以及公司组织机构的权责分配规则。我国的公司组织规则由《公司法》和公司章程共同来规定，公司章程的规定主要遵循公司自治原则补充《公司法》的规定，[②] 公司组织机构的设置由《公司法》根据公司治理结构的需要加以规定，公司章程主要是在《公司法》规定的权限内，按照公司自治原则，制定公司组织机构的权责分配规则。笔者认为，公司章程对于公司组织机构的权能分配的规定至少应坚持目标原则、相符原则、

---

① 张文显主编：《法理学》，法律出版社1997年版，第257～260页。

② 参见《中华人民共共和国公司法》第三十七条、第四十三条，根据《公司法》第九十九条的规定，“本法第三十七条第一款关于有限责任公司股东会职权的规定，适用于股份有限公司股东大会。”

协调原则和明确性原则。[①] 因为公司的组织机构即以这四个原则为基础，公司章程的制定原则应与公司组织机构的设置原则与目标保持一致，使公司组织规则形成完整的体系，使公司组织机构间的权责分配协调制衡，实现公司的目标。

目标原则贯穿于公司的总体发展目标和公司的各个组织机构的具体目标中。目标原则是组织机构设置的核心原则，公司组织机构的设置规划和各机构的职责权限都是围绕这一原则进行的。目标原则在公司组织机构的权责分配中是一个普遍适用的原则，实现公司利润最大化和股东利益的最大化是公司的基本目标，相应地，公司的每一组织机构在各自的权责设置以及各机构之间的权责分配均围绕公司的基本目标。例如，《公司法》第七十六条规定的股份有限公司设立的其中两个条件表明目标原则在公司组织规则中的重要性，即这两个条件分别是第七十六条第（二）项，有符合公司章程规定的全体发起人认购的股本总额或者募集的实收股本总额；第七十六条第（四）项，发起人制订公司章程，采用募集方式设立的经创立大会通过。这两项规定围绕公司的设立目标和发起人的权力，发起人的权力相当于公司成立后股东的权力，与股东会的权力相当。《公司法》第三十七条第（十）项股东会有权修改公司章程的规定更加充分地体现了股东会作为公司最高权力机构，维护股东利益的标志性规定。《公司法》第三十七条第（十一）项的规定，公司章程规定的其他职权是法定之外的为了实现公司的经营目标而对股东会职权的概括性补充规定。第四十六条第（十一）项规定："公司章程规定的董事会的其他职权。"除此之外，《公司法》第四十一条、第四十三条、第四十四条、第四十五条、第四十九条、第五十条、第五十三条、第五十五

---

① 这四项原则选自英国的管理学家林德尔·福恩思·厄危克（Lyndall F. Urwick）提出的组织的八条原则。

条等条款规定都可以通过公司章程规定股东会、董事长、副董事长的产生、经理的职权、执行董事的职权、经理的职权、监事的改选任职、监事会的职权，公司章程对这些权限规定的法理思想主要体现公司章程的功能性质，即目标原则，《公司法》授权公司章程规定公司组织机构的职责权限是为了更好地实现公司目标。

相符原则是权力和组织机构必须相符。依据相符原则，权力是组织机构设置的先决条件，公司组织机构应与公司及公司各机构的权力分工相一致。因而，为了使公司最大限度地实现其权力以及合理分配各机构之间的权力，以提高公司管理效率、实现公司的利润目标和社会责任，根据公司的治理结构需要以及各机构之间权力的相互制衡关系，我国公司的组织机构一般由股东大会、董事会、监事会和经理组成。股东大会、董事会、监事会和经理除具有与其机构相适应的法定职责权限外，公司章程根据公司法的授权性条款规定股东大会、董事会、监事会和经理的职权,①《公司法》第一百条第（六）项规定，公司章程规定的其他情形发生时，应当在两个月内召开临时股东大会。《公司法》第一百一十九条第二款规定，监事会的议事方式和表决程序，除本法有规定的外，由公司章程规定。由于每一个公司的特性不同，《公司法》授予公司章程这种权限的目的为了充分体现权力和组织机构必须相符的原则，公司章程依据《公司法》的授权条款规定股东大会、董事会、监事和经理的职权时必须全面贯彻权力和组织机构相符原则。

坚持协调原则是指协调公司组织机构之间的职责权限，建立各机构之间的分工协调、互相配合、互相制约的关系以及同一机构内部人员构成、决策程序和议事规则的协调，这些组织机构单独的意思表示和相互

① 《中华人民共和国公司法》第三十七条第（十一）项与第九十九条、第四十六条第（十一）项与第一百零八条第四款、第五十三条第（七）项、第五十四条与第一百一十八条、第四十九条第（二）款与第一百一十三条第二款。

之间的协作、制衡共同维持公司的正常运行，实现公司的权力和权利。由于公司的组织机构设置是根据《公司法》的规定确立的，公司的股东大会、董事会、经理和监事会的职权分别是决策权、执行权、日常经营管理权和监督权。在公司机构的协调运作中，股东大会决定公司的经营方针和投资计划，审议批准董事会编制的各项方案；董事会执行股东大会的决议，制定公司的基本管理制度等；经理主持公司的生产经营管理工作，执行股东大会、董事会确定的经营计划和其他决定等；监事会的职权是检查公司财务，对董事、高级管理人员执行公司职务的行为进行监督等。[①] 上述关于公司的股东大会、董事会、经理和监事会的职权划分，体现了公司组织机构权限的协调性，股东会的经营决策决定作出以后，由董事会制订经营计划和投资方案，由董事会任命的经理负责日常生产经营管理工作，为防止和避免董事、高级管理人员滥用权力，监事会监督检查董事、高级管理人员的职权行使行为，并可以向股东会会议提出提案、要求董事、高级管理人员纠正和提起诉讼的权力。公司组织机构间的权力协调制衡确保公司的正常经营，避免公司和股东利益遭受损害。

公司章程规定公司组织机构的职权时遵循的协调性原则主要体现在与公司目标的协调和《公司法》的协调，其中《公司法》在规范公司章程的内容和公司经营活动之间居于核心地位，公司章程的规定是在《公司法》规定的授权下确定公司组织机构的组成，在《公司法》框架内充盈公司组织机构的职权，有效实现公司的经营目标。在《公司法》中的具体规定主要有：《公司法》第一百条规定股东大会的召开时间，当第一百条第（六）项规定的情形发生时，应当在两个月内召开临时股东大会。

① 甘培忠著：《企业与公司法学（第七版）》，北京大学出版社2014年版，第216～231页；参见《中华人民共和国公司法》第九十九（三十七）条、第一百零八（四十六）条、第一百一十八（五十三、五十四）条。

该项规定说明公司章程的规定克服了法律规定的固定性，适应了公司经营活动的复杂性，当除了法律明确列示需要召开临时股东大会的事项之外的根据该公司章程的规定需要股东大会决策的事项发生时，可以召开临时股东大会，彰显了股东大会的决策权与公司经营目标的协调。但是公司章程关于召集临时股东大会的情形的规定必须严肃、谨慎，即不通过临时股东大会的决议，将严重影响公司的生产经营活动和经营目标。《公司法》第一百零八条（第四十五条）规定，董事任期由公司章程规定，但每届任期不得超过三年，该规定显示了公司章程的灵活性，公司可以根据董事的实际情况和公司的经营需要更换董事，但是每届任期不得超过三年的规定避免了公司章程规定的恣意决断，实现了公司章程规定与《公司法》规定的协调。《公司法》第四十六条第（十一）项的规定公司章程规定董事会的其他职权适用于股份有限公司的董事会，[①]《公司法》第八十一条规定，股份有限公司章程应当载明的事项中的第（六）董事会的组成、职权和议事规则；（八）监事会的组成、职权和议事规则；第一百一十八条（第五十三条）公司章程规定监事会的其他职权。《公司法》第一百一十九条第二款规定，监事会的议事方式和表决程序，除本法有规定的外，由公司章程规定。《公司法》的这些规定充分体现了公司章程对于《公司法》的贯通，保持了《公司法》的权威性，使公司组织机构的权限在《公司法》的框架下得到充分发挥，实现公司组织机构的权能。

明确性原则是指组织机构之间的职责权限明确，各组织机构按照法律规定的职责运作，小额证券发行企业组织机构的权责明确性要求参照我国《公司法》关于股东会、董事会、经理和监事会的权责分工。股东

---

① 参见《中华人民共和国公司法》第一百零八条第四款。

大会是公司的权力机构，[①] 决定公司的经营方针和计划等；[②] 董事会对股东会负责，执行股东会决议；[③] 经理主持公司的生产经营管理工作，组织实施董事会决议等；[④] 监事会监督、纠正董事、高级管理人员执行职务的行为，检查公司财务等。[⑤] 公司组织机构的权责明确除遵守《公司法》的规定外，更重要的是明确《公司法》规定的公司章程规定的股东会决定召开临时股东大会的情形、董事会的其他职权、监事会的其他职权以及董事会的组成、职权和议事规则，公司章程对该类职权的规定是对公司组织机构权限规则的进一步具体化和细则化，也是对于公司组织机构行使职权的约束。对于投资者而言，该类规定在公司章程中的明确化是投资者获取公司组织机构及职权的唯一正规途径，因为《公司法》授权公司章程制定公司组织机构的其他职权的规定是概括性的，如果公司章程未作出明确的规定，投资者对于公司组织机构的组成、职权和议事规则既无从知晓，他们的知情权将无法得到满足，对于公司组织机构的职权范围的监督依据不足，一旦发生分歧或纠纷，寻求法律保护途径的困难将会加大。总体而言，公司组织机构责任明确有利于工作职责的落实和纠偏，从公司内部来说，可以促使各机构恪尽职守，积极履行忠诚义务和勤勉义务，提高公司的信誉度。从公司的对外交往活动来说，有利于增强社会以及社会公众对于公司的估价和与公司发生各种关系的后果的稳定、可靠的预期。如果组织机构之间的权责不明确，不利于企业的外部经营活动的开展和经营责任的落实。

总之，贯穿于公司组织机构及其职权的目标原则、相符原则、协调原则和明确性原则是相辅相成的，公司章程根据《公司法》的授权性规

---

① 参见《中华人民共和国公司法》第九十八条。

② 参见《中华人民共和国公司法》第九十九条、第三十七条。

③ 参见《中华人民共和国公司法》第一百零八条、第四十六条。

④ 参见《中华人民共和国公司法》第一百一十三条、第五十条。

⑤ 参见《中华人民共和国公司法》第一百一十七条、第五十二条。

定确定股东大会决定召开临时股东大会的其他情形，董事会、监事会的其他职权以及董事会、监事会的组成、权限划分、议事规则等时应遵循这四大原则，使公司组织机构及其职权的行使后果与公司目标、股东目标和其他与公司有关联关系的主体对公司的期望一致。

3. 公司的权力与行为规则

公司章程是公司权力与行为规则的规范，公司章程对外具有宣示效力和对抗效力，其对外宣示和对抗的效力体现为以公司章程规定的公司权力范围与行为权限。我国《公司法》第八十一条规定的公司章程中的记载事项为公司的经营范围，公司设立、股份募集、公司利润分配办法、公司的解散事由与清算办法、公司的通知和公告办法等，① 这些记载事项给予公司的交易相对方、债权人等相对明确的信号，使公司外部组织、人员对于与公司交往的后果有较为明确的预期。载入公司章程的这些事项被披露之后，社会组织与社会公众按照公司章程披露的公司权力范围与公司进行有关的经济活动，公司的行为受公司章程的约束。公司只能在公司的经营范围内开展业务活动，公司设立方式、股份募集办法等所有对外活动必须按照公司章程中公示内容等完成。否则，善意第三人将对公司违反章程规定损害其利益的行为提起诉讼，当然，公司章程对于非善意第三人的行为具有对抗效力，以维护公司、股东和公司债权人的利益。

有学者的观点可以证成“章程内容具有内部组织管理和对外的宣示效力与对抗力的见解。内部效力涉及股东会、董事会的权力配置与运作规则，股东权利与义务的法律界定与行使，对外的宣示效力涉及公司代

① 《中华人民共和国公司法》第八十一条规定：“股份有限公司章程应当载明下列事项：（一）公司名称和住所；（二）公司经营范围；（三）公司设立方式；（四）公司股份总数、每股金额和注册资本；（五）发起人的姓名或者名称、认购的股份数、出资方式和出资时间；（六）董事会的组成、职权和议事规则；（七）公司法定代表人；（八）监事会的组成、职权和议事规则；（九）公司利润分配办法；（十）公司的解散事由与清算办法；（十一）公司的通知和公告办法；（十二）股东大会会议认为需要规定的其他事项。”

表机关的对外代表权限、增资减资、公司合并、分立、解散等外部行为，这些内外部行为活动将对外部第三人的利益产生影响”①。还有学者指出，公司章程的对外效力“不仅意味着善意第三人对章程的信赖受到维护，还意味着公司章程记载的事项可以对抗非善意的第三人”②。此类观点意味着公司章程具有的对内对外效力和作为法院的裁判法源。③ 笔者认为，持该类观点的学者的理论基点在于公司章程本身就是法律文件，公司章程记载的公司的权力与行为规则具有法律效力，公司在对外经济活动中必须遵循的基本行为准则，其记载的内容具有法律效力，内、外部任何违反公司章程的人应被追究法律责任。对违法行为人进行制裁的具体的法律规范依据是《公司法》第八十一条的规定，该条规定的公司的经营范围限定了公司的权力界限，如果公司的行为超出此范围边界，超出边界的行为将成为公司遭受诉讼的理由。公司的行为也只能在公司章程宣示的行为限度内，否则公司的利益相关方、股东等将可以请求公司纠正其行为，造成损害的，有权请求给予损害赔偿。

（二）募股融资说明书的披露重点

募股融资说明书是发行企业向地方证券业协会提交法定公开说明发行企业及股票发行情况的书面报告，它既是向证券主管机构申请证券发行登记的必要条件，又是交给股东的重要信息报告，是以法律的手段保障募股融资说明书的内容符合真实性准则。④ 募股融资说明书的重点内容旨在向证券监管机关和社会公众提供企业信息、证券发行的信息以及与证券发行相关事项的信息，尽可能避免造成投资者的盲目投资，并以募

---

① 孙英：《公司章程效力研究》，法律出版社2013年版，第278页。

② 刘俊海：《现代公司法》，法律出版社2009年版，第97页。

③ 若行为规范不同时成为裁判规范，则行为规范所预示之法律效果不能贯彻于裁判中，从而失去命令或引导人们从事其命令或引导之作为或不作为的功能。参见黄茂荣：《法学方法与现代民法》，法律出版社2007年版，第484页。

④ 黄达、项怀诚、郭振乾主编：《中国证券百科全书》，经济管理出版社1993年版，第352页。

股融资说明书信息的披露约束发行企业、高级管理人员等利用内幕信息操纵证券市场价格，预防和减少欺诈行为的发生。如此严格地要求募股融资说明书，是吸取美国证券市场管理失败的教训和规制经验，1933年以前，美国联邦政府没有制定法律来管理证券行业，当时造成证券市场管理的很多缺陷。例如，不要求注册的公司向其股票持有者或公众提供财务或会计资料，结果虚报行为盛行，证券交易过程中操纵股票价格和欺诈交易行为猖獗，造成了1929年纽约的股票市场大崩溃。为控制证券发行诸如此类的弊端和欺诈等行为的再度发生，《1933年证券法》第5节（c）规定，公开发行证券的公司必须注册，并报备注册说明书。[①] 美国《1934年证券交易法》第12节（a）、（b）和（d）作了补充规定，规定证券注册的一般要求，注册程序，信息披露以及未发行证券的注册要求。[②] 我国企业发行小额证券时募股融资说明书披露的重点内容包括以下几个方面：

1. 发行企业的基本情况

发行企业的基本情况除了营业场所、营业范围等在公司章程中记载的事项之外，重点叙述发行企业的历史、资产、主营业务和高级管理人员与主要职员。因为发行企业的历史、资产、主营业务、高级管理人员和主要职员的资格条件都是决定企业能否适用小额证券发行注册豁免制度的因素，这些情况的介绍使社会的信息受众初步掌握发行企业的基本信息，是发行企业建立社会信誉的基础条件。在这些情况的描述中，发行企业的历史、资产的信息相对固定，只要遵守真实、准确的原则即可，故该类信息的披露具有客观公正性。

主营业务产生的利润是企业利润构成的最重要部分，因而主营业务

① 《美国1933年证券法（中英文对照本）》，张路译，法律出版社2006年版，第35页。
② 《美国1934年证券交易法（中英文对照本）》，张路译，法律出版社2006年版，第207～211页。

的描述也是募股融资说明书的重要内容。主营业务的描述主要关注发行企业已完成的业务和打算开展的业务，包括其分支机构及其业务在过去两年内的开展情况，已完成业务的描述可以佐证发行企业的经营能力，打算开展的业务可以表明发行企业的发展潜力。美国强调发行企业的已完成的业务和打算开展的业务，其分支机构及其业务在过去三年或者以发行人的经营期间为准的更短的时间的普遍开展情况。① 由于企业的业务和产品（或服务）决定其盈利能力和盈利结构，计划用于发行企业的主营业务和产品（或服务）以及新产品开发的研发费用应在业务描述中予以重点叙述。

高级管理人员的信息主要包括管理人员的任职资格条件、工作经验和必须不得具备的消极要件，由于高级管理人员制定企业的发展规划和经营方针，只有符合条件的人员才能担任高级管理人员。高级管理人员的任职条件主要是对高级管理人员的专业知识、工作经验和品德的考察，高级管理人员具备的专业知识证明只需毕业证书复印件即可证明，工作经验的披露要求可以参照美国小额证券发行通函的第 10 项（c）的规定，即对已任职或拟任职的高级管理人员从事的职业、所在企业（或其他组织）的名称和主营业务进行考察；如果高级管理人员在小额证券发行企业的任职时间不足五年，应作出简要解释并将在本发行企业之前所在岗位的业务经验予以足够充分的披露。② 高级管理人员的行为在某些情况下也影响发行企业的证券发行注册豁免资格，所以必须限制在一定

---

① Securities and Exchange Commission, 17 CFR Parts 200, 230, 232, 239, 240, 249 and 260, [Release Nos. 33 -9741; 34 -74578; 39 -2501; File No. S7 -11 -13] RIN 3235 - AL39, Amendments for Small and Additional Issues Exemptions under the Securities Act (Regulation A), p. 403.

② See Securities and Exchange Commission, 17 CFR Parts 200, 230, 232, 239, 240, 249 and 260, [Release Nos. 33 -9741; 34 - 74578; 39 - 2501; File No. S7 - 11 - 13] RIN 3235 - AL39, Amendments for Small and Additional Issues Exemptions under the Securities Act (Regulation A), offering circular Iterm 10 (c), p. 407.

期限内具备消极条件的人员担任高级管理人员，该类消极条件主要包括两大类型：一类是因企业经营管理不善而被法院申诉的高级管理人员，另一类是被判决有刑事犯罪、交通肇事罪和其他轻微的犯罪除外。[①] 当然，对于不能担任高级管理人员的消极条件进行披露的目的在于为社会提供判断标准。主要职员是指主要参与发行企业的新产品开发、新业务拓展的职员，他们对于企业的主营业务的延续、转型和市场开拓都具有决定性的作用，因此，披露主要职员的信息是对企业的产品、业务、经营前景的另一种考察，披露的内容主要是其参与研发和市场开拓的经历，所以主要职员应包括具备一定经验和新生力量的结合，除却企业人才青黄不接的现象。

2. 发行企业的财务报告

在小额证券发行中，发行企业必须提供经审计的财务报告，因为发行企业急需筹集资金，可以通过披露虚假财务信息骗取证券发行资格，蒙蔽证券主管机关和广大投资者。要求发行企业提供经审计师审计的财务报告，一是促使发行企业和会计审计人员恪尽职守，二是一旦出现财务报告虚假的情况，发行企业和审计师承担连带法律责任，将对于财务报告的真实性的监督落到实处。要求发行企业提供经审计的财务报告，美国学者的研究为我们提供了参照。美国小企业促进法和条例 A 规定，相比于注册发行时要求发行人提供发行前三年的经审计的财务报告，发行企业被要求提供仅包含近一年的经审计的财务报告。[②] 加拿大学者也倡

---

① See Securities and Exchange Commission, 17 CFR Parts 200, 230, 232, 239, 240, 249 and 260, [Release Nos. 33 – 9741; 34 – 74578; 39 – 2501; File No. S7 – 11 – 13] RIN 3235 – AL39, Amendments for Small and Additional Issues Exemptions under the Securities Act (Regulation A), offering circular Iterm 10 (d), p. 408.

② See Regulation S – K, 17 C. F. R. § 210 (1992); Priscilla S, Johnson, "The SEC' s small business initiatives and regulation A: new life for an old exemption" Journal of Law and Commerce, Vol. 13, 1993, pp. 157 – 178.

导中小企业提供经审计的财务报告，加拿大股票交易市场重构以后，研究人员重新思考中小企业资本形成IPO规制的问题，对于发行人以前年度的审计财务报告，如提议的那样，他们似乎更倾向于采取开放的态度：没有授予发行人在SBPF中包含未经审计的财务报告的可能性，允许发行人平衡披露这些额外的审计财务报告的成本与收益，当披露未经审计的财务报告能向投资者传递相关信息时，发行人才可以这样做。①《JOBS法案》修订了《1933年证券法》第7节（a），规定新兴成长公司在首次公开发行普通股票时，其注册表中仅需包含最近2年（而不是通常适用于其他公司的3年）的经审计财务报告。② 条例A+要求第一层级和第二层级的发行人提交前两年财政年度年末的资产负债表和有关的财务报告（或者按照发行企业的成立时间，提交报告的时间更短），要求第二层级的发行人在发售通函中包括根据美国会计师协会（AICPA）的审计标准［或（公认会计准则）GAAS］③ 或者上市公司会计监督委员会（PCAOB）的标准④经审计的财务报告。⑤ 当然，条例A+对于发行人提交审计财务报告的时间进行了压缩，要求第一层级和第二层级的发行人在Form 1－A中包含的财务报告的日期不得超过秘密递交发售声明前的9个月，最近的年度资产负债表或者中期资产负债表不得早于9个月之前。如果要求提供中期财务报告，中期财务报告覆盖的时间段至少为6个月。⑥ 回归国内

① Stéphane Rousseau，"The Future of Capital Formation for Small and Medium－Sized enterprisess：Rethinking Initial Public Offering Regulation after the Restructuring of Canadian Stock Exchange"，*Revue Juridique Themis*，*Vol.* 34，2000，pp. 661－760.

② 郭雳：《"创寻制度'乔布斯'（JOBS）红利"——美国证券监管再平衡探析》，载《中国证券市场导报》2012年第5期。

③ AICPA，全称"American Institute of Certified Public Accountants"，美国会计师协会。

④ GAAS，全称"Generally Accepted Auditing Standards"，公认会计准则。

⑤ PCAOB，全称"Public Company Accounting Oversight Board"，上市公司会计监督委员会。

⑥ Securities and Exchange Commission，17 CFR Parts 200，230，232，239，240，249 and 260，［Release Nos. 33－9741；34－74578；39－2501；File No. S7－11－13］RIN 3235－AL39，Amendments for Small and Additional Issues Exemptions under the Securities Act（Regulation A），p. 12.

学界，我国有学者提出了中小板小额公开发行制度的细则，以“简式审核”为原则，认为中小板小额公开发行可以要求只提供上一年已经审计过的财务报告，[①] 从而节省必须满两年的经审计的财务报告的编制和审计的费用。结合我国小额证券发行企业的实际情况，我国允许中小企业在成立两年之后申请小额证券发行，因而其经审计的财务报告的期限要求不宜过长，以免增加企业的证券发行成本，要求发行企业提交证券发行申请前一年的经审计的财务报告。

3. 发行证券的情况和原有股东的持股说明

发行证券的种类、数量、依附于发行证券的各种权利（或称为证券的实质条件）、发行日期、发售方式是募股融资说明书的重点披露内容，向投资者详细介绍企业发行证券的情况，投资者根据证券发行企业披露的证券发行信息，决定是否购买和如何购买发行企业的证券。发行证券的种类注明小额注册豁免证券，依附于证券的各种权利是影响投资者决策的实质性条件，包括分红权、投票权、清算权，[②] 这些权利在公司章程中已有详细记载，在此向投资者提示说明。发行数量的披露主要受最高发行数额、发行日期主要影响小额发行合并安全港的适用、发售方式决定投资者获取企业信息的渠道，所有这些信息关涉投资者购买证券的方式和购买行为的决策安排。例如，同一发行企业发行小额证券的数量、发行证券的批次日期以及发售方式的说明是投资者决定是否购买发行企业的证券、购买时间以及根据企业经营状况的更新信息作出的投资选择的依据。

---

① 王一萱、赖建清：《中小企业板再融资制度创新：小额融资豁免》，载张育军主编：《深圳证券交易所综合研究所研究报告》（2005），深圳证券交易所，第 333 ~358 页。

② See Securities and Exchange Commission, 17 CFR Parts 200, 230, 232, 239, 240, 249 and 260, [Release Nos. 33 -9741; 34 - 74578; 39 - 2501; File No. S7 - 11 - 13] RIN 3235 - AL39, Amendments for Small and Additional Issues Exemptions under the Securities Act (Regulation A), Item 14, p. 412.

由于原有股东持有的股票的二次分销的价额也计算在小额证券的发行总价额中，在募股融资说明书中必须披露企业公开发行股票前已经持有股份的股东的姓名（或名称）、持股数量、股票禁止转让的日期。因为发行企业发售股票后，除法律限定的股东不能转让股权的情形外，股东有资格随时出售其持有的股票，一旦企业原有股东数量较多而大量股票进入市场时，将会对股票的发售价格产生重大影响。因而，即使原有股东不打算将这些股票和登记发行的股票一起出售，原有股东的持股数量及其分布状况也必须予以披露。在此可以借鉴我国台湾地区“证券交易法”第二十五条的规定，公开发行股票之公司，于登记后，应即将其董事、监察人、经理人及持有股份达股份总额百分之十以上之股东所持有之股票种类、股数，向主管机关申报并公告之。[①] 此报告义务，于董事监察人系依公司法第二十七条规定当选者，对其代表行使职务之自然人及被代表之政府或法人亦适用。其持有股数，包括其配偶，未成年子女及利用他人名义持有者。[②] 所谓利用他人名义持有股票，系指具备下列要件者而言：第一，直接或间接提供股票予他人或提供资金与他人购买股票。第二，对该他人所持有之股票，具有管理、使用或处分之权益。第三，该他人所持有股票之利益或损失全部或一部归属于本人。[③]

4. 发行证券价格及发行所得款项用途的报告

发行价格是发行企业和投资者都非常关心的一个敏感问题，因而股票发行价格应是募股融资说明书披露的重点内容之一。股票发行价格的确定在各国证券法中都是非常重要的问题，美国条例 S－B 第 505 项（b）规定，如果没有为正在注册的普通股权设立已有的公开市场，或者

---

① 我国台湾地区“证券交易法”第二十五条，2016 年 12 月 7 日修正版。

② 我国台湾地区“证券交易法”第二十二条、第二十五条，http：//china. findlaw. cn/jingjifa/xintuo/fagui/20536_ 2. html，最后访问时间：2016 年 12 月 22 日。

③ 赖源河：《证券法规》，证交法施行细则二，台湾元照出版公司 2014 年版，第 92 ~ 93 页。

股票的发行价格与市场价格之间存在重大差异，应给出决定股票发行价格的考虑因素。[①] 条例 A + 要求注册豁免的发行企业向 SEC 提交在 Form 1 - A 中规定的包括发行证券的价格或计算发行证券价格的方法的信息。[②] 由于我国小额证券发售实行做市商交易制度，虽然小额证券的发行价格与做市商的报价之间会有一定的差异，但是做市商的报价还是应以股票发行价格为基础，发行价格的确定应能反映发行企业在同行业企业中的竞争实力和股票价值的合理定位。为了增强发行价格的可信度，使小额股票的交易价格不过分偏离股票价值，还应在募股融资说明书中说明确定股票发行价格的考虑因素，尤其是与同行业企业同类的各项业绩指标，使投资者通过同行业企业之间的横向比较判断发行企业的股票价格的合理性。

由于发行企业发售股票取得资金的“人”包括发行企业和出售证券的证券持有人，条例 A 限制了证券持有人出售证券的数量，条例 A 规定 500 万美元的最高发行限额时，进一步限制了二次销售，持有证券的股东出售的证券价格不得超过 150 万美元，[③] 条例 A + 继续允许二次销售但是对于第一年的二次销售额规定了额外限制。条例 A + 限制了持有证券的股东在条例 A + 初次发行及其接下来的 12 个月内累计销售的证券价格不得超过一次发行总价额的 30%。[④] 我国的小额证券发行也存在类似的情况，企业的原股票持有人销售股票的价格应计入最高发行额内，否则，将会引发二次发行问题。为了使企业发售股票募集资金的使用合法、规

① David L. Ratner&Thomas Lee Hazen, *Securities Regulation* : *Selected Statutes*, *Rules and Forms*, West Publishing Company Co. ST. PAUL, MINN, 1995. p. 408.

② Securities and Exchange Commission, 17 CFR Parts 200, 230, 232, 239, 240, 249 and 260, [Release Nos. 33 - 9741; 34 - 74578; 39 - 2501; File No. S7 - 11 - 13] RIN 3235 - AL39, Amendments for Small and Additional Issues Exemptions under the Securities Act (Regulation A), p. 343.

③ Hazen, Thomas Lee, *The law of securities regulation*, Thomson/West, 2005, p. 178.

④ 17 C. F. R. §230. 251 (a) (3) (Additional limitation on secondary sales in first year).

范，更要向投资者释放资金募集和使用状况的准确信号，首先必须界定企业发售股票募集资金的范围，将发行企业和证券持有人因发售股票而取得的资金分开，发售募集资金仅限于发行企业发售股票取得的资金，而不包括出售证券的证券持有人所取得的款项。如果企业公开发行股票前已有大量的股东，企业发售股票获得的资金应与原来持有股票的股东销售股票的资金分开，而且在募股融资说明书中事先说明这种情形的存在。关于股票发售募集资金的范围模糊，美国 Universal Camera 案具有典型的代表性。例如，在美国 Universal Camera 公司的登记文件中存在的披露问题中，最严重的可能是未能充分描述打算如何使用发行股票所取得的资金，这对证券交易委员会来说是十分敏感的事实问题，因为登记的全部证券显示为二次发行,① 因而，发行人不会得到任何发行所得的资金。特别是证券交易委员会指出登记文件未能向投资者解释发行人得到小比例发行资金的重要影响，并且未能披露通过二次销售获得巨额利润的股东还会保留公司的投票控制权，以及通过他们继续持有的 B 类股票拥有 43% 的收益分配权。② 因此，我们界定发售股票募集资金的范围时，应以此为鉴，避免因募集资金的收入和使用发生法律纠纷。

“发售募集资金”是发行企业向社会公众发售股票取得的资金收入，其用于企业特定发展项目且向证券监督管理机关申报批准的确定，发售募集资金的用途不包括发行人在资金最终使用前的临时使用，当然，该临时使用也必须在企业资金使用的合理范围内。募股融资说明书记载“发售募集资金”用途的内容包括募集资金的使用计划与实际用途的披露

① 二次发行指任何人将其持有的已发行证券，向非特定人公开出售的行为。参见杨志华：《证券法律制度研究》，中国政法大学出版社 1995 年版，第 60 页。

② 参见《证券交易委员会》第 19 期第 652 页。参见［美］托马斯·李·哈森：《证券法》，张学安等译，中国政法大学出版社 2003 年版，第 119 页。

义务。与美国条例 S－K 第 504 项规定一样,[①] 在募集资金的使用计划中，应陈述发行企业发行股票募集所得款项的主要用途以及计划用于每一个项目的资金数量，如果发行企业近期没有全部或大部分资金的具体使用计划，发行企业应因此陈述并详述发行股票的主要理由，募集资金使用计划必须经证券监督管理机关批准。募股融资说明书明确“发售募集资金”实际用途的披露时间和方式。发行企业以报告的形式披露“发售募集资金”的实际用途，报告分为临时报告和最终报告，临时报告是指在发售证券获得募集资金之后的定期报告中应包含资金的募集和使用情况，可以在季度报告、半年度报告或年度报告中披露，报告时间根据募集资金的使用情况随定期报告一起发布。证券发售完毕后，用最终报告的形式汇总报告所有募集资金的使用情况，在企业信息披露平台公告募集资金实际用途报告，并将纸质版报告置备于场外证券交易场所。关于募集资金使用情况的报告，美国的申报管理也是相当严格的。发行人不仅在申报定期报告时报告募集资金的用途，而且在固定的时点向 SEC 申报 7 份有关募集资金收入和使用的报告或其他指定的表格。[②]

---

① David L. Ratner&Thomas Lee Hazen, *Securities Regulation : Selected Statutes, Rules and Forms*, West Publishing Company Co. ST. PAUL, MINN, 1995, p. 350.

② 美国关于募集资金使用情况报告的具体规定是：发行人依据法案所申报的第一次注册登记表的生效日，发行人或其承继发行人应依据《D－B 条例》的第 701 项或者《S－K 条例》或者表格 20－F 的第 14（e）项的规定，在其（1）依据《1934 年证券交易法》第 13（a）条和第 15（d）条［《美国法典》第 15 编 78m（a）节和第 78o（d）节］申报生效日后的第一个定期报告；（2）在之后每一个依据《1934 年证券交易法》第 13（a）条和第 15（d）条申报定期报告时报告募集资金的使用用途，直至披露完毕全部发售募集资金的使用情况或者披露发售结束之日。报告的申报时点为：（a）在发售声明或者任何修订通过审查后的每 6 个月，直至全部募集资金已经完成使用完毕；及（b）在发售中证券被最终销售、完成或终止后的 30 个日历天内或者在发售中募集资金使用完毕之日（以先发生事件为准）。若于此，报告应被标注为最终报告。那些取决于最终用途的、待定的暂时投资不可视为成对募集资金的使用。参见中国证券监督管理委员会组织编译：《美国〈1933 年证券法〉及相关证券交易委员会规则与规章（中英文对照本）》，法律出版社 2015 年版，第 341 页。

5. 证券发行的风险因素和特殊风险说明

证券发行的风险因素是指证券发行中的信息欺诈、市场操纵等的潜在风险，小额证券市场的外部性因素引起的风险以及证券发行企业所属行业的特殊风险。证券发行的风险因素是损害投资者利益且易引发证券市场系统风险的主要因素，发行企业应公开披露影响证券市场的各种风险因素，以使投资者在掌握基本信息的基础上作出投资判断。美国亦有学者就公开发行注册豁免的风险因素讨论发表了观点，小额证券公开发行注册豁免还需要进一步调整，其中调整的一个例子①就涉及了在发售通函中包含风险因素的讨论的要求。条例 A + 规定的发行说明书的第 3 项（b）要求概括使本次发行具有投机性或实质风险的最重要因素。②

证券发行风险的起因是多方面的，由发行企业造成的风险起因如虚假陈述、重大信息的遗漏等信息欺诈行为，企业的内幕知情人也是引起风险的主要主体，例如，内幕人员利用掌握的信息操纵市场等；产生风险的外部因素例如投资者信心不足、市场流动性差等。证券发行的风险在任何类型的证券市场都是存在的，除了上述具有普遍性的风险之外，各类市场的风险因素的偏重会有所差异。小额证券的发行主体主要是中小企业，中小企业相对于大企业来讲，经济实力较弱，管理经验不足，筹资需求迫切，小额证券发行企业更容易产生信息欺诈风险等，由该类因素引起的风险主要归类为投机性风险。

外部因素产生的风险主要是市场流动性风险，小额证券发行企业的

---

① See Ruthefford B Campbell, JR, "Regulation A: Small Businesses' Search for 'A Moderate Capital'", 31 *Del. J. Corp. L*, 2006, pp. 77 – 124.

② United States Securities and Exchange Commission Washington, D. C. 20549 Form 1 – A Regulation A offering statement under the Securities Act of 1933. See Securities and Exchange Commission, 17 CFR Parts 200, 230, 232, 239, 240, 249 and 260, [Release Nos. 33 – 9741; 34 – 74578; 39 – 2501; File No. S7 – 11 – 13] RIN 3235 – AL39, Amendments for Small and Additional Issues Exemptions under the Securities Act (Regulation A), p. 400.

前景尚不清晰，投资者的信心不足是其中的一个原因，加之散户投资者的资金实力较为弱小，而机构投资者的培育尚需时日。因此，市场流动性是小额证券发行市场的主要问题之一，应在募股融资说明书中特别强调解决此类问题的方案。

特殊风险是指发行企业所属行业的特有风险和投机性的风险。发行企业的行业风险是客观存在的，美国《1933 年证券法》规定，发行人所从事行业的特有风险应在招股说明书中披露。① 例如，经营具有经济周期性特点的产品的企业，其盈利能力会出现周期性波动，因而会影响发行企业的分红能力和投资者的收益回报率。行业风险对于发行企业来说，是一种常规性和显而易见的风险，但是对于普通投资者来说，由于他们对于具体和个别行业没有特别关注，不甚了解其中的风险。发行企业在特殊风险的披露中应突出该行业与其他行业企业以及同行业不同企业的同类证券相比较其独特之处，即应避免一般化的陈述，包括仅针对发行人的特有的风险因素。这一要求可以作为贯穿于特殊风险披露要求的原则，美国对于特殊风险的披露也坚持这一要求。② 否则，失去风险披露警示性说明的预期效果。

除行业风险外，每个企业在证券交易中的投机行为难以避免，发行企业在披露信息时注意提醒投资者投机风险的存在。关于投机性发行的风险，美国《1933 年证券法》也有规定，对于具有投机性的投资，招股说明书必须提醒潜在投资者，并详细披露投机性投资的理由。③ 由于证券

① ［美］托马斯·李·哈森：《证券法》，张学安等译，中国政法大学出版社 2003 年版，第 118 页。

② See Securities and Exchange Commission, 17 CFR Parts 200, 230, 232, 239, 240, 249 and 260, [Release Nos. 33 - 9741; 34 - 74578; 39 - 2501; File No. S7 - 11 - 13] RIN 3235 - AL39, Amendments for Small and Additional Issues Exemptions under the Securities Act (Regulation A), p. 92, p. 400.

③ 参见条例 S - K 第 502 ~ 503 项，《联邦法典》17 C. F. R. § 224. 502 - 503. 参见［美］托马斯·李·哈森：《证券法》，张学安等译，中国政法大学出版社 2003 年版，第 119 页。

从业人员的自利性，投机性发行风险的发生是潜在的，其发生的原因是多种多样的。例如，企业的内幕信息知情人利用内幕信息进行交易，扰乱市场秩序，引发证券市场风险。在证券交易中，由于做市商存在自营交易和接近内幕信息的潜在可能性，发行企业在证券发行信息披露文件中对发行企业的内幕人员的信息进行详细披露。如果发行收益大部分不进入发行企业的营业，证券主管机关对此应予以关注，根据法律规定停止证券发行或者在证券交易中限制二次销售证券的数量等规避风险。投机性风险是证券市场的普遍现象，对该类风险因素的披露应兼顾充分性与可读性，包括证明该证券发行具有投机性的全部因素，并用详实可靠的信息披露以使证券市场避免该类风险的发生。

6. 提示性或告知性的事项

为了保持信息披露的连贯性和保证信息披露达到预期的公告效果，使投资者更容易和便捷地获取发行企业的信息，募股融资说明书应包括提示性或告知性的事项，以简明清单的形式列示企业的提示性事项：发行企业的信息披露方式，如企业电子信息披露的网站，纸质版信息的存放地点，企业的信息咨询机构，发售通知书的交付时间和查阅方式等，提示性信息既为投资者获取信息提供方便，也是促使证券发行企业完善信息披露制度的重要渠道。美国为增强投资者获取证券发行信息的同等性也采取了对应的措施，美国证券交易委员会对于条例 A 的修改意见中指出，建议在条例 A 中实施一种对于最终发行说明书具有同等获取机会的交付模式，[①] 在这种规则规范下，要求发行人在初次发行说明书中包含一个告知潜在投资者的通知，发行人以电子版的形式实现其对于最终发

① Id, See Securities and Exchange Commission, 17 CFR Parts 200, 230, 232, 239, 240, 249 and 260, [Release Nos. 33 - 9741; 34 - 74578; 39 - 2501; File No. S7 - 11 - 13] RIN 3235 - AL39, Amendments for Small and Additional Issues Exemptions under the Securities Act (Regulation A), p. 62.

行说明书的交付义务。[①]

（三）软信息的披露

软信息即预测性信息，是发行企业的管理层在对企业经营的历史状况进行客观分析的基础上，预测企业未来的经营结果。[②] 例如，某企业2015年利润总额是500万元人民币，企业在上年盈利的基础上，根据企业的生产实际，预测2016年的总利润为1000万元人民币。企业将在发布的软信息中载明2016年的预测利润总额是1000万元人民币，这一预测的财务信息的变化对于投资者的投资决定将产生重大影响。

对于初次公开发行证券的小型成长性企业来说，要向不成熟的市场发售证券，利用该类企业过往的业绩对于投资者作出投资决定的帮助是相当有限的。中小企业大多属于高成长性企业，对企业未来成长的业绩和盈利预测是吸引投资者的重要手段，因此，向潜在投资者提供前瞻性信息是至关重要的。[③] 软信息的披露在美国曾遭到证券交易委员会的反对，其理由是很可能误导投资者。委员会现在不但允许而且鼓励使用软信息，SEC鼓励管理人员的有合理基础的未来经营业绩预测的使用，并指出软信息应以适当的方式表达。[④] 有些案例中要求某些发行人使用非误导性的计划。美国对待软信息的政策变化反映了软信息在证券市场的价值和对待软信息的谨慎态度，软信息对于中小企业具有尤为重要的意义。中小企业在披露软信息时，应注意预测的科学性，加强预测信息的事实

---

① See proposed Rule 254a. Securities and Exchange Commission, 17 CFR Parts 200, 230, 232, 239, 240, 249 and 260, [Release Nos. 33 -9741; 34 -74578; 39 -2501; File No. S7 -11 -13] RIN 3235 - AL39, Amendments for Small and Additional Issues Exemptions under the Securities Act (Regulation A), p. 62.

② 企业未来的经营结果包括有利结果和不利结果以及风险因素。

③ Stéphane Rousseau, The Future of Capital Formation for Small and Medium - sized enterprisess: Rethinking Initial Public Offering Regulation after the Restructruring of Canadian Stock Exchanges, citation: 34Revue. Juridique. Themis, Vol. 34, 2000, pp. 661 -760.

④ See Rule 175, 17 CFR. § 230. 175.

基础信息的披露和软信息预测的准确性，避免造成引发投资者损失的重大误导性陈述。

在软信息披露的内容方面，规划和财务结果的预测代表了特别重要的一类前瞻性信息，它们涉及影响证券价格和投资决定的最重要的因素。[①]关于软信息的范围，也可以将美国 SEC 的规则 175 限定的范围作为参照。[②] 本书以企业营业规划和企业经营业绩的预测为主线，将软信息的内容设定在四个方面：管理层讨论与分析的要求、企业的营业计划、企业资金的筹集和企业经营业绩预测信息的披露。

1. 管理层讨论与分析的要求

管理层讨论发行企业财务状况、财务报告要求的中期财务状况和每年的经营结果的变化，包括年度之间、不同时期之间财务报表项目的重大变化的原因，在一定程度上为理解发行人的整体业务的必要基础。[③] IOSCO 认为，管理层讨论与分析使投资者能够通过管理层的眼光来看公司，而且通过提供财务报表所分析的内容来促进披露信息的可理解性，为投资者解读财务报表中的运营结果与财务状况提供一个理解背景，还能提供关于发行人的盈利和现金流量的质量和潜在可变性的信息。此外，对于理解发行人的业务、整体财务状况和经营业绩很重要的信息，应当提供相关信息。[④] 对于管理层讨论与分析的信息内容的披露，参照中国证监会 2006 年 5 月颁布的《公开发行证券的公司信息披露内容与格式准则

---

① Stéphane Rousseau, The Future of Capital Formation for Small and Medium - sized enterprisess: Rethinking Initial Public Offering Regulation after the Restructruring of Canadian Stock Exchanges, Revue. Juridique. Themis, Vol. 34, 2000, pp. 661 - 760.

② 17 C. F. R. § 230. 175 (c).

③ Securities and Exchange Commission, 17 CFR Parts 200, 230, 232, 239, 240, 249 and 260, [Release Nos. 33 - 9741; 34 - 74578; 39 - 2501; File No. S7 - 11 - 13] RIN 3235 - AL39, Amendments for Small and Additional Issues Exemptions under the Securities Act (Regulation A), pp. 404.

④ 赵立新、黄燕铭等：《构建以投资者需求为导向的上市公司信息披露体系》，中国金融出版社 2013 年版，第 28 页。

第 11 号——上市公司公开发行证券募集说明书》（以下简称《信息披露内容与格式准则第 11 号》）的规定，[①] 根据其第四十五条的规定，发行企业讨论与分析的信息内容是企业最近三年的财务报表，总结影响发行企业财务状况、经营业绩、现金流量的财务与非财务因素，并且提供与预测指标相对应的分部信息，采用对比分析法，企业自身经营状况的逐年比较，与同行业企业相同指标之间的比较，得出发行企业财务状况、经营业绩、现金流量的未来变动趋势的信息并予以披露。此处特别说明的是，考虑到适用小额证券发行制度的企业的特殊性，本书要求发行企业提供最近两年的财务报告等信息资料并作为分析预测的基础资料。

在财务状况及运行报告的管理人员讨论与分析期间，条例 S – K 第 303 项规定的软信息更加引人注目，特别突出的是，要求管理人员披露并讨论有利趋势，也要求讨论不利趋势和不确定性。[②] 除此之外，管理层讨论与分析还应向投资者提供企业未来成果的叙述性信息，用文字表述解释预测结果，并揭示可能对企业未来发展战略和经营目标的实现产生不利影响的所有风险因素，包括宏观政策变化的风险、市场或业务经营风险、财务风险、技术风险等以及应对风险的计划。

2. 企业的营业规划

企业的盈利来自企业良好的经营项目和成果，企业未来营业规划是引领企业未来发展的纲领，是处于成长期的中小企业迅速实现规模化的航标，向社会和投资者展示企业未来发展的美好远景。企业发展规划应着重披露以下方面的信息：（1）企业目前所从事业务的开展情况及发展前景。（2）主营业务的转型和发展思路。（3）企业的技术开发状况，对

---

① 《关于发布〈公开发行证券的公司信息披露内容与格式准则第 11 号——上市公司公开发行证券募集说明书〉的通知》（证监发行字〔2006〕2 号）。

② Richard W. Jennings, Harold Marsh, Jr, John C. Coffee, Jr, Joel Seligman: *Federal securities laws: Selected Statutes, Rules and Forms*, Foundation Press 2000, pp. 272 – 276.

企业业务的支撑能力。(4) 产品销售市场的开发状况及开拓前景。企业的产品、业务和市场是企业存在的根基，对于这些要素的分析和预测是确定企业前景的基础条件，同时，每一种产品都具有生命周期,[①] 新产品的开发能力和业务转型是企业持续发展的保障。因此，这些信息是反映企业实力和市场竞争力的重要因素，对于企业的未来发展具有决定性的影响，对其披露应充分、详实。美国 Universal Camera 公司的登记文件对公司营业的描述严重不足即典型例证。Universal Camera 公司的军用双眼望远镜是具有特殊性质的产品，登记文件仅简单提及"设计并准备改进、增加易于销售的影像产品"。因此，Universal Camera 公司登记文件的陈述存在重大披露缺陷。[②] 由美国 Universal Camera 公司案，我们得到的启示是：发行人必须清楚地披露其主营业务的性质，而且必须披露未来两年的营业计划，如果主营业务未发生变化，应详细披露营业规划。如果主营业务发生转型，必须详细披露新产品开发及开发能力、新市场开拓计划。如果发行人的主营业务周期性特点明显或者对于外部事件具有较强的依赖性，发行登记文件应重点描述,[③] 以起到警示的作用，并披露业务补偿计划。因为小额证券发行周期短，企业没有妥善的营业规划和主营业务发展目标，企业出现不良经营状况将使企业小额证券的发售陷入困境。

3. 企业资金的筹划和流动性

第一，本次发行证券的融资可能引起的财务状况和经营结果的重大变化。发行企业证券融资的目的是完成特定的企业经营项目，扩大企业的生产规模，融资所获资金将直接增加企业资金的流动性，管理层讨论与分析应说明任何会或根据合理预期可能会造成发行企业流动性大幅增

① 所谓产品生命周期，是指产品从进入市场开始，直到最终退出市场为止所经历的市场生命循环过程。产品的生命周期经历诞生、成长、成熟、衰退四个阶段。

② 《证券交易委员会》第 19 期第 655 页。转引自［美］托马斯·李·哈森：《证券法》，张学安等译，中国政法大学出版社 2003 年版，第 120 页。

③ ［美］托马斯·李·哈森：《证券法》，张学安等译，中国政法大学出版社 2003 年版，第 120 页。

减的任何已知趋势或任何已知需求、任务、事件或不确定性。① 并详细说明本次发行所获资金对企业财务状况和经营结果产生的变化，以及发行企业承诺支配使用所获资金的具体办法，使投资者和其他信息披露文件使用者根据募集资金的使用计划，以及借由评估运营或其他外部来源产生的现金流的金额和确定性，评估发行人的财务状况和经营成果。

第二，企业资金的流动性。流动性是发行人及时获得可用资金的筹资能力，流动性资金的来源是发行人持续经营的保障。如果流动性存在重大缺陷，将阻碍发行人的经营项目的运作。因而，管理层应讨论和分析发行企业的流动性，提出保证企业流动性的计划安排并在软信息中披露。发行人资金的流动性包括内、外部流动性来源的描述和估价，包括可能获得的尚未使用的重要流动性资金来源。如果流动性存在重大缺陷，应阐明发行人已经采取或打算采取的补救措施。发行人的最近财政年度和接下来的中期的重要任务的资本支出，该类任务的总体目标的阐述和完成这些任务需要的预期资金来源。

4. 经营业绩的展望性预测

（1）企业未来经营业绩的预测

管理层讨论与分析是在企业现有经营成果的基础上，预测企业未来的发展状况。发行企业的管理层应在现有经营成果的基础上，尽可能地向投资者提供企业经营业绩的预测量化指标。例如，根据企业当前的财务状况、盈利指标，预测下一时期或年度的财务状况和盈利指数，并解释引起这些变化的原因和事件，论述和分析的重点应特别放在可能导致已报告的财务信息无法准确反映未来经营成果和财务状况且已为管理层所知的重大事件和不确定性之上，这种不确定性主要包括两个方面：第

---

① Securities and Exchange Commission, 17 CFR Parts 200, 230, 232, 239, 240, 249 and 260, [Release Nos. 33 – 9741; 34 – 74578; 39 – 2501; File No. S7 – 11 – 13] RIN 3235 – AL39, Amendments for Small and Additional Issues Exemptions under the Securities Act (Regulation A), p. 406.

一，未对既往经营成果产生影响但可能对未来经营产生影响的事项；第二，对已报告的经营数据有影响但估计不会对未来经营成果产生影响的事项，[1] 并说明对企业经营成果影响发生变化的原因或条件，增加这种预测的合理性和可靠性。

展望性陈述部分就发行企业的经营业绩指标进行预测性披露，这种预测性披露信息主要包括：预测性事项的内容：（1）管理层对未来运营目标的说明，如主营业务及其主营业务的转型；（2）对企业未来经营成果的预测，如收入、利润、股息、资本结构等财务条件的预测；（3）管理层计算或预测的事实信息，这部分内容的相关信息可以用参照编入的方式披露。这些指标的确定可以借鉴美国《1933 年证券法》及相关证券交易委员会规则与规章对于“预测性信息”的规定。[2] 这些业绩指标的表述可以与发行企业申请发行证券前的同类指标进行比较预测，每一项预测指标应有科学的计算或推测依据。

（2）预测经营业绩的关键财务信息

未来的经营业绩预测，其核心是预测企业的盈利能力，企业盈利能力是企业发展势头是否良好的判断标准，是提振投资者信心的重要信息。企业盈利能力是投资者和发行企业实现其利益目标的基石。企业盈利能力的衡量指标是总资产报酬率（ROA）和销售净利率。成长性是投资决策需要考虑的重要因素，在一定程度上代表着所选股票的企业的发展前景，其能够影响投资者的心理预期。企业的成长性可以用营业收入增长率、营业利润增长率和净利润增长率等指标进行评价。计算这些业绩指标预测结果的基础数据都来自企业的财务数据中，因此，发行企业的财务信息是显

---

① 中国证券监督管理委员会组织编译：《美国证券交易委员会自身组织与通用规章（中英文对照本）》（下册），法律出版社 2013 年版，第 435 ~437 页。

② 中国证券监督管理委员会组织编译：《美国〈1933 年证券法〉及相关证券交易委员会规则与规章（中英文对照本）》，法律出版社 2015 年版，第 305 ~307 页。

示和预测企业盈利能力的基础资料。发行企业的管理层必须用企业过去和当期的财务信息来分析企业未来的盈利状况并以此为依据进行决策。发行企业披露财务数据资料时，重点突出申请发行证券前两年内企业的偿债能力、盈利能力和成长性指标，作为管理层讨论与分析的事实依据，提高发行企业盈利能力预测的准确性，以便向投资者提供一个关于发行企业未来前景的客观预期。所以，在披露发行企业的财务信息资料时，披露影响对企业未来盈利能力预测的指标是向投资者提供企业信息的重点。①

第一，企业历史财务信息与要求。企业历史财务信息反映企业的经营模式和获利途径，是判断企业经营理念和盈利能力的重要依据，发行企业向投资者披露历史财务信息是预测信息披露的必要内容，投资者通过阅读和分析历史财务信息，可了解企业资本结构的变化、投资报酬和利润分配政策等。同时，要求发行企业提供历史财务信息时，应考虑信息的效用和披露成本，历史信息的披露成本与效用的关系应达到这样的效果：假定限制历史信息的实用性，投资者将不被剥夺作出投资决定的任何重要信息，简化招股说明书历史信息的内容将降低 SMEs 的披露成本而对投资者保护产生的影响较为有限。有学者担忧，历史信息的缺乏将导致促销性的前瞻信息的增加。② 也有学者提出，足够的安全港的存在可以保护投资者免受前瞻性信息滥用的损害。③ 为了提高豁免发行证券对于小企业的有效性，美国在财务信息的披露方面采取同样的态度。美国有学者提出，为了促进条例 A 对小型企业的有效性，证券交易委员会应该

---

① 李静波：《影响企业盈利能力的因素分析》，载《商业经济》2009 年第 4 期。

② Id; See Stéphane Rousseau, The Future of Capital Formation for Small and Medium - sized enterprisess: Rethinking Initial Public Offering Regulation after the Restructruring of Canadian Stock Exchanges, Revue. Juridique. Themis, Vol. 34, 2000, pp. 661 - 760.

③ P. M. Clarkson. A. DontohG. richarson and S. E. Sefsick, "The Voluntary Inclusion of Earnings Forecasts in IPO Prospectuses", 8 Contenporary. Account. ing Research, Vol. 8, 1992, pp. 601 - 616. Investors are not misled by forecasts and discount the expected bias likely to taint forecasts.

降低强制财务信息披露义务[①]至一年的资产负债表和一年的收入信息。[②]还有学者的观点是，从企业财务信息看企业的盈利能力，发行企业应提供企业一年的资产负债表和两年内的收入。[③] 学者们的主流观点是应缩短企业提供历史财务信息的时间跨度，降低信息披露费用，但是以不降低对投资者的投资判断的保护为前提。笔者认为，预测发行企业的经营结果，应以发行企业当期财务报表及附注中的重要历史信息为基础，并参照企业上一年度经审计的财务报告。正如我们的预想和有的学者的观点，市场在构想公司未来的回报时，非常关注公司现在和近年的收入状况，[④]财务报表和财务报表附注中的信息可以为管理层和投资者分析企业的经营状况提供详实的资料，因为财务报表附注是对财务报表信息的更进一步阐释和补充，使财务报表传达的信息变得清晰、明了，参照企业上一年度经审计的财务报告，可以比较得出企业的基本发展趋势，对企业未来的经营成果和趋势做出相对客观的判断。

第二，利润数量和主营业务利润。利润信息是企业财务信息的核心内容，考察企业利润信息时观察两个方面的数据：利润数量和利润构成，只有在企业利润数量较多，主营业务利润在利润构成中所占比重较大，

---

① The commission should take some comfort in the ability of the parties to bargain for more investment information , if it suits their preferences. See Frank H. Easterbrook &Daniel R. Fischel, Madatory Disclosure and the Protection of Investors, 70 VA. L. REV. 669, 680 –685 (1984) (discussing arguments for and against madatory disclosure).

② The risk in limiting income information to a single year (or even two years, as is presently required) is that a single year may fail adequately disclose earnings volatility from year to year. One way for the commission to deal with this is to require summary financial information, perhaps Modeled on S-K301, see 17C. F. R. § 229. 301, Note2 (2005), in the event that within the trailing three years net profits varied more than some predetermined percentage in any two successive yeas.

③ Form 1 –A, Part F/S, 57 Fed. Reg. at 36, 491; See Rutheford B Campbell, JR, "Regulation A: Small Businesses Research for 'A Moderate Capital'", 31 *Del. J. Corp. L*, 2006, pp. 77 –124.

④ Franco Modigliani and Merton H. Miller, "The Cost of Capital, Corporation Fiance and the Theory of Investment", Posner, Richard A, *Economics of corporation law and securities regulation*, Little, Brown, 1980, pp. 237 –245.

企业才具有较高的利润质量。利润数量越多，说明企业的盈利能力越强，在这种情况下，继续考察企业的主营业务利润在利润构成中所占的比重才能最终确定企业的盈利能力，因为主营业务利润的多寡决定企业盈利能力的稳定性，投资收益和非经常项目收入具有不确定性和偶然性。[①] 管理层讨论与分析的信息披露中，应突出利润数量和主营业务利润的讨论、分析与披露，向信息使用者提供详实的利润信息。如果企业的实际利润构成不符合一般的利润构成结构规律，管理层讨论与分析应说明原因，并提出改进方案。

第三，资本结构及资本效率。资本结构的优劣取决于企业的资产报酬率，当企业的资产报酬率高于企业借款利息率时，企业负债经营可以提高企业的获利能力，否则企业负债经营会降低获利能力。所以，管理层讨论与分析应突出发行企业的资产报酬率指标，作为判断资本结构合理与否的依据，在企业资本结构既定的前提下，可以预测企业的偿债能力和盈利能力。另外，资本运转效率也是考核企业盈利能力的一项重要指标，资本运转效率的高低与企业的营运能力的好坏密切相关。因此，在资本结构和资本规模不变的前提下，按照通常规律，资本的运转效率越高，企业的营运能力就越好，企业的盈利能力也越强。所以，管理层应讨论和分析如何加强企业内部管理，提高资本运转效率，以提升企业盈利能力，并在预测性信息中加以披露。

5. 软信息披露的可诉性与安全港

软信息是预测性信息，预测本身就意味着准确与偏误两种结果，影响软信息准确性的另外一个因素是情势变更。因此，企业披露的软信息与公司的实际经营结果之间发生偏差的可能性是客观存在的。软信息陈述的不当和情势变更都会使预测性信息的正确性遭到质疑，一旦证券发行企业选

① 企业利润主要由主营业务利润、投资收益和非经常项目收入共同构成。

择了披露软信息，就意味着预测陈述错误而可能承担责任。美国《1933 年证券法》第 11 节以及《1934 年证券交易法》规则 10b－5 都没有对预言豁免。① 至于发行企业是否对于错误陈述承担责任，需依各种不同情况而定。

第一，软信息的可诉与否与预测所依据的事实真实可靠性相关。如果不正确的预言暗示并不存在之事实的存在，由于该陈述纯属错误可提起诉讼，这是预测信息披露承担责任的一般规则。过分乐观的计划由于脱离了预测的事实根基可构成受到严重错误陈述伤害的证券购买人提起民事诉讼的基础。这两种情况具备了预测信息披露的故意和轻率，有信息欺诈的嫌疑，② 因此，可以作为提起民事诉讼的依据。

当预测依据的事实基础确切可靠时，必须客观正确地披露企业的事实信息。判断预测所依据的事实是否真实、可靠，主要是依据对以往信息的披露是否存在隐瞒和漏报，如果企业对于过去曾反复出现不能实现计划的情况未进行披露，未包括计划损失陈述，被认为发行企业的信息披露行为隐瞒了不利事实，如果企业披露软信息存在对重大事实的遗漏，可以认为企业的计划与重大事实不符，隐瞒和漏报都可以提起诉讼。计划被证明未能实现这一事实不能作为证券法上的诉讼依据，投资者可以将其作为衡量企业的预测能力的参照。

第二，善意披露即是错误陈述的预测性信息的另一种典型代表性情形。善意披露是指预测性信息在披露的当时，发行人认为生产经营结果在其

---

① Larry D. Soderquist, Securities regulation, 2nd Edition, Foundation Press, INC. 1988. p. 237; John C. Coffee, Jr & Hillary A . Sale, *Securities Regulation Cases and Materials*, 12th Edition, Foundation Press, 2012, p. 919.

② “欺诈性陈述”是指一项与重大事实不符的声明，一项与任何重大事实有关的误导性或者欺骗性陈述，一项遗漏了有关重大事实的声明（该重大事实对于确保声明不存在误导而言至关重要），或者任何包含使用了操纵、欺骗或者欺诈的手段、诡计、计谋、交易、行动、实践、业务过程或者诈骗的声明。参见中国证券监督管理委员会组织编译：《〈美国 1933 年证券法〉及相关证券交易委员会规则与规章（中英文对照本）》，法律出版社 2015 年版，第 305～307 页。

预料之中，并以预测信息的形式传递给投资者。然而，在信息披露以后产生了预测时未能预料的后果，在此情形下，发行企业应通过更正披露及时通知。也就是说，善意披露可以作为预测性信息的安全港，但是附加的一个条件是发行企业必须更正错误的善意披露。如果发行人没有更正善意披露的错误信息，原告也可以为此提起诉讼。美国证券交易委员会规则 175（适用于 1933 年法的披露）和规则 3b－6（适用于 1934 年法的披露）为 1934 年法的报告公司的计划以及 1933 年法登记文件的类似披露提供了一个安全港，[①] 其内含善意披露的情形。

由于这些与软信息紧密相联的法律责任，小企业发行人（和较大的证券交易法报告公司）不愿意在发行文件中包含前瞻性信息，如收入规划、收入、每股所得和利息。[②] 然而，软信息对于小企业的宣传效应是不可忽视的，在小额证券发行制度中提倡发行企业披露软信息。为了使软信息既能为投资者的投资判断提供客观依据，又不被发行企业滥用或者使发行企业遭受投资者随意的诉讼，利用安全港制度与软信息的可诉性制度保护发行企业与投资者的利益免遭对方的侵害。为避免信息披露的重大错误陈述损害，鼓励前瞻性说明的必要性，美国《1933 年证券法》第 27A 节规定了前瞻性安全港的适用，[③] 规范和引导前瞻性说明的适用。

错误的软信息的安全港制度是指错误的预测性信息免于承担责任的

---

① 这些规则规定对“展望性的陈述”不承担责任，除非发行人没有合理的根据作出或者重申该陈述，或者不是善意披露。参见［美］托马斯·李·哈森：《证券法》，张学安等译，中国政法大学出版社 2003 年版，第 682～686 页。

② Keith J. Mendelson & Cindy R. Shepard, The SEC' s Small Business Initiatives: Bold Reform or Opportunity Foregone?, INSIGHTS, July 1992, at, 12, 18; "The SEC' s Small Business Initiatives and Regulation A: New Life for An Old Exemption", *Journal of Law and Commerce*, Vol. 13, 1993, pp. 157－178.

③ 《Securities Act of 1933》 Section 27A.

情形。前瞻性信息的责任风险问题曾引起美国的立法、司法和行政干预，[①] 加拿大的 Toronto 证券交易所委员会关于公司披露的报告推荐由于发行企业提供的展望性信息引起安全港制度在二级市场的执行，[②] 避免发行企业因披露时合理而不正确的预测性信息承担责任。披露错误的前瞻性信息在以下两种情况下免于承担责任，一是前瞻性信息伴以合理的警示性语言，而且合理可行的分析表明这些信息对于重大因素或者假设变化的适应能够得出所陈述的结论。二是结论或预测有合理的基础。[③]

此外，软信息标准的设定和信息更新是保证软信息质量的重要制度。加拿大的前瞻性信息的规范标准和更新义务制度较为完善，加拿大的发行人希望在他们的披露文件中包括前瞻性信息（Future-Oriented Financial Information）时，必须遵守“NP48”（National Policy 48）的要求。[④] 前瞻性信息必须遵守加拿大特许会计师标准制度和被审计报告包含在发行企

---

① See Carl. W. Schneider and Jay. A. Dubow, “Forward-Looking Information-Navigating in the Safe Harbour”, 51Business . Lawyer（ABA）, Vol. 51, 1995 – 1996, pp. 1071 – 1100. ; Stéphane Rousseau, “The Future of Capital Formation for Small and Medium-sized enterprisess: Rethinking Initial Public Offering Regulation after the Restructruring of Canadian Stock Exchanges”, *Revue. Juridique. Themis*, Vol. 34, 2000, pp. 661 – 760.

② Committee on corporatedisclosure, Responsible Coporate Disclosure, Final Report, Toronto, Toronto Stock Exchange , 1997, p. 58（hereinafter “Allen Report”）; Stéphane Rousseau, “The Future of Capital Formation for Small and Medium – sized enterprisess: Rethinking Initial Public Offering Regulation after the Restructruring of Canadian Stock Exchanges”, *Revue. Juridique. Themis*, Vol. 34, 2000, pp. 661 – 760.

③ Id. 67 and 68; Stéphane Rousseau, “The Future of Capital Formation for Small and Medium – sized enterprisess: Rethinking Initial Public Offering Regulation after the Restructruring of Canadian Stock Exchanges”, Revue. Juridique. Themis, Vol. 34, 2000, pp. 661 – 760.

④ See N. CAMPBELL, “Compulsory Disclosure of ‘soft’ information”, 22*C. B. L. J*, 1993, pp. 350 – 352 ; J. C. SMART and P. L. OLARSKER, loc. cit. , note28, 288 ; F. G. WITHERS, “Future-Oriented Financial Information”, in INSIGHT, Complying With Public Disclosure Requirements, Toronto, Insight Press, 1994, p. 131. Note that NP48 will be replaced shortly by “National Instrument 52-101-Future-Oriented Financial Information”, 20 O. S. C. B , 1997, p. 3749（hereinafter NI52 – 101）, which does not modify it significantly.

业招股说明书中的审计人员审查。① 而且，除了审计师提供安慰信声明前瞻性信息依据的假设在当时环境下是合理的，作出的预测（或规划）与这些假设是一致的。然后，发行人有更新义务，每当财务报告发布时，根据持续披露规则，并解释前瞻性信息和经营结果之间的重大差别。② 最后，发行人必须披露对前瞻性信息有重大影响的事件或假设。③

总之，我们在小额证券发行注册豁免制度中要求披露软信息，发行企业披露的软信息对于投资者的影响具有两面性，披露正确的软信息向投资者提供了购买股票的投资判断依据，披露错误甚至误导的软信息，将给投资者和发行人带来不利益，小额证券发行注册豁免制度对于软信息的规制具有鼓励和限制的双重特性，在对软信息的监管中趋利避害，博采其长。因此，根据国外对于软信息的规制经验，为软信息的披露设置标准规范，给予更新的机会。为合理但不正确的软信息提供安全港，④ 豁免承担法律责任。为欺诈性软信息设置法律责任制度，欺诈性软信息的法律责任在美国规则 175 中亦有规定，而且对于欺诈性信息作出了规定。⑤ 通过软信息的监管制度平衡披露的软信息影响涉及的各方的利益关系，尽可能使软信息在投资者保护中发挥正能量。

三、持续披露信息的简化

在证券发售和流通期间，发行企业应按规定定期、持续披露企业的

---

① NP48, supra, note 353, part 9; CANADIAN INSTITUTE OF CHARTERED ACCOUNTANTS, CICA Handbook, Vol, 1, Toronto, CICA, loose leafs, s. 4520 (hereinafter "CICA Handbook").

② NP48, supra, note353, part 7.

③ Materiality is defined in accordance with the CICA Handbook. op. cit., note355, which uses a broader definition than the material change standars of securities regulation. NP48, supra, note 353, part. 3. 3.

④ 合理但不正确的软信息是指披露软信息时附随有警示性语言或预测的事实可靠，预测的假设与事实一致。

⑤ 17 C. F. R. §230. 175 (a)、(b) (1)、(d).

经营信息，恪守信息披露的最新性准则。然而，尽管发行企业持续披露信息有利于投资者掌握企业的最新信息，但是，信息的持续披露增加了发行企业的成本，简化发行企业持续披露的信息是降低小额证券发行成本的重要手段。美国 SEC 认为小额证券发行人在披露定期报告时，相反的问题也显露出来：严格适用充分披露或许是一种负担。SEC 近来放松了对于小额证券发行人的定期报告要求，就是否对于小额证券发行人的定期报告的门槛应该被重新设计征集公众意见，使小额证券发行人的定期报告义务不应该过于繁重同时规定向投资者提供足够的信息。① 美国 SEC 也曾根据证券交易法将小额证券发行企业的总资产额从 300 万美元增加到 500 万美元，通过规则的改变放松对定期报告的披露要求，② 工作人员预计这将缓解 400 多个发行人的定期报告披露义务。③ 美国的条例A＋也规定，发行人必须遵从几个要求，其包括向投资者提供简化的发行说明书和简化的财务报告。④ 为了减轻小额证券发行企业的信息披露负担，应简化持续信息披露的内容。信息披露的内容主要是指财务会计报告和财务审计报告，可以在严格要求报告内容的基础上缩短报告的提交时间，将极大地节约信息披露成本。披露信息的形式要求主要是各种报告，报告包括年度报告、半年度报告、季度报告和临时报告，报告，在此种意义上，对于企图逐渐增加投资者信心的小公司变得更加至关重要，因为当投资者作出投资决定时，他们面临小公司间的多

① Charles C. Cox Commissioner，“small issuer disclosure policy and the fringes of ‘merit regulation’”，Remarks to Nineteenth Annual Rocky Mountain State-Federal-Procincial Cooperative Securities conference，Denver Colorado October 3，1986. https：//www. sec. gov/news/speech/1986/100386cox. pdf.

② Securities Act Release No. 6652，51 Fed. Reg. 25，360（1986）.

③ Id. At 25，361 n. 13.

④ Id；See also Small Business and the SEC，http：//www. sec. gov/info/smallbus/qasbsec. htm（last modified Oct. 10，2013）（providing an overview of Regulation A）2016－1－8.；See John P，Fargnoli，“The Jobs Act：investor protection，capital formation，and employment in an increasingly political economy”［Notes］，*Brooklyn Journal of Corporate. Financial. &Commercial Law*，Vol. 8，2013，pp. 134－157.

个选择。[①] 报告恪守信息披露的最新性准则和简化报告内容的披露方式，以使投资者及时、快捷掌握企业的经营业绩的动态变化，依此作出准确的投资判断。

（一）缩短定期报告的提交时间

因为小额证券的发行周期较短，12 个月内超过 5000 万元的募集资金将不再享受豁免资格，投资者对于信息披露的最新性要求很高，缩短提交定期报告的时间，发行企业更迅速地提供信息披露资料，能够加速企业证券的流通和增强发行企业证券的竞争力。另外，由于小额证券发行的合并的安全港的时间只有 6 个月，也有利于后续证券发行的顺利进行。笔者认为，提交季度报告的时间为每季度结束后 20 个工作日内。半年度报告的提交时间由《证券法》第六十五条规定的从每一会计年度的上半年结束之日起二个月内报送缩短为一个月内，年度报告的提交时间由《证券法》第六十六条规定的应从每一会计年度结束之日起四个月内报送缩短为二个月内。由于缩短了定期报告的提交时间，年度报告提交财务审计报告，半年度报告和季度报告只提交财务报告文本。

根据美国审计财务报告的提交方式，发行人必须提供审计的财务报告与发行公告，而且必须每年向证券交易委员会存档更新的审计财务报告。[②] 要求提交定期报告和临时报告的第二层级的发行人被要求向 SEC 以 Form 1 - K 提交年度报告，[③] Form 1 - K 中的信息包括经过审计的企业财务报告。[④]

① Special Study, supra note8, pt. 3, at 7 - 10 ; "Finacial disclosure by small corporations", 9U. Mich. J. L. Reform, 1975 - 1976, pp. 256 - 279.

② 15 U. S. C. §77c (b) (2) (F) ; See John P, Fargnoli, "The Jobs Act: investor protection, capital formation, and employment in an increasingly political economy" [Notes], *Brooklyn Journal of Cor porate. Financial. &Commercial Law*, Vol. 8, 2013, pp. 134 - 157.

③ 17. C. F. R. §230. 257 (b) (1).

④ Securities and Exchange Commission, 17 CFR Parts 200, 230, 232, 239, 240, 249 and 260, [Release Nos. 33 - 9741; 34 - 74578; 39 - 2501; File No. S7 - 11 - 13] RIN 3235 - AL39, Amendments for Small and Additional Issues Exemptions under the Securities Act (Regulation A), p. 344.

SEC 正在采用条例 A 修订的正式规则：允许发行人参照编入在 EDGAR 系统可以获取的某些信息，参照编入不限于以前根据条例 A 提交的信息，也不限于必须履行持续报告义务的第二层级的发行人。[①] 要求寻求参照编入的发行人进一步描述参照编入的信息，而且包括在 EDGAR 系统获取这些展示信息的链接。[②] 由于小额证券的发行周期是 12 个月，所以财务审计报告的提交以在证券发行周期期间内或者之前年度的审计财务报告为准，不存在更新问题，而是以参照编入方式提交年度审计财务报告。[③] 因为财务审计报告是第三方机构以中立的态度对发行企业财务状况的审计监督，在指定的网站、报刊公告并将纸质版审计财务报告置备于场外证券交易场所，是对发行企业独立有效的监督方法，向投资者提供了另一种更强有力的信息保障制度。由于本书建议在企业信息披露网站为获得小额证券发行资格的中小企业建立信息资料数据库，所以采用参照编入的方式提交信息也是可行的。

（二）定期报告披露内容的简化

1. 简化定期报告披露的重复内容

定期报告的披露具有连续性，季度报告、半年度报告和年度报告之间的信息有重复是必然的。然而，这种重复看似详尽，实则对发行企业、证券管理机构和投资者都带来不便，发行企业在披露重复冗长的信息时浪费了大量的资源，增加了成本，在繁复冗长的信息中搜寻新的信息也增加了管理机构和投资者的负担。因此，定期报告的信息披露，首先，

---

① Securities and Exchange Commission, 17 CFR Parts 200, 230, 232, 239, 240, 249 and 260, [Release Nos. 33 - 9741; 34 - 74578; 39 - 2501; File No. S7 - 11 - 13] RIN 3235 - AL39, Amendments for Small and Additional Issues Exemptions under the Securities Act (Regulation A), p. 131.

② See General Instruction III to Form 1 - A. The hyperlink must be active at the time of filing, but need not remain active after filing.

③ Securities and Exchange Commission, 17 CFR Parts 200, 230, 232, 239, 240, 249 and 260, [Release Nos. 33 - 9741; 34 - 74578; 39 - 2501; File No. S7 - 11 - 13] RIN 3235 - AL39, Amendments for Small and Additional Issues Exemptions under the Securities Act (Regulation A), p. 131.

应明确不同定期报告披露信息的侧重点，避免披露内容的重复。美国SEC对发行企业持续信息披露的不同报告的内容要求的范围非常明确。Form 1－K的年度报告内容包括，发行人的业务和业务计划，利益冲突和关联方交易，管理人员和董事的补偿，财务状况和运营结果，审计财务报告。Form 1－SA的半年度更新信息主要由发行人的前两个财务季度的非审计、期中的财务报告和关于发行人的财务状况和运营结果的信息构成。[①] 季度报告10－Q基本由财务报告和管理层讨论与分析构成。[②] 其次，通过信息披露方式的改变避免相同信息的重复披露。对于在之前的定期报告中出现过的信息，需要在之后的报告中运用时，运用参照编入的方式[③]加以标注，注明该信息的原文件，并指明可以在何处查询。例如，在季度报告中已经披露的信息，如需在半年度报告中再次表述时，可以参照编入的方式加以说明，避免信息的重复披露。企业初次申请发行小额证券，发行企业前一年的经审计的财务报告可以用编入方式成为小额证券发行申报书的一部分。[④] 对于连续发行小额证券的企业，由于小额证券的发行周期只有12个月，当必须提交前一年度的经审计的财务报告时，可以运用参照编入的方式简化信息披露的内容。这种重点突出的阶段性信息披露形式具有更好的信息导向功能，信息使用者在阅读和搜

---

① Securities and Exchange Commission, 17 CFR Parts 200, 230, 232, 239, 240, 249 and 260, [Release Nos. 33－9741; 34－74578; 39－2501; File No. S7－11－13] RIN 3235－AL39, Amendments for Small and Additional Issues Exemptions under the Securities Act (Regulation A), p. 344.

② 17 CFR 249. 308a. See Securities and Exchange Commission, 17 CFR Parts 200, 230, 232, 239, 240, 249 and 260, [Release Nos. 33－9741; 34－74578; 39－2501; File No. S7－11－13] RIN 3235－AL39, Amendments for Small and Additional Issues Exemptions under the Securities Act (Regulation A), p. 329.

③ 林丽香：《证券发行市场规制之加强——日本近年之修正法》，载柯芳枝主编：《财经法论集》，台湾三民书局1997年版，第229～258页。此处的参照编入相当于“证券发行市场规制之加强——日本近年之修正法”一文的参照方式，参照编入的方式更倾向于说明对于须披露信息已披露，也便于与本书中引用的美国条例A＋的参照编入的方式保持一致。

④ 林丽香：《证券发行市场规制之加强——日本近年之修正法》，载柯芳枝主编：《财经法论集》，台湾三民书局1997年版，第229～258页。

索信息时，能够更便捷地查询信息来源和所需信息。

2. 定期报告信息披露目标的精准化

信息披露是为了满足投资者的投资判断和监管机构的监督管理需要，发行企业披露的信息应能客观反映企业经营成果的阶段性变化，企业经营的阶段性成果可以用两种方式表达，一是经营成果本身的量化指标，用经营业绩数据显示；二是经营成果的比较效应，通过企业的同一指标的经营业绩同比和环比的比较方法映现企业的盈利变化趋势，这种信息披露方式呈现给信息接受者非常直观的关于发行企业经营发展态势的量化信息。

（1）财务状况的变化。财务状况的重大变化比较的时间期间是季度与季度之间，半年度财务状况的变化，年度财务状况的变化。季度财务状况的比较采用环比的方法，由于小额证券的发行周期仅有 12 个月，季度财务状况的比较结果能在投资者中产生较重要的影响。半年度财务状况与年度财务状况的比较也采用环比的方法，通过这两种环比的方式，向投资者传递发行企业不同时间跨度的财务状况，投资者可以从中看出发行企业的经营态势是否稳定。半年度财务报告、年度财务报告与发行企业的上一年度的半年度财务报告、年度财务报告运用同比的比较方法，由此种比较可以得出企业的年度与年度之间的变化趋势。不论采用哪一种比较方法，资料的选用时间期间是上一次报告日期至最近一次报告日期之间财务状况发生的变化。

（2）经营成果的变化。对于发行人的经营成果，应论述损益表覆盖的最近一个会计年度年初至今的时段发生的变化，论述与此前一会计年度对应时段对比所发生的变化。发行人有义务提供最近一个财务季度的损益表，还应论述该财务季度的损益表与前一财务季度损益表之间的变化以及与此前一会计年度对应财务季度的损益表相比的变化。此外，发行人应对截至最近一期中期资产负债表日期的 12 个月的期间提交损益表，还应论述该12个月内发生的重大变化以及此前一会计年度截至中期资产负债表日期的12个月内的重大变化。通过环比与同比的方法进行比较，考虑在相同时段影响企业经营成果的因素的相同和差异，而使比较的结果更加准确和便于分析企业经营中的优劣势。

在季度报告中，关键的财务数据指标和经营成果运用环比的方法进行比较，在报告中记载本季度的财务数据和相关信息，并与上季度的数据资料进行比较，信息使用者很明了地掌握企业近期的发展态势。在半年度与年度之间，采用环比的办法，可以清晰呈现企业当年的经营成果。在半年度报告、年度报告与上年同期的比较中，采用同比的方式，与上一年同期的财务数据和经营成果进行比较，使信息使用者可以掌握企业经营状况的年度变化。通过环比和同比的方法披露信息，构成了一个企业发展趋势的清晰图景，给予信息使用者非常直观的认知。

（3）财务报告内部控制的变化。有效的内部控制能确保会计核算系统中确认、计量、记录、报告各步骤都具有真实合法的凭据，并减少核算中的差错，最终提供真实可靠的财务报告。财务报告内部控制制度随着企业管理的变化必须调整，发行企业必须披露企业经营过程中对发行企业财务报告内部控制产生重大影响或者根据合理预期可能产生重大影响的任何变更，此披露事项可以参照美国财务报告内部控制的变更披露。按照《美国证券交易委员会自身组织与通用规章》第240.13a－15节（d）或240.15d－15节规定进行评价时认定的在注册人上一财务季度（对于年度报告而言，指注册人第四财务季度）期间发生的，对注册人财务报告内部控制产生重大影响或者根据合理预期可能产生重大影响的任何变更。①

---

① 中国证券监督管理委员会组织编译：《美国证券交易委员会自身组织与通用规章（中英文对照本）》，法律出版社2013年版，第489页。

一旦发行企业财务报告内部控制制度发生变化，评价发行企业财务报告内部控制有效性的标准框架也随之调整。企业财务报告内部控制制度变化之前的最近一个会计年度年末财务报告内部控制有效性的评估结果对发行企业财务报告内部控制的有效性仅有参考价值。评价发行企业财务报告内部控制的有效性时，如果该次评估发现发行企业财务报告内部控制存在任何重大缺陷，管理层不得就发行企业财务报告内部控制的有效性作出肯定性评价。除发行企业管理层对发行企业财务报告内部控制制度评估外，发行企业还应提供会计师事务所针对发行企业披露的年度报告中的财务报告内部控制的鉴证报告。

（三）重大事件披露的适时简明

重大事件是企业经营过程中发生的时间上不具有确定性而对企业的经营模式、经营业绩有重大影响的信息。在流通市场中，由于公司信息对投资者的判断影响很大，所以有必要实时、适当披露对投资者的投资判断带来重大影响的公司信息。① 披露重大事件时，首先应强调事件的重大性，其次应坚持重大事件披露的适时、扼要、简明原则。按照条例A+的标准，临时报告 Form 1 – U 的信息披露标准是根本变化标准，发行人业务性质的根本变化包括对发行人的营业的主要的、实质的变化或者经营计划或者合理预期引起这种变化的改变因素。② 仅要求第二层级的发行人在 Form 1 – U 中披露反映营业计划或经营的主要或实质变化，而不是可以在定期报告中报告的重大事件。③ 重大事件披露的适时性是指重大事

---

① 日本证券经济研究所编：《图说日本证券市场》，郭海燕译，社会科学文献出版社 2013 年版，第 167 页。

② See Instruction 2 (a) to Item 1 for the circumstances when an acquisition transaction would be deemed to trigger a fundamental change for purposes of Form 1 – U.

③ Securities and Exchange Commission, 17 CFR Parts 200, 230, 232, 239, 240, 249 and 260, [Release Nos. 33 – 9741; 34 – 74578; 39 – 2501; File No. S7 – 11 – 13] RIN 3235 – AL39, Amendments for Small and Additional Issues Exemptions under the Securities Act (Regulation A), p. 177.

件披露的及时性，SEC 担心延长 Form 1 - U 报告的最后期限将使可披露事件的报告不再具有“最新性”,[①] 规则 257（b）（4）规定依据条例 A + 进行第二层级证券发行的任何发行人被要求向 SEC 迅速以 Form1 - U 提交临时报告。[②] 条例 A + 要求第二层级的证券发行人必须在引起根本变化的任何重大事件发生后的四个工作日内提交 Form 1 - U，而且如果适用，将允许发行人参照编入以前提交 EDGAR 系统的某些信息。[③] 例如，如果事件发生，在正常情况下，要求发行人在四个工作日内提交 Form 1 - U，但是发行人在那个时间期间提交年度报告或者半年度报告，那时发行人可以在它的定期报告中报告这些信息。[④] 我国台湾地区“证券交易法”规定，公开发行股票之公司的董事、监察人、经理人及持有股份达股份总额百分之十以上之股东所持有之股票种类、股数应于每月五日以前，将上月份持有股数变动之情形，向公司申报；公司应于每月十五日以前，汇总向主管机关申报，必要时，主管机关尚得命令其公告之。上述之股票若经设定质权，其出质人应即通知公司，而公司应于其质权设定后五日内，将其出质情形，向主管机关申报并公告之。[⑤] 此报告义务，于董事监察人系依公司法第二十七条规定当选者，对其代表行使职务之自然人及被代表之政府或法人亦适用。其持有股数，包括其配偶，未成年子女及利用他人名义持有者。[⑥] 所谓利用他人名义持有股票，系指具备下列要

---

① Securities and Exchange Commission, 17 CFR Parts 200, 230, 232, 239, 240, 249 and 260, [Release Nos. 33 - 9741; 34 - 74578; 39 - 2501; File No. S7 - 11 - 13] RIN 3235 - AL39, Amendments for Small and Additional Issues Exemptions under the Securities Act (Regulation A), p. 179.

② 17. C. F. R. §230. 257 (b) (4).

③ General Insruction D. to Form 1 - U. The Hyperlink to EDGAR need only be active at the time of filing of the Form 1 - U. Cf. Securities Act Rule 411 (c) and Exchange Act Rule 12b - 32.

④ Securities and Exchange Commission, 17 CFR Parts 200, 230, 232, 239, 240, 249 and 260, [Release Nos. 33 - 9741; 34 - 74578; 39 - 2501; File No. S7 - 11 - 13] RIN 3235 - AL39, Amendments for Small and Additional Issues Exemptions under the Securities Act (Regulation A), p. 178.

⑤ 我国台湾地区“证券交易法”第二十五条，2016 年 12 月 7 日修正版。

⑥ 我国台湾地区“证券交易法”第二十二条、第二十五条，http: //china. findlaw. cn/jingjifa/xintuo/fagui/20536_ 2. html，最后访问时间：2016 年 12 月 22 日。

件者而言：第一，直接或间接提供股票予他人或提供资金与他人购买股票。第二，对该他人所持有之股票，具有管理、使用或处分之权益。第三，该他人所持有股票之利益或损失全部或一部归属于本人。[①] 我国台湾地区“证券交易法”规定的这些事项都属于重大事件的范围，而且其规定得非常详尽和严谨，以防董事、监察人、经理人及持有股份达股份总额百分之十以上之股东利用合法形式掩盖非法目的。我国小额证券发行的重大事件披露时间也应尽可能缩短，重大事件的披露期限保持在重大事件发生后的五个工作日内。扼要是指披露重大事件的核心内容，重点突出；简明是指言简意赅，这种披露原则呈现给投资者的信息是明了的，节约发行企业的信息披露资源和查找重点信息的时间和精力。重大事件的披露讲求时效性，要求信息的传播迅速，所以在中小企业信息披露平台设置专门的板块，用快讯播报的方式，不断地滚动播放。同时，发行企业将重大事件临时报告的纸质版置备于场外证券交易场所，投资者可以查阅置备于场外证券交易场所的纸质版临时报告，也可以在企业信息披露平台获取中小企业的临时报告的信息。

（四）简化凝炼更新信息

信息更新义务是遵循信息披露正确性的基本准则，因为小额证券的发售是持续进行的，发行企业披露的信息一旦被证明过时或不准确，便有义务对其进行更新和更正。而且软信息披露是小额证券发行的信息披露的一个突出特点，[②] 当公司作出了收益（或其他）预测，之后这些预测明显不当时，便有义务作出更正披露。关于信息的更正，美国法院在审

① 我国台湾地区“证券交易法施行细则二”，参见赖源河：《证券法规》，台湾元照出版公司2014年版，第92~93页。

② 更新义务的最近判决，见 In re Time Warner, Inc. Securities Litigation, 9F. 3d259（第二巡回法院1993）。

判案件时已适用。[①] 美国众筹披露义务也规定，只要证券发行持续进行，任何重大变化、增加或者更新的信息必须以表格 C 向 SEC 提交并提供给投资者。[②] 条例 A + 允许发行人在某些情况下在发售声明生效后提交发售通函更新和补充代替已认可的修订，包括根据规则 430A 可能排除出招股说明书的信息类型。[③] 重要的是，如果这类修改反映了重大变化、增加或者更新等，投资者必须在五个工作日内重新确认投资许诺或者投资者的许诺被认为撤回。[④] 由此说明，美国证券法足以重视信息更新义务和其对于投资者决策的影响，足见美国对待信息变化的态度之灵活。我国台湾地区"证券交易法"第三十六条规定的更正义务非常严密，依我国台湾地区"证券交易法"第三十六条所公告并申报之财务报告，有未依有关法令编制而应予更正者，应照主管机关所定期限自行更正，并依"证券交易法施行细则"第六条的规定办理重编及公告：第一，更正税后损益金额在新台币一千万元以上，且达原决算营业收入净额百分之一或实收资本额百分之五以上者，应重编财务报告，并重行公告。第二，更正税后损益金额未达前款标准者，得不重编财务报告，但应列为保留盈余之更正数。依前规定重行公告时，应扼要说明更正理由及与前次公告之主要差异处。[⑤]

由上述关于美国、我国台湾地区等的信息更新义务的制度和实践来看，为了确保信息的准确性，信息更新义务是信息披露义务中的一项重

---

① Kirby 诉 Cullinet 软件公司案，721F. Supp. 1444（D. Mass. 1989）. 转引自［美］托马斯·李·哈森：《证券法》，张学安等译，中国政法大学出版社 2003 年版，第 129 页。

② Securities and exchange commission 17 CFR Parts 200，227，232，239，240，249，269 and 274 [Release Nos. 33 - 9974；34 - 76324；File No. S - 09 - 13] RIN 3235 - AL37 Crowfunding，§ 227. 203（a）（2），P 564.

③ Amendments for Small and Additional Issues Exemptions under the Securities Act（Regulation A）（Final Rule），p. 11.

④ Securities and exchange commission 17 CFR Parts 200，227，232，239，240，249，269 and 274 [Release Nos. 33 - 9974；34 - 76324；File No. S - 09 - 13] RIN 3235 - AL37 Crowfunding，§ 227. 203（a）（2），§ 227. 304（c），P 564 - 565，580 - 581.

⑤ 赖源河：《证券法规》，台湾元照出版公司 2014 年版，第 101 ~ 103 页。

要内容，在履行信息更新义务时，尽可能采用更加简洁的形式和凝练的内容与语言，突出变化后的新的信息和与原来的信息的不同之处，力求保证更新信息的准确性，以免被更正前的信息误导和混淆。

1. 软信息的更新披露

软信息披露的错误，既有客观原因，也有主观原因，其中包括信息预测得不准确、情势的变更和鼓吹、欺诈，无论是哪一种原因，都可能使得软信息的预测性披露与企业经营成果不相吻合，如果不及时更新披露错误的软信息，则违背了信息的真实性准则，会损害投资者利益，更新后的软信息才是发行企业的真实信息，才具有投资判断的价值。如果发行企业不履行软信息的更新义务，由此遭受损失的原告可以提起诉讼。

软信息的更新是发行企业对于已经披露的预测性信息的更正，其更正行为必须有针对性，预测正确的软信息无须更正，只对预测错误的软信息进行更正。软信息的更正所披露的信息的准确性依据是定期报告的信息，即更正后的信息内容与定期报告的信息内容一致。在进行软信息的更正时，应采用单独的版式，针对软信息披露中的错误信息逐项进行更正，对于定期报告已披露的信息，软信息更正时用参照方式①说明，不必在软信息的更正文本中重复。软信息更正的公告方式与披露时一样，采用电子版与纸质版结合，电子版与纸质版交存地方证券业协会备案，并在信息披露平台披露和在场外证券交易场所置备纸质版。

2. 募股融资说明书的补充更新

融资说明书的更新、补充基于三个方面的原因，一是融资说明书提交公告后发生的情势变化，二是储架发行后期发行的补充事宜，三是根据证券主管机关的要求进行更改。例如，盈利预测的变化，重大合同的

① 林丽香：《证券发行市场规制之加强——日本近年之修正法》，载柯芳枝主编：《财经法论集》，台湾三民书局1997年版，第229~258页。

签订等，都属于融资说明书提交公告后的新发生事项，在每次发行新的证券时，都应在补充融资说明书中载明新发生事项。另外，后期发行证券的销售条款的制定，与做市商的协议等也必须在补充融资说明书中陈述。当然，补充融资说明书必须提交地方证券业协会审查，获得批准之后，发行的新证券才能在场外证券交易场所销售。融资说明书的补充更新在美国和日本都有规定。美国证券发行中的招股说明书也可以被更改，具体规定是：一项持续性发行项下的招股说明书摘要可被更新，以在发售声明审查通过之日起 12 个月后（伴随其他事项）加入一份更新的财务报表，每一份更正或者更新的招股说明书摘要均要依据第 230.252 节的规定而作为发售声明的修订文件而被申报及通过审查。① 日本于昭和六十三年《证券交易法》修正中增订第 23 条之 3 至第 23 条之 12 条文，以规定发行登录制度的内容。② 储架发行制度（或发行登录制度）③ 的引入致使补充融资说明书中须提供发行企业信息变更的新的内容，需利用参照方式提供企业情报，以解决申请登录时与实施募集、卖出之时点差距所可能发生的已公开的企业情报不合时宜问题。④ 在美国的条例 A + 下，发行人也被要求提交 Form 1 – A 的修改以向证券交易委员会的工作人员回复说明和披露在以前提供给 SEC 或投资者的信息的重大变化。⑤《日本证券交易法》规定，最新的继续性公开书类被提出时，发行企业应提出发行登录更正书，或基于公益与投资者保护目的而经大藏省规定须更正登录书

① 中国证券监督管理委员会组织编译：《美国〈1933 年证券法〉及相关证券交易委员会规则与规章（中英文对照本）》，法律出版社 2015 年版，第 331 ~ 335 页。

② 转引自林丽香：《证券发行市场规制之加强——日本近年之修正法》，载柯芳枝主编：《财经法论集》，台湾三民书局 1997 年版，第 229 ~ 258 页。

③ 日本于昭和六十三年在《证券交易法》中引入了储架发行制度，当时的名称是“发行登录制度”。

④ 转引自林丽香：《证券发行市场规制之加强——日本近年之修正法》，载柯芳枝主编：《财经法论集》，台湾三民书局 1997 年版，第 229 ~ 258 页。

⑤ 17. C. F. R. §230. 252 (f).

类的内容。[1] 又，大藏大臣认为发行登录书或登录更正书有形式上不备情形存在，或书类中应记载事项有欠缺时得以命令方式要求提出登录更正书。[2]《金融商品交易法》延续了该规定的内容，[3]《金融商品交易法》中将“发行登录”称为“发行注册”，是预定募集或发售有价证券，在预定募集或发售的有价证券的发行价额或发售价额总额超过一亿日元时，可按照内阁府令规定，向内阁总理大臣提交记载了该募集或发售的预定期间、该有价证券的种类及发行预定额或发行余额的上限、预定承销该有价证券的金融商品交易业者或注册金融机构中的主要业者名称等内阁府令规定的为公共利益或者投资者保护所必要且适当的文件，进行该有价证券的募集或发售注册。[4]

3. 储架发行的更新义务

我国小额证券发行采用储架发行制度，基于储架发行节约发行时间、使发行企业可以更快地进入资本市场，和借鉴美国、日本的储架发行制度的经验。美国的储架发行最早应用于储架注册发行，关于储架发行与以提及形式披露信息的方式主要借鉴于美国的储架注册发行制度。[5] 当前条例 A 要求在一次连续发行中对于发行说明书每次修订或更新，要求作为与发行声明相关的修改内容被提交，认可程序与证券交易委员会工作

① 《日本证券交易法》第 23 条之 4，转引自林丽香：《证券发行市场规制之加强——日本近年之修正法》，载柯芳枝主编：《财经法论集》，台湾三民书局 1997 年版，第 229～258 页。

② 《日本证券交易法》第 23 条之 9 第 1 项，转引自林丽香：《证券发行市场规制之加强——日本近年之修正法》，载柯芳枝主编：《财经法论集》，台湾三民书局 1997 年版，第 229～258 页。

③ 《金融商品交易法》第二十三条之四，引自《日本金融商品交易法及金融商品销售等相关法律》，中国证券交易委员会组织编译，法律出版社 2015 年版，第 71－73 页。

④ 《金融商品交易法》第二十三条之三，引自《日本金融商品交易法及金融商品销售等相关法律》，中国证券交易委员会组织编译，法律出版社 2015 年版，第 73～75 页。

⑤ 马忠智主编：《美国证券市场筹资必读》，中国经济出版社 1995 年版，第 29 页。

人员审核、评论和认可初次发售声明的程序类似。[①] 对于根据条例 A + 连续发行证券的小企业来说，再认可的程序是昂贵的和消耗时间的。[②] 条例 A + 的正式规则加入了规则251（d）（3），该规定与规则 415 相似，但是它的范围被限制于许可的条例 A 发行。[③] 日本《金融商品交易法》第二十三条之八规定了发行注册人、有价证券的发售者等只有在发行注册追加补充文件提交后方可通过募集或发售使他人取得或者向他人卖出该有价证券。但内阁府令规定，每次该有价证券的募集或发售的发行价额或发售价额总额不满一亿日元的有价证券的募集或发售，不在此限。[④]

我国在应用储架发行制度时，发行企业初次申请证券发行时在募股融资说明书中即将 5000 万元发行总额的证券全部囊括进去，储架发行方式的应用、做市协议等事项也应列入初次提交的证券发行申请的申报文书中，发售的新条款在募股融资补充说明书中陈述，而且证券依据发行企业与做市商预先确定的程序发售。当证券市场有利于融资的时机出现时，发行企业将已登记的证券以尽可能短的时间投入市场。但是，储架发行是一次登记，逐次发售，在首次发行和后期的发行之间存在时间间隔，企业的经营情况会发生较大变化。因此，适用储架发行方式发行证券，发行企业必须提供企业最新的信息资料，对于变化后的新的信息应以募股融资补充说明书的形式进行提交。储架发行的更新义务主要包括两个方面的内容：（1）证券发行申请申报文书生效后的情势变更导致的

① See 17 CFR 230. 253（e）（2014）; 17 CFR 230. 252（h）（1）（2014）. Citation: Securities and Exchange Commission, 17 CFR Parts 200, 230, 232, 239, 240, 249 and 260, [Release Nos. 33 -9741; 34 -74578; 39 -2501; File No. S7 - 11 - 13] RIN 3235 - AL39, Amendments for Small and Additional Issues Exemptions under the Securities Act (Regulation A), P. 133.

② Securities and Exchange Commission, 17 CFR Parts 200, 230, 232, 239, 240, 249 and 260, [Release Nos. 33 -9741; 34 - 74578; 39 - 2501; File No. S7 - 11 - 13] RIN 3235 - AL39, Amendments for Small and Additional Issues Exemptions under the Securities Act (Regulation A), p. 133.

③ 17 C. F. R. § 230. 251（d）（3）.

④ 《金融商品交易法》第二十三条之八。引自《日本金融商品交易法及金融商品销售等相关法律》，中国证券交易委员会组织编译，法律出版社 2015 年版，第 77 ~ 79 页。

重大变化，如果这部分内容已在定期报告或临时报告中披露，只需以参照编入方式收编进募股融资补充说明书中以供查阅。(2) 储架发行的后期发行的分销计划，如果未在募股融资说明书披露或原来披露的内容发生变化，在每次发行时，在募股融资补充说明书中予以披露。

对于后期发行条件的审核，以初次证券发行申报文书和募股融资补充说明书相结合的方式，以更新内容的审核为重点。对于证券初次发行后，在定期报告或临时报告中已披露的信息，在募股融资补充说明书中以参照编入方式显示信息的来源及信息资料的处所，以节约成本和简化冗长的信息披露资料。储架发行旨在节约发行企业的证券发行成本，提高小额证券的发行效率。

4. 修改或者更新文件的方式

证券发行申报文件的修改涉及原文件内容的替换和修改后新内容的添加，采用普通的修改方式，必须详细说明新的内容替换或修改的原文件的内容，使得修改后的文件变得冗长、啰唆，新的信息被冗长的修改陈述淹没。所以修改申报登记文书或信息披露的文件时，运用引注的方式可以减少冗长陈述，引注注明原文件名称、处所、被修改内容。任何在最近一个生效日或者最近一个构成申报登记文书组成部分的最新募股融资说明书之后包含在以引注方式添加在文件中的陈述或者视为申报登记文书或者募股融资说明书组成部分的陈述可以修改或者替代现有在申报登记文书或者募股融资说明书中的陈述，用以修改或者更新的陈述可以说明其已经修改或者更新了先前的陈述或者包含任何在未进行修改或者更新的原文件的其他信息。修改或者更新陈述的作出并不意味着承诺被修改或者被更新的陈述在其原始作出时存在重大的不实陈述，或者遗漏对重大事实的陈述，重大事实的判断标准是该类信息影响投资者对于信息的准确判断，或者被修改的信息使用了操纵、欺诈或者诈骗等意图，[①] 被修改或者更新的陈述在作出当时的正确与否依当时的客观情况而定。

只要包含在作为申报登记文书组成部分的募股融资说明书、其他任何以引注（或被视为以引注）方式添加的，或者被视为申报登记文书或募股融资说明书组成部分的其他后续申报文件的陈述已经更改或者替代了之前的陈述，任何包含在文件中的陈述是以或被视为以引注方式添加，或者该陈述被视为申报登记文书或募股融资说明书的一部分，则其应视为基于申报登记文书或者作为申报登记文书组成部分的募股融资说明书的目的已被更新或者修改。

四、信息披露方式

信息披露方式是决定信息获得容易性的最重要因素。因而，充分和便捷的信息披露方式不仅是信息传播的有效途径，更为投资者更便捷地获取信息提供了有利条件。本书的信息披露方式包括信息披露渠道和信息提交方式两个方面，信息披露渠道有三种，即信息披露文书、信息披露网络平台和信息咨询机构，信息的提交方式以电子版和纸质版并用。考虑到不同信息载体的不同用途和投资者获取电子信息技能的差异，采用纸质媒介与电子媒介相结合的方式使信息使用者尽可能方便、快捷、易于获得所需信息。以电子信息的形式建立小额证券发行企业信息存储系统，为每一个发行企业建立独立的信息资料库，以供保存历史记录和查阅。纸质版的信息资料用于地方证券业协会审议审查和公众查阅，以纸质版的形式向地方证券业协会呈送和在场外证券交易场所备置信息资料。为了使信息披露满足不同投资者群体的需求，此研究共设计了三种

① 中国证券监督管理委员会组织编译《美国〈1933 年证券法〉及相关证券交易委员会规章与规则（中英文对照本）》，法律出版社 2015 年版，第 399 ~401 页。

信息披露渠道，每一种信息披露渠道针对不同的投资主体的信息需求特点，以下就三种不同的信息披露渠道分别进行阐述：

（一）申报登记信息的文书

信息披露文书兼具法律文件和销售文件的双重功效，法律文件需要充分披露风险，以免除法律责任，销售文件需要深度发掘发行人的亮点，以保证发行的成功，所以，申报登记信息的文书应合理定位信息的接受者。尽管信息披露文件的信息披露的理解容易性强调针对普通投资者，但实际上，由于普通投资者的专业知识相当有限，故披露的充分性应以专业投资者的理解程度来衡量。否则，发行企业的信息披露水平将会过低，导致证券投资交易陷入盲目性。此观点与美国法院的观点一致，Easterbrook 法官在 Wielgos 诉 Commonweath 公司案①中则认为，至少对被广泛持有的证券来说，应依据熟练分析家的需要来判断。法院认为披露应该以实际上决定股票价格的专业投资者为对象。② 美国也有学者指出，信息披露文件中的叙述性信息，尤其是按照条例 A 的发售通函要求采用格式 B 的叙述性信息，③ 有学者认为当今大多数的证券律师都会选择格式 B 的模式，为修改的条例 A 需要花很大力气建立适当的披露水平。④ 故而，申报登记信息的文书应平衡好这些关系的边界，使文书使用者在充分掌握企业信息的前提下承担各自的法律责任。唯有如此，小额发行注册豁免制度才能顺利运行。

申报登记信息所用文书格式的具体要求由中国证监会确定，并按照

① 892F. 2d 509（第七巡回法院 1989）。

② ［美］托马斯·李·哈森：《证券法》，张学安等译，中国政法大学出版社 2003 年版，第 117 页。

③ Forml－A, Offering Circular Model B, 57 Fed. Reg. at 36, 488. See Ruthefford B Campbell, JR, "Regulation A: Small Businesses´Research for 'A Moderate Capital' ", 31 *Del. J. Corp. L.* 77, 2006, pp. 77－124.

④ See Ruthefford B Campbell, JR, "Regulation A: Small Businesses´Research for 'A Moderate Capital' ", 31 *Del. J. Corp. L.* 77, 2006, pp. 77－124.

企业所属的行业大类确定分类指标内容，按这种标准申报的信息具有更强的可比性，以便证券管理机关和投资者比较甄别。笔者认为，申报文书的类型设计区分为实体信息文书和程序信息文书两类，实体信息文书主要适用于证券发行申报书、融资募股说明书和证券发售通知，程序信息文书归整证券发行的步骤和流程，由证券发行企业填写并向地方证券业协会报备。地方证券业协会审核实体信息文书的申报内容，监督发行企业符合证券发行实体要件的规定，程序信息文书披露和公布发行企业的证券发行进程和申报程序。例如，小额证券发行企业的年最高发行额度是5000万元，在程序信息表中披露截至某一个具体的时间点的发行次数，发行额度等信息。此外，以简明提示的形式披露企业登记发行证券的进度和信息披露的状态，可以起到警示和告知的作用，证券管理机关、投资者、发行企业可以根据程序信息文书的指引发布指令和完成有关的活动。

1. 小额证券发行申报书

小额证券发行申报书的内容是反映发行企业发行申请、企业基本情况的信息和本次小额证券发行申请提交的资料的详细清单。证券发行申报书的格式由中国证监会统一编制，申报书的格式和内容要求由中国证监会统一制定。发行者申请发行证券时必须填写小额证券发行申报书。小额证券发行申报书对所有提交的文件起到涵盖和列示的作用，是提供给证券主管机关的关于本次发行申请的企业信息和发行证券信息资料的一览表。证券主管机关按照小额证券发行申报书的项目内容逐一核对和审阅发行企业的信息资料，发行申报书主要是发行证券申请的纲领性文件，每一项内容只是相当于该项内容的目录，具有高度概括性，小额证券发行申报书的格式和内容的总体效果相当于企业信息和证券发行信息的“鸟瞰图”，完整而且精练，构成小额证券发行申请所需的全部信息资料清单，使申报书的使用者无一遗漏地、明了地掌握具体企业发行小额证券必要的信息内容。

2. 募股融资说明书

发售通函或者募股融资说明书是向投资者披露发行企业的信息的文件，美国 SEC 的规则 251（d）规定必须向投资者提供类似于招股说明书的被称作发售通函的文件①向投资者披露企业的信息，募股融资说明书是我国的小额证券发行市场信息披露义务的主要文件。募股融资说明书是向地方证券业协会提交和投资者交付的关于企业发行证券的情况的宣示文件，向投资者揭示发行企业的经营状况和财务资料。募股融资说明书的内容及表述以是否有利于投资者理解为标准，在披露内容的选定上着重披露的相关性和重大性，尽量避免冗长陈述淹没重要信息；风险因素披露是募股融资说明书的重要披露事项，风险因素的披露体现充分性和准确性，起到警示性的作用；募股融资说明书的信息内容应主次分明，语言表达力求浅显易懂，增强信息的可理解性。② 发行企业向地方证券业协会申请发行证券时，即应向地方证券业协会报送募股融资说明书。发行证券的申请经地方证券业协会批准后，即可通过各种传播媒介向社会公布、传播募股融资说明书的内容，以便投资者了解企业信息，进而决定是否购买该发行企业的证券。为便于证券主管机关监督，也有学者建议将证券样本与募股融资说明书递送证券主管机关。③

---

① No sales may be made pursuant to Regulation A under the Form 1 - A offering statement has been qualified, a preliminary or final offering circular is furnished to the investor at least 48 hours prior to mailing the confirmation of sale. Rule 251d (2) (i), 17 C. F. R. § 230. 251d (2) (i) (1995); See C. Steven Bradford, "Transactions Exemption in the Securities Act of 1933: An Economic Analysis", *Emory Law Journal*, *Vol.* 45, 1996, pp. 591 - 672.

② 中国证监会　申银万国证券：《借鉴国外证券发行制度》，载《资本市场》2015 年第 2 期。

③ 夏斌、张志平、李肖敏、杨云龙、陈浩武主编：《证券大词典》，山西经济出版社 1993 年版，第 570 页。

募股融资说明书的内容结构图示

募股融资说明书的内容结构如图所示，以文字的形式表述每一部分向社会公众和监督机构所要传递的企业信息。企业情况部分主要介绍企业的名称、住所、经营年限、管理人员的构成以及企业的组织章程，这一部分向信息使用者传递企业的基本信息，信息使用者由此了解企业的基本构成条件。经营范围和业绩向信息使用者展示企业主营业务是否符合国家产业政策以及具体的经营范围，生产规模和主要销售市场，企业的经营业绩通过财务报告反映。财务状况部分需提供企业最近连续两年的财务会计报告，包括资产负债表、损益表等，显示发行企业的资产与负债规模和结构，考察其总资产规模能否达到证券发行标准；企业的盈余能力、财务分配等信息资料，考察发行企业的分红能力和分红意愿。证券发行情况主要阐明发行企业已发行证券的数量、销售状况、募集资金使用情况和股息支付状况的信息，本次发行小额证券的数量、销售计划、资金使用计划、股息分配计划等。

募股融资说明书的表达形式尽可能简化，以降低制作和披露募股融资说明书的信息所需的成本。如早先时美国学者建议小企业使用简化的招股说明书格式，工作小组提议，小企业招股说明书表格使用一种类似于 1980 年由华盛顿州研发，被美国 40 多个州适用的小公司登记表（SCOR）简单的英文问答式格式，[①] 简化信息披露过程和降低准备招股说明书的成本是适用小公司登记表（SCOR）发展的中心理论。[②] 当然，坚持简化的募股融资说明书的表达形式，应与信息披露水平的要求相适应，美国也是如此，条例 A + 取消了表格 1 - A 第 II 部分模式 A（问答式）的披露格式，更新和说明表格 1 - A 第二部分模式 B（陈述性）的披露格式（也就是说，发售通函），然而继续允许表格 S - 1 第一部分的陈述性披露作为替代。

3. 证券发售通知

小额发行注册豁免证券的发售通知与美国的证券发行声明有别，美国的证券发行声明是小额证券发行必须提供的信息资料，其功能之一在于向美国 SEC 提供证券发行的通知备案，其另外的功能在于向投资者提供信息披露，其包括与注册发行声明同样的陈述和财务信息。[③] 要求一个不太昂贵和较轻负担的强制存档和招股说明书。[④] 证券发行声明表明发行注册豁免证券只是发行管理程序和规模不同于注册发行的证券，对于投

① Task Force Report, op. cit. , note 221, p. 76. On the Small Corporate Offering Registration Form; See D. R. HARRIS, "Introduction to the Review of Developments in State Securities Regulation", *Business. Lawye (ABA)*, Vol. 40, 1985, pp. 669 - 670; R. S. JANVEY, "The SEC's Small Business Initiatives: Regulatory Reform or Shabby Conduct", 21 SEC. Reg. L. J. 4 (1993); H. H. MAKENS and J. E. HARRIS. "Blue Sky Practice Part II: Small Corporate Offering Registration Form U - 7", ALI - ABA378 (1995); G. M. STAKIAS and J. E. HARRIS, loc. cit. , note 243, 14; Stéphane Rousseau, "The Future of Capital Formation for Small and Medium - sized enterprisess: Rethinking Initial Public Offering Regulation after the Restructruring of Canadian Stock Exchanges", *Revue. Juridique. Themis*, Vol. 34, 2000, pp. 661 - 760.

② M. A. SARGENT, "Blue Sky Law: The SCOR Solution" [notes], *Securities Regulation Law Journal*, Vol. 18, 1990, pp. 93 - 102; See Stéphane Rousseau, "The Future of Capital Formation for Small and Medium - sized enterprisess: Rethinking Initial Public Offering Regulation after the Restructruring of Canadian Stock Exchanges", Revue. Juridique. Themis, Vol. 34, 2000, pp. 661 - 760.

③ Rule 253 (a), 17 C. F. R. §230. 253 (a) (1995); See C. Steven Bradford, "Transactions Exemption in the Securities Act of 1933: An Economic Analysis", *Emory Law Journal*, *Vol.* 45, 1996, pp. 591 - 672.

④ 7A Hicks, supra note 86, at 5. 20; See C. Steven Bradford, "Transactions Exemption in the Securities Act of 1933: An Economic Analysis", *Emory Law Journal*, *Vol.* 45, 1996, pp. 591 - 672.

资者的利益保护与其他公开发行的证券是一致的。虽然美国条例 A 不涉及强制性注册，但是，实质上条例 A 是一个小型登记，[①] 多位学者的研究结果表明：豁免证券也必须提交发行声明，依条例 A 发行的证券虽然享受《1933 年证券法》第 3 节（b）的注册豁免，但是发行人必须向证券交易委员会提交被称为发行声明的披露文件。[②] 但是条例 A + 致力于减轻发行声明的信息披露负担，Form 1 – A 的第 II 部分（发售通函）要求发行人的业务描述覆盖的时间段为三年，而不是五年。Form 1 – A 的第 II 部分不再允许使用模式 A 的信息披露格式，而是引导发行人遵从模式 B 的规定（重命名为“发售通函”），Form S – 1 的第 I 部分，或者，如果适用，Form S – 11 的第 I 部分。[③] 在某些情况下，Form 1 – A 不要求发行人提交经审计的财务报告。[④] 在美国，发行企业向 SEC 提交小额证券发行声明，小额证券发行声明只有经 SEC 认可后才可销售证券，小额证券销售

---

① Bernard, Susman, “Exempted Transactions Under the Securities Act of 1933”, *Wash. U. L. Q.* Vol. 24, 1939, pp. 383 – 399; Accord, 3A Harold Bloomenthal, Securities and Federal Corporate Law § 5.05 [1] (1995) (Regulation A, although technically and conceptually a conditional exemption from the registration requirements for manr purposes is a less stringent form of registration for relatively small offerings.); See C. Steven Bradford, “Transactions Exemption in the Securities Act of 1933: An Economic Analysis”, *Emory Law Journal*, *Vol.* 45, 1996, pp. 591 – 672.

② See Rule 252, 17 C. F. R. § 230.252 (1995). This offering statement is filed on Form 1 – A. See Form 1 – A, 2 Fed. Sec. L. Rep. (CCH) 7325 – 7327C. In 1992, the SEC added to Regulation A a “test-the-waters” provision to allow issuers to solicit potential investors prior to filing tne offering statement. Rule 254, 17 C. F. R. § 230.254 (1995). Except as allowed by Rule 254, pre-filing offers to sell are still prohibited. Rule 251d (1) (i), 17 C. F. R. § 230.251d (1) (i) (1995). See C. Steven Bradford, “Transactions Exemption in the Securities Act of 1933: An Economic Analysis, ”, *Emory Law Journal*, *Vol.* 45, 1996, pp. 591 – 672.

③ Securities and Exchange Commission, 17 CFR Parts 200, 230, 232, 239, 240, 249 and 260, [Release Nos. 33 – 9741; 34 – 74578; 39 – 2501; File No. S7 – 11 – 13] RIN 3235 – AL39, Amendments for Small and Additional Issues Exemptions under the Securities Act (Regulation A), P 325. See discussion at Section II. C. 3. b. above.

④ Securities and Exchange Commission, 17 CFR Parts 200, 230, 232, 239, 240, 249 and 260, [Release Nos. 33 – 9741; 34 – 74578; 39 – 2501; File No. S7 – 11 – 13] RIN 3235 – AL39, Amendments for Small and Additional Issues Exemptions under the Securities Act (Regulation A), p. 326. See discussion at Section II. C. 3. b (2). above.

时不再向 SEC 申请注册。

我国的小额证券发售通知是小额证券发行企业销售证券的告知性文件，不需要地方证券业协会的认可，只起通知和备案的作用，为小额证券发售的微观和宏观信息管理奠定基础。发行企业向地方证券业协会提交证券发售通知的时间是发行企业的小额证券在场外证券交易场所取得销售资格之后的五个工作日内。我国小额证券发售通知的内容包括发行企业的证券发行、销售资格的声明及证明，发行企业准备和提交证券发售通知应坚持披露信息的必要性和简化原则。除此之外，在小额证券发售中，做市商在证券的销售中居于主导地位，证券发行企业与做市商签署的协议应成为证券发售通知的重要组成部分，证券发售通知必须发送给潜在的投资者，[①] 交付于投资者的时间在证券正式销售的五个工作日之前。

（二）建立企业信息披露网络平台

在网络媒体迅猛发展的当今时代，网络媒体是传播信息最快捷的渠道，与传统媒体相比，网络媒体的即时性更强，信息容量非常大。因而，电子网络平台作为企业信息披露渠道更应该受到鼓励。在企业信息披露网络平台的应用实践中，美国 EDGAR 系统的运用为我们提供了典范，美国要求依据条例 A + 发行证券的公司必须以电子版在 EDGAR 系统向 SEC 提交 Form1 - A，Form1 - A 主要包括三部分内容：第一部分是发行企业豁免注册资格的审核，第二部分内容主要是财务报告和发行通知等附件的文档，第三部分内容是包含签名、展示指引和发行声明的展示。[②] 美国 SEC 对于 Form1 - A 的每一部分内容设计目标是非常明确的，美国小额证券发行的电子信息披露内容是非常缜密的，发行企业在 EDGAR 系统披露的内容是非常细致全面的，投资者通过 EDGAR 系统即可查询发行企业的

① 17 CFR 230. 251 (d). Federal Register / Vol. 79, No. 15/Thursday, January 23, 2014/Proposed Rules, 3927.

② https: //www. sec. gov/info/smallbus/qasbsec. htm#jobsact。

信息并以此信息作为投资判断和权益保护的根据。

我国建立专用的小额证券发行信息披露网站，在该网站设置地方证券业协会，分类设置证券未上市企业、上市企业等栏目；披露小额证券发行登记信息，建立小额证券发售企业信息资料库。该网站的主办权和监督管理权归属于中国证券业协会，由地方证券业协会承办，中国证监会保留监督权和检查权。

企业信息披露网络平台的功能是建立企业信息资料库。企业信息资料库是投资者和社会公众可以共享的信息资料，企业信息资料库是针对所有发行企业建立的信息系统，投资者可以查询发售证券的企业的全部信息，包括发行登记备案资料、证券发售通知、企业披露的定期报告、临时报告、特殊交易信息记录等，[①] 向投资者提供发售企业的全面可靠的信息资料。

企业信息披露网络平台的适用在证券未上市企业与上市公司之间有所差异，在证券未上市企业中，有些企业不愿意通过交易所上市交易股票，如证券未上市的大企业，有些企业达不到上市的条件，如证券未上市的中小企业，凡是证券未上市的企业，不论其规模大小，只要其通过小额证券发行注册豁免制度发行证券，其必须通过小额证券发行信息披露网站披露企业信息。对于通过小额证券发行注册豁免制度发行小额证券再融资的上市公司，豁免在小额证券发行信息披露网站披露信息，但是须通过引注编入的方式披露信息。即在信息披露网站设置的上市企业信息栏中，以引注的方式编入发售小额证券的上市企业的信息指引，告知证券监督管理机构和投资者在何处、以何种方式可以查询上市企业的信息。

1. 信息披露网络平台电子信息的表达方式

① 特殊交易信息记录是指大股东、董事等高级管理人员的交易信息，在此进行披露的目的为防止该类人员利用内幕信息进行交易，加强对该类人员的交易行为的监督。

信息披露网络平台为社会各界获取发行企业的信息提供了便捷途径，它是信息获取容易性的重要平台，信息获取容易性的另一个重要方面是信息理解的容易性，发行企业披露信息的理解容易性依赖于信息的表达方式，因此，首先在信息披露网络平台以提示方式公告信息，起到信息指引的功能，发行企业在信息内容的披露中，采用直观和文字表述相结合的方式，增强信息的可理解性，避免对信息理解产生歧义。

（1）用图示表示影响企业业绩的因素。企业经营业绩的优劣是多种因素综合作用的结果，发行企业将最近两年影响企业经营业绩的主要因素用图示的方式表示出来，以直观显示每一种影响因素的作用程度和历年变化，勾勒出每一种影响因素的变化趋势，结合发行企业公布的历史和当前信息资料分析企业今后的发展趋势，以便投资者根据企业发展趋势分析做出准确的投资判断。用图表披露的方式在美国早有先例，在1993年，登记表N－1A（用于投资公司证券）得以修订，以要求有关基金经理人对近期基金业绩产生过影响的因素与策略的讨论，以及在10年期17天内对照总体市场的指数比较该基金的表现的线性图表的披露。①

（2）用提示方式公告信息。发行企业披露信息的方式和途径，大多数投资者未必知晓。发行企业可以在信息披露网站以提示的方式告知投资者获取信息的渠道，该提示必须表明“从何处可获得含有完整信息的说明书及投资人在投资前应仔细阅读募股融资说明书”，而不是应包括在发行企业募股融资说明书中的全部信息，此种提示公告还可以提示投资者注意本网站的提示式公告，以方便投资者获取发行企业的信息。此种公告方式可以达到公告信息和节约资源的双重效果。

（3）证券发售的文字表述。证券发售的文字表述，指发行企业披露

① 参见《投资公司法相关汇编》No. IC－19382，[1993年Transfer Binder]《联邦证券法律报告》85，123（证券交易委员会1993年4月6日）。参见［美］托马斯·李·哈森：《证券法》，张学安等译，中国政法大学出版社2003年版，第860页。

企业经营信息的任何语言文字，包括书面和电子信息，不论采用何种信息载体，发行企业、做市商和证券交易场所之间的信息交流也包括在销售文字的范围中，这些信息交流和其中包含的信息在证券的销售活动中传递给投资人之后，期望能得到投资人的合理理解。因而，传递和披露信息的文字表达是非常重要的，严格要求文字表达的规范性和合理性，以使信息披露和交流文件的文字表达达到预期的信息传播效果。否则，如果证券发售企业的信息披露和交流文件的文字表达传达的信息具有重大误导性，发行企业则应负法律责任。美国投资公司文字的内容是由1933年法规则156规定的。① 据此规则任何人作出实质性的误导陈述是违法的，该规则确定具体标准用以决定一项陈述是否为误导性的。② 如果在投资公司的销售文字中的陈述被发现为误导性的，该证券的发行人会被认定负有责任。③ 这里所说的陈述的误导性是指语言文字的遣词造句不准确引起信息理解上的错误。

2. 企业信息和交易信息的查询功能

（1）查询企业的会议决议和业绩公告。股东会、董事会的会议日期和会议事项对投资者具有信息导向和监控内幕交易的功能，股东会和董事会的会议决议的内容是企业的重要信息，该类信息在公布之前属于内幕信息，在网站公告会议日期和会议事项，便于确定内幕信息的起算时间。企业必须在进行该会议的至少五个工作日之前在网站上发出公告，企业在网站专设“企业公告栏”，投资者可于网站的“企业公告栏”查阅企业的会议日期、会议决定和业绩公告。④ 查看企业公告的信息使用者点选“企业公告栏”后，显示须输入“股份代码”的提示框，输入“股

---

① 《联邦法典》17 C. F. R. §230. 156.

② 《联邦法典》17 C. F. R. §230. 156（b）.

③ ［美］托马斯·李·哈森：《证券法》，张学安等译，中国政法大学出版社2003年版，第861页。

④ 郭莉主编：《香港证券市场全透视》，中信出版社2009年版，第232～236页。

份代码”后，显示所查询企业的链接，即可查看到查询企业的会议日期、会议决议和业绩公告等的信息资料。

（2）获取企业的资讯和证券交易信息。在网站分别设置“企业资讯栏”和“证券交易信息栏”，企业资讯栏的信息24小时不间断滚动播放显示，投资者可以通过“企业代码”的方式查询，信息内容包括企业的基本信息、证券发行信息、定期披露信息及企业的临时性重大信息等。证券交易信息自当天交易开始时即可查看，直至当天证券交易结束，投资者不仅可以通过输入“证券代码”查询不同企业的证券交易实情信息，而且可以查看企业证券交易的历史曲线，掌握发行企业证券价格变动的规律。

（三）设立企业信息咨询机构

企业信息咨询机构可以起到信息咨询和监督发行企业的双重功效，投资人可以对企业已披露信息的确切含义进行咨询，也可以对于发行企业应披露仍未披露的信息提出质询。信息咨询机构的咨询方式采取线下与线上并用，线下信息咨询机构在场外证券交易场所设立信息征集点，集中有代表性的意见，由发行企业统一书面答复，制作成手册置备于场外证券交易场所并在企业信息披露网站公告电子信息。线上信息咨询机构设置在线客服，有投资意向的投资者可以建立一个用户名，登录之后向客服咨询企业信息。投资者对于应披露仍未披露信息的质询可以借鉴韩国证券交易所的《直接揭示条例》规定的质询揭示，上市公司未主动或完整揭示信息时，投资人有权进行质询，上市公司应予以解答揭示。[①] 此外，根据韩国《证券交易法》的规定，上市公司就影响股票市场的重要内容有及时进行揭示的义务。直接揭示必须在事发后五天作出，七天作出间接揭示，质询揭示的时间期间是五天内，如果公司在上述规定期间不作出揭示，就认定其在信息公开方面是一个不诚实的公司，交易所

① 黄达、项怀诚、郭振乾主编：《中国证券百科全书》，经济管理出版社1993年版，第387页。

有权给予停止挂牌的处罚。① 我国小额证券交易市场的投资者质询是在信息披露期限届满后的十个工作日内提出，发行企业必须在五个工作日内作出书面答复，如果发行企业对于投资者未披露信息的质询在五个工作日内未采取措施，此问题在一个月内没有被解决，即停止该企业股票的交易，勒令发行企业的股票退出场外证券交易市场，并停止其在五年内的小额证券发行注册豁免资格。

实施小额证券发行注册豁免制度，发行人必须严格遵循信息披露中心主义，以使企业的资讯充分公开。因此，信息披露方式就成为实现企业资讯公开的重要途径，笔者认为，除上述已述及的信息披露方式外，我国台湾地区证券交易法规关于资讯公开的方式很值得我们在资讯公开措施方面学习和进一步创新。例如，为使公开发行公司财务业务充分、公正且即时的公开，以利投资人做合理之投资判断，证期局除加强公开说明书及其他定期资讯（如年度财务报告、半年报等）公开内容之完整、确实性外，并对影响股东权益及股价之不定期重大讯息修订发布“公开发行公司取得或处分资产处理要点”“公开发行公司向关系人购买不动产处理要点”“公开发行公司从事衍生性商品交易处理要点”及督导台湾证券交易所及柜台买卖中心确实依“对上市（柜）公司重大讯息查证暨公开处理程序”“上市（柜）公司重大讯息说明记者会处理程序”及“股市观测站资讯系统作业办法”规定严格督促上市、上柜公司即时公开重大讯息。另，为提高公开资讯流通效率，证期局责成证券暨期货市场发展基金会统筹规划公开发行公司财务资讯上网之架设工作，并已完成相关作业，投资人可借由网际网路取得公开发行公司重要资讯。我国台湾地区证券交易法规对于重大信息坚持特事特办、专门公开方式以及利用网际网路开辟新的信息披露渠道，充分体现其保护投资者的利益的坚定信念。

---

① 黄达、项怀诚、郭振乾主编：《中国证券百科全书》，经济管理出版社 1993 年版，第 387 页。

第五章　构建简化的登记监管程序

证券发行登记管理制度在每一个国家都是必不可少的，只是登记管理制度的具体要求根据国情和市场有所差异。各国设立证券发行登记管理制度的目的是保护证券发行的公正，韩国 1976 年证券交易法修订案，确立了证券发行登记管理制度，旨在维护证券发行及公司情况揭示的公正原则。[①] 美国虽然实行小额发行注册豁免制度，但是企业发行小额证券仍然需要事前向证券交易委员会通知，提交 Form 1 - A，获得证券交易委员会的认可，[②] 认可通知类推适用注册发行的通知。[③] 所以，小额证券发行只是登记管理方式和信息披露要求不同于注册发行的证券，但是登记监管程序仍然存在。

本书此处论述的我国企业发行小额证券的简化登记监管程序是指我国豁免小额证券发行在证监会的注册程序，但是豁免注册程序发行小额证券仍应通过自律组织进行登记，坚持证券发行的公开、公正原则，保护投资者利益，维护证券市场秩序。在构建我国小额证券发行的简化登记监管程序时，追求的目标是降低小额证券的发行成本、让更多企业接近资本市场融资，坚持的基本原则以自律管理为主，但是必须坚持我国

---

① 黄达、项怀诚、郭振乾主编：《中国证券百科全书》，经济管理出版社 1993 年版，第 387 页。

② Hazen, Thomas Lee, The law of securities regulation, 5th Edition, Thomson/West, 2005, p. 178.

③ See 17 CFR 200. 30 - 1 (a) (5) [The Director of the Division of Corporation Finance has the delegated authority to declare registration statements to be effective within shorter periods of time than 20 days after filing, consistent with Section 8 (a) of the Securities Act (15 U. S. C. 77h)].

证券法制的统一和中国证监会的行政监管，关键点在于合理界定行政监管与自律监管的职责权限的分界点。

自律组织的监管，从小额证券监管的需求来看，其优点在于自律监管组织处于小额证券发行交易的最前沿，了解市场的具体状况和需求，在具体监管活动中能更加适应市场的需要和反映市场中的问题，还可以减轻中国证监会的行政监管的压力，从小额证券发行成本的角度来考虑，方便了小额证券发行的申报，降低小额证券发行的经济成本。关于自律组织在证券发行中的功能，我国台湾地区的自律管理实践与台湾学者的研究为我们提供了典范，台湾的证券商同业公会是台湾证券管理的典型的自律机关，台湾证券商业同业公会之组成系依“证券交易法”第八十九条规定，证券商非依法加入同业公会，不得开业。[①] 自律机关对于同业间之行为约束力量，是源自参加者自动自发地约定以克制违反规范之行为，因此在规范内除影响同业间以外其他第三人权益保护之情形外，皆得透过自律公约、章程、自律规则等加以规范。[②] 台湾学者对自律组织的功能的认识是非常深刻的，其将自律组织的功能表述为：自律组织（Self Regulatory Organizations，SRO）可以结合同业意见，反映业界需求，以作为证施及管理之依据，因此各国证券暨期货业都建立有一套完整之自律规范（Self-Regulation），同时为考量透过业者间自我约束功能之发挥，以减省行政机关行政权之过度介入，一方面可收到方便管理之效果，另一方面亦可激发业者道德规范之潜能的发挥，能有效遏止法令规定及行政管理尚未触及之罅隙。[③] 从我国台湾地区“证券交易法”的规定和学者的观点可以看出，台湾地区对于自律监管功能的重要性的认识，我国小额证券发行制度可以借鉴这一做法，发挥自律监管对于行政监管的有益补

---

① 赖源河：《证券法规》，台湾元照出版公司2014年版，第12页。

② 赖源河：《证券法规》，台湾元照出版公司2014年版，第14页。

③ 赖源河：《证券法规》，台湾元照出版公司2014年版，第11页。

充，当其与行政监管密切配合时，将会极大地提高我国小额证券发行制度实施的有效性。

我国小额证券发行监管是以中国证券监督管理委员会统一规范下的自律监管为主，中国证监会与自律组织的监管职责实现分工配合。证监会的职责主要是制定统一的发行与监管规则以及事后的监督惩戒，小额证券的发行申报申请和挂牌交易由地方证券业协会和场外证券交易场所审核决定批准与否，减少了小额证券发行的行政监管的直接介入，使得小额证券发行注册豁免的审核监管程序较注册制的证券发行登记程序更加简便易行，企业申请发行证券的审核登记权限归属于地方证券业协会，场外证券交易场所行使在场外证券交易市场挂牌企业资格的审核权，这种登记管理模式类似于大多数国家实行证券发行的双重注册制，即证券发行公司既要在主管金融市场活动的金融管理机构注册，也要在证券将上市的那家证券交易所注册。[①] 只是小额证券发行注册豁免充分体现了自律管理原则，其双重登记的执行权由地方证券业协会和场外证券交易场所行使。而且，我国小额证券发行的这一监管制度模式将与证券监管的国际惯例相一致，IOSCO 原则 6 规定：监管体制应根据市场规模、复杂程度，适当发挥自律组织对各自领域进行一部分直接监管的职责。[②] 所以，我国小额证券发行监管制度采用以自律监管为主的直接监管，不仅将实现小额证券发行监管与证券国际监管体制的接轨，而且弥补了行政监管的局限性，但是仍然保持行政监管的威慑力和强制保障。

一、证券业协会的自律管理权

自律管理体制是国际证券市场管理的重要组成部分，国际证券市场的

---

① 这里的注册不是发行注册制意义上的注册，是证券交易的一种管理方法。参见黄达、项怀诚、郭振乾主编：《中国证券百科全书》，经济管理出版社 1993 年版，第 484 页。

② 全国人大证券法修改研拟工作小组编：《〈证券法〉修改国际借鉴》，中国发展出版社 2007 年版，第 11 页。

自律监管组织主要负责未上市证券和场外交易市场的监督管理。例如，全美证券交易商协会（NASD）是美国证券业最大的自律组织，负责管理纳斯达克市场以及其他柜台市场，NASD 的成立起因于场外交易商的低成本经营，美国国会通过的《1934 年证券交易法》修正案于 1939 年成立，受 SEC 监管，其主要职责是管理纳斯达克市场及其他柜台市场。日本现行的认可金融商品交易业协会负责场外交易有价证券注册底账的登记，并应将场外交易有价证券注册底账的副本，按照内阁府令规定置备于其办事机构供公众查阅。[①] 我国《证券法》第八条规定，在国家对证券发行、交易活动实行集中统一监督管理的前提下，依法设立证券业协会，实行自律性管理。因此，我国由证券业协会行使小额证券发行的登记管理权和交易的监督管理权是在《证券法》的规定范围内充分发挥自律管理组织的职能。

（一）中国证券业协会享有管理规则制定权

中国证券业协会是依据《证券法》和《社会团体登记管理条例》的有关规定设立的证券业自律性组织，接受中国证监会和国家民政部的业务指导和监督管理。中国证券业协会作为证券业的行业自律管理组织，经中国证监会授权制定证券发行自主管制规则和证券交易市场管理规则，[②] 充分发挥证券业协会在我国的小额证券发售中的自律管理权能，实现资源的更优化配置。中国证监会对于证券业协会的这一授权是证券监管市场化和证券业协会的使命担当的必然。综观世界各国的证券监管规则，证券自律机关的证券监管规则与行为比比皆是，如日本认可金融商品交易业协会的主要业务对于我国证券业协会制定管理规则有很好的参考作用。[③] 我国台湾地

① 参见日本《金融商品交易法》第六十七条之十一，引自《日本金融商品交易法及金融商品销售等相关法律（中日文对照本）》，中国证券监督管理委员会组织编译，法律出版社 2015 年版，第 437 页。

② 这里只论述自主管制规则，市场管理规则在场外证券交易市场的监管模式中详述。

③ 日本证券经济研究所编：《图说日本证券市场》，郭海燕译，社会科学文献出版社 2013 年版，第 215～216 页。

区证券自律机关为达到有效率的管理以发挥自我约束之力量，必须不断地稽核以发现问题，并经过调查与惩处，预防与遏制违规行为之发生，行政主管机关亦得透过此一稽核程序减省管理上之成本。[①] 台湾证券商同业公会业务管理规则规定，台湾证券商同业公会对会员与投资人或会员间，因有价证券交易所发生之争议，应拟定纷争调处办法申报证期会核备，并确实执行之。[②]

由于证券业协会制定自律规则的目的在于通过自律规则使自律机关成员和业者能够约束自身的行为，避免违反法规的行为的发生，因此，证券业协会制定的自律规则必须具备以下几个特征：第一，在自律规范中必须明定业者之基本行为标准。也就是说，以证券监督管理机关制定的规则为规范基础，为业者的行为提供更加详细、具体的行为准则，如必须提交的申报资料的基本要求和程序等，第二，必须对于其成员的服务水平提出要求，一方面约束成员的行为，另一方面给予业者客观的评判标准，如收费标准。从证券业协会的自律规则的特征的论述中可以推断出，自律规范的遵守主体包括两类：一类是证券业协会会员，另一类涉及场外证券交易场所和业者。根据上述对于证券业协会自律规则的分析，我国证券业协会制定证券发行审核登记监管的自主管制规则的权限主要归结为以下四个方面：（1）协会会员的内部管理体制，协会内部的职责权限的配置与协调。（2）小额证券发行的登记管理行为准则，由各地方证券业协会执行。（3）监察、监视调查、发动自主制裁，协会会员在证券登记管理活动过程中对法律、自主管制规则的遵守情况和完善内部管理体制的监察规则。（4）调解证券交易纠纷、交易投诉等的规则。

---

① 赖源河：《证券法规》，台湾元照出版公司 2014 年版，第 16～17 页。

② “台湾证券商同业公会业务管理规则”第十二条，转引自陈信编著：《证券法规概论》，鼎茂图书出版股份有限公司 2003 年版，第 180 页。参见刘连煜主编：《证券管理法令选录（2000 年 11 月修订版）》，台湾元照出版公司 2000 年版，第 794 页。

（二）发行小额证券的审核登记

证券发行的登记监管是监督管理证券市场、保护投资者、完善证券市场制度的必要程序和措施，各国的证券法律制度也已证实证券发行登记监管制度的必要性。证券管制的作用是构筑公平且公正的证券市场，证券市场必须是让无数的市场参与者感到公平且透明的交易市场，以获取多数参与者的信赖，被认为是证券市场发达的美国也特别注意这一点，日本也不例外。① 美国的小额证券发行注册豁免制度仍然有向 SEC 通知的要求，只不过更加简化而已。美国条例 A + 要求发行企业事前向 SEC 提交 Form 1 – A，规则 504 要求发行企业事后向 SEC 提交 Form D，而且《JOBS 法案》通过之后美国最新小额发行注册豁免规则都有信息披露的要求。美国以前的法律也规定，非上市公司如果要公开发行证券，首先须在证券交易委员会进行登记。申请登记的公司必须详细填写申报登记文书，以向投资者提供关于发行企业的财务状况等信息资料，成为投资者正确决策的依据。如果投资人因发行说明书错误信息或重要事实被遗漏而蒙受损失，填写说明书的公司、公共注册会计师、鉴定人、证券承销商以及任何参与准备、发表发行说明书且在说明书上签字的人均负有责任。② 正如有的学者所言，完全豁免证券法对于小企业的管辖在某些情况下将剥夺对于最需要保护的投资者的保护。③ 因此，无论是注册制还是注册豁免制，公开发行证券的登记均是不可或缺的，只是由于证券类别、发行主体的需求等特点的迥异，发行不同证券的登记管理机关和程序有所差异。

我国发行注册豁免的小额证券虽然不在中国证监会注册登记，但是小额证券发行的登记程序必须存在。其理由在于，首先，因为我国证券

① 日本经济研究所编：《图说日本证券市场》，郭海燕译，社会科学文献出版社 2013 年版，前言。

② 黄达、项怀诚、郭振乾主编：《中国证券百科全书》，经济管理出版社 1993 年版，第 387 页。

③ Louis Loss, Joel Seligman, Troy Paredes, *Fundamentals of securities regulation*, 6th Edition, Wolters Kluwer Law & Business, Volume 1, 2011, p. 529.

发行的市场化意识非常淡薄，加之社会诚信评价体系尚不健全，如果采取完全自由化的发行方式，小额证券发行与交易的欺诈、操纵市场等违法行为将恣意发生，致使小额证券发售市场混乱甚至崩溃。其次，没有登记程序的证券发行将是无序的，证券市场将失去监管标准。最后，是投资者保护和证券市场维护的需要，小额证券发行登记必须提供的信息资料是投资者投资判断的依据，也是对证券市场监管和处罚的依据。

地方证券业协会是我国证券发行管理体系的有机组成部分，作为小额证券发行的登记管理机构，发挥自律组织的监管功能，主要是为了降低小额证券发行统一注册登记的成本和压力，提高小额证券的发行效率。地方证券业协会审核发行企业的证券发行申请，对审核通过的企业登记备案，并建立小额证券发行企业信息资料库，为查阅和核对小额证券发行企业的资料提供便利。对于不符合登记条件的企业的证券发行申请，需要补正的，限期予以补正，需要驳回的证券发行申请，予以驳回并说明理由。

（三）监督小额证券交易

地方证券业协会作为小额证券的自律监督管理机关，不仅审核小额证券的发行，而且监督小额证券的交易，形成小额证券发售的系统化管理。地方证券业协会对于小额证券交易实行全过程的监督，通过对小额证券发售企业的证券发售通知的备案登记、特殊交易状态的监督、处理，将小额证券交易的信息资料纳入地方证券业协会的视野之内，一旦出现小额证券发售的有关问题时，可以做到追本溯源。

1. 小额证券发售通知的备案登记

小额证券发售的备案登记是证券监管机关监督小额证券交易的必要措施，否则，证券监管机关对于小额证券交易的监督将缺乏法律依据。而且备案登记在国际上也是场外证券交易监管的经验。场外交易有价证券注册底账的登记是日本金融商品交易业协会和内阁府令规定的监管规则，日本《金融商品交易法》第六十七条之十一规定场外交易有价证券注册底账的登记。① 我国小额证券的发行登记和小额证券的挂牌销售，是同一发行企业发售证券的两个不同阶段，地方证券业协会既负责小额证券发行的审核登记，也负责证券销售的备案登记，实现小额证券发行交易的一体化管理，增强小额证券发售管理的条理性，处理交易纠纷等问题时成竹在胸。凡是在场外证券交易场所取得挂牌交易资格的发行企业，发行企业应在五个工作日内向地方证券业协会提交发售通知，只有在向地方证券业协会提交发售通知后，发行的小额证券才可以在场外证券交易市场销售。发行企业提交给地方证券业协会的证券发售通知是地方证券业协会处理场外证券交易市场纠纷的依据。

2. 特殊交易状态的监督和处理

关于特殊交易状态的处理方法，英国的董事交易行为管理值得我们学习，上市公司的信息报告义务包括董事交易行为管理的信息。英国公司证券法要求公司必须制定管理公司董事交易行为的规章，凡是想买卖本公司证券的人，均必须遵循 1985 年“公司证券（内幕人士交易）法”的规定。② 我国台湾地区“证券交易法”为防止发行公司董事、监察人、经理人及其他股东，于证券市场中任意转让巨额股份，足以影响交易秩序、公司经营及市场安定，证券交易法乃参照美国立法例，增订第二十二条之二，发行公司董事、监察人、经理人及持有公司股份超过股份总额百分之十股东之股票转让方式。此转让之限制，于董事、监察人系依公司法第二十七条第（一）项或第（二）项规定当选者，对代表其行使职务之自然人及被代表之政府或法人亦适用之。③ 我国台湾地区“证券交易法”还规定了大量取得股份及变动之申报，具体内容是任何人单独或

---

① 参见日本《金融商品交易法》第六十七条之十一，引自《日本金融商品交易法及金融商品销售等相关法律》，中国证券监督管理委员会组织编译，法律出版社 2015 年版，第 437 页。

② 黄达、项怀诚、郭振乾主编：《中国证券百科全书》，经济管理出版社 1993 年版，第 396 页。

③ 我国台湾地区“公司法”第二十七条，2012 年 8 月 8 日修订，http：//www.doc88.com/p-1746874892212.html，最后访问时间：2016 年 12 月 18 日。

与他人共同取得任一公开发行公司已发行股份总额超过百分之十之股份者，应于取得后十日内，向主管机关申报其取得股份之目的、资金来源及主管机关所规定应行申报之事项；申报事项如有变动时，并应随时补正之。[①] 并且我国台湾地区“证券交易法”对于取得股份和与他人共同取得股份进行了详细规定。[②]

此处的特殊交易信息是指大股东和高级管理人员的股票交易信息，发行企业向地方证券业协会提交特殊交易信息资料，将此类人员的股票交易记录向地方证券业协会报送，作为小额证券发行企业的大股东和高级管理人员的诚信记录，通过信息备案的方式，地方证券业协会掌握小额发行企业及其相关人员遵纪守法的情况，监督大股东和高级管理人员的证券交易行为，防止大股东和高级管理人员利用内幕信息操纵小额证券交易。此外，地方证券业协会还核查处理证券交易市场的异常交易行为，由于证券交易参与者的自利性，证券交易中的投机欺诈行为是一种常态化的存在，对该类违法行为的处理也在地方证券业协会的职责之内。

二、场外证券交易市场的功能与监管

（一）场外证券交易市场的功能

我国《证券法》第五十条规定了股票上市的条件，其第（一）项规定，股票经国务院证券监督管理机构核准已公开发行，而小额证券的发行虽属公开发行，但是豁免在证监会的注册程序，因而不符合我国《证券法》规定的在证券交易所的上市条件。因此，为小额证券交易建立新的交易场所，与我国多层次资本市场建设的目标是一致的。本书将小额

① 我国台湾地区“证券交易法”第四十三之一条，2016 年 12 月 7 日修正。

② 赖源河：《证券法规》，台湾元照出版公司 2014 年版，第 93 页。其取得股份，包括其配偶、未成年子女及利用他人名义持有者。第三，与他人共同取得股份之定义：所称与他人共同取得股份，指以契约、协议或其他方式之合议，取得公开发行公司已发行股份。取得人与他人共同取得股份者，如有书面合意，应将该书面合意并同向主管机关申报。

证券的交易市场定位在场外证券交易场所，主要是基于以下几个原因：一是场外证券交易场所便于小额证券的销售登记，由于小额证券的发行登记权限归属于地方证券业协会，与之相对应，按地域设置场外证券交易场所，可以节约小额证券集中在交易所交易的登记费用。二是我国现有的证券交易市场过于单一，而且门槛很高。如前文所述，我国现有的证券交易市场只有深圳证券交易所、上海证券交易所和新三板市场，这些交易市场都以特定类型的企业为目标对象，在现行《证券法》的规定下，没有适宜小额证券交易的市场。三是场外证券交易市场的优点。场外证券交易市场有很多优点，如场外证券交易市场的挂牌门槛较低，可以更好地扩大证券市场容量。场外证券交易市场是区域性证券交易市场，为证券发行企业的证券挂牌提供了业务上的便利，节约了小额证券挂牌的成本。场外证券交易市场的建立有助于实现我国多层次资本市场建设的目标，也能适应依我国将要建设的小额证券发行注册豁免制度发行的小额证券的特性。小额证券发行之后即产生交易的需要，我国小额证券是豁免在证监会的注册程序，因而不能适用我国现行《证券法》第五十条的规定在证券交易所上市。上市公司再融资发行的小额证券、证券未上市的大中小企业发行的小额证券都需要交易市场，场外证券交易市场是一种比较理想的交易场所。我们这里所说的场外交易市场与美国的场外市场不同，① 其是一种集中交易的区域性证券交易市场，只是不具备交

① 场外市场作为一个报价媒介（quotation medium），市场准入由经纪商或交易商主导。经纪商或交易商依据 SEC 的 Rule15c2－11，将符合有关条件的公司和证券资料提交 FINRA，经 FINRA 审核同意后，才允许开始报价。而且美国场外市场的监管是多层次的，场外市场的监管层次包括：第一，SEC 注册的报告公司：OTCBB 和 OTC QB。根据 1999 年 1 月 SEC 批准的《OTCBB 资格规则》（OTC Eligibility Rule），所有在 OTCBB 有证券挂牌的公司，必须注册成为 SEC 报告公司，依法履行信息披露义务。第二，未向 SEC 注册，但适用其他信息披露标准的公司。包括两种类型：（1）采用“国际信息标准”（international information standard）的非美国公司，在 OTC QX International 板块挂牌。另外，未达到 OTC QX 财务门槛的外国上市公司，在 QTC PINK Current Information 挂牌，亦采用这一标准。（2）采用备选报告标准（alternative reporting standard）的公司，在 OTCQX U. S 层次及 OTC PINK 的 Current Information 层次挂牌。

易所的资格。但是在场外市场的市场准入，作为监管手段的信息披露要求，执法要求等方面有某些相似性。如美国《1933 年证券法》及 SEC 监管、FINRA 自律监管、场外市场自身设置的要求①以及各州层面的州监管机构的监管②共同构建了场外证券市场的市场准入、信息披露监管及执法的多层次。③

我国的场外证券交易市场作为小额证券交易的自律管理机构，接受中国证监会、证券业协会的监管，并且遵守场外证券交易市场的组织法要求的规定，这些监管规范将构成场外证券交易市场对于小额证券交易的市场准入、信息披露义务的监管要求以及交易违法行为处理的法律依据。场外证券交易市场必须接受和执行这些监管规范，为了在证券交易中进一步延伸小额证券的监管要求，场外证券交易市场还应制定场外证券交易市场的规章、业务规则等，规章主要是纲要性规范，须向证券主管机关登记，适用主体主要是自律机关的成员，其成员必须严格遵守，为小额证券交易创造良好的交易环境，业务规则属于自律型的技术性规范，适用主体是业者，可以更好地实现场外证券交易市场的监管目标。关于场外证券交易市场的自律规则的制定，可以参照我国台湾地区证券交易法规的规定。④

---

① 与交易所通过上市标准与上市公司形成商业及监管关系不同，场外市场作为一个报价媒介（quotation medium），市场准入由经纪商或交易商主导。经纪商或交易商依据 SEC 的 Rule15c2 - 11，将符合有关条件的公司和证券资料提交 FINRA，经 FINRA 审核同意后，才允许开始报价。

② 1996 年国会通过的全国证券市场促进法规定，在 NYSE AMEX 以及 NASDAQ 上市的证券为“联邦特指证券”（Federally Covered Securities），因而豁免在州监管机构的发行注册。但在场外市场挂牌的证券不属于“联邦特指范围内的证券”，因此要接受州监管机构的审查（通常是“审批制”下的实质审查）。为避免州层面审查程序的烦琐冗长，场外市场公司通常诉诸种种豁免条件，其中最为重要的一项豁免渠道是被列入国家承认的证券手册（nationally recognized securities mannual），典型的如穆迪手册和标准普尔手册。

③ 王啸：《美国资本市场转板机制的得失之鉴——兼议多层次资本市场建设》，载黄红元、徐明主编：《证券法苑》（第十卷），法律出版社 2014 年版，第 74 ~ 111 页。

④ 赖源河：《证券法规》，台湾元照出版公司 2014 年版，第 14 页。

（二）小额证券交易的市场准入监管与监督

小额证券市场的准入监管的目的在于通过设置场外证券交易市场的准入条件，使适格的小额证券发行企业之间有序竞争，防止和减少劣币驱逐良币的现象的发生，维护证券市场的公正。而证券交易过程的监督进一步控制证券交易中的违法、违规行为的发生，对于维护证券市场秩序起到预防和监督的功效。正如有的学者所言，业界间自律功能的作用应是第一位和预防性的，如若业界自律组织的制度功能无法显现，业者间自相恶性竞争，对整个市场造成衡掣，不只是主管机关必须加重行政成本，业界对于违规风险所招致行政处罚之不可预测性亦无从免除，而整个市场之秩序，投资人权益的保护，甚至国家经济发展等都将造成损害。[①] 因而，小额证券交易场所作为自律机构将履行小额证券交易的市场准入与交易过程监督的职责，充分发挥自律组织的预防和监督性功能。

证券交易企业的市场准入监管。凡在场外证券交易场所挂牌销售证券的企业，必须获得该证券交易场所的证券发售资格。场外证券交易场所按照本所规定的交易资格审查标准审核证券发售企业的申请资料，场外证券交易场所的审核期限为十个工作日，遇到法定节假日可以顺延。对于符合要求的证券发行企业，场外证券交易场所向地方证券业协会呈报备案后，通知申请企业，允许授予证券发售资格的企业的股票在场外证券交易场所挂牌交易。对于不符合要求的证券发售申请予以驳回，并说明理由。这也与其他国家的证券交易流通制度相似，在一级市场上获得发行资格的证券，进入二级市场流通转让，须在证券交易所取得交易注册。交易注册的标准和暂停或取消交易注册的管理规则由证券交易所负责制定。[②] 在小额证券交易的市场准入管理中，尽可能采用简化的交易

---

① 赖源河：《证券法规》，台湾元照出版公司 2014 年版，第 11 页。

② 黄达、项怀诚、郭振乾主编：《中国证券百科全书》，经济管理出版社 1993 年版，第 396 页。

注册程序，如美国在条例 A 的修订征求意见中，很多评论者推荐允许适用条例 A 的发行人在第二层级的证券发行中依《1934 年证券交易法》使用 Form 8 – A 简化证券的交易注册。[①] 与很多评论者的观点一致，[②] SEC 简化根据条例 A + 第二层级发行证券的证券交易法的交易注册，Form 8 – A 能够获得简化的注册程序。只有在发售通函中遵从 Form S – 1 第 I 部分或者以便希望依据条例A + 注册证券的发行人通过提交与 Form 1 – A 的资格相联结的 Form S – 11 披露模式的发行人被允许使用 Form 8 – A。[③] 美国 SEC 同意根据经认可的条例 A + 发行声明和 Form 8 – A 进行证券交易法报告的发行人将被看作"新型成长型公司"，如果发行人达到"新型成长型公司"的状态。发行人是否符合"新型成长型公司"的评判依据是根据证券法和证券交易法关于"新型成长型公司"的定义进行判断。[④] 由美国 SEC 的此规定可以看出，对于处于成长阶段的公司来说，对其证券交易的市场准入监管是必要的，但是应尽可能采用简化的证券交易管理程序，以为其融资提供便利化的条件，促进成长型公司的发展。我国小额证券交易企业的市场准入管理也必须坚持必要和简化的原则。

（三）证券交易过程的监管

操纵股票价格、证券交易欺诈等的投机行为均会在证券交易过程中显现出来，证券交易过程的管理对于投资者保护和维护证券市场秩序都是非常重要的。证券交易过程的管理是一系列连续交叉又相互影响的行

---

① ABA BLS Letter; Canaccord Letter; CFIRA Letter 1; CFIRA Letter 2; Fallbrook Techonologies Letter; Frutkin Law Letter; McCarter&English Letter; Milken Institute Letter; MoFo Letter; OTC Market Letter; Paul Hastings Letter; Richardson Patel Letter; WR Hambrecht + Co Letter.

② 黄达、项怀诚、郭振乾主编：《中国证券百科全书》，经济管理出版社 1993 年版，第 349 页。

③ See Form 8 – A, General Instructions A (c).

④ Under Section 2 (a) (19) of the Securities Act, an "emerging growth company" is defined as, among other things, an issuer that had total annual gross revenues of less than $ 1billion during its most recently completed fiscal year. 15 U. S. C. 77b (a) (19). See also Section 3 (a) (80) of the Exchange Act (which repeats the definition). 15 U. S. C. 78c (a) (80).

为活动，证券交易过程的管理重点在于持续信息披露的监管和证券交易实时监控，持续信息披露的监管和证券交易实时监控是相辅相成的，持续信息披露监管严格，证券交易异常现象发生的概率就会降低，实时监控相对顺畅。反之，证券交易异常现象将会多发，实时监控任务更加艰巨。

1. 持续信息披露的监管

持续信息披露是证券交易监管的一项重要内容，是场外证券交易场所监督发行企业的基本手段，持续信息披露要求是对于发行企业的行为的监管，体现了对于发行企业的动态变化的监管。这一要求与美国等国家和地区的小额证券交易监管经验相一致。美国 SEC 也认为依照证券交易法报告的小额证券发行人应该以与通过注册发行的发行人依照证券交易法报告管理普遍一致要求的方式提供披露信息。① 美国《1934 年证券交易法》要求在证券交易委员会注册的公司定期呈交年报和季报，同时要向股东报告公司发生的重要事件，如公司经营性质的改变、财产和股权的处理、大型的法律行动、会计师的更换，等等。② 很多国家参照美国的这一制度模式，把持续信息公开制度规定在各自的证券法中。如日本的《金融商品交易法》明确规定了证券发行与交易的信息公开制度。③ 我国台湾地区证券交易法与证券交易法施行细则非常详细、严格地规定了持续披露制度，包括年度财务报告、季报、月报、临时报告和

① Securities and Exchange Commission, 17 CFR Parts 200, 230, 232, 239, 240, 249 and 260, [Release Nos. 33 -9741; 34 -74578; 39 -2501; File No. S7 -11 -13] RIN 3235 -AL39, Amendments for Small and Additional Issues Exemptions under the Securities Act (Regulation A), p. 192.

② 美国《1934 年证券交易法》第 13 节，引自《美国 1934 年证券交易法（中英文对照本）》，张路译，法律出版社 2006 年版，第 239 ~276 页。

③《金融商品交易法》第二十三条之八，第二十四条，引自《日本金融商品交易法及金融商品销售等相关法律》，中国证券交易委员会组织编译，法律出版社 2015 年版，第 79、89 页。

年报。① 并且我国台湾地区证券交易法实施细则进一步细化了证券交易法关于年度财务报告、季报、月报、临时报告和年报的规定。② 美国证券法第3节（b）（2）要求发行人在持续信息报告中提交经审计的财务报告，证券法第3节（b）（4）授权SEC要求发行人向委员会提交关于发行人，发行人的业务经营，公司治理原则，募集资金使用和其他合适的事项等，并使投资者获得该等信息。③ 近年来，对于小额发行的持续信息披露的要求更加强调监管强度的适应性，美国SEC要求依据条例A+第一层级发行证券的公司提交关于发行的证券的销售情况和更新发行人的信息，在证券发行终止或完成之后的30日内以Form1-Z向证券交易委员会报告，而要求依据条例A+第二层级发行证券的公司以电子版提交年度报告Form1－K,半年度报告Form1－SA，临时事件更新报告1－U，和发行终

① 参见2016年12月7日修正我国台湾地区“证券交易法”第三十六条，已依本法发行有价证券之公司，除情形特殊，经主管机关另予规定者外，应依下列规定公告并向主管机关申报：一、于每会计年度终了后三个月内，公告并申报经会计师查核签证、董事会通过及监察人承认之年度财务报告。二、于每会计年度第一季、第二季及第三季终了后四十五日内，公告并申报经会计师核阅及提报董事会之财务报告。三、于每月十日以前，公告并申报上月份营运情形。前项所定情形特殊之适用范围、公告、申报期限及其他应遵行事项之办法，由主管机关定之。第一项之公司有下列情事之一者，应于事实发生之日起二日内公告并向主管机关申报：股东常会承认之年度财务报告与公告并向主管机关申报之年度财务报告不一致。发生对股东权益或证券价格有重大影响之事项。第一项之公司，应编制年报，于股东常会分送股东；其应记载事项、编制原则及其他应遵行事项之准则，由主管机关定之。第一项至第三项公告、申报事项及前项年报，有价证券已在证券交易所上市买卖者，应以抄本送证券交易所；有价证券已在证券商营业处所买卖者，应以抄本送主管机关指定之机构供公众阅览。

② 赖源河：《证券法规》，台湾元照出版公司2014年版，第100~101页。财务报告属简明报表者，应载明“会计师查核（核阅）之财务报告已备置公司供股东查阅或抄录”的字样（同证交法施行细则四3）季财务报告应载明核阅会计师姓名及核阅报告所特别叙明事项（同证交法施行细则四2），其属简明者，应载明“会计师核阅之财务报告已备置公司供股东查阅或抄录”的字样（同证交法施行细则四）。所谓营运情形，系指下列事项：开立发票总金额及营业收入额；为他人背书保证之金额；其他主管机关所定之事项（同证交法施行细则五）。

③ Securities and Exchange Commission, 17 CFR Parts 200, 230, 232, 239, 240, 249 and 260, [Release Nos. 33－9741; 34－74578; 39－2501; File No. S7－11－13] RIN 3235－AL39, Amendments for Small and Additional Issues Exemptions under the Securities Act (Regulation A), pp. 152－153.

止或完成之后的退出报告 1 – Z。[①] 此规定体现了美国小额证券发行持续信息披露的过程的完整性，更加有利于证券市场的监管。

因为企业处于持续经营状态，其内部经营管理和对外行为活动会发生变化甚至重大变化，我国小额证券的发售仍然要求证券发售企业通过发布定期报告和临时报告的形式履行持续信息披露义务，向投资者公布企业的经营业绩与重大事项，供投资者及时了解企业的经营状态。所以，已在场外证券交易场所挂牌交易证券的企业，应向场外证券交易场所提交定期报告和临时报告，以便交易场所监督和投资者了解发行企业的经营状况。

首先，将定期报告和临时报告置备于场外证券交易场所，是场外证券交易场所监督发行企业信息披露的形式要件。我国台湾地区“证券交易法”第三十六条规定，上述公告、申报事项及年报，有价证券已在证券交易所上市买卖者，应以抄本送证券交易所，有价证券已在证券商营业处所买卖者，应以抄本送主管机关指定之机构供公众阅览。[②] 违者处二十四万元以上二百四十万元以下罚金。[③] 除此以外，并应备于公司及其分支机构，以供股东及公司债权人之查阅或抄录。[④]

其次，要求发行企业持续披露的信息真实、准确、完整和时新。持续信息披露的真实、准确性可以从内外部两个方面加以控制，持续信息披露监管可以产生督促发行企业和维护证券交易公平的叠加效应。例如，我国台湾地区“证券交易法”第三十六条规定，于每会计年度终了后三个月内，公告并申报经会计师查核签证、董事会通过及监察人承认之年度财务报告。持续披露信息真实性的内部控制主要是高级管理人员审核

---

① https：//www. sec. gov/info/smallbus/qasbsec. htm#jobsact。
② 我国台湾地区“证券交易法”第三十六条，参见 2016 年 12 月 7 日修正版。
③ 我国台湾地区“证券交易法”第一百七十八条，参见 2016 年 12 月 7 日修正版。
④ 我国台湾地区“证券交易法”第三十七条，参见 2016 年 12 月 7 日修正版。

签署企业的财务报告。高级管理人员审核企业的财务报告并签字的目的是约束发行企业的欺诈行为，保证财务报告的真实性。而高级管理人员的签名默示承认了财务报告已经过其审核，并且财务报告的所有信息均公允地反映了企业的经营成果，不存在有关重大事实的不实陈述和漏报，根据陈述时的具体情况为使陈述不致产生误导所需的重大事实。美国证券交易委员会制定的规则明示了高级管理人员签署企业财务报告的意蕴，① 严格监督发行企业信息披露的内部控制制度，旨在杜绝证券市场的信息操纵、交易欺诈，场外证券交易场所及时检查发行企业的信息披露状态，发现发行企业的持续信息披露不符合信息披露的基本准则，要求发行企业予以补正。如果发行企业披露的信息不存在虚假、误导性陈述，内部知情人员没有利用内幕信息操纵股票价格，证券交易将是公平、公正的。

此外，信息披露资料亦是场外证券交易场所调查异常证券交易的一项重要审查资料，场外交易场所的证券交易出现异常现象时，审核信息披露资料是否存在虚假陈述等情况，为纠正证券交易欺诈提供第一手资料。英国证券市场的管理属于自律型管理，上市公司的信息报告义务要求非常严密，其上市公司信息报告义务的很多优点可以移植、转化应用于我国的场外证券交易市场的信息披露制度规范中，其规定为：为了使股东能够迅速及时地得到可能影响证券价格变动的任何信息，上市公司必须履行报告义务，否则将被中止上市。上市公司还必须将有关信息立

① 证券交易委员会应当制定具体，对于按照本编 78m（a）或 78o（d）节报备定期报告的公司，要求其主要执行官和主要财务官或者履行类似职责的人员在根据本编上述任一条款规定报备或提交的每一份年度报告或者季度报告中核证以下内容：（1）签字高级管理人员已审核过该报告。（2）据高级管理人员所知，报告并不包含任何有关重大事实的不实陈述，亦没有漏报根据陈述时的具体情况为使陈述不致产生误导所需的重大事实。（3）据高级管理人员所知，报告中包含的财务报表及其他财务信息在所有重大方面均公允地反映了发行人截止报告日及报告期内的财务状况和经营成果。参见中国证券监督管理委员会组织编译：美国《2002 年萨班斯—奥克斯利法》（中英文对照本），法律出版社 2015 年版，第 71～73 页。引自《美国法典》第 15 编第 7241 节，文本来源：2002 年 7 月 30 日通过的《第 107－204 号公法》第 3 编第 302 条，《美国制定法大全》第 116 卷第 777 页。

即通知证券交易所，以便该公司上市证券的持有者和公众能正确地评价与查询。① 美国 SEC 意识到适用与条例 A + 的证券发售声明资格相一致的 Form 8 – A 的证券交易报告制度有利于投资者保护，此外，为了保持在交易所上市，发行人必须维持一定质量和数量的持续上市标准。② 因此，除证券交易法的持续报告义务外，投资者将从发行人的证券交易的初次和持续上市标准的满足获益，也可以使投资者从证券的更强的流动性获益。③ 美国紫貂自然资源公司（SNREQ）（CIK No. 1475899），位于得克萨斯州斯达拉的一个无效的特拉华公司根据证券交易法第 12 节（g）向 SEC 注册了一组证券，因为它在定期报告的提交方面违反了 SEC 的规定，自从 2015 年 9 月 30 日提交了 Form10 – Q 后一直没有提交定期报告。2017 年 6 月 27 日，SEC 的公司财务部门发送了违法信，要求 SNREQ 遵从定期提交要求，但是 SNREQ 由于没能按照 SEC 的规则④要求留给 SEC 关于提交方面的有效地址而没有收到该违法信。2017 年 9 月 5 日时，SNREQ 的普通股在 OTC 链接被引述，有 6 个造市商，是符合证券交易法规则 15 c2 – 11（f）（3）的“背负式”例外资格的。类似的案例还有西方发展集团公司（OXDG）（CIK No. 1073362）、Novamex 能源公司（NGLE）（CIK No. 1365748）等，对于上述案件，SEC 的观点是公众利益和投资者保护要求停止上述公司的证券交易。因此，根据《1934 年证券交易法》第 12 节（k），SEC 命令上述公司的证券交易在 2017 年 9 月 27 日上午9:00至

① 黄达、项怀诚、郭振乾主编：《中国证券百科全书》，经济管理出版社 1993 年版，第 396 页。

② See e. g. Continued Listing Guide for the NASDQAQ Stock Market, available at: https: //listingcenter. nasdaq. com/assets/continuedguide. pdf. 2016 – 1 – 8. Continued Listing Standars for the New York Stock Exchange (NYSE), available at: https: //www. nyse. com/get – started/reference, 2016 – 1 – 8.

③ Securities and Exchange Commission, 17 CFR Parts 200, 230, 232, 239, 240, 249 and 260, [Release Nos. 33 – 9741; 34 – 74578; 39 – 2501; File No. S7 – 11 – 13] RIN 3235 – AL39, Amendments for Small and Additional Issues Exemptions under the Securities Act (Regulation A), p. 191.

④ 条例 S – T 下的规则 301，17 CFR 232。301 和 EDGAR 文件装订手册。

2017年10月10日下午11:59期间被停止。[①]

2. 证券交易的实时监控

场外证券交易的实时监控是事中监管措施，是对小额证券信息披露行为的进一步监督，小额证券交易中的异常交易行为的根源仍然在于利用内幕信息操纵市场，证券交易的实时监控可以采取即时措施管控异常交易行为，维护证券交易市场秩序并阻止交易当事方的损失进一步扩大。小额证券交易的实时监控与上市证券交易的实时监控的不同之处主要体现在两个方面：一是监控小额证券交易市场的做市商的行为，小额证券的交易是在做市商报价的基础上进行，做市商的介入使得场外证券交易市场的关系更为复杂，增加了对做市商的投机报价行为和自营交易行为的监控任务。二是小额证券发行的自律监管在小额证券发行阶段弱化了行政监管的强度。证券监管机构对于证券发行申请的形式审查为信息披露的不真实埋下隐患，使得自律监管模式下的证券投机行为更加猖獗，内部人员利用其掌握的内部信息交易牟利更加便利。小额证券交易的实时监控中一旦发现证券交易价格出现异常，场外证券交易场所可以立即采取紧急措施暂停出现异常情况的证券的交易，并向地方证券业协会和证监会（局）报告，决定是否采取进一步的调查措施，查找发生异常交易的根源，采取相应的纠正措施以保护交易当事方的利益，维护场外证券交易市场的秩序。

三、证监会的行政监管

（一）证监会行政监管的必要性

虽然小额证券的发行以自律管理为主，但是自律监管的自我约束和调节机制有时不能完全奏效，行政监管是必要也是必须的。自律监管组织的法律地位决定了其独立监管的局限性，自律组织以业务监管为主，

① https：//www. sec. gov/litigation/suspensions/2017/34 – 81727 – o. pdf。

其职能偏重于监管权力中的执行权，需要行政监管的明确的法令规定确定其行为准则，这是自律组织接受行政监管的其中一方面原因，另一方面，证券业协会作为自律组织，在监管活动中其行为会发生偏私，必须通过行政监管进行纠正和制裁，以确保小额证券发行符合法律法规的要求。在处理行政监管与自律管理机关的关系时，IOSCO 原则的规定以及其他国家和地区的经验都值得学习和借鉴。根据 IOSCO 原则 7 的规定：自律组织应接受监管机构的监督，在行使和代行使职权时应遵循公平和保密原则。① 我国台湾地区对证券自律管理机关的管辖权虽存在重叠及不明之处，但政府对自律机关的业务部分，尤其是与目的事业有关者，应予适当之监督，以免造成对业界之误导。同时，证券商同业公会是业者的自律机构，自我利益是其形成任何意见的第一考量因素，而主管机关必须基于公益的立场督导同业公会朝向全体市场共同利益的方向施政，此即“证券交易法”第九十一条及“证券投资信托及顾问法”第九十条所规定，主管机关在保障市场之公正性及维护广大投资人权益时，得命令同业公会变更章程、规则、决议或提供参考、报告之资料或为其他一定之行为。② 美国虽然实行小额证券的发行注册豁免，但是其豁免条件和监管规则均由 SEC 制定，如条例 A +，而且发行企业依据条例 A + 发行小额证券，须事前向 SEC 提交表格 1—A，只有获得 SEC 的认可后方可销售证券，因而，条例 A + 实质上是一个小额证券发行的小型登记。在日本，金融商品交易业者拟设立认可金融商品交易业协会时，首先应取得内阁总理大臣的批准，③ 日本《金融商品交易法》第七十四条规定，内阁总理大臣认为为公共利益或者投资者保护所必要且适当时，可以对于金融

---

① 全国人大证券法修改研拟工作小组编：《〈证券法〉修改国际借鉴》，中国发展出版社 2007 年版，第 12 页。

② 赖源河：《证券法规》，台湾元照出版公司 2014 年版，第 17 ~ 18 页。

③ 参见日本《金融商品交易业法》第六十七条之二第二款，引自《日本金融商品交易法及金融商品销售等相关法律》，中国证券监督管理委员会组织编译，法律出版社 2015 年版，第 431 页。

商品交易业认可协会因违反法令等的行为采取批准取消、业务停止、管理人员免职等必要措施以监督和纠正金融商品交易业认可协会的违反法令等行为。①

我国小额证券发行注册豁免制度的监管模式应贯彻 IOSCO 原则 7 的思想精髓和坚持国际证券市场对于自律组织监管的经验。根据我国现行《证券法》第八条的规定，中国证监会的监管是证券市场法制统一的必然要求，在法律规范统一的前提下，通过证监会的行政监管监督和指导自律组织的监管行为，确保小额证券发行市场的集中统一监管。为兼顾小额证券发行的效率和公正，中国证监会对小额证券的发行监管必须在放松监管与适度监管之间保持适度平衡，在小额证券发行监管中，合理划分中国证监会与自律组织之间职责权限，中国证监会的行政监管权限范围重在适度和威慑。如有的学者所言，通常而言，行政主管机关及自律机关相互间可谓唇齿相依，为健全整个市场运作，只有更紧密的沟通与协调才是正常之途。② 这是对自律机关和行政监管之间的关系的非常客观、理性的认识，但是因为自律规范本身只是一种应然规定，由于各种复杂原因的存在，对于违反自律规范的惩罚才是保证各方主体遵守自律规范的最后屏障。当法律赋予主管机关对于自律机关的监管权限被违反时，必须有非常强有力的制裁措施，需要法律的强制性规范来确保自律

① 参见日本《金融商品交易法》第七十四条第一款规定，认可协会违反法令、行政机关依据法令作出的处理决定或者该认可协会章程等其他规则时，或尽管协会会员、金融商品中介业者或者场外交易有价证券或者经办有价证券的发行人违反法令等，或者违背章程等其他规则规定的交易诚信原则，但认可协会对于该等业者不行使本法、依据本法作出的命令或者章程等其他规则赋予的权能以使该等业者遵守法令等或者该交易的诚实信用原则以及怠于采取其他必要措施的，内阁总理大臣认为为公共利益或者投资者保护所必要且适当时，可取消其设立批准、规定一年以内的期限令其停止业务的全部或者一部分、责令变更其业务的方法或者禁止其业务的一部分、责令免除其管理人员免职或采取章程等规则规定的其他必要措施。引自《日本金融商品交易法及金融商品销售等相关法律》，中国证券监督管理委员会组织编译，法律出版社 2015 年版，第 447 页。

② 赖源河：《证券法规》，台湾元照出版公司 2014 年版，第 17 ~ 18 页。

机关执行行政监管的规章制度。有学者将违反自律规范的惩罚制度的作用机制归纳为以下几个方面：第一，参与自律组织在理论上虽是出自自愿的遵行规范义务，但是对于违反者若无适当的惩罚，将无以鞭策效果及功能之维系，因而对于同业间未遵行义务之议处则属相当重要。第二，在处分规定之内容上包括停止会员权益、违约金、除名及呈报主管机关为适当行政处分等。第三，排除惩罚制度的执行障碍，增强其可实施性。我国台湾地区“证券投资信托及顾问法”第八十八条参酌美国之立法例，增订可对于会员为撤销或暂停会员资格之处置，以发挥更为有效之自律功能。[①] 笔者认为，我国在设置小额证券发售过程中的违反自律规则的行为时，可以作为参考。在总的认识原则上，行政监管是保证自律监管功能实现的坚强后盾，增强法律规范的严厉性和威慑力是协调证券行政监管和自律监管职能的有效措施。

证监会对于我国小额证券的发行监管职能主要体现在两个方面，一是制定关于小额证券发行登记标准的规则，二是检查监督小额证券发行审核登记情况，纠正和制裁违反证券发行监督管理法规的行为。中国证监会的这两方面监管职能确保了小额证券发行、交易监管的统一，为地方证券业协会有效执行小额证券发售审核登记备案提供了制度前提，并确保全国范围内小额证券发售监管标准的一致。依据我国现行《证券法》第七条的规定，各地证监局作为中国证监会的派出机构，按照证监会的授权履行监管职责。

（二）小额证券的发行登记标准

小额证券的发行登记标准也就是小额证券的发行条件，是小额证券发行审核的标准依据，其确定主体和标准必须得依《证券法》的授权性规定，这种授权性规定可以参照美国《1933 年证券法》第 3 节（b）、日

---

① 赖源河：《证券法规》，台湾元照出版公司 2014 年版，第 15 页。

本《金融商品交易法》第四条第一款之五。除了借鉴国际经验之外，审视和研究我国现行的《证券法》，虽然我国现行《证券法》没有明确的关于小额证券发行的授权性规定条款，但是《证券法》第十条、《证券法》第十三条第一款第（四）项的规定也具有相当重要的启示意义，该两条规定足以说明中国证监会在证券发行以及成为有资格决定证券发行条件的国务院证券监督管理机构的举足轻重的地位。正在修改中的《证券法（修订草案）》第十三条、第十四条的规定也说明中国证监会决定豁免注册的条件。① 此外，从证券发行、交易监督管理的统一需要出发，中国证监会也是小额证券发行登记标准的制定主体。我国现行《证券法》第八条规定："在国家对证券发行、交易活动实行集中统一监督管理的前提下，依法设立证券业协会，实行自律性管理。"由此可见，中国证监会对于小额证券的发行监管是在我国证券法的规范架构内。

详细分析美国、日本等的小额证券的发行监管与登记标准，其主要结合小额证券的发行条件和企业的基本条件两个方面作为确定依据，美国条例 A + 的规则 251 - 263 规定了小额证券发行监管的各方面条件和对于发行小额证券的全方位监管，我国小额证券的发行监管应以此为范本，制定适合我国企业和证券市场特点的发行监管标准。另外，日本是店头市场比较成熟的国家，其在证券发行登记标准的确定方面具有丰富的经验，日本店头市场的发行企业登记标准对我国小额证券发行企业同样具有借鉴意义。② 同时，发行登记标准的设定应达到保护投资者利益和便利企业融资的双重目标，要防止发行登记标准过高，不合理限制实际适格的企业发行证券。我国申请发行小额证券的企业欲获得注册豁免证券发行资格，需满足以下条件：（1）申请发行小额证券的最高限额不得超过

① 《中华人民共和国证券法（修订草案）》第十三条和第十四条，http://www.financialservicelaw.com.cn/article/default.asp?id=4777。最后访问时间：2015 年 12 月 10 日。

② 黄达、项怀诚、郭振乾主编：《中国证券百科全书》，经济管理出版社 1993 年版，第 349 页。

5000 万元/12 个月，含合并计算、原有股东持有股票的销售。(2) 企业和高级管理人员不存在被剥夺豁免资格的消极条件。(3) 发行企业的总资产不少于 5000 万元。(4) 企业成立三年以上（含 3 年）并持续经营。(5) 申请企业发行证券之前的最近两年连续盈利。(6) 发行小额证券的企业必须按计划分配股息。发行企业是否按计划分配股息参照上一年度的股息分配结果确定。属于初次申请发行证券的，应在申报书承诺按计划分配股息并提交制定的股息分配计划。之所以选择这几个条件作为申请发行小额证券的企业能否获得发行资格的标准，是因为这几个条件基本能保证获得注册豁免的小额证券发行的安全、企业的盈利能力基本能满足投资者的收益回报要求，提升投资者的信心，有利于维持小额证券交易的流动性，促进小额证券市场的良性发展。

（三）证监会的行政监管的方式

证监会对于小额证券发行的行政监管除前述阐述的制定小额证券发行登记标准外，证监会（局）主要负责检查和指导地方证券业协会小额证券发行的审核登记管理工作。证监会的行政监管一方面保持全国范围内的小额证券发行的统一标准和一致性，另一方面监督指导地方证券业协会的审核登记备案工作，纠正违法或不合乎规定的小额发行审核登记，保持小额证券发行的规范化。该种制度安排贯穿了行政监管与自律监管相结合的证券监管理念，是我国现行《证券法》第八条的贯彻落实，根本目标在于确保达到小额证券发行的公正性、效益性与效率性。

证监会（局）对于地方证券业协会登记备案工作的检查采用定期检查和不定期检查相结合的方式。定期检查是一种例行检查，以地方证券业协会报告的形式进行，全面、系统地检查地方证券业协会的小额证券发行审核登记工作，检查小额证券发行审核登记备案的整体状况，从全局的角度监督小额证券发行审核登记备案管理工作。不定期检查可以是抽查或者针对具体问题的调查，主要针对个别企业的登记备案情况进行检查，这种检查方式深入对企业信息资料和审核登记环节的全面检查。对于小额证券交易处于正常状态的企业而言，证监会（局）可以不定期进行抽查，研究小额证券发行登记的要求是否符合小额证券登记管理的客观规律，现行的小额证券发行审核登记制度是否科学，与企业发行小额证券的现实需求是否存在差距。检查的形式可以是证监会（局）派员深入各地方证券交易业协会现场检查，也可以要求地方证券业协会以报告的形式汇报并提供发行企业以及与证券发行相关的资料。在我国台湾地区，有价证券发行后，主管机关得随时命令发行人提出财务或业务报告或直接检查财务、业务状况。[①] 为强化主管机关检查之绩效，“证券交易法”增列第三十八条之一，规定主管机关认为必要时，得随时指定会计师、律师、工程师或其他专门职业或技术人员、检查发行人、证券承销商或其他关系人之财务、业务状况及有关书表、账册，并向主管机关提出报告或表示意见，其费用由被检查人负担，以保障投资安全。[②] 针对具体问题的调查是指向出现交易异常的小额证券及其发行企业采取的一种检查方式，旨在处理小额证券发行与交易中的问题，分析该证券交易各参与方的责任，最终实现交易各方的利益平衡，挖掘违法证券交易背后的根源性问题，并作为完善小额证券发行立法的经验基础。如果证监会（局）调查发现确系地方证券业协会违反规则或过失行为进行发售登记，可责令停止该证券的交易。该制度规定可以借鉴《日本金融商品交易法》的相关规定，日本《金融商品交易法》第七十四条第一款规定，认可金融商品交易业协会在执业过程中因违反法令、行政机关依据法令作出的处理决定或者该认可协会章程等其他规则时，或者认可金融商品交易业协会管理的业者违反法令，认可金融商品交易业协会未行使其权

① 我国台湾地区“证券交易法”第三十八条，参见2016年12月7日修正版。
② 我国台湾地区“证券交易法”第三十八条之一，参见2016年12月7日修正版。

能以及怠于采取必要措施的，内阁总理大臣认为为公共利益或投资者保护所必要且适当时，可以取消其设立批准、令其停止业务的全部或者一部分等必要的监督措施。[①]

日本内阁总理大臣对于认可金融商品交易业协会的监督以两种方式为主，一种是定期报告，认可协会每个会计年度向内阁总理大臣提交文件；[②] 另一种是调取报告与派员检查，内阁总理大臣认为为公共利益或投资者保护所必要且适当时，可责令认可金融商品交易业协会等业者提交该认可金融商品交易业协会的业务或财产相关可供参考的报告或者资料，或者派遣工作人员检查该认可金融商品交易业协会或接受该认可金融商品交易业协会委托的业者的业务或者财产状况或者账簿文件等。[③] 日本《金融商品交易法》第六十七条之十五规定，日本金融商品交易业协会违反第六十七条之十二第一项相关同条规定的规则，拟依据或已依据第六

① 日本《金融商品交易业法》第七十四条第一款规定，认可协会违反法令、行政机关依据法令作出的处理决定或者该认可协会章程等其他规则时，或尽管协会会员、金融商品中介业者或者场外交易有价证券或者经办有价证券的发行人违反法令等，或者违背章程等其他规则规定的交易诚实信用原则，但认可协会对于该等业者不行使本法、依据本法作出的命令或者章程等其他规则赋予的权能以使该等业者遵守法令等或者该交易的诚实信用原则以及怠于采取其他必要措施的，内阁总理大臣认为为公共利益或投资者保护所必要且适当时，可取消其设立批准、规定一年以内的期限令其停止业务的全部或者一部分、责令变更其业务的方法或者禁止其业务的一部分、责令免除其管理人员职务或采取章程等规则规定的其他必要措施。引自《日本金融商品交易法及金融商品销售等相关法律》，中国证券监督管理委员会组织编译，法律出版社2015年版，第447页。

② 日本《金融商品交易法》第七十六条规定，认可协会应在每个会计年度开始之日起三个月内向内阁总理大臣提交下列文件：一、前一个会计年度的经营概况报告书及该会计年度的经营计划书；二、前一个会计年度末的财产目录；三、前一个会计年度的收支结算书及该会计年度的收支预算。引自《日本金融商品交易法及金融商品销售等相关法律》，中国证券监督管理委员会组织编译，法律出版社2015年版，第447页。

③ 参见日本《金融商品交易法》第七十五条规定，内阁总理大臣认为为公共利益或投资者保护所必要且适当时，可责令认可协会、场外交易有价证券或者经办有价证券的发行人或接受该认可协会业务委托的业者，提交该认可协会的业务或财产相关可供参考的报告或者资料，或派遣有关工作人员检查该认可协会或接受该认可协会业务委托的业者的业务或者财产状况或者账簿文件等其他物品（接受该认可协会业务委托的业者，限于该认可协会业务或财产相关的必要检查）。引自《日本金融商品交易法及金融商品销售等相关法律》，中国证券监督管理委员会组织编译，法律出版社2015年版，第447页。

十七条之十一第一款的规定进行有价证券的注册或取消注册时，内阁总理大臣可责令该认可协会取消已进行了该注册的有价证券的注册，或将已取消该注册的有价证券进行再注册及采取纠正该违反所必要的其他措施，在此情况下，应举行听证。[①]

从上述对于证监会的行政监管的分析可以看出，行政监管是保证小额证券发行、交易集中统一监管的必然要求，只有在保证小额证券发行、交易集中统一监管的前提下，才能实行证券业协会的自律性监管。[②] 这是保证我国证券法制统一的前提，更是实现小额证券发行安全、公正、效益和效率的制度保障。因而，自律机构接受行政机关的监督管理是证券监督管理系统内部的监督制衡与协调统一，它们在小额证券发行监管中各司其职，地方证券业协会接受中国证监会的监督管理，以减少和纠正偏离违反证券法的小额证券发行行为。我国经地方证券业协会审核登记的小额证券发行接受中国证监会的检查监督，一方面，可以有效增强自律组织的自我约束，使其按照证券法律法规和证监会的要求进行审核登记备案，以行政监管的威慑力维持小额证券发售的正常秩序。另一方面，中国证监会可以通过查处小额证券发售登记中的违法违规行为，恢复各方当事人之间的利益平衡关系，不仅保护了小额证券发售的公正性，而且总结小额证券发售的监督管理经验，为小额证券发售法律制度的调适奠定基础并适时地完善小额证券发售法律制度。

---

① 参见日本《金融商品交易法》第六十七条之十五第一款规定，引自《日本金融商品交易法及金融商品销售等相关法律》，中国证券监督管理委员会组织编译，法律出版社2015年版，第439页。

② 参见《中华人民共和国证券法》第八条。

第六章 小额发行注册豁免证券场外交易的规制

小额发行注册豁免证券交易制度的特殊之处是由证券市场的层次决定的，场外证券交易场所处于证券市场的最基层，证券发售主体主要是数量广泛而庞大的中小企业。故而，小额发行注册豁免证券交易规则的设计应考虑发行企业的融资特点与交易模式，小额证券发行注册豁免强调小额证券发行的低成本、高效率、方便快捷的特点，在发行的前端强调自律监管为主，在后端交易中应加大违法行为的制裁力度。为了保持小额证券发售监管的平衡，从而保护投资者利益和维持证券市场秩序，根据此特点，本书将小额发行注册豁免证券的交易制度不同于注册证券交易制度之处归结为四点：（1）小额证券交易由中国证监会、地方证券业协会和场外证券交易场所共同监督，它们之间分工配合，协调监管。（2）小额发行注册豁免证券的交易场所是场外证券交易市场，小额发行证券的挂牌交易审核由场外证券交易场所完成，故场外证券交易市场的建设和监督管理为小额发行注册豁免证券的转让提供良好的交易环境；（3）做市商制度，发行小额证券的多数企业处于成长性阶段，投资者的层次较低，做市商是促进我国场外交易市场证券的流动性的必不可少的要素；（4）违法证券交易行为的处罚和法律责任追究制度。

一、场外证券交易市场的监管模式

场外证券交易场所作为我国证券市场组成部分的思想早在 1992 年 8

月开始组建的证券法起草小组拟定的《中华人民共和国证券法草案》中首次以立法形式规定我国的证券交易市场由证券交易所和场外交易场所共同组成。①② 这一立法思想的初衷在于为适应股票的不还本特性，为股票交易提供更多的交易场所，从制度上保证股票的转让自由，进而促进证券发行企业实现筹资目标。这一立法思想也表明了我国场外证券交易市场接受《证券法》的统一监管，与我国现行《证券法》的规定是一致的。在场外证券交易市场的具体监管模式上，由中国证监会实行集中统一管理，同时又赋予自律性组织一定的管理权。在管理形式上，可以借鉴全美证券商协会（NASD）对于美国 NASDAQ 市场的管理系统。美国 SEC 于 1939 年倡议建立全美证券商协会（NASD）全权管理美国的场外交易市场，美国的 NASDAQ 市场就是由全美证券商协会设立的全美证券商协会自动报价系统。协会通过覆盖全国的计算机网络，可以随时得到全国场外证券交易的数量、结构、价格变化等信息，并利用信息系统整理出场外交易统计资料，公布于众，一方面指导证券资金投向，另一方面监督场外交易的价格变化，防止产生不法交易。然而，全美证券商协会能够成功地对场外交易所实施自律性管理的原因在于：一方面，它本身就是最大的场外交易场所的设立者，这种经济上的归属关系使它有权威、有能力实施监控场外交易情况；另一方面，美国自 1933 年以来制定了一系列证券法规，以立法形式对证券交易和证券经营机构的行为规范作了详尽规定，详尽的立法为它实施自律性管理提供了深厚的社会基础。③ 但

① 胡丽云：《场外交易场所的设立条件及管理体制》，载中国证券监督管理委员会法律部编：《证券市场专家谈》，中国政法大学出版社 1994 年版，第 70～75 页。

② 《中华人民共和国证券法草案》中的场外交易场所也许与本文中场外证券交易场所的外延与内涵有些许差异，但其立法目的是为股票提供更多的交易场所，是场外证券交易场所的立法思想的萌芽。

③ 胡丽云：《场外交易场所的设立条件及管理体制》，载中国证券监督管理委员会法律部编：《证券市场专家谈》，中国政法大学出版社 1994 年版，第 70～75 页。

是，我国的场外证券交易场所的监管体制与美国的场外证券市场的管理有所不同。由于我国的证券业协会虽然也是自律性组织，但其与场外证券交易场所同样接受证监会的监管，对于场外证券交易场所没有组织管理的权限，仅限于法律授权的业务上的监督管理关系。

我国现行《证券法》第七条第一款规定："国务院证券监督管理机构依法对全国证券市场实行集中统一监督管理。"场外证券交易市场作为我国资本市场的重要组成部分，对其监管应体现我国资本市场建设的全局意识和战略意识，正如古人所云："不谋全局者不足以谋一城，不谋万世者不足以谋一时。"本书对于场外证券交易市场的监管模式的研究，虽然采用政府监管与自律监管相结合的以自律监管为主的模式，但是仍然坚持中国证监会的集中统一管理，即在中国证监会的统一规则规范和监督下，以证券业协会和场外证券交易市场的自律管理为主。这种监管模式强调政府适度干预与自律性组织自律管理相协调的原则，这种管理模式中的政府角色体现了学者对政府作用的写照："政府的作用是提供明确的产权或责任法，并监督行政机构严格执法，以为当事人提供法律的确定性和行为后果的可预见性，具体事务由当事人通过自愿协议完成。"① 这一观点与《决定》的思想一致，市场经济的一般规律是市场决定资源配置，让市场在资源配置中起决定性作用和更好地发挥政府作用。② 这种监管权力的配置用在场外证券交易市场的监管资源配置中也是恰如其分的。

现行《证券法》第八条的规定早已明确了我国证券监管体制以及证券业协会的法律地位与自律管理功能，只是在证券发行审核制下，证券业协会一直没有用武之地。《证券法（修订草案）》第十条扩展了自律性组织的范围，增加了证券交易场所、证券登记结算机构及其他自律性组

① 张千帆等：《宪政、法治与经济发展》，北京大学出版社2004年版，第100页。

② 《中共中央关于全面深化改革若干重大问题的决定》，新华网，http：//news. xinhuanet. com/2013 -11/15/c_ 118164235. htm，最后访问时间：2013年11月16日。

织。本书确定我国场外证券交易市场的监管模式时，借鉴了国际通行制度，也与《证券法》和《证券法（修订草案）》的自律管理规定保持一致。无论是世界各国证券市场的管理还是IOSCO的原则，都坚持政府对于公众利益的维护，我国证券市场的监管同样强调投资者保护。世界各国证券市场的管理一般分三个层面：一是证券交易所根据其会员的利益进行的管理，也就是证券交易所的内部管理；二是由证券交易所以经纪人组成的协会根据证券行业的利益进行的管理；三是政府根据公众利益进行的管理。[①] 我国场外证券交易市场的政府监管是政府根据保护公众利益的需要进行的管理，在证券法律制度中协调好中国证监会和中国证券业协会对场外证券交易市场的分工合作监管关系，使中国证监会和中国证券业协会在各自职权范围内行使监管权能，维护场外证券交易市场的稳定和安全的同时，充分发挥自律性组织的监管功能，促进证券市场的市场化。中国证监会作为中国资本市场的最高行政监管机构，成立专门的监管非上市公司的部门，由其负责制定小额证券发行规则和场外证券交易市场管理规则，重新修订相关的配套规章制度，如证券登记与结算规则、注册豁免证券发售监管与违规处罚规则等。中国证券业协会作为行业自律组织，负责市场运行规则的制定和协调，二者相互配合形成行政监管和自律监管协调运作的行之有效的管理规则。地方证券业协会负责申请企业的证券发行审核登记和证券挂牌交易的备案登记以及场外证券交易市场运行的监管。

（一）遵守中国证券监督管理委员会统一的监管规则

遵守中国证券监督管理委员会统一的监管规则体现在两个主要方面：

第一，中国证券监督管理委员会对于场外证券交易市场的监管规则的制定权或自律组织拟议规则变动的批准权以及自律组织规则的修订权。

---

① 黄达、项怀诚、郭振乾主编：《中国证券百科全书》，经济管理出版社1993年版，第349页。

中国证券监督管理委员会除制定小额证券发行管理规则外，还界定中国证券业协会、场外证券交易市场的管理权能，中国证券业协会和场外证券交易市场根据该授权规则分别制定各自的管理规则，必要时提交中国证监会审批。关于中国证券监督管理委员会对于场外证券交易市场的规则制定权，美国《1934年证券交易法》第23节（a）规则和条例的授权规定给了我们很大的启示：证券交易委员会、联邦储备系统管理委员会和本法[①]（以下同）第3节(a)（34)中列举的其他机构，均有权制定为实施其负责的本法各项规定或执行本法赋予其各种职能所需的或适当的规则和条例，并可为该等目的在各自的权限内对人、证券、交易、报表、申请、报告和其他项进行分类，对不同的类别规定宽、严或不同的要求。[②] 日本认可金融商品交易业协会拟开设场外交易有价证券市场，应将拟在该场外交易有价证券市场中进行买卖的有价证券种类及名称进行注册登记，并应在其规则中规定此类事项，并取得内阁总理大臣的批准，拟变更或取消该规则时亦同。[③] 美国《1934年证券交易法》第19节（b）（1）和（c）规定了SEC对于自律组织拟议规则变动的批准权与修订权。日本内阁总理大臣认为为公共利益或投资者保护所必要且适当时，在其必要限度内，对于有关金融商品交易业协会的章程等其他规则或交易习

① 本法是指美国《1934年证券交易法》。

② 美国《1934年证券交易法》第23节（a），引自《美国1934年证券交易法（中英文对照本)》，张路译，法律出版社2006年版，第657页。

③ 参见《日本证券交易法》第六十七条之十二，认可金融商品交易业协会应在其规则中包括："一、注册及取消注册的标准及方法。二、买卖价格的报告及公布的相关事项。三、买卖等其他交易合同的签订方法。四、交割等其他结算方法。五、依据第六十七条第三款规定禁止一般投资者等购买时，除前各项所列的以外，还需规定下列事项。a. 协会员受场外证券交易市场中有价证券买卖的限制相关事项。b. 在该场外交易有价证券市场中买卖的面向特定投资者有价证券的发行人应提供或公布的特定证券信息及发行人信息的内容、提供或公布的方法及时期，以及场外交易面向特定投资者有价证券相关信息的提供或公布相关的其他必要事项。六、除前各项所列事项以外，场外交易有价证券的买卖等交易相关的其他必要事项。"引自中国证券监督管理委员会组织编译：《日本金融商品交易法及金融商品销售等相关法律》，法律出版社2015年版，第437页。

惯或业务运营或财产状况，可要求该金融商品交易业协会变更章程等其他规则或交易习惯以及采取监督上的其他必要措施。在此情况下，不限于《行政程序法》第十三条第一款规定的意见陈述程序的区分，均应举行听证。[①] 除国际上关于证券主管机关制定场外证券交易市场的监管规则外，我国现行《证券法》第七条第一款的规定——国务院证券监督管理机构依法对全国证券市场实行集中统一监督管理也可以作为中国证监会监管场外证券交易市场的法律依据。

第二，重大违法违规的证券发行和交易行为的查处权。重大违法违规证券发行和交易行为的复杂性和对证券市场危害的深远程度是自律监管难以控制和解决的，行政监管权力的介入是必要的。保留中国证监会对重大违法违规证券发行和交易行为的查处权，是证券法律统一性的体现，因为地方证券业协会、场外证券交易场所的自律监管是证监会的监管规则的具体化，而不是排斥证监会的行政监管，证监会对重大违法违规证券发行和交易行为的查处是借助法律的威慑力维护小额证券发售秩序的最后防线，符合证券市场的监管的客观需要，体现的是行政监管与自律监管的权能协调。

（1）重大违法违规证券交易行为的认定。小额证券发行企业的特点和销售方式决定了虚假陈述、操纵市场等重大违法违规行为的易发性，因为小额发行企业的融资需求更为迫切，而自身实力又较弱，管理经验不足，加之软信息的披露等原因，客观情况造成其较易通过虚假陈述的方式欺诈投资者，致使投资者在虚假信息的诱导下作出错误的投资决定。例如，证监局查明风神股份信披问题，主要是 2011 年、2012 年两个年度报告存在虚假记载。2011 年年度报告虚减利润 759 万元。2012 年年度报

① 参见《日本证券交易法》第七十三条，引自中国证券监督管理委员会组织编译：《日本金融商品交易法及金融商品销售等相关法律》，法律出版社 2015 年版，第 445 页。

告中，三包退赔、返利业务入账金额与实际发生金额不符，由此虚减利润2212万元；同时公司通过虚增主营业务收入、虚增主营业务成本，虚增利润2002万元。[①] 事实上，公司在不同科目下虚增利润或虚减利润，公司的总利润没有发生变化，但是公司的利润构成被篡改，影响投资者对公司的利润质量的判断，从而使投资者投资决策的信息不真实。另外，做市商是小额证券交易的一方当事人，做市商为了追求自身利益最大化，其在做市业务中虚假报价，操纵市场的行为时有发生。当然，除了发行企业和做市商之外，引致重大违法违规行为发生的原因和人员是复杂的。故而，场外证券交易市场容易滋生重大违法违规行为，应该严肃查处重大违法违规证券交易行为。

重大违法违规证券交易行为认定的主要标准是违法行为的重大性，重大性以违法行为的后果和认定主体的规则与经验共同来衡量，以避免认定的误差。以虚假陈述为例，虚假陈述主要表现在财务报表中，当财务报表的虚增利润严重超过实际盈利，或者预测性利润严重偏离了前两年的利润状况，实际经营结果也证实了这一点，该种陈述即为重大虚假性陈述。做市商利用做市业务操纵股票价格，致使买入报价和卖出报价严重偏离证券的实际价值，这些行为都严重误导投资者，做市商的该报价行为也属于重大违法行为。一旦重大违法违规行为使证券价格产生异常波动，严重扰乱证券市场秩序时，由交易场所向地方证券业协会和证监局报告，由中国证监会法律部最终认定重大违法违规行为。

（2）重大违法违规证券交易行为的处理。证监局是中国证监会的派出机构，其代表中国证监会处理重大违法违规证券交易行为，享有证券行政监管执法权。根据重大违法违规证券交易行为的处理程序和特点，

① 熊锦秋：《“重大信息披露违法”认定标准急需明确》，新华网，http：//news. xinhuanet. com/fortune/2015 -03/16/c_ 127584007. htm，最后访问时间：2015 年 5 月 10 日。

证监局对重大违法违规证券交易行为的处理权限分为调查权和停止证券交易命令权。

首先是证监局的调查权。在小额证券发售过程中，发行企业、发行企业的高级管理人员、做市商、中介机构都可能在各自的领域内发生违法、违规行为。对于轻微的违法、违规行为，由场外证券交易场所自行解决或报地方证券业协会处理，对于严重违法行为，场外证券交易场所向证券业协会和证监局报告，证监局认为有必要调查的，证监局可以开展调查，并可要求或允许任何人就与待调查的问题有关的所有事实和情况向证监局提交证监会决定的要求或特殊的书面说明，证监局可自由裁量是否公开该违法行为的相关资料。当然，与违法行为有关的当事人可以对证监局的调查处理结果提出质询或提起诉讼。证监局的调查权可以借鉴美国证券交易委员会的调查违法行为的权力。[①] 证监局行使调查权获得的资料可以一举两用，一是查清违法事实，处理违法行为案件。二是调查取得的资料可以作为完善与被调查的案件相关立法的信息资料。

其次是证监局的临时命令权和长久命令权。在证券交易过程中，出现操纵市场、价格波动等异常情形时，证券交易场所就该证券的异常交易向发售企业发出警告并在场外证券交易场所和信息披露网站公告，还须向地方证券业协会和证监局报告。证监局根据场外证券交易场所的报告材料，研究决定是否发布临时命令暂停该证券的交易。如果发布证券交易暂停命令，证监局随之开展调查，并向中国证监会报告，中国证监会根据调查的实际结果决定解除命令，或将临时命令改为长久令。一旦某发售企业被中国证监会决定长久停止小额证券交易，将意味着该企业在一定时期内丧失小额证券发行豁免资格。美国 SEC 根据《1934 年证券

① 参见美国《1934 年证券交易法》第 21 节（a），引自《美国 1934 年证券交易法（中英文对照本）》，张路译，法律出版社 2006 年版，第 573～575 页。

交易法》第15节（c）（4）的授权，可以向证券交易违法行为人签发命令，其签发命令的适用范围不仅包括不守法的人，也包括造成违法原因的人，都应按照证券交易委员会在命令中规定的条件与期间采取措施达到守法的合规效果。① 证券交易委员会也可以在紧急情况下通过命令，维护证券市场秩序或确保证券交易清算和结算的安全。② 从以上内容推断，美国证券交易委员会的命令权范围广泛，SEC通过发布临时命令，可以阻止违法行为的不利后果的进一步扩大。日本《金融商品交易法》第六十七条之十七规定，内阁总理大臣在场外交易有价证券的发行人违反《金融商品交易法》、依《金融商品交易法》作出的命令或注册该场外交易有价证券的金融商品交易业认可协会的规则的情况下，认为为公共利益或投资者保护所必要且适当时，可责令该金融商品交易业认可协会停止在其开设的场外交易有价证券市场中买卖该场外交易有价证券或责令取消注册。在此情况下，不限于《行政程序法》第十三条第一款规定的意见陈述程序的区分，均应举行听证。③ 从违法违规证券交易的国际监管经验来看，行政监管机构取消自律机关的注册豁免或证券交易注册是证券行政监管的有力措施，我国小额证券交易市场的规范也需要在自律监管的前提下，扩大证监会的权力，尤其是命令权的范围，以便及时阻止违法行为的发生和不利后果的扩大。

（二）中国证券业协会制定必要的场外交易规则

放眼国际场外证券交易市场的监管模式，世界上许多国家运用自律

① 参见美国《1934年证券交易法》第15节（c）（4），引自《美国1934年证券交易法（中英文对照本）》，张路译，法律出版社2006年版，第327～333页。另参见“美国证券监管机构的十大权力”，你我贷，http：//www.niwodai.com/view－zouwei/article－1733e145550.html，最后访问时间：2015年3月6日。

② 参见美国《1934年证券交易法》第12节（k）（2），引自《美国1934年证券交易法（中英文对照本）》，张路译，法律出版社2006年版，第233～235页。

③ 参见日本《金融商品交易法》第六十七条之十七第一款，引自《日本金融商品交易法及金融商品销售等相关法律》，中国证券监督管理委员会组织编译，法律出版社2015年版，第439页。

管理模式监管场外证券交易市场，如美国1939年成立的全国证券交易商协会（NASD）是规范柜台市场唯一行业自律组织，制定监管柜台交易市场的规则，制定NASD的管理制度并监督执行，制定交易商的报价规定，监督、管理场外证券交易，以及负责证券的交易清算等事项。[①] 证券业协会制定交易市场监管规则在国际上也不乏先例，为加强场外证券交易的自我管理、控制和监督而制定必要规则即日本证券业协会的主要职责之一。[②] 日本认可金融商品交易业协会章程的必要记载事项即包括场外交易有价证券市场相关事项。[③] 为促进有价证券的公平交易，排除交易规则的不统一产生的纠纷，公平、公正地解决证券交易中的纠纷，协会制定了公正惯例规则、统一惯例规则和纠纷处理规则。[④] 从国际证券市场的自律管理制度来看，证券自律组织制定的场外证券交易市场管理规则在场外证券交易市场管理中发挥着重要作用。

回归国内，中国证券业协会作为我国证券行业的自律组织，其制定场外证券交易市场的管理规则有现实的可行性和必要性。首先，中国证券业协会的会员是分布在各地的地方证券业协会，其对于场外证券交易市场的监督，为中国证券业协会制定规则提供第一手资料。其次，中国证券业协会制定场外证券交易市场的管理规则，从管理体系方面充分体现了场外证券交易的自律管理的系统性，证券交易管理规则的制定和实施可谓从实践中来，到实践中去，具有丰厚的实践土壤的规则贯彻执行时更能取得理想的实施效果。最后，发行小额证券的企业所属地域的高

---

① 尚福林主编：《证券市场监管体制比较研究》，中国金融出版社2006年版，第555页。

② 尚福林主编：《证券市场监管体制比较研究》，中国金融出版社2006年版，第130页。

③ 参见日本《金融商品交易法》第六十七条之八第十三项："场外交易有价证券市场相关事项"，引自《日本金融商品交易法及金融商品销售等相关法律》，中国证券监督管理委员会组织编译，法律出版社2015年版，第435页。

④ 黄达、项怀诚、郭振乾主编：《中国证券百科全书》，经济管理出版社1993年版，第419~420页。

度分散性，要求各地小额证券的发行和交易规则保持一致性和公平性，故需中国证券业协会制定统一的管理规则供地方证券业协会遵照执行。笔者认为，证券业协会在制定小额证券发行交易管理规则时，应坚持以下几个原则：（1）证券发行规则的执行细则的一致性。由于小额证券的发售以地方证券业协会和场外证券交易场所的自律管理为主，各地方证券业协会和场外证券交易场所的分散性和独立性，即使在中国证监会和中国证券业协会的统一规则规范下，其执行交易规则的结果也会发生迥异。所以，中国证券业协会制定统一的且可操作性强的细则以便地方证券业协会遵行。（2）证券交易的公正性。公正性是指小额证券的发行交易规则应能保护参与各方的利益平衡。而要实现这一目标，防止不公平交易、避免欺诈的交易规则就显得格外重要，中国证券业协会依据小额证券交易的实际状况制定与之相适应的规则。（3）纠纷处理标准的统一性。证券交易纠纷处理标准的统一性是场外证券交易市场公平性的保障，证券发行和交易欺诈等违法行为在所难免，统一的纠纷处理标准使在不同地区的小额证券发行交易的案件处理中，条件相同或相似的案件的处理方法一致，尽量缩小不同地区条件相同或相似案件处理结果的差异。

中国证券业协会制定的场外交易规则的具体内容主要包括：（1）应制定证券交易做市商买卖报价应遵守的必要程序和规则，并监督执行。[①]（2）制定和执行维持证券交易场所正常交易秩序的反垄断规则、反欺诈规则等。[②]（3）场外交易行情信息的公布规则，对外传播场外证券交易行情信息。（4）场外证券交易信息统计资料的制作与发布规则，[③] 例如，日

---

① “台湾证券商同业公会业务管理规则”第四条，证券商同业公会对会员从事有价证券之承销、自行买卖及经纪业务，应拟定自律规则申报证期会核备，并确实执行之。转引自陈信编著：《证券法规概论》，鼎茂图书出版股份有限公司2003年版，第180页。

② 黄达、项怀诚、郭振乾主编：《中国证券百科全书》，经济管理出版社1993年版，第349页。

③ 日本证券经济研究所编：《图说日本证券市场》，郭海燕译，社会科学文献出版社2013年版，第215～216页。

本《金融商品交易法》第六十七条之十九规定，[①] 金融商品交易业协会基于协会会员根据第六十七条之十八规定提交的报告，[②] 应按照内阁府令规定将每个有价证券的每日成交量、最高、最低及最终价格等其他事项通知其协会员并进行公布。[③]

总之，中国证券业协会制定的场外交易规则的内容可以归结为两大类，一类是场外证券交易制度的完善，确保小额证券交易的顺利进行，维护场外证券交易的公平。另一类是场外证券交易信息的发布，确保准确、及时地向社会传递小额证券交易信息，并制作场外证券交易的统计资料以供收录和查询。

---

① 参见日本《金融商品交易法》第六十七条之十九的规定，引自《日本金融商品交易法及金融商品销售等相关法律》，中国证券监督管理委员会组织编译，法律出版社2015年版，第441页。

② 参见日本《金融商品交易法》第六十七条之十八的规定，协会会员（第一项至第三项所列情形的，限于开设场外交易有价证券市场的认可协会的协会员）应将下列各项所列情形中各项规定的事项，按照内阁府令规定向其所属的认可协会报告。一、为自己的利益进行场外交易有价证券的买卖或介绍、二级代理或者代理的场外交易有价证券的买卖成立时：该买卖相关有价证券的种类、名称、价格、数量及内阁府令规定的其他事项。二、为自己的利益进行场外交易有价证券卖出或买入要约时：该卖出或买入要约相关的有价证券的种类、名称、价格及内阁府令规定的其他事项。三、接受场外交易有价证券买卖的委托等时：该受托等相关有价证券的种类、名称、价格、数量及内阁府令规定的其他事项。四、为自己的利益进行的经办有价证券［指该认可协会在其规则中不禁止买卖等交易劝诱的股票、附新股预约权公司债券及内阁府令规定的其他有价证券（在金融商品交易所上市的有价证券及场外交易有价证券除外）。下同］的买卖或介绍、二级代理或者代理的经办有价证券的买卖成立时：该买卖相关有价证券的种类、名称、价格、数量及内阁府令规定的其他事项。五、为自己的利益进行的经办有价证券的卖出或买入要约时：该卖出或买入要约相关有价证券的种类、名称、价格、数量及内阁府令规定的其他事项。六、接受经办有价证券买卖的委托等时：有关该受托等的有价证券的种类、名称、价格、数量及内阁府令规定的其他事项。七、为自己的利益进行的上市股票等（指在金融商品交易所上市的股票、附新股预约权公司债券等内阁府令规定的其他有价证券。）在交易所金融商品市场外的买卖或介绍、二级代理或者代理的上市股票等在交易所金融商品市场外的买卖成立时：该买卖相关的上市股票等的种类、名称、价格、数量及内阁府令规定的其他事项。八、同时向多数人发出在交易所金融商品市场外卖出或买入上市股票等的要约，以及内阁府令规定时：该卖出或买入要约相关有价证券的种类、名称、价格及内阁府令规定的其他事项。引自《日本金融商品交易法及金融商品销售等相关法律》，中国证券监督管理委员会组织编译，法律出版社2015年版，第439~441页。

③ 参见日本《金融商品交易法》第六十七条之十九的规定，引自《日本金融商品交易法及金融商品销售等相关法律》，中国证券监督管理委员会组织编译，法律出版社2015年版，第441页。

（三）地方证券业协会的监督权

笔者认为，在中国证券监督管理委员会的统一监督下，将场外证券交易市场监管的主导力量交由地方证券业协会行使，充分利用地方证券业协会的优势资源，使地方证券业协会在区域证券市场管理上享有职权发挥效用。当地方证券业协会履行监管职责时，中国证监会监督和指导地方证券业协会对场外交易市场的监管工作，使其在法定的监管权限范围内履行监管职责，维护证券市场法制的统一，使政府监管与自律监管有效结合，以提高证券市场效率为目标，以法律的强制力为保障。

本书建议将我国小额注册豁免证券的发行登记管理和交易行为监督权限赋于地方证券业协会，各地方证券业协会监督小额证券的发行和交易活动。地方证券业协会不仅监督证券发行企业的证券交易行为，也监督场外证券交易场所的管理活动。由于小额证券的挂牌交易核准权在场外证券交易市场，发行企业的交易申请经场外证券交易场所核准后，发行企业须向地方证券业协会提交发售通知，由地方证券业协会备案登记并监督发行企业的证券交易行为。发行企业经在地方证券业协会备案登记后，证券发行企业即可在场外证券交易场所销售证券，须按场外证券交易场所的要求定期报告企业的财务状况和经营信息，持续接受地方证券业协会和场外证券交易场所的监督。当地方证券业协会发现发行企业的定期报告存在信息欺诈或遗漏时，根据情节轻重，要求场外证券交易场所警告发行企业并向证监会（局）报告，由中国证监会决定发出暂停该股票交易的指令。国际上亦有证券主管机关发出暂停交易命令的先例。当主管机关发现证券发行公司定期提供信息有不完整不真实的情况，有权根据情节对该公司正在交易、流通中的证券发出暂停交易命令。[①]

---

① 夏斌、张志平、李肖敏、杨云龙、陈浩武主编：《证券大辞典》，山西经济出版社 1993 年版，第 1313 页。

当然，场外证券交易市场的监管，除了上述阐述的外部监管之外，场外证券交易市场的内部监管也是不可或缺的监管方式，场外证券交易市场的监管规章、业务规则在本书的第五章有所述及。

二、混合型做市商制度的应用

（一）做市商制度的必要性和可行性

做市商制度的本质是组织市场交易的一种方式。既有的理论分析表明，做市商制度具有其适用性——适用于流动性不高的市场（由市场技术条件、股票自身性质等决定），但缺点是交易成本较高。场外交易市场相对于主板市场而言，投资风险较高，投资者的投资额偏小，市场流动性较低。市场若采取竞价或协商定价交易制度，股权供求状况主要由买卖双方报出的限价订单来体现，买卖双方提交的限价订单在时间跨度和数量上的不匹配导致供求关系失衡，市场将会发生订单交易不完全现象，甚至使市场上的证券交易处于中断状态，订单不能按照投资者意愿成交。[①] 流动性是证券交易场所的活力之源，安身立命之本。[②] 而有做市商参与的市场，由做市商充当股票买卖的一方当事人，做市商在各种市场条件下向投资者提供双向报价，投资者可以按照做市商的报价随时买进或卖出，不会出现买卖双方的供需不平衡而导致的交易中断，有效降低买卖指令的执行风险，提高市场的有效性。与竞价交易相比，虽然做市商的买入价和卖出价可能显得差距较大，但对于在报价驱动的模式下，报价较少甚至没有报价致使成交量偏小的小公司而言，做市商制度是促进股票流动性

---

① 孟志强、董瑞华：《做市商制度提高场外交易市场流动性的实证分析》，载《产权导刊》第12期。

② 关于流动性对于交易所的重要意义，参见卢文道：《证券交易所自律管理论》，北京大学出版社2008年版，第9~10页。

的重要保障。[①] 在 NASDAQ 市场上，有许多身兼经纪商和自营商双重身份的证券商在创造市场，柜台市场的股票交易也主要依靠做市商，投资者的股票交易对象是做市商，而不是其他进行相反方向交易的投资者。[②]

每一种制度的采纳和应用，都必须在法律规定的授权范围之内，场外证券交易市场做市商制度的应用也不例外。可喜的是，现行的《证券法》第四十条规定：“证券在证券交易所上市交易，应当采用公开的集中交易方式或者国务院证券监督管理机构批准的其他方式。”该条规定对于我国在场外证券交易中采用做市商制度提供了法律制度依据，中国证监会可以根据场外证券交易市场的证券交易的特殊需要，制定适宜市场需要的的证券交易规则。

（二）混合型做市商模式的选择

场外证券交易市场的股票成交概率小、流动性差，可能的原因有两个方面，一方面由于投资者限制和转让平台效率低下，另一方面由于缺乏清晰的估值体系。因而，场外证券交易制度需要解决三大问题：股票流动性的提高、股票价值的正确估量和做市商制度的成本。做市商制度，尤其是混合型做市商制度，可以比较好地解决这三大问题。合理性做市商制度出现在证券市场的一个重要原因是股票市场流动性差、定价困难，需要做市商提供流动性并提供价格指引。[③] 而做市商主导证券市场的价格发现功能，做市商对其接受委托的企业具有信息优势，在对企业投资价值进行深入分析的基础上提供报价，在经过竞争性的报价和市场的双向选择，推动股票价格不断地趋向企业内在和公允价值。而在做市商市场中，同一只股票存在着两种市场报价：买入价格与卖出价格，而两者之

---

① 苏鹭：《日本 JASDAQ 市场的发展及对我国的启示》，载《现代日本经济》2010 年第 1 期（总第 169 期）。

② 尚福林主编：《证券市场监管体制比较研究》，中国金融出版社 2006 年版，第 533 页。

③ “混合交易制度”，http：//baike. baidu. com/link？url = jEFKHhttZ32EfmmZynIxvg1eoxNaQ0Dsqqt_ dNY5xwh6LfxNaklJ7srd2 – PftscWxPYzXvtY7QUYIFtrjlame，最后访问日期：2016 年 12 月 8 日。

间的价差则是做市商的利润，使投资者被动承担了额外的交易成本——价差，引入做市商制度会增加交易成本。就投资者的负担来说，采用竞价交易制度成交的证券买卖是由电脑交易系统撮合的，不存在负担做市商的买卖价差利润，投资者的交易成本仅仅是付给经纪人的手续费，投资者可以免于承担做市商制度中的买卖价差。为了既能满足股票流动性需求，又能降低做市商制度的成本，减轻投资者的负担，当某一企业的小额股票在场外交易市场具有一定的影响力时，则可以同时采用做市商和竞价交易制度，一方面通过竞价机制可以抑制传统做市商制度对投资者权益带来的不利益，另一方面通过做市商制度又可以弥补竞价交易制度在场外证券交易市场可能发生的流动性不足、大宗交易不便等缺陷。①

需要指出的是，混合型做市商交易制度是一种新的交易制度，其是各种交易方式的具体结合方式及其组合，不仅依不同国家（地区）的具体情况及资本市场发展的程度而不同，而且不同的组合方式也会在实践中显示出不同的效率水平，而绝不是各种交易方式的简单堆积。② 所以，混合型做市商具体运作模式的确定也是非常重要的，结合我国证券法律制度的特点与场外证券交易市场的实际，我国场外证券交易市场的混合做市商制度体现以下几个特点：

第一，同一只股票必须由多个做市商承担做市业务。因为做市商既承担做市报价义务，又是证券买卖的一方当事人，作为理性的经济人，其做市报价行为从自身利益最大化出发，使其承担做市业务的证券报价偏离证券价值。只有不同做市商相互之间存在竞争性报价，才能约束单个做市商的报价行为使其所报价格不偏离证券价值，避免单个做市商的

---

① 张承惠、田辉、朱明方：《中国场外股权交易市场发展与创新》，中国发展出版社 2013 年版，第 82~83 页。

② 张承惠、田辉、朱明方：《中国场外股权交易市场发展与创新》，中国发展出版社 2013 年版，第 82~83 页。

垄断性报价，使做市商的做市业务报价更趋合理。

第二，做市商报价与竞价交易相结合。混合型做市商交易制度的目的是促进股票市场的流动性，又要免于增加投资者额外的交易负担。当某些发行企业的股票交易比较活跃时，允许采用竞价交易方式，降低股票的实际销售价格，减轻投资者的负担。衡量发行企业股票活跃程度的指标是首次发行股票的销售状况，首次发行股票在6个月内销售完毕且股款全部募足时，其后发行的股票即可申请采用竞价交易方式。当然，在选择竞价交易方式时，做市商的报价与连续竞价并不冲突，当二者同时并存时，股票的成交价格必然在做市商目前所报出的买入价与卖出价范围之内。

第三，做市商是场外证券交易场所的会员公司。做市商在场外证券交易市场注册登记成为交易场所的会员公司，接受证券交易场所对于做市商的行为规范规则的约束和监督，场外证券交易场所将本交易市场的做市商名单向地方证券业协会备案。在做市业务中，做市商可以选择任何一家发行股票的企业与其签订做市业务协议，负责为该企业的股票提供必要的市场流动性。做市商发出报价以后，做市商有义务按照所报价格，以自有资金向投资者买入股票或向投资者卖出自己持有的股票，直至报出新的价格，一旦有股票买卖成交，成交信息会即刻通过场外证券交易场所的交易系统对外公布。

（三）做市商的业务规则

1. 报价规则

做市商的报价规则是为了规范做市商的报价行为，使做市商对证券的报价保持客观、真实，本书通过竞争报价规则强化同一只股票的做市商之间的竞争，运用市场淘汰机制选择做市商，迫使做市商坚持公平、合理的报价行为，维护证券交易价格的公正。报价差幅控制规则是对单个做市商的报价行为的独立控制，用量化指标约束做市商的证券报价，如果做市商的证券报价超出证券报价差幅控制持续时间达到一定期间，该做市商的资格将被取消，以此促使做市商维持合理的报价。

（1）竞争报价规则。在报价规则中，不同做市商之间必须遵循竞争性报价规则，以防止做市商垄断报价，这一报价规则是由做市商的特殊身份决定的。在场外证券交易市场的小额证券交易中，做市商始终是证券交易的一方当事人，同时做市商也是小额证券的交易报价者，同时做市商还在场外证券交易市场从事自营业务，同一做市商的多重身份决定了这些不同角色的混同，导致做市商报价以自身利益最大化为主导。只有多个做市商之间存在竞争性报价，才能牵制做市商的报价行为，预防做市商的垄断报价。美国也遵循多个做市商为同一只股票做市的模式，根据美国SEC的规定，NASDAQ股票市场要求每个在NASDAQ上市的公司至少要有两家做市商为其做市。事实上，规模大的上市公司通常有很多家做市商，目前每家上市公司平均的做市商数目是12家。①

（2）报价差幅控制规则。证券的市场价值是做市商报价的基础，证券是发行企业资本的股份化象征，它代表证券持有人对企业的权益和经济权利，证券价值是在对企业的经营状况和盈利能力分析的基础上确定的。因此，做市商对证券的报价必须与证券的真实价值相吻合，因而，当做市商的报价不再符合当时的市场实情时，场外证券交易场所可以要求该做市商重新提出报价。然而，做市业务实践与理论的差距很大，做市商的报价偏离证券真实价值的情形并不鲜见。为了使做市商的报价不过分偏离证券实际价值，应制定一个合理的报价差幅许可范围。报价差幅以证券真实价值为确定基准，一般在证券价格的10%内可以浮动，如果某一做市商的报价超出证券价值10%的浮动范围，若此种状况持续30天，该做市商将被取消做市业务资格，五年之内不得重新注册登记从事做市业务。

① 张春庆：《美国的OTCBB市场》，载《产权导刊》2006年第8期。

2. 报价系统与交易系统分离规则

在做市商交易制度下，做市商兼具自营商的身份，做市商有可能利用其掌握的内幕信息操纵证券价格，因此必须严格执行报价系统与交易系统分离规则，以有效约束做市商的行为。做市商的做市报价系统与股票交易成交系统分离，做市商的做市报价系统是一套独立的系统，其仅显示做市商承担做市业务的股票的买入报价和卖出报价，投资者根据做市商的报价决定卖出或买入股票。而股票即时成交价显示在股票交易系统的大屏幕上，做市商与投资者之间的股票交易交割在股票交易成交系统完成，股票交易成交价格逐笔显示，同一股票的不同做市商的股票报价的代码不同，股票交割完成后在大屏幕上显示同一股票不同做市商的做市股票的交易量。这种交易价格处理系统使得不同做市商之间的不同报价产生的交易后果迥然不同，有利于加强做市商之间的竞争，从而使其报价更加趋近股票的真实价值。

做市商报价是一种单方行为，做市商报出的买入价和卖出价，是证券交易的基础价格，在卖方或买方不存在的情况下，证券买卖是不能成交的。只有当做市商报出的买卖价格被投资者接受并与做市商达成股票交易时，该证券的交易结果才在交易系统公布。反之，如果做市商不接受投资者的卖出价或买入价，证券交易也无法完成。在股票交易的执行中，股票的交易可以由投资者单方面完成，例如说，做市商在做市报价系统报出做市股票的卖出价和买入价之后，投资者可以在股票交易系统直接进行购买操作，按照购买时间的先后顺序成交，交易成交结果直接显示于股票交易系统的大屏幕，这样可以将做市商的法定职责具体化，以避免做市商在买方或卖方出现时怠于交易。[①]

① 彭丁带：《美国风险投资法律制度研究》，北京大学出版社2005年版，第240~241页。

3. 卖空头寸披露规则

做空交易具有稳定市场、提供流动性的功能，因此，赋予场外证券交易市场的做市商享有一定比例的做空交易权利，以维持交易的连续是调动市场制造者积极性的一项举措。纽约泛欧证券交易所和证券交易委员会一直努力开发试点，计划进一步刺激市场制造者为流动性差的证券交易产品提供流动性。① 对1999年1月至2004年4月香港股票市场的卖空交易额和股票交易额之间的相关性分析与2003年3月至2004年3月对日本东京股票交易所卖空交易额与股票成交额之间的关系的研究结果显示，卖空交易额同股票成交金额之间呈现极其相近的走势，两者的相关系数分别为61.48%（p统计值为0.0001）和99.11%，这表明卖空交易极大地提高了股票市场的交易额，活跃了整个证券交易市场，最终提高了市场的流动性。② 我国《证券法》第一百四十二条规定，允许证券公司为客户买卖证券提供融资融券服务，只要按照国务院的规定并经国务院证券监督管理机构批准即可。即取消了原来禁止融资融券的规定，允许一定的做空机制，这有利于做市商进行做空交易。因为当市场上大多数投资者做多时，做市商手中的筹码有限，必然要求享有一定比例的做空交易，以维持交易的正常进行；当市场上大多数投资者做空时，做市商的自有资金有限，必然要求用手中的存券进行抵押融资，以保证交易的连续。

尽管我们的分析研究已经证实了卖空交易的优点，然而，做空机制是强者的游戏，必须有完善的法律制度作为保障，否则，小型专业机构参与做空交易的风险是极高的。如遇股价上扬，必须大量卖出，做市商股票持有量大幅减少，有时不得不通过卖空方式来履行自己的做市义务，

---

① SEC Advisory Committee on Small and Emerging Companies, Market make incentives, Dcuncan Niederauer, May 1, 2013, p. 13. https: //www. sec. gov/info/smallbus/acsec/acsec – 050113 – duncan – niederauer – slides. pdf，最后访问日期：2016年10月11日。

② 廖世光、杨朝军：《证券市场中卖空交易机制基本功能研究》，载《证券市场导报》2005年3月号。

卖空不仅降低做市的后劲，而且如果股价继续上涨，做市商就必须在更高价位上补进股票以结清空头头寸，造成巨大损失。因此，对于做市商的卖空头寸必须进行监督管理，控制做市商的做空风险。

卖空头寸披露规则的主要目的是控制做市商的卖空风险，要求做市商必须保留并且一个月两次地提交有关做市商卖空行为的详细记录，便于交易场所和证券业协会监督。具体做法是，考虑到我国场外证券交易市场的证券交易数量不会过分偏高，要求做市商每月月中和月底向证券交易场所报告卖空头寸情况，如果某些做市商的空仓量超过其做市股票总股本的5%，证券交易场所应向证券业协会报送该做市商的证券卖空头寸，并在证券业协会和证券交易场所指定的网站予以公布，停止做市商对该只股票的继续做空交易，限定做市商在30天内填平做空股票。

4. 自营买卖的限制

2009年7月施行的《新试点办法》[①] 取消了原来的“主办报价券商不得买卖所推荐挂牌公司的股份”的规定，这意味着主办报价券商在从事做市业务时，可以买卖其推荐挂牌公司的股票。同时，《证券法》第七十四条和第八十六条规定了禁止持有公司百分之五以上股份的股东买卖证券的条件。

根据《证券法》第七十四条的规定，证券交易内幕信息的知情人包括持有公司百分之五以上股份的股东。[②] 《证券法》第七十六条第一款规定：“证券交易内幕信息的知情人和非法获取内幕信息的人，在内幕信息公开前，

① 《证券公司代办股份转让系统中关村科技园区非上市股份有限公司股份报价转让试点办法（暂行）》（简称《新试点办法》），http://baike.so.com/doc/9883830－10230953.html，最后访问时间：2016年6月25日。

② 《中华人民共和国证券法》第七十四条：“证券交易内幕信息的知情人包括：（一）发行人的董事、监事、高级管理人员；（二）持有公司百分之五以上股份的股东及其董事、监事、高级管理人员，公司的实际控制人及其董事、监事、高级管理人员；（三）发行人控股的公司及其董事、监事、高级管理人员；（四）由于所任公司职务可以获取公司有关内幕信息的人员；（五）证券监督管理机构工作人员以及由于法定职责对证券的发行、交易进行管理的其他人员；（六）保荐人、承销的证券公司、证券交易所、证券登记结算机构、证券服务机构的有关人员；（七）国务院证券监督管理机构规定的其他人。”

不得买卖该公司的证券，或者泄露该信息，或者建议他人买卖该证券。”[①] 如果做市商的持有其承担做市业务企业的股票数量达到或超过5%，这时的做市商属于《证券法》第七十四条规定的证券交易内幕信息的知情人，做市商必须在内幕信息公开后，才能从事证券的自营买卖，否则将涉嫌内幕交易。符合《证券法》第八十六条规定的人员应将其持股情况依照法律规定进行报告和公告，并在限定的期间内不得买卖该上市公司的股票。[②] 该条规定也适用于场外证券交易市场的做市商，做市商在持有发行企业已发行股票的5%及之后每增减5%的限定期间内不得买卖该企业的股票。限制持有其承担做市业务企业5%的股票的做市商自营交易的时间期间应为该企业重大信息产生日至信息公开日，由于信息公开时间滞后于信息产生时间，该期间做市商是否为内幕信息知情人，除发行企业之外的其他人无从知晓，只能采取逆向推理的办法，证券发行企业信息公布后，做市商在信息未公开期间购买的证券和销售证券的收入归于企业。

三、场外证券交易管理制度

企业发行小额证券在地方证券业协会申报登记只是企业发售小额证券的发行阶段，场外证券交易市场的小额证券交易是小额证券发行企业销售证券、筹集资金的活动，场外证券交易管理制度是监督小额证券发

① 《中华人民共和国证券法》第七十六条：“证券交易内幕信息的知情人和非法获取内幕信息的人，在内幕信息公开前，不得买卖该公司的证券，或者泄露该信息，或者建议他人买卖该证券。持有或者通过协议、其他安排与他人共同持有公司百分之五以上股份的自然人、法人、其他组织收购上市公司的股份，本法另有规定的，适用其规定。内幕交易行为给投资者造成损失的，行为人应当依法承担赔偿责任。”

② 《中华人民共和国证券法》第八十六条：“通过证券交易所的证券交易，投资者持有或者通过协议、其他安排与他人共同持有一个上市公司已发行的股份达到百分之五时，应当在该事实发生之日起三日内，向国务院证券监督管理机构、证券交易所作出书面报告，通知该上市公司，并予公告；在上述期限内，不得再行买卖该上市公司的股票。投资者持有或者通过协议、其他安排与他人共同持有一个上市公司已发行的股份达到百分之五后，其所持该上市公司已发行的股份比例每增加或者减少百分之五，应当依照前款规定进行报告和公告。在报告期限内和作出报告、公告后二日内，不得再行买卖该上市公司的股票。”

售企业、参与证券交易活动的相关当事方、保护投资者和维护证券市场秩序的制度规范。发行企业在场外证券交易场所公开挂牌的条件是场外证券交易管理制度的准入制度。发行企业已发行的小额证券能否取得销售资格，取决于发行证券的企业是否符合场外证券交易场所的挂牌条件，经场外证券交易场所的挂牌审核通过并在地方证券业协会登记备案的企业发行的小额证券才能在场外证券交易场所销售。在美国，为了获得证券交易资格，发行人普遍必须满足一定的规模、财务、最低的证券销售（或者称为流动性）和公司治理标准。[①]

（一）实行公开挂牌转让制度

我国小额证券的公开挂牌转让，蕴含着两层含义：一是小额证券发行是公开发行，面向不特定的社会公众销售证券，彰显小额证券发行与私募发行、股权众筹等发行方式和销售方式的不同，增加小额证券的流动性。二是小额证券公开挂牌的监管是事中监管的表现之一，[②] 小额证券在场外证券交易场所公开挂牌的条件，其实质是场外证券交易场所对小额证券销售企业的市场准入管理，以证券交易机构的身份筛选小额证券挂牌交易企业，严格控制证券交易企业的资质，防止不符合资质的企业混入证券市场套利，损害投资者利益，破坏证券市场秩序。美国 SEC 认为，适用 Form 8 - A 的发行人的证券上市必须在最低程度上满足上市标准并获得交易所的认可，Form 8 - A 才能被宣布生效。[③] 诚如 SEC 所言，不管怎样要

---

① See e. g. , Initial listing Guide for the NASDQAQ Stock Market, available at : https: // listingcenter. nasdaq. com/assets/initialguide. pdf, 2016 - 1 - 8. U. S. Listing Standars for the New York Stock Exchange (NYSE), available at : . https: //www. nyse. com/publicdocs/nyse/listing/ NYSE_ MKT_ Listing_ Standards. pdf, 最后访问时间：2016 年 1 月 8 日。

② 李勇、陆玲：《〈证券法〉大修》，载《财经》2015 年第 12 期。

③ Securities and Exchange Commission, 17 CFR Parts 200, 230, 232, 239, 240, 249 and 260, [Release Nos. 33 - 9741; 34 - 74578; 39 - 2501; File No. S7 - 11 - 13] RIN 3235 - AL39, Amendments for Small and Additional Issues Exemptions under the Securities Act (Regulation A), p. 191.

求，被采纳的任何规则与公共利益和投资者保护原则相一致。①

1. 公开挂牌的条件

小额证券发行企业在场外证券交易市场公开挂牌交易的条件要求，目的在于把好发行企业的市场准入关，监管的内容涉及形式要件和实体要件两个方面。形式要件主要体现小额证券发售监管的连续性，审核小额证券发行资料的齐备性，使小额证券的发行和销售保持连贯性。实体要件审核拟挂牌企业的规模、盈利能力和内部管理责任制度，确保发行企业具有良好的发展潜力和内部控制能力。基于以上小额证券挂牌监管的目的，本书将我国小额证券在场外证券交易场所的挂牌条件确定为三个基本条件：

第一，企业发行证券的登记资料齐备。小额证券的发售由发行和销售两个连续的行为活动完成，小额证券发行企业向场外证券交易场所提供齐备的证券发行登记资料，是场外证券交易场所接受其挂牌销售申请的前提。美国小额证券发行企业必须在 SEC 发出“认可通知”之后才能销售依据条例 A 的 Form1 - A 发行的小额证券。② 除此之外，齐备的登记资料是投资者对发行企业进行投资判断和选择的依据。登记资料是证券发行企业向投资者传递发行企业信息的基础资料，是企业披露信息的重要载体，投资者根据登记资料记载的发行企业的信息，在权衡不同证券所反映的风险和报酬的基础上，对不同企业发行的证券进行比较甄别，作出购买、持有、转让的决策。同时，登记资料也促使发行企业尽职披露信息，为其在场外证券交易市场筹集资金创造良好的环境。

第二，企业规模和盈利能力符合要求。多数国家都规定场外证券交易的参加者资格，作为管理场外证券交易活动的措施。③ 企业规模和盈利能力

---

① Securities and Exchange Commission, 17 CFR Parts 200, 230, 232, 239, 240, 249 and 260, [Release Nos. 33 -9741; 34 -74578; 39 -2501; File No. S7 -11 -13] RIN 3235 - AL39, Amendments for Small and Additional Issues Exemptions under the Securities Act (Regulation A), p. 216.

② https: //www. sec. gov/info/smallbus/qasbsec. htm#jobsact。

③ 黄达、项怀诚、郭振乾主编：《中国证券百科全书》，经济管理出版社 1993 年版，第 118 页。

是考察企业资格的重要衡量指标，只有企业规模和盈利能力符合法律规定的要求，才允许其股票在场外证券交易场所挂牌销售。企业规模是企业开展生产经营活动和具备经营能力的物质条件，是企业筹集资金和对外偿还债务的信用基础。本书从以下三个方面限定企业规模和盈利能力：（1）从业人数。一定的人员构成是企业的各机关产生的基础条件，企业的意思表示机关、执行机关、监督机关，以及生产销售活动都需要具备一定资质的自然人来完成。（2）销售利润最低500万元人民币。销售是生产（或服务）环节的延续，企业的产品（或服务）只有通过商品的流通环节，才能实现价值增值，企业从而获取利润，实现企业资金的积累。（3）企业资产总额不少于5000万元人民币。5000万元的资产总额是企业对外经营活动的最低信用保障，证券市场是为企业扩大生产经营规模提供融资服务的平台，避免不具备基本的生产经营条件的企业在证券市场筹集资金而使投资者的投资收益难以保证。

企业的盈利能力是企业生存与发展的根基，场外证券交易场所对发行企业的盈利能力设定标准，以保证企业发行证券后能保持持续的盈利能力，以保护投资者的权益。对于发行企业的盈利以定性和定量两个方面进行限定：首先，发行企业最近两年连续盈利，且不存在弥补亏损；其次，最近两年利润累计不少于1000万元（或最近一年净利润不少于500万元，最近一年营业收入不少于5000万元），将最近一年的净利润和营业收入作为替代条件，主要是考虑到中小企业的发展阶段和国家宏观税收法律等的调整，因为企业的净利润取决于两个方面，一个是营业收入总额，另一个是所得税率，所以，采用灵活变通的方法便于企业适应国家宏观经济环境的变化，使企业更容易接近证券市场获得融资机会。对于我国小额证券发行企业规模和盈利能力的审核，可以参照台湾证券交易所股份有限公司有价证券上市审查准则，我国台湾地区“证券交易法”列示的三类不同等级的上市证券的审查标准主要包括四项指标：（1）资本额。

（2）获利能力。（3）资本结构。（4）股权分散等。[①] 我国台湾地区“证券交易法”规定，申请上市柜，或上市柜公司申请增资者，一旦董监持股不足，金管会将列入准驳的审查重点。[②] 凡依证券交易法公开募集及发行有价证券之公司，全体董事、监察人二者所持有记名股票之股份总额各不得少于公司已发行股份总额一定之成数，以增加其经营信念，健全公司资本结构，并防止其对股票作投机性买卖，致影响证券交易及投资人之利益，至其成数则由主管机关以命令定之。[③] 依该条之授权，主管机关订定“公开发行公司董事、监察人股权成数及查核实施规则”，此项成数及查核实施均有具体标准。[④] 董监持股连续三个月低于规定者，将于公

---

① 参见黄达、项怀诚、郭振乾主编：《中国证券百科全书》，经济管理出版社1993年版，第575~576页。

② 赖源河：《证券法规》，台湾元照出版公司2014年版，第99页。

③ 我国台湾地区“证券交易法”第二十六条，2016年12月7日修正版。

④ 公司实收资本在三亿元以下者，全体董事所持有记名股票之股份总额不得少于公司已发行股份总额百分之十五，全体监察人不得少于百分之一点五；公司资本超过三亿元在十亿元以下者，其全体董事所持有记名股票之股份总额不得少于百分之十（最低四百五十万股），全体监察人不得少于百分之一（最低四十五万股），但依该比例计算之全体董事或监察人所持有股份总额低于前款之最高股份总额者，应按前款之最高股份总额计之；公司实收资本超过十亿元在二十亿元以下者，其全体董事所持有记名股票之股份总额不得少于百分之七点五（最低一千万股），全体监察人不得少于百分之零点七五（最低一百万股），但依该比例计算之全体董事或监察人所持有份总额低于前款之最高股份总额者，应按前款之最高股份总额计之；公司资本超过十亿元至四十亿元以下者，其全体董事所持有记名股票之股份总额不得少于百分之五（最低一千五百万股），全体监察人不得少于百分之零点五（最低一百五十万股），但依该比例计算之全体董事或监察人所持有股份总额低于前款之最高股份总额者，应按前款之最高股份总额计之；公司实收资本超过四十亿元至一百亿元以下者，其全体董事所持有记名股票之股份总额不得少于百分之四（最低二千万股），全体监察人不得少于百分之零点五（最低二百万股），但依该比例计算之全体董事或监察人所持有股份总额低于前款之最高股份总额者，应按前款之最高股份总额计之；公司实收资本超过一百亿元至五百亿元以下者，其全体董事所持有记名股票之股份总额不得少于百分之三（最低四千万股），全体监察人不得少于百分之零点三（最低四百万股），但依该比例计算之全体董事或监察人所持有股份总额低于前款之最高股份总额者，应按前款之最高股份总额计之；公司资本超过五百亿元至一千亿元以下者，其全体董事所持有记名股票之股份总额不得少于百分之二（最低一亿五千万股），全体监察人不得少于百分之零点二（最低一千五百万股），但依该比例计算之全体董事或监察人所持有股份总额低于前款之最高股份总额者，应按前款之最高股份总额计之；公司实收资本超过一千亿元者，其全体董事所持有记名股票之股份总额不得少于百分之一（最低二亿股），全体监察人不得少于百分之零点一（最低二千万股），但依该比例计算之全体董事或监察人所持有股份总额低于前款之最高股份总额者，应按前款之最高股份总额计之。参见赖源河：《证券法规》，台湾元照出版公司2014年版，第95~96页。

开资讯观测站的财务专区揭露。而且，我国台湾地区“证券交易法”规定对公开发行公司之董事或监察人违反规则的处罚：“证券交易法”第一百七十八条第一项第六款规定，违反公开发行公司董事、监察人股权成数及查核实施规则有关通知及查核之规定者，得处新台币二十四万元以上二百四十万元以下罚金；同条第二项复规定，逾期仍不办理者，得继续限期令其办理，并按次连续各处新台币四十八万元以上四百八十万元以下罚金，至办理为止。除我国台湾地区有价证券上市审查准则之外，韩国店头市场的市场准入管理制度也可以为大陆地区场外证券交易市场的管理所借鉴，其重点要求企业的组建期、注册资本、财务状况等内容，符合要求的企业经证券交易委员会和证券商协会登记获准即可进入店头市场。[①]

第三，企业内部控制责任制度完善。小额发行注册豁免证券的发行以自律管理为主，证券发行的登记权限转移至地方证券业协会，证券发行风险控制的责任随之加重企业内部控制责任制度。企业内部控制责任制度是确保工作效率和财务报表正确以及遵纪守法所必须构建的企业制度，如果采用宽松的内部控制责任制度审核规则，企业的经营管理风险与道德风险因为外部强制监管的力量减弱而相对增加。证券交易场所核查发行企业的内部控制责任制度，是为了落实企业的经营管理责任，降低小额证券发行的风险，更好地为广大投资者及其他利益相关者服务。

笔者认为，企业内部责任制度完善应从企业法人治理结构和组织机构责任制度两方面协同构建，企业法人治理结构符合法律规范要求是企业内部责任制度明确的前提。如有的学者提出，法律关注公司治理的侧

① 参见赖源河：《证券法规》，台湾元照出版公司2014年版，第387页。具体内容是只要企业组建期不少于两年，注册资本不低于2亿韩元，经营良好、财务状况合格的公司，经过证券交易委员会和证券商协会登记并获准后，即可进入店头市场。证券商协会是店头市场的管理者，每日价格涨跌限制在协会规定的上下限内。协会通过电子服务系统发布每日行情信息，促进店头市场的证券成交。

重在于责任的分配，尤其是公司治理结构对企业内部机制的约束。① 公司治理结构不健全，责任的分配难以落实，势必影响企业的经营绩效。国内外学者的研究也表明，公司治理同企业经营绩效呈现正相关关系，良好的公司治理有利于促进企业的长远发展。② 所以，企业法人治理结构的健全有利于企业的稳健运行，提升企业的经营业绩和社会信誉。由于内部控制责任制度是企业的内部组织结构及其相互之间的协调制衡关系，是保障内部控制有效性的组织和制度保证，其核心是组织结构健全和责任制度体系规范。因此，不仅健全的企业法人治理结构是达到企业内部控制有效性的条件，而且企业高级管理人员的责任制度是必不可少的条件。

企业的法人治理结构一般由股东会、董事会、监事会和经理组成，这些组织机构按照功能分配职责权限，建立制衡机制，协调配合实现企业的经营目标。在法人治理结构健全的前提下，每个企业可以根据自身特点设置适合本企业的组织机构，具体的职能部门应根据企业的经营特点变通设置。例如，高新技术企业或电子商务企业由于企业人数较少，规模有限，可以不设董事会，但必须有执行董事或监事履行董事会和监事会的职权。有些企业涉及事务如果较为复杂和专业化，可以在董事会下设置专门的委员会。例如，有些企业生产产品需要特质原材料，就可以设置原料采购委员会专门负责企业原材料的采购，其工作职责包括与原料采购供应相关的所有事务。这是企业法人治理结构的一般理论。

中小企业的法人治理结构受两个方面条件的制约：一则是公司治理观念的制约。在对公司和企业的不同的观念指导下，学界、实务界对于公司治理的认识有不同的层面。③ 最为狭窄的观念是将公司治理理解为股

---

① 邓峰：《普通公司法》，中国人民大学出版社2009年版，第47页。

② 张承惠、田辉、朱明方：《中国场外股权交易市场发展与创新》，中国发展出版社2013年版，第32页。

③ 邓峰：《普通公司法》，中国人民大学出版社2009年版，第46页。

东和管理人员的关系，公司治理的目标是确保股东的利益。[①] 较为中性的观念是公司的所有参与者与利益相关者之间的关系。[②] 一般来说，中小企业的管理人员对于公司治理的认识倾向于最狭窄的观念，其公司治理的结构也是按照这一观念来设置，当中小企业跨越初创阶段发展到较大规模时公司治理结构的不适应性明显显现出来，并制约企业的发展速度和质量，进而影响企业的绩效。笔者比较认同公司治理的较为中性的观念，与其他学者的观点相似。[③] 二则是物质条件的限制。由于中小企业规模普遍偏小，不健全的机构设置似乎更有效，健全的治理结构反而显得有些冗余。所以，在中小企业的经营管理中，董事长兼任总经理，董事会成员担任经营机构成员或部门负责人的问题很突出，造成企业的决策、经营和监督权能有时由董事长、总经理一人行使，缺乏制约制衡机制，随着企业规模的扩大，企业的经营风险和道德风险渐增。

笔者认为，公司治理的真正内涵包括结构、行为和绩效三个层面的内容，这三个层面协调公司的“责权利”关系，这三个层面的相互关系是：结构决定行为，行为影响绩效，对企业优良绩效的追求反过来促进公司治理结构的健全。所以，健全的法人治理结构是规范企业的行为规则和决定企业绩效的关键条件。因此，企业在申请股票挂牌交易时的法人治理结构必须符合相关要求，而且，证券市场在改善企业的治理结构方面也具有重要的作用，证券市场股票的公开交易便于有效地反映企业的信息，为所有者将经营者的报酬与股票价格挂钩搭建了桥梁。而股票在股市上的价格表现与经营者的报酬挂钩有助于将经营者的利益与所有者的利益联系在一起，从而达到促使企业改善法人治理的效果。[④] 在企业

---

① See Andrei Shleifer and Robert Vishny, “A Survey of Corporate Governance”, *Journal of Finance*, Vol. 52, 1997, pp. 737 - 783.

② 张维迎：《产权、激励与公司治理》，经济科学出版社 2005 年版，第 2 页。

③ 邓峰：《普通公司法》，中国人民大学出版社 2009 年版，第 44 页。

④ 《美国 1933 年证券法（中英文对照本）》，张路译，法律出版社 2006 年版，序言第 2 页。

的证券挂牌销售之后的持续交易过程中，企业会受到来自市场组织者和投资人的压力，促使企业改进治理结构，遵循良好的行为准则。

组织机构责任制度主要是划清各机构之间的权责范围，使各机构权责明确，对本机构的行为承担责任。由于企业的组织机构是由具有民事行为能力和管理专业知识与经验的自然人为意思表示，因而，只有将组织机构的责任与作为组织机构成员的个人责任相关联，才能保证组织机构的决策符合法律规定的职责权限。例如，在企业内部责任制度的建设与维护中，企业的高级管理人员负有重要的责任，因而要求高级管理人员签署企业编制的定期报告。企业高级管理人员的签字表明签字高级管理人员已经参与设计了所需的内部控制责任制度，以及签字高级管理人员从发行企业内部了解到所有重大信息，尤其是所编制定期报告期内的重大信息。因而企业高级管理人员的签字能够督促企业内部责任制度的设计、运行处于良好的状态。正是基于这一原因，美国证券法对于签字高级管理人员的责任有更严格的要求，不仅有责任建立及维持内部控制，评估内部控制的有效性，并要求签字高级管理人员已向发行人审计师及董事会特别审计委员会（或者履行同等职责的人员）披露有关内部控制的信息。①

此外，为了严格落实企业内部控制责任制度，小额证券发行企业在证券交易场所挂牌时，必须出具注册会计师和律师对拟挂牌企业的内部控制机制的外部监管审核意见。注册会计师就被审核企业管理当局对特定日期与会计报表相关的内部控制有效性的认定进行审核，并发表审核意见；律师就被审核企业的法人治理结构的合法性进行审核认定。只有

① 参见中国证券监督管理委员会组织编译：《美国〈2002年萨班斯——奥克斯利法〉（中英文对照本）》，法律出版社2015年版，第71~73页。引自《美国法典》第15编第7241节，文本来源：2002年7月30日通过的《第107-204号公法》第3编第302条，《美国制定法大全》第116卷第777页。

当注册会计师和律师出具的审核意见符合法律规定的要求时，证券交易场所才允许企业挂牌交易。

2. 企业挂牌的程序监管

强化小额证券发行企业挂牌的程序监管，旨在严格控制场外市场证券销售企业的监管标准，提高证券销售企业的质量，其是在吸取日本和美国教训的基础上做出的。日本的 JASDAQ 市场对上市企业监管不严的教训是入市企业鱼目混杂，为创业板市场长期发展埋下隐患。[①] 美国证券交易所降低新兴公司市场的监管标准，以便吸引更多的企业到新兴公司市场上市，美国证券交易所在新兴公司市场上市条件的设计方面，除放松对企业规模和盈利的要求外，还放宽了其他上市条件。例如，没有要求在新兴公司市场上市的公司设立独立董事或审计委员会。而且，美国证券交易所没有严格执行已经降低了的监管标准。具体是指美国证券交易所没有严格执行其筛选公司的程序，监管标准的降低加上监管措施得不到严格执行导致了上市公司质量很低，新兴公司市场丑闻不断。主要是因为没有严格审查控制股东、高级管理人员、发行企业的资格，存在重大违法行为，以至于使符合“坏孩子”标准的人员和企业从事与证券发行和交易相关的业务。[②]《JOBS 法案》是美国为创造就业机会，促进经济增长的新一轮的证券发行制度改革，[③] 全面、大幅度减轻发行企业的负担。但是对于发行小额证券的企业的监督依然存在。依据证券法第 18 节（b）（4）（D）（ii）获得的豁免注册证券交易的州证券法优先权必然包括根据第 3 节（b）（2）进行豁免发行的法定要求，这些要求包括证券法

① 阎大颖：《日本二板市场（JASDAQ）首次发行股票的长期弱势表现及其启示》，载《现代日本经济》2005 年第 5 期（总第 143 期）。

② 张育军主编：《深圳证券交易所综合研究所研究报告》（2000），经济科学出版社 2001 年版，第 131～132 页。

③ The stated purpose of the JOBS Act is to increase American job creation and economic growth by improving access to the public capital markets... See JOBS Act (Preamble).

第12节（a）（2）规定的民事责任必须适用，发行人必须每年向SEC提交审计的财务报告，[①] 以维护小额证券交易秩序。

我国证券发行企业的挂牌程序执行严格的资格审查和备案登记监管，以确保挂牌销售的企业证券是经地方证券业协会审核批准，小额证券发售企业符合场外证券交易场所的挂牌条件，以维持小额证券发售市场秩序。

首先，证券交易场所核查发行企业的挂牌资格。证券交易机构对拟挂牌企业的登记材料进行审查，确保申请挂牌企业的登记文件真实、准确、完整以及发行企业符合规定的挂牌条件。在证券交易机构内设挂牌企业资格审核委员会，对拟挂牌企业的挂牌条件进行审核。审核委员会组成人员由证券交易机构的工作人员7人组成，对拟挂牌企业的申报材料逐项进行审核，按少数服从多数的原则进行表决，遴选符合挂牌条件的企业，挂牌企业资格审核委员会审议拟挂牌企业的书面申报文件决定是否批准挂牌并向证券业协会登记备案。审核委员会对于发售企业的挂牌资格主要从两方面进行审查：一方面应审查拟发售企业证券发行登记文件资料是否齐全；另一方面是从实质上审查发行企业资质及其申请挂牌发售的证券，即既从各种财务会计报表和企业资料分析发行企业的经营状况，又从证券发行报告[②]审查申请发售股票的实际发行情况和企业已发行的其他各种证券，并根据证券市场供需状况和管理原则，分析股票发售的必要性和可行性。[③]

其次，地方证券业协会备案。为了保证证券发售管理的统一，确保证券交易的安全，申请拟挂牌企业的证券发售申报材料经场外证券交易场所的挂牌企业资格审核委员会审议通过后，证券发售企业在5个工作

---

① 15 U. S. C. 77c（b）（D），（F）.

② 此处的证券发行报告相当于募股融资说明书，在股票挂牌时，信息披露资料集中体现于发行股票募股融资说明书。

③ 夏斌、张志平、李肖敏、杨云龙、陈浩武主编：《证券大辞典》，山西经济出版社1993年版，第842～843页。

日内向地方证券业协会提交证券发售通知，地方证券业协会对证券发售企业的证券发售通知登记备案，并向场外证券交易场所出具备案确认函，场外证券交易场所收到备案确认函后，发行企业的小额证券在场外证券交易场所开始销售。The U . S. code，Title 15 – commerce and trade 下的781 也规定：如果交易管理机构向委员会证明证券已经被交易机构批准发行和注册，注册将在证券交易委员会收到该种证明 30 天内生效，如果委员会另行决定，注册将在更短的时间期限内生效。[①]

（二）科学的证券交易管理系统

首先，建立区隔化的报价和交易系统。报价系统可保证投资者了解市场的全面情况，可通过比较而得出一个公正的价格，有助于维持市场的稳定性和连续性，进而扩展市场的广度、增加市场的流动性。[②] 所以，设置科学合理的报价系统是证券交易管理的重要方面。由于场外证券交易市场的特殊性，场外证券交易市场的报价系统的设置应达到两个效果：一是做市报价系统与交易成交系统分离；二是连结全国的场外证券交易市场。故而，笔者认为，将做市报价系统与股票交易系统的终端分离，建立区隔化的做市商报价系统和全国性的交易成交显示系统，连接全国的做市商和场外证券交易市场，形成全国性的证券交易市场，既提高市场效率，又使场外证券交易市场真正成为我国证券市场体系的一级组织。

第一，独立的做市商报价系统。做市商的买卖报价是场外证券交易的基础价格，做市商的买卖报价牵涉到发行企业、做市商和投资者三方的利益，而做市商的买卖报价也使得发行企业能够实时监督做市商的做市行为，纠正偏离企业价值的报价。而确保做市商的买卖报价的客观公

① The U. S. code，Title 15 – commerce and trade，Registration requirements for securities，p. 383. See 15 U. S. C. 781 (d).

② 黄达、项怀诚、郭振乾主编：《中国证券百科全书》，经济管理出版社 1993 年版，第 117 页。

正，除了做市商履行忠诚义务之外，独立的报价系统也是重要的监督保障制度，唯有将做市报价系统和股票交易系统隔离，才能减少做市商在做市活动中违背客户利益谋求自身利益最大化的机会。做市报价系统与股票交易系统的终端分离，两个系统分离之后，做市报价系统显示屏上显示做市商最新申报的股票的买入价和卖出价，投资者可以根据做市商的报价在股票交易系统买入和卖出股票，做市商也可以在对其限制交易的期限之外从事其承担做市业务的股票和其他股票的买卖。有学者分析美国自动报价系统的使用效果，由于自动报价系统终端机的分级，把场外交易市场上的证券商连接起来，缩短了证券经纪商寻找报价最优的市场制造商所需的时间，从而也促进了市场制造者之间的竞争报价，极大地提高了市场效率。[①] 为获得发行注册豁免的小额证券建立全国统一的做市报价系统是比较高效的场外证券交易报价方式。该系统连接国内各场外证券交易场所，为会员公司及投资者提供有价证券的买卖价格信息服务，使分布在各地的证券交易场所统一地开展业务，为投资者提供更多的选择机会，增加小额证券的流动性。

第二，全国性的股票交易成交显示系统。股票交易的成交价格是股票交易行市通报的重要信息，及时、准确地公布股票成交价是投资者了解市场行情的现实渠道，投资者可以根据股票买卖的成交价掌握股票走势，从而在进一步掌握发行企业的信息的基础上改进投资判断，调整投资选择。交易成交系统使用联机电脑及时公布股票的成交价格、成交额等信息，该系统将交易信息传递并显示于各场外证券交易市场交易大厅的大屏幕，同时该系统可以与信息服务企业联网，与其共同传播场外市场股票交易行情，以便投资者多渠道获知小额股票交易信息。

---

① 夏斌、张志平、李肖敏、杨云龙、陈浩武主编：《证券大词典》，山西经济出版社1993年版，第1314页。

之所以采用全国性的股票交易成交显示系统，是欲将我国的场外证券交易市场建设成为资本市场的一级组织，小额证券可以在全国范围内交易流通，而不是局限于场外证券交易场所所在地域范围。全国性的股票交易成交显示系统可以提高小额证券的流动性，为中小企业发售小额证券提供更多的机会。而且全国市场体系的开发研究在美国早已探索并实践，为避免证券交易的分割现象，美国 SEC 积极引导各种市场形态并存发展，并试图通过网络系统的连接使分散的市场实现一体化，以促进市场竞争和统一化。美国 SEC 于 1978 年 1 月发表的“开发全国市场体系（NMS）”的报告提出建设全国市场系统的构想，即事前的综合报价系统（CQS）、事后的综合交易信息系统（CTS）和市场间交易系统（ITS），其中市场间交易系统（ITS）是全国市场体系的核心部分。虽然市场间交易系统（ITS）在美国股市交易总额中所占的比重并不大，但市场间交易系统（ITS）的存在促使各市场的做市商缩小买卖价差，因而通过联网实现各股票市场之间的一体化交易。[①] 当前我国的证券市场发展程度和技术水平与美国的证券市场均有差距，本书此处主要借鉴美国的市场间交易系统（ITS）并应用于我国的场外证券交易场所，通过计算机终端系统联接各场外证券交易市场，促进市场竞争与市场的统一化。如果将小额证券的交易限制在局部地域范围内，将遏制小额证券的流动，进而降低了小额证券再次发行的频率。小额证券在各地方证券业协会登记发行，而其在全国范围内流通交易，为中小企业发售证券提供更广阔的空间，鼓励和促进中小企业充分利用资本市场进行融资。

其次，设置缜密的交易监控系统。证券交易监控系统是对证券交易过程进行监管，监督检查证券交易中的非正常交易现象。这种管理模式遵循了世界各国对证券交易管理的模式，证券交易行为管理是各国对证

---

① 尚福林主编：《证券市场监管体制比较研究》，中国金融出版社 2006 年版，第 529 页。

券交易监管的构成部分。[①] 为了使证券交易监控制度更为缜密，采用实时监控和交易审查两套系统配合监管证券交易。有学者对日本的 JASDAQ 市场电子交易系统进行了分析，其包括的实时市场监控系统和交易审查系统效果显著，JASDAQ 交易所通过这两个交易监控系统提高了对违规证券交易的监管效率。[②]

实时市场监控的目的是监视证券交易过程，探寻交易中的疑点，监控证券交易中的突发异常交易。一旦交易出现异常现象，交易场所有权采取临时停牌等措施，并向地方证券业协会和证监局报告。实时市场监控可以通过电子监视系统来完成，场外证券交易场所设置专门的电子交易实时监控设备，配备专职人员进行实时监控。

在场外证券交易场所设立交易审查部，执行交易审查任务，交易审查的管理对象主要是做市商和企业内部人员的交易行为，对做市商和企业内部人员的交易行为采取记录报告和检查制度。[③] 在场外证券交易市场中，做市商兼营做市业务和自营业务，做市商利用其掌握的发行企业的内幕信息，在自营业务中大量买进或卖出股票，影响交易行情和交易公平。而内部人员利用职务之便掌握内幕信息的便利性不言而喻，监管好内部人员的内幕交易对于维护证券市场的公平也非常重要。因此，对于做市商和内部人员的交易行为做好记录报告和检查，在股票交易中使他

---

① 夏斌、张志平、李肖敏、杨云龙、陈浩武主编：《证券大辞典》，山西经济出版社 1993 年版，第 1313 页。

② 苏鹭：《日本 JASDAQ 市场的发展及对我国的启示》，载《现代日本经济》2010 年第 1 期（总第 169 期）。

③ 关于交易审查部门的设立，可以学习日本证券交易所和证券业协会的做法。日本的证券交易所设立了买卖审查部或买卖管理部等，对证券市场的买卖价格是否异常变动，经常地进行监督，有疑点时，采取核对证券公司的账簿等措施，了解其实际状态，努力进行预防。证券业协会也在其《公正惯例规则 1 号》（《有关店头有价证券的买卖及其他交易规则》）第 28 条中规定"协会会员，不得利用虚假买卖、操纵市场等不正当手段，进行店头交易"，同时，各个证券公司根据协会的规定，也都各自设置了管理买卖的部门，建立了对自己的各营业所中的买卖交易进行内部管理的系统。

们和其他投资者处于同等的交易境地。做市商的交易记录按周报告，在交易结束后第二周的星期一上午将前一周的交易记录提交给场外证券交易场所。如出现交易异常，场外证券交易市场可以暂停该做市商与其做市股票相同的自营业务，立即提交当天的交易记录，并报送地方证券业协会和证监局。内部人员的交易记录报告制度，内部人员的股票交易必须进行详细的记录并报告，内部人员的股票交易按月报告，在次月的第五个工作日之前向场外证券交易场所提交上个月内部人员的股票交易记录，如果股票交易市场出现异常交易现象或股价剧烈波动，证券交易场所可以要求内部人员临时提供交易记录进行检查。日本对于买卖审查的结果将全部报告给证券交易等监督委员会，作为犯规和罚金调查的重要线索，[①] 如果违反了法令或者有可能违反时，对交易参加者进行处分和提醒，防止再次发生。我国场外证券交易市场的交易审查制度主要借鉴于日本证券交易所的买卖审查制度。[②] 买卖审查结果有两方面的作用，一是起到随时监督的作用，做市商和内部人员的交易记录审查对于该类人员具有威慑力，预防他们利用内幕信息进行证券交易，二是作为违法交易行为处罚的依据，一旦做市商和内部人员有违法交易行为发生，可以作为查明案件真相的线索和处罚依据。

此外，从保护所有投资者利益、维护证券市场秩序的角度考虑，地方证券业协会可以对做市商和内部人员的股票交易行为进行定期检查或根据需要进行其他的检查，旨在约束做市商和内部人员的不法交易行为。

---

① 日本经济研究所编：《图说日本证券市场》，郭海燕译，社会科学文献出版社 2013 年版，第 157 ~ 158 页。

② 日本证券交易所的买卖审查是对以行情操纵、内部者交易为首，对有无违反法令和交易所规则的不公正行为进行事后审查，具体就是在价格形成和订单状况异常和不自然的形态被发现时，和发表上市公司在法令上的重要事情时，对委托者进行调查，甚至会根据需要向交易参加者询问委托者的详细内容和买卖动机等，再进行详细的分析。从内部者交易的角度，对上市公司重要事实发表的经过进行询问。参见日本经济研究所编：《图说日本证券市场》，郭海燕译，社会科学文献出版社 2013 年版，第 157 ~ 158 页。

检查经纪商或交易商的记录，美国的证券法律制度已有类似的规定，如SEC认为对维护公共利益、保护投资者或其他因促进本法目的之确属必要或适当，则其代表可对注册经纪商或交易商根据本款就大额交易商进行的交易需要制作和保存的所有记录进行合理的定期检查、特别检查或其他检查。①

（三）建立证券交易风险控制制度

第一，客户管理系统与券商自营系统分离。做市商在证券市场兼营做市与自营业务，为了避免这两种业务间产生利益冲突，必须将两种业务系统分开管理，采取账户隔离和系统隔离。账户隔离就是做市开立独立的交易账户，并报备证券交易场所，由独立的做市交易系统进行管理。当有股票买卖交易发生时，股票销售价款经过登记结算系统的交收处理之后，资金直接进入委托客户的账户，做市商无法干预客户账户的管理，彻底改变我国以前将客户的交易结算资金由券商营业部代为管理，并与券商自营资金混合在一起的管理模式，避免券商挪用客户资金。当做市商从事自营业务时，做市商与其他普通投资者一样，在场外证券交易场所开立交易账户，购买股票的价款出自做市商的自有账户，卖出股票的价款由证券登记结算系统交收处理后亦进入做市商的自有账户，与其承担做市业务的客户的账户资金完全分离。

第二，设立证券结算风险补偿基金。在场外证券交易市场，做市商始终是证券买卖交易的一方当事人，做市商是促进市场流动性的重要媒介，做市商如果不能实现银货对付（delivery versus payment），将会造成市场的系统性风险。更为特殊的是，在场外证券交易市场，融资融券和做空交易是做市商享有的额外权利，做市商得持有一部分证券和现金，做市商享有的这一特权又增加了证券交易结算的风险。除此之外，投资

---

① 黄达、项怀诚、郭振乾主编：《中国证券百科全书》，经济管理出版社1993年版，第352页。

者的违约行为与证券登记结算机构的技术故障等原因造成的损失亦有发生，设立证券结算风险补偿基金弥补因此造成的损失，确保证券市场的信用和流动性。

设立证券结算风险补偿基金的主旨是维护证券交易结算参与方的利益，证券结算风险补偿基金是弥补证券交易结算损失的重要措施。依据《证券法》第一百六十三条的规定,① 小额证券交易结算风险补偿基金的作用有三个方面：一是做市商或投资者交收违约时的流动性垫付，二是当做市商或投资者交收违约给结算公司造成损失的弥补，三是技术故障或不可抗力造成的证券登记结算机构的损失。证券交易结算风险补偿基金由三个独立的部分组成，要求做市商交存一定量的资金设立证券结算风险补偿基金，投资者的结算风险补偿金按其证券交易额的比例逐笔提取，单独设立基金账户，证券登记结算机构的结算风险补偿金从证券登记结算机构的业务收入和收益中提取，以参与结算系统成员互助互保的方式共担风险，一旦出现信用风险和流动性风险，由证券结算系统先行以基金的资金解决头寸短缺问题，然后向当事人追偿，以保证证券市场的稳定性。

证券结算风险补偿基金的存管，按照《证券法》的相关规定执行。我国《证券结算保证金管理办法》也是建立证券结算风险补偿基金的依据，我国中央结算机构要求参与结算系统的成员应当缴存一定量的资金，确保结算成员结算头寸账户存有足够余额以便日常结算的顺利完成。②《证券法》第一百六十四条规定："证券结算风险补偿金应当存入中央结算机构指定银行的专门账户，实行专项管理。证券登记结算机构以证券

---

① 《中华人民共和国证券法》第一百六十三条："证券登记结算机构应当设立证券结算风险基金，用于垫付或者弥补因违约交收、技术故障、操作失误、不可抗力造成的证券登记结算机构的损失。证券结算风险基金从证券登记结算机构的业务收入和收益中提取，并可以由结算参与人按照证券交易业务量的一定比例缴纳。证券结算风险基金的筹集、管理办法，由国务院证券监督管理机构会同国务院财政部门规定。"

② 中国证券登记结算公司总部编：《证券结算保证金管理办法》解读，2012 年 12 月 6 日。

结算风险补偿基金赔偿后，应当向有关责任人追偿。”此外，香港中央结算系统风险管理的规定也可以作为参考。根据香港中央结算系统风险管理的规定，中央结算公司作为所有经纪参与者的结算相对人角色，披露其他当事人无法履行义务而造成损失的风险，设立保证基金分散风险，每一经纪人的风险保证金按股份和基于市场股份的额外存款收缴，经纪人的每一股份至少存入 50 000 美元现金，中央结算公司的保险金亦应维持在不少于 2 亿港元的水平。①

与香港的保证基金有所不同的是，我国场外证券交易市场的做市商具有一定融资融券和做空的权利，交存一定数量的结算风险补偿金的数额应与其被允许做空的证券的价值相关联，以减少证券登记结算公司的结算风险，预防和化解证券登记结算信用风险和流动性风险，保证证券交易的顺利进行，维护证券市场秩序，提高投资者信心。

四、小额证券交易欺诈的法律责任追究制度

良好的小额证券发行制度法律规范必须有法律责任制度，以确保法律有效实施，法律责任制度是保证证券交易各方权利义务平衡的最终保障。因为证券市场是由一整套完整、均衡的经济利益机制和一系列权利义务关系集合而成的，任一当事方对自身义务的违反将破坏这种利益的均衡，而证券交易的参与方为追求自身利益的最大化，可以说交易欺诈是一种常态化的行为。证券法律责任制度固然要保障证券市场参与诸行为主体的法律地位，表彰发行人、证券商、证券专业服务机构、证券交易场所的权利与义务，但是更应当维护社会公众投资者的权利与利益。因为在参与证券市场的诸多行为主体中，社会公众投资者属于弱势群体，由于信息的不对称以及法律地位的不对等，他们无论是信息的获取，还

① 郭琳广、区沛达：《香港公司证券法》，法律出版社 1999 年版，第 191 页。

是专业知识与技术的掌握均处于不利地位，法律责任的设置应当是保护和平衡投资者与其他当事方的利益。

虽然小额证券发行注册豁免制度旨在降低发行成本，提高小额证券发行效益和效率，但是，如有的学者所指出，注册制提供给投资者保护的去除，证券注册豁免可能为证券欺诈创造了机会。① 例如，证监会不再对发行企业进行实质审查，发行企业对于历史信息披露的简化等，为小额证券发行企业的欺诈行为提供了更多的制度空间。所以，小额证券交易欺诈责任追究制度应严惩违法行为当事方，弥补和维护遭受损害的当事方的利益，尤其是社会公众投资者的利益。

证券法律责任制度是合理分配证券市场风险的制度，证券法律责任制度结合私法责任与公法责任，私法责任补偿受害者的损失，恢复证券交易的公平。公法责任是对不履行义务的人的惩戒、威慑甚至剥夺违法者再犯的能力，实现法律的社会公正性。② 证券法律责任制度的这种组合通过私法责任的救济和公法责任的惩戒，确保证券法律制度的实现。证券法律责任制度是确保法的实现的制度，每个国家的证券法都有规定，美国交易豁免证券也适用欺诈法律责任追究制度，美国《1933 年证券法》规定豁免注册的证券没有排除承担规则 10b－5 的法律责任。③ 日本有金融厅和作为金融厅外局的专属机构证券交易等监督委员会行政监督机构的制度、行政处罚制度（课征金制度）、刑事犯罪规定设置。④ 基于以上关于证券法律责任制度的重要性分析，我国小额证券交易欺诈法律自认追究制度的设计是必不可少的，小额发行注册豁免证券交易欺诈的

---

① SEC Advisory Committee on Small and Emerging Businesses , Capital Raising Strategies, Multipurpose Room, 9：00AM－5：00PM, October 31, 2011, https：//www. sec. gov/info/smallbus/acsec/acsec－backgroundmaterials. htm, 2016－1－8.

② 代文明等：《中国证券市场运行法律问题研究》，辽宁大学出版社 2008 年版，第 248～249 页。

③ Hazen, Thomas Lee, *The law of securities regulation*, 5th Edition, Thomson/West, 2005, p. 469.

④ 朱宝玲：《日本金融商品交易法》，法律出版社 2016 年版，第 10 页。

法律责任追究制度肩负维护证券交易公平和维持交易安全的艰巨重任。

（一）证券交易欺诈的认定条件

证券交易欺诈涉及的机构、人员较为复杂，证券发行企业、做市商、证券分析师、中介机构等在证券交易及其相关活动中诱骗投资者买卖证券以及违背客户真实意愿、损害客户利益的行为，如果这些行为构成重大性证券交易欺诈行为，不仅会使受害人遭受经济损失，而且会严重扰乱证券市场秩序。证券交易欺诈的法律责任分担是平衡加害人与受害人的利益关系的法律手段，证券交易欺诈行为的认定是非常严谨的，也是对政府执法能力的考验。证券交易欺诈的法律责任的承担必须是在明晰涉事各方的法律义务的前提下，追究违反义务的当事方的法律责任，其责任的认定必须遵循严格的条件和程序。正如学界的观点所述，一个成功的政府执法机构对于操纵证券价格行为的表现不是依赖于证券价格被向上或向下驱动接近于证券的公平价值，[①] 而是没有遭受操纵行为后果导致的损失的投资者不能享有私力救济权，即使市场操纵行为已经发生，[②] 即政府的执法行为是为保持证券交易的公平。本书将证券交易欺诈行为的认定条件归纳为以下几个要件，并阐释了各要件之间的关联关系。

第一，信赖推定和因果关系。信赖如何认定是一个很复杂的问题，从理论上讲，只要证明重大误述或遗漏负面影响了市场价格，而原告又因为相信该种错误陈述而购买了股票，即可形成信赖假定。原告的信赖必须合理，信赖必须合理这一要求决定是否由于被告的错误陈述事实上导致了原告的损害。信赖必须合理的证明有两个方面：一是当原告认为其受某些错误陈述的信息误导提起诉讼时，原告将必须证明价格受该错

---

① See Id.

② Gurary v. Winehouse, 190 F. 3d 37 (2d Cir. 1999), affirmed in part, vacated in part on other grounds, 235 F. 3d 792 (2d Cir. 2000).

误陈述的影响，因为追究当事人的市场欺诈法律责任，仅仅认定一项重大错误陈述还不能启用信息欺诈推断，除非还可以证明市场对该错误陈述作出了反应，即证明股票价格受到了错误陈述或遗漏影响以及原告的损害是由于按照当时受欺诈引诱而产生的股票市场价格进行的买入或卖出所致，就可满足信赖要求，即使原告并未见到该陈述。因此，规则10b5－1规定了允许被告积极辩护的情形，当信息确定不是交易决定的考虑因素时，允许交易人在该情况下进行交易而不能追究被告的欺诈责任。[①] 二是原告必须证明其信赖的欺诈行为与所受损害之间存在因果关系，在确定原告损失和被告欺诈行为之间的因果关系时，应遵循的交易事实基础是：证券交易行为已发生并且是由于被告的虚假或误导性陈述行为诱导发生的交易，如果没有被告诱导性的违法行为，该交易就不会发生。例如，投资者在证券价格处于高位时购买，买入之后证券价格不断下跌而遭受损失，假如证明这种境况是由于做市商的虚假报价行为或者由于其他的信息欺诈行为引起的，就可以说明原告的损失和被告的欺诈行为之间存在因果关系。另外，证券市场情况复杂，影响证券交易欺诈行为的因素很多，当原告并未被诱骗进行交易而仅仅信赖价格是对所有重大信息组合的正确反映，结果造成了原告的重大经济损失，这时需要认定的依据是该信息组合中确有错误或诱导性陈述的信息。

第二，重大性要件。在因欺诈或欺骗提起的诉讼中，除了要证明因果关系和信赖以外，原告必须要证明存在的错误陈述和遗漏具有重大性。“重大性”界定为：一个理性的投资人在作出投资决定时将会考虑到该信

① https://www.sec.gov/rules/final/33－7881.htm, The Rule 10b5－1 also sets forth several affirmative defenses, which we have modified in response to comments, to permit persons to trade in certain circumstances where it is clear that the information was not a factor in the decision to trade.

息的重要性。[①] 从信息重大性理解的角度来说，重大性的标准并不取决于对陈述的完全字面理解，而是取决于理性的投资者准确获知信息的认知基础信息，即重大性的要求必须具备这样的实质可能性：被理性投资者视为明显地改变了获得的信息的总体结合价值的事实。[②] 重大性特别强调投资者获取的综合信息的客观准确性，尤其是不利于发行企业或投资者的重大信息。因此，当有足够的警告性语言提示投资者某些风险时，被证明不准确的乐观陈述并非重大误导性信息。此外，特定事项的重大性须密切结合实际情况，并根据公开的所有信息的组合作出判断。例如，普通意义上来讲，正常股息发放对于投资者是一种利好信息，但是当发放股息的信息放入投资者投资判断的信息组合中，发行企业大幅度消减股息的信息和企业资产大幅度增减的信息等就更具有重大性，如果发行企业没有公布或者误导性公布该类信息都属于重大误导性陈述，而对于正常股息的发放不具有重大性，如果发行企业或与证券发行交易有关的人员虽然事实上作出了虚假或错误陈述，但是没有对市场或者投资者的信息判断产生任何影响，即没有引起投资者关注的轻微偏离真实性的信息，可排除在重大性之外。

第三，主观故意或轻率。在证券交易欺诈法律责任的构成要素中，行为主体主观上的意图和行为动机是关键要素之一，原告提起欺诈诉讼请求时必须证明欺诈行为是被告故意或轻率的作为。明知陈述错误或虚假而有意为之是为主观故意，具体表现是蓄意进行错误陈述或隐瞒重要

---

① https：//www. sec. gov/rules/final/33 – 7881. htm， TSC Industries， Inc. v. Northway， Inc. 426 U. S. 438，449（1976）；see Basic v. Levinson，485 U. S. 224，231（1988）（materiality with respect to contingent or speculative events will depend on a balancing of both the indicated probability that the event will occur and the anticipated magnitude of the event in light of the totality of company activity）；see also Securities Act Rule 405，17 CFR 230. 405；Exchange Act Rule 12b – 2，17 CFR 240. 12b – 2；Staff Accounting Bulletin No. 99（Aug. 12，1999）（64 FR 45150）（discussing materiality for purposes of financial statements）.

② https：//www. sec. gov/rules/final/33 – 7881. htm，See Id.

事实误导投资者，使投资者蒙受损失而自己获益，轻率是指不顾事实真相而任意作出不负责任的陈述，具体表现是在披露和传播信息时没有尽到忠诚义务和勤勉义务，而对行为后果听之任之。轻率行为彻底背离信义义务，轻率行为造成的后果是极不合理的遗漏或错误，对受误导的买方或卖方产生了危险，且这一危险是行为人根据其行为可以预知的。轻率的行为一经证明对受误导的买方或卖方产生了危险，即可与欺诈诉讼中的故意同等对待。

从理论上来讲，对于故意和轻率的认定，可以借鉴规则 101（a）的规定，只要一个人知道或者因疏忽大意不知道他（她）正在交流的信息是重大和非公开的，该人的行为被认定为故意。① 从故意和轻率认定的实践来看，因为故意或轻率是行为主体的主观意志，主观意志是内在的支配行为的思想，其认定不像客观行为那样直接，故其认定采用欺诈推定和证券交易事实相结合的方法，运用证券交易的事实、原告的具体行为细节与主观意志之间的关联性，即客观外在表现的行为证实内在的思想活动。对于故意的支持证明，美国的立法规定和司法的实证推断也采用此种证明方式。美国《联邦民事诉讼规则》第 9 节（b）的要求，即起诉欺诈须随附有具体细节。② 美国第二巡回法院指出，细节要求意味着原告必须以至少可以产生“欺诈意图的强有力推断”的事实为根据。③ 美国第九巡回法院依据规则第 9 节（b）的规定认为，“恶意、图谋、明知或其他心理状态一般可以证明”。④

① https：//www. sec. gov/rules/final/33 – 7881. htm，See Rule 101（a）.

② 参见《联邦民事诉讼法》第 9 节，引自吴如巧编著：《美国联邦民事诉讼规则的新发展》，中国政法大学出版社 2013 年版，第 181 ~ 182 页。

③ O’Brien 诉 National Property Analysts Partners，936F. 2d 674，676（第二巡回法院 1991），Ross 诉 A. H. Robins 公司案，607F. 2d 545，558（第二巡回法院 1979），拒绝调卷令，446 U. S. 946，100 S. Ct. 2175，64 L. Ed. 2d 802（1980）.

④ In re GlenFed，Inc. Securities Litigation，42F. 3d 1541（第九巡回法院 1994）. 参见托马斯·李·哈森：《证券法》，张学安等译，中国政法大学出版社 2003 年版，第 674 页。

我国在对待原告提起的因行为主体的故意错误陈述或虚假陈述的欺诈民事赔偿诉讼时，应附随能证实行为主体故意作为的具体细节，具体细节即故意作为的行为表现事实。原告是否具备故意或轻率等心理状态，可以从陈述的客观性，如陈述时的遣词、资料的选用等细节进行推断，原告在起诉时必须附随该类具体细节。假如被告没有故意的错误或误导性陈述或欺诈行为，证券交易的后果与实际后果将有所不同。

如果被告的欺诈行为与损害后果之间确有因果关系，欺诈行为的重大性和原告的信赖一经认定，被告将承担信息欺诈的责任。被告抗辩的理由是“市场真相”,① 被告可以反驳信赖假定或证明该种信赖是不合理的。由被告证明原告事实上并未信赖该重大性的遗漏或证明错误陈述或未披露信息并未影响市场价格将能够反驳市场欺诈信赖推定。② 比如，被告可以用公众可获得的足够的警示性信息阻止信息欺诈请求。但是，对于在发行材料中的总括性警告和免责条款则不能排除对本来是重大误导性陈述的信赖，预测或预言中的警示性语言必须充分足以否定任何合理的相反的信息内涵。

（二）证券交易欺诈行为的分类及其法律责任

证券交易欺诈行为产生的根源是信息欺诈，证券交易的参与者之间存在信息的不对称，证券交易的每一方当事人都在利用自身的优势地位追求利益的最大化，证券交易参与者中最易受到损害的是投资者。因为在股票发行注册制和小额证券发行注册豁免制下，投资者自行判断发行

---

① 该抗辩理由来自最高法院在 Basic Inc. 诉 Levinson 一案中的判决。在 Basic 一案中，法院注意到即便有重大误导性陈述，如果正确信息“让人信赖地进入市场，并且消除了错误陈述的后果”，则错误陈述将不可诉。尽管听起来更像是一个因果关系或重大性问题，这一点被叫作市场真相抗辩。

② Fine 诉 American Solar King 公司案，919 F. 2d 290，299（第五巡回法院 1990）；In re Seagate Techonology Ⅱ Securities Litigation，843 F. Supp. 1341（N. D. Cal. 1994）. 参见［美］托马斯·李·哈森：《证券法》，张学安等译，中国政法大学出版社 2003 年版，第 694 页。

企业的盈利能力和投资价值，自担投资风险。[①] 投资者保护唯一可以依靠的途径是“信息公开”，而信息公开的本质则在于企业所揭露资讯的真实与否。只有在企业揭露的资讯真实的前提下，投资者根据个人偏好作出投资选择，“投资人自己责任”的原则才是公平的。有学者对于“投资人自己责任”的有效运作机制的论述非常精辟，证券交易法明文规定企业内容公开的真实义务，公开说明书的记载内容，以及发行人申报或公告的财务报告和其他有关公司业务的文件的内容不得有虚假或隐瞒的行为，且依该法第 20 条第 3 项及第 32 条第 1 项的规定，若因违反资讯揭露的真实义务，而致使交易相对人受到损害者，负有民事上的赔偿责任，以此遏制不实之企业资讯揭露，误导投资人的投资判断，扭曲证券市场上自己责任的基本机制。[②]

然而，只有直接或间接参与证券交易的当事方均避免信息欺诈，才能保证证券交易中企业资讯揭示真实，其中任一方的欺诈行为都可能使投资者遭受利益损失。正如 1988 年修正后的我国台湾地区“证券交易法”第二十一条第一项的规定包括第三人之责任，[③] 我国台湾地区“证券

① 《国务院关于进一步促进资本市场健康发展的若干意见》（国发〔2014〕17 号）。

② 廖大颖：《公司制度与企业金融之法理》，台湾元照出版公司 2003 年版，第 208 页。关于企业内容公开制度的民事责任，可参照赖源河：《证券交易之民事责任——以保障证券真实性之制度为中心》，载《公司法问题研究（一）》，台湾政治大学法学藏书 1982 年版，第 1 页；温耀源：《证券交易民刑法律问题之研究》，证券市场发展基金会 1991 年版，第 207 页；余雪明：《证券交易法》，台北 7：财团法人证券市场发展基金会 1990 年版，第 251 页。

③ 我国台湾地区“证券交易法”第二十一条第一项于 1988 年修正前之文字为“募集、发行或买卖有价证券者，不得有虚伪、诈欺或其他足致他人误信之行为，”致于适用主体上存在着广义抑或狭义之疑义；1988 年修正后，立法意旨即明示包括第三人之责任，换言之，本条实系一广泛之反诈欺条款，而囊括直接、间接参与有价证券之募集、发行、私募或买卖者于证券市场所为之任何诈欺或操纵行为。参见王文宇著：《新金融法》，中国政法大学出版社 2003 年版，第 304 页。参阅余雪明：《证券交易法》，台北 7：财团法人证券市场发展基金会 1990 年版，第 260 ~ 261 页。本条项于 1988 年修正前之文字为“募集、发行或买卖有价证券者，不得有虚伪、欺诈或其他足致他人误信之行为，”至于适用主体上存在着广义抑或狭义之疑义；1988 年修正后，立法意旨即明示包括第三人之责任，换言之，本条实系一广泛之反诈欺条款，而囊括直接、间接参与有价证券之募集、发行、私募或买卖者于证券市场所为之任何诈欺或操纵行为。

交易法”第二十一条第一项规定：“有价证券之募集、发行、私募或买卖，不得有虚伪、欺诈或其他足致他人误信之行为”，违者依同条第三项及同法第一百七十一条，应赔偿该有价证券之善意取得人或出卖人因而所受之损害并负担刑责。① 我国台湾地区“证券交易法”对于证券买卖欺诈行为法律责任，从责任主体和私法责任、公法责任的规定是缜密、全面的。当然，与美国规则 10－b 中囊括的“任何人”一样，以联邦最高法院为首的司法者认为：将某些外部相关人纳入责任体系必要且可行，但其边界与程度应当有限，必须满足因果关系、故意推定等责任的构成要素，以及违法程度、举证责任设定等方面加以限制。② 因此当考虑第三人承担证券交易欺诈的法律责任时，应注意第三人承担法律责任的范围。除此之外，美国《1933 年证券法》的实施基本是服务于两个显著目标：一是促进或者要求披露相关的信息使得证券市场的投资者作出理性的投资决定，通过登记和招股说明书交付的规定实现，第二个目标是通过反欺诈规定约束欺诈和欺骗行为。依托于构建法律责任的二分法实现这两个目标。③《1933 年证券法》12 节（a）（1）向证券购买者提供了销售者不遵守第 5 节登记程序的损失补救办法，12 节（a）（2）规定当销售者没有准确披露信息时，赋予证券购买者的损失补救办法。美国的这种二分法制度规定体现了法律责任制度明确的针对性，对于纠正证券交易中的欺诈行为损害颇有助益。

---

① 王文宇：《新金融法》，中国政法大学出版社 2003 年版，第 304 页；参阅余雪明：《证券交易法》，台北 7：财团法人证券市场发展基金会 1990 年版，第 260～261 页。

② 郭雳：《证券欺诈法律责任的边界——新近美国最高法院虚假陈述判例研究》，载《中外法学》（22 卷），2010 年第 4 期；参见《最高人民法院关于审理涉及会计师事务所在审计业务活动中民事侵权赔偿案件的若干规定》（法释〔2007〕12 号）中就审计责任对虚假陈述司法解释相关规定的修正。

③ 姚承曦，David A. Sirignano：《Regulation of securities offerings and investment banking cases and materials for study in U. S. securities act of 1933（美国证券发行经典案例教程）》，中国金融出版社 2012 年版，第 455 页。

由于信息披露具有保护公共利益的性质，关乎投资者对证券市场的信心和资源的有效配置，因而，虚假信息披露、操纵证券价格、内幕交易等信息欺诈行为理应受到制止和惩戒。① 本书经过对国外和我国台湾地区关于证券交易欺诈的法律规范的分析，结合我国相关文件的规定，② 归纳了我国小额证券交易欺诈行为的类型，并建议责任方应承担的法律责任。

1. 发行企业的信息披露欺诈行为

证券发行企业是信息披露的首要主体，其向管理机构和证券市场披露企业的基本信息，证券发行企业的任何重大虚假或误导性信息陈述都可能构成信息欺诈，损害投资者和社会利益。因而，其是信息披露第一责任人，一旦发行企业的信息披露行为致使投资者遭受经济损失，其应负民事赔偿责任、刑事责任，甚或被剥夺发行注册豁免资格。美国《1933 年证券法》第 11 节规定证券发行企业在注册声明中的信息欺诈的民事救济责任。③ 我国发行小额证券的企业的信息欺诈行为发生在发行申报书和持续信息披露报告书中，如果在这两类文书中存在重大事实虚假陈述或者遗漏被要求陈述的重大事实或者使陈述不被误解的重大事实，发行企业的行为即构成信息披露欺诈。因而，小额证券发行企业的信息欺诈表现为申报登记信息欺诈与持续信息披露的欺诈。

证券发行企业的申报登记信息欺诈行为包括两个方面：企业经营信息虚假、误导和遗漏与二次分销信息的不实，这两类信息都包含在证券发行企业的申报登记文书中，企业发行小额证券申报登记文书是发行企业向社会公布的发行企业的第一手资料，如果申报登记文书的任何部分在其生效时含有对重大事实的不实陈述，或遗漏了需要陈述的重大事实，

① Ross Levine, “Financial Development and Economic Growth: Views and Agenda”, Journal of Economic Literature, Vol. 35, 1997. pp. 688 – 726.

② 《国务院关于进一步促进资本市场健康发展的若干意见》(国发〔2014〕17 号)。

③ Larry D. Soderquist, *Securities regulation*, 2nd Edition, Foundation Press, 1988, p. 237.

或遗漏了为使该说明书中的陈述不致产生误导而必须陈述的重大事实，则任何购买该证券的人（除非被证明在购买该证券时，其已知道该不实或漏报情况）均可以在任何有管辖权的法院起诉在申报登记文书上签字的每一个人或申请发行证券的企业，在申报登记文书上签字的人与发行企业承担连带赔偿责任。这里必须说明的是，在申报文书上签字的人承担与其负责的文书的内容相适应的赔偿责任。我国台湾地区“证券交易法”第二十条规定财务报告资料不符规定之制裁，具体内容是主管机关于审查发行人所申报之财务报告、其他参考或报告资料时，或于检查其财务、业务状况时，发现发行人有不符法令规定之事项，除得以命令纠正外，并得以证券交易法之规定处罚之。① 其资料内容有虚伪或隐匿之情事者，发行人对于该有价证券之善意取得或出卖人而所受之损害，应负赔偿之责。②

二次分销是一个复杂问题，各国证券法虽然对于分销没有一个明确的定义，考虑到证券法的目的，美国证券法将“分销”这一术语视为包括在证券发行过程中的一系列步骤，在此过程中，大量的证券被分散、并被许多购买证券投资的社会公众持有。③ 以这个观点看来，分销不仅影响了目前正在发行的证券，而且影响已经发行的证券。④ 日本小额证券发行制度将二次分销与发行新证券并列对待，旨在预防发行企业利用二次分销规避证券公开发行登记。因而，大量股票的分销者应与发行新股票

---

① 我国台湾地区“证券交易法”第三十九条，参见2016年12月7日修正版。

② 我国台湾地区“证券交易法”第二十条，参见2016年12月7日修正版。

③ As illustrative of this approach, note the following comment from H. R. Rep. No. 85, 73rd Cong, 1st Sess. (1933), 16, upon the proposed limitation excluding from the exemption proposed for transactions by dealers transactions occurring during the year following public offering: The period of a year is arbitrarily taken because, generally speaking, the average public offering has been distributed within a year. Of similar import is the comment in H. R. (CoNF.) Rep. No. 1838, 73rdCong, 2nd Sess. (1934) 41.

④ Allen E. Throop and Cheste T. Lane, “some problems of exemption under the securities Act of 1933”, *Law&Contemporary Problems*, Vol. 4, 1937, pp. 89 - 127.

的原始发行人同样对待。[①] 要求对二次分销登记的理论基础是控制股东的大量的二次分销的证券拥有与发行人新的证券的发行一样的危险。[②] 因为如果有大量股票进行二次分销，小额证券发行最高限额将徒有虚名，大量出售证券股东的存在必将引起二次分销中的发行登记，以维护证券市场秩序。

二次分销信息的不实记载容易产生三个问题：一是混淆发行股票募集资金的归属。初次公开发行时，如果大量的股份在股票发行前的股权持有人手中，小额证券在场外证券交易场所销售时，发行获得资本将大量流入销售证券的股东手中，如果发行获得资本的部分或全部用于销售证券的股东，披露文件必须详细阐述该种情形以免投资公众误以为发行资产归属发行人。二是大股东的规定持股期限届满以后，大量未登记的股票公开出售产生的影响。如果确有大股东持股的情形，发行企业在信息披露文件中必须充分披露这种销售的可能性以及该种销售可能导致的股票价格下跌压力。否则，由该种销售行为引起的投资者损失将由发行人承担赔偿责任。三是证券的“随行就市”发行，大股东在规定的持股期限届满以后，不协调其股票销售事宜，以集中竞价等方式销售其持有的股票，因此违反了小额证券发行注册豁免制度的最高发行限额的规定。美国这方面的经典案例是 In the matter of Hazel Bishop Inc. ,[③] 由于对违反

---

① 姚承曦，David A. Sirignano：《Regulation of securities offerings and investment banking cases and materials for study in U. S. securities act of 1933（美国证券发行经典案例教程）》，中国金融出版社 2012 年版，第 410 页。

② 在 Section2（a）（11）中，术语“发行人”包括，除发行人外，任何直接或间接控制或者被发行人控制的人，或者任何与发行人直接或间接被共同控制的人。将控制人按照法定发行人对待的目的是要求对控制股东通过承销商二次分销的证券进行登记。

③ 40 S. E. C. 718（证券交易委员会 1961）。该案涉及“随行就市”发行，112 个出售证券的股东没有一个主要承销商，也不打算协调其销售活动。委员会签发了停止令，裁决称为了稳定市场及为销售证券的股东维持高价而持有股票的诱惑力如此之大，以至于随行就市发行时没有协调一致的销售计划也违反了证券法。具体来讲，证券交易委员会指出规则 10b－6 禁止各种形式的操纵活动，包括发出不符合规则 10b－7 和 10b－8 的稳定市价的叫价。转引自［美］托马斯·李·哈森：《证券法》，张学安等译，中国政法大学出版社 2003 年版，第 212 页。

规则10b－6没有充分的控制方法，证券交易委员会签发了停止令，要求销售文件中包含销售股东的股票。[①] 由于“随行就市”是指股权证券的发行不是以固定价格进入同一类型的已发行股票的现存交易市场，所以，条例A＋不允许发行人或代表发行人的人或其他人进行“随行就市”发行。[②] SEC认为全面禁止条例A＋的第一层级和第二层级的二次分销是不适当或不必要的，平衡小额证券销售股东增加小额证券的流动性和二次分销没有直接为公司提供新的资金和施加给投资者的潜在风险，条例A＋允许销售证券的股东的二次分销但是额外限制了第一年的二次分销的价额，即销售证券的股东可以销售在发行人的初次依据条例A＋发行的证券，在接下来的12个月内销售的总价额不得超过本次发行总价额的30%，[③] 即依第一层级发行时，二次分销的总价额是600万美元，依第二层级发行时，二次分销的总价额是1500万美元。[④] 因此，为了减少二次分销对证券价格和市场的影响，必须在发行申报文书中阐明股东持有的股票，便于对持有股票的股东的二次分销行为进行管控。

由此可见，二次分销对普通投资者产生的最为严重的影响是企业原有股东抛售大量股票的行为对股票市价的影响，为了使投资者对股票的价格和走势有一个客观、准确的预期，发行人在发行股票时将企业原有股东持有股票的数量和股东转让的禁止期限在信息披露文件中客观、真实地予以披露，以便投资者根据这一信息决定是否购买、持有以及何时转让该企业的股票。我国台湾地区证券主管机关为严格要求发行公司董监事或大股东，按规定申报及处理转让持股，已拟定违反“证券交易法”第二十二条之二的处理程序及处罚标准，违反规定者将处以罚锾，严重者则移送法院强制执行，

---

① ［美］托马斯·李·哈森：《证券法》，张学安等译，中国政法大学出版社2003年版，第212页。

② 17 C. F. R. §230. 251（d）（3）（ii）.

③ 17. C. F. R. §230. 251（a）（3）（Additional limitation on secondary sales in first year）.

④ 17. C. F. R. §230. 251（a）.

证券主管机关拟定的执行违反“证券交易法”第二十二条之二的处理程序。“证券交易法”规定的涉嫌违法构成要件包括主体、① 客体、② 认定标准③和

① 我国台湾地区“证券交易法”第二十二条之二：“公开发行股票公司之董事、监察人、经理人或持有公司股份超过股份总额百分之十之股东……第一项之人持有之股票，包括其配偶、未成年子女及利用他人名义持有者。”http：//china. findlaw. cn/jingjifa/xintuo/fagui/20536 _ 2. html，最后访问时间：2016 年 12 月 22 日。

② 我国台湾地区“证券交易法施行细则”第二条规定：上开人员持有之股票，包括其配偶、未成年子女及利用他人名义持有者。所谓利用他人名义持有者，系指具备下列要件（证交法施行细则二）：直接或间接提供股票予他人或提供资金与他人购买股票；对该他人所持有之股票，具有管理、使用或处分之权益；该他人所持有股票之利益或损失全部或一部归属于本人。

前述之人员有依下列方式之一而转让持股之行为，将违反第二十二条 之规定：未事先报经证券主管机关核准或向证券主管机关申报生效，向非特定人转让；未符合下列规定，在集中交易市场或证券商营业处所每一交易日转让持股超过一万股者。

第一，转让须向证券主管机关申报之日起三日后，一个月内为之，超过一个月者，应重行申报。第二，持有期间定为各该人员自取得其身份之日起六个月，于期间届满后始得转让。第三，每一交易日得转让之数量比例，除依“台湾证券交易所股份有限公司受托办理上市证券拍卖办法”办理者，或依“台湾证券交易所股份有限公司办理上市证券标购办法”“财团法人柜台买卖中心办理上柜证券标购办法”委托证券经纪商参加竞卖者，或依“台湾证券交易所股份有限公司盘后定价交易买卖办法”“财团法人柜台买卖中心盘后定价交易买卖办法”进行交易者其转让数量比例不受此限外，须不超过下列两种计算方法之一之股数：

第一，发行股数在三千万股以下部分，为千分之二；发行股数超过三千万股者，其超过部分为千分之一。第二，申报日之前十个营业日该股票市场平均每日交易量（股数）之百分之五。未符合下列受让特定人条件及未向证券主管机关申报之日起三日内，对特定人转让持股，特定人是指：第一，公开发行公司之股票未在证券交易所上市且未于证券商营业处所买卖者，其受让特定人限定为对公司财务、业务有充分了解，具有资力，且非应公开招募而认购者。第二，公开发行公司之股票已于证券商营业处所买卖者，其受让特定人限定为证券自营商及以同价格让之该发行股票公司全体员工。第三，公开发行公司之股票已在证券交易所上市者，其受让特定人限定为以同一价格受让之该发行股票公司全体员工。第四，经由第二十二条之二第一项第三款受让之股票，受让人在一年内转让，而未符合前述第一项至第二项程序转让。上述内容转引自赖源河：《证券法规》，台湾元照出版公司 2014 年版，第 106 ~ 109 页。

③ 赖源河：《证券法规》，台湾元照出版公司 2014 年版，第 108 ~ 109 页。第一，依举发或利用公开发行公司定期向证券主管机关申报之董事、监察人等人员持股变动情形，如该等人员转让持股，未依规定程序办理者。第二，利用与集中交易市场电脑之连线所提供之资讯，核封董事、监察人等人员持股变动情形，如该等人员转让持股，未依规定程序办理者。第三，对公开发行公司董事、监察人等人员，依第二十二条之二第一项第三款方式向特定人转让持股者，其受让人予以建档列管，如受让人于一年内转让，而未依规定程序办理者。

处理程序，处理程序主要是刑事处罚[①]和行政处罚，[②] 具体的处罚标准和依据参照“证券交易法”第一百七十四条和第一百七十八条的规定。笔者认为，在我国的小额证券发行和交易中，如果发行企业在信息披露文件中错误陈述股东持有本企业股票的数量和禁止转让期限，或者遗漏该项重要内容，因此导致投资者遭受损失的，发行企业应接受行政处罚并向投资者承担民事赔偿责任，如果违法情节严重的，按照本书关于小额证券欺诈犯罪的论述，可以追究发行企业以及董事、高级管理人员以及大股东的刑事责任。

持续信息披露主要是证券发行企业向社会公布发行企业的持续经营成果，投资者在发行企业持续披露信息的基础上作出新的投资决定，决定持有、转让和购买发行企业的股票。然而，如果持续信息披露不实将产生以下后果：一是直接影响投资者的投资判断。重大虚假或误导性的信息将侵害投资者的信息获知能力，投资者在虚假或误导性信息的基础上形成错误的投资判断，严重损害投资者的利益。二是内幕信息的知情人员利用内幕信息交易，操纵股票交易价格，扰乱证券市场秩序。有效规制内部人员的证券交易行为是许多国家的证券法的一项重要内容，很多国家证券法要求持有公司证券并进行交易的内部人员必须向证券管理机关进行个人证券交易的注册。[③] 我国证券管理机关一直加强内幕交易的治理，在

---

① 2016 年 12 月 7 日修正的我国台湾地区“证券交易法”第一百七十四条规定：“有下列情事之一者，处五年以下有期徒刑，得科或并科新台币一仟五百万元以下罚金……三、违反第二十二条第一项至第三项规定，犯前项之罪，如有严重影响股东权益或损及证券交易市场稳定者，得加重其刑至二分之一。发行人之职员、受雇人犯第一项第六款之罪，其犯罪情节轻微者，得减轻其刑。主管机关对于有第二项第二款情事之会计师，应予以停止执行签证工作之处分。”

② 2016 年 12 月 7 日修正的我国台湾地区“证券交易法”第一百七十八条规定：“有下列情事之一者，处新台币二十四万元以上二百四十万元以下罚锾：一、违反第二十二条之二第一项、第二项……”

③ 夏斌、张志平、李肖敏、杨云龙、陈浩武主编：《证券大辞典》，山西经济出版社 1993 年版，第 1313 页。

小额证券交易中，持有证券发行企业证券的内部人员必须向证券管理机关报告其证券交易记录，包括买卖证券的数量、价格、交易成交的时间以及限制交易等附加条件，证券管理机关监视内部人员的证券交易活动，控制其利用掌握的内幕信息进行交易，以免损害证券交易的公平。

为向投资者提供真实的企业信息，严格控制证券发行企业的信息欺诈行为，除使发行企业及其相关人员承担民事、刑事等法律责任外，由证监会签发暂停或剥夺发行企业的小额发行注册豁免资格的命令，是很有效的一种行政处罚措施。如果发行企业在披露信息时存在重大虚假或误导性陈述、遗漏重大事实或没有陈述的事实将使投资者对企业的经营业绩产生误导性判断等情形，除丧失正在申报中的发行证券的豁免资格外，根据违法行为的严重程度，停止令可以禁止发行企业、附属机构或者参与该证券做市业务的做市商适用豁免规定长达 5 年。① 当然，证监会签发停止令必须满足一定的条件，根据美国的规定，当条例规定的条件没有被遵守，在公告、发售通函和销售文献中有虚假、误导性陈述或遗漏，或者有违反证券法第 17 节欺诈规定，停止令即可开始。② 由于我国小额证券发行的登记执行权在地方证券业协会，当出现疑似需要签发停止令的情形时，地方证券业协会必须向证监会报告，由证监会最终决定是否签发停止令。听证程序是赋予发行企业申诉权的必须程序，美国证券法规定发行企业在临时停止令开始后 30 个工作日内可以要求听证，听证之后，委员会要么取消临时停止令要么开始豁免停止的永久令。③ 日本

---

① Rule 252 (c) (2), (e) (2) of Regulation A 17 C. F. R. § 230.252 (c) (2), (e) (2) (Supp. 1962). The commission may suspend an exemption, not as a sanction but to make the Registration provisions of the act applicable to the remainder of the offering and future offerings for itself and its affiliates for a specified time. Selevision Western, Inc., 37 S. E. C. 411 (1956).

② Harvey Frank, "The processing of small issues of securities under Regulation A", *Duke Law Journal*, Vol. 1962, 1962, pp. 507 – 521.

③ Harvey Frank, "The processing of small issues of securities under Regulation A", *Duke Law Journal*, Vol. 1962, 1962, pp. 507 – 521.

《金融商品交易法》第十一条规定，有价证券申报书中记载虚假的重要事项，内阁总理大臣认为为公共利益或投资者保护所必要且适当时，对于该有价证券申报书或该申报人提交该申报书之日起一年以内提交的申报书、发行注册书、发行注册补充文件，在为了公共利益或投资者保护的适当期间内，可责令停止该申报的效力或停止该发行注册书或者该发行注册补充文件相关发行注册的效力，或可延长证券发行申报书自内阁总理大臣受理之日起的生效期限，凡是准用《金融商品交易法》第五条第一款情形的条款均一并适用，在此情况下，均应举行听证。① 借鉴证券发行申报监管的国际经验，对于我国小额证券发行申报中的重大虚假信息披露行为，也可以由中国证监会决定采纳申报生效的停止令，由于小额证券发行周期较短，本书将临时停止令开始后，发行企业请求听证的时间期间缩减为 15 个工作日，听证之后，证监会决定取消临时停止令或者开始长久或永久停止令，由此决定小额证券发行申报申请的效力。

2. 做市商的欺诈行为

在场外证券市场交易中，做市商自始至终是与投资者相对的一方当事人，证券发售价格通过做市商的报价系统传递给投资者，在此过程中，做市商的客观、合法的报价行为将成为投资者利益保护的基石。但做市商在证券交易中的欺诈行为常有发生，做市商的欺诈行为可以归纳为以下方面：

虚构报价是做市商欺诈的重要方式，虚构报价的后果往往影响多只股票的价格，造成市场秩序的混乱。2015 年 12 月 31 日，国泰君安做市业务部对圆融科技、凌志软件等 16 只股票以明显低于最近成交价的价格进行卖出申报，对多只股票的价格产生了影响，其中 13 只股票当日收盘

① 参见日本《金融商品交易法》第十一条第一款，引自中国证券监督管理委员会组织编译：《日本金融商品交易法及金融商品销售等相关法律（中日文对照本）》，法律出版社 2015 年版，第 53 页。

价跌幅超过10%，跌幅最大的达19.93%。结果严重偏离了多只股票的正常交易价格。上海证监局对该案件的相关责任人给予行政处分，2016年1~2月间，全国股转公司给予国泰君安证券股份有限公司公开谴责，给予相关责任人行政处分。[①] 虽然这里举的例子不是小额证券交易中的做市商，但是做市商的虚假报价行为在小额证券交易中也是避免不了的。

此外，做市商以追求自身利润最大化为目标，为了促成某种股票的买卖，对其做市的证券的有关重大事实进行夸大或虚假性陈述，只要做市商对任何有关该证券的重大事实作出了错误的或误导性的说明，而且在作出说明之时，他应当知道或应有理由相信他的说明是错误的或具有误导性的，做市商的此种行为即构成欺诈。

除了单独行动之外，做市商还有可能采取联合行动，多个做市商勾结起来欺诈其他市场参与者或者损害客户利益。例如，同一只股票的多个做市商共同抬高或降低股票的报价，或者做市商之间的利益冲突问题也可导致其报价偏离证券价值。因此，规制多元做市商之间的联合或竞争是做市商交易制度的一项重要内容。多元做市商竞争在美国引起关注，美国司法部在1996年安排了反对某些NASDAQ市场制造者的民事诉讼，SEC在1999年建立了公益诉讼程序反对1994年期间关于NASDAQ股票的反竞争做市业务。[②] 我们可以以美国在做市商规制中的先驱行为为榜样，制定我国的多元做市商规制制度。

基于以上事实和规定，对于做市商的虚构报价和虚假陈述行为，根据其行为造成后果的严重程度，分别或同时处以行政处罚和民事责任。一是虚假陈述或虚构报价行为尚未造成严重后果的，如做市商向市场发布了虚

---

① 邢会强：《做市商典型违规案例评析》，载《国际融资》2016年第4期。

② 姚承曦，David A. Sirignano：《Regulation of Securities Trading and Markets cases and Materials for study in US Securities Exchange Act of 1934（美国证券交易经典案例教程）》，中国金融出版社2012年版，第84~85页。

假的报价，而投资者尚未根据这一报价购买证券，但经证券发行企业反映或证券交易场所查实，做市商的报价严重脱离证券的实际价值时，证监局应责令做市商停止虚假报价行为，并处以行政处罚等法律责任，情节严重时，可以撤销做市商的做市业务资格。二是当投资者已经按照做市商的报价购买了股票，给投资者造成严重经济损失时，对做市商可以并处行政和民事法律责任，撤销做市商的做市业务资格并向遭受损害的投资者承担民事赔偿责任。美国《1934 年证券交易法》第 15 节（c）（1）、（c）（2）以及美国证监会根据 15 节（c）（2）授权制定的规则，[①] 形成了监管交易商欺诈行为的完备规则，其中第 15 节（c）（1）规定了交易商的欺诈买卖行为的禁止规范，第 15 节（c）（2）规定了交易商的欺诈买卖、虚假报价行为的禁止规范，第 15 节（c）（2）（D）授权 SEC 制定界定欺诈行为，并规定预防欺诈行为的方式。我国《证券法》对于证券违法行为的行政处罚条款的数量不少，但是法律责任条款与不同责任主体的对应性不强。笔者建议，将我国《证券法》的法律责任条款按照不同的责任主体归类，使《证券法》的指引性和惩戒性效果更加鲜明。当然，小额证券交易的做市商的欺诈行为的规范和处罚规则也应是涵盖其中的重要内容。

3. 证券分析师操纵股票价格的欺诈行为

美国《1940 年证券投资顾问法案》202（a）（11）规定投资顾问是以获得补偿为目的，直接或者通过出版或书写的形式，从事关于其他人

① 参见美国《1934 年证券交易法》第 15 节（c）（1）、第 15 节（c）（2）（A）、第 15 节（c）（2）（D），引自《美国 1934 年证券交易法（中英文对照本）》，张路译，法律出版社 2006 年版，第 327 ~ 329 页。

的证券价值或者关于建议投资证券的买卖的咨询业务。[①] 在国内证券市场，证券分析师对于证券交易价格的走势进行分析评论，大多数投资者会随着证券分析师的观点进行投资，如果证券分析师在分析过程中蓄意传递误导信息，影响股票价格走势，或者对与有价证券买卖及其它交易有关的股票及其他价格变动的有价证券，提供价格上涨或下跌的肯定性判断的劝诱行为，[②] 将对普通投资者构成欺诈。虽然《证券、期货投资咨询管理暂行办法》第二十四条第（四）项和第（五）项规定禁止咨询机构及其咨询人员为自己买卖股票、期货，禁止利用咨询业务与他人合谋操纵市场，但是证券分析师利用其职业便利与他人合谋操纵市场或者进行内幕交易，操纵证券交易价格，欺诈普通投资者的行为极易发生。从理论上来讲，因为证券分析师的购买推荐有助于提高股票价格，如果证券分析师与他人合谋，使他人预先购买某只股票，然后证券分析师在咨询业务中进行购买推荐，一旦证券分析师推荐的股票被购买，该只股票价格将随之上涨，卖出股票就可获得利润，证券分析师与合谋者分享事先约定的利益。然而，在与他人的合谋中，证券分析师的身份是隐蔽的，认定证券分析师是否与他人串通合谋，举证证明是非常困难的。只要能证明证券分析师在咨询业务中透漏了企业未披露的某些重要信息或者误导性陈述企业已披露的信息，而且在该类信息的影响下，股票价格发生了重大变化，即可认为证券分析师利用内幕信息操纵股价或者利用职业操纵股价。

笔者认为，证券分析师与其他人的合谋行为可以被看作未披露信息

---

① Investment Advisers Act of 1940 §202（a）（11），15U. S. C. §80b－2（a）（11）（2006）. See Bradford, Spura note 39, at 67－80, for additional discussion of wether crowdfunding sites are investment advisers and analysis of SEC No－Action letters on this top; See "A very quiet revolution: A primer on securities crowdfunding and Title III of THE JOBS ACT", Michgan Journal of Private Equity &Venture Capital Law, Vol. 2, pp. 135－154.

② 黄达、项怀诚、郭振乾主编：《中国证券百科全书》，经济管理出版社1993年版，第521页。

的倒买倒卖行为，分析师在其间利用其掌握的未披露信息的作为对外构成欺诈行为。美国法院对于不披露的倒买倒卖的判例也可以支持该观点。美国最高法院在 Capital Gains Research Bureau 案推论出，不披露倒买倒卖是对禁止欺诈的行为和实践规则 10b－5（3）[①] 的违反，也应给予购买和销售证券相联系的重大错误陈述或遗漏的规则 10b－5（2）的制裁。[②] 第九巡回法院在 Zearst 诉 Hearst Corp. 案中[③]继承了最高法院所坚持的不披露倒买倒卖是对规则 10b－5 的违反的观点，对规则 10b－5 的违反并不仅仅依据此行为，而是与可诉讼的非披露结合认定。Zweig 案[④]进而显示，禁止倒买倒卖并不限于直接受《投资顾问法》规制的投资顾问，也包括有理由认为其推荐将影响市场价格的任何人。第二巡回法院根据建立在非法内幕交易盗用理论基础上的规则 10b－5 支持裁决。[⑤] 第二巡回法院判决的这一观点得到了最高法院的赞同。[⑥] 日本《金融商品交易法》也有关于对于重要事项进行虚假表述或散布有价证券市场行情变动的信息操纵市场的行为。[⑦]

证券分析师的欺诈行为归结起来主要是利用内幕信息操纵股市价格的行为。对于证券分析师利用内幕信息操纵股票价格的行为，以行政处罚为主，没收其非法获得的收益，情节严重时，勒令其终身退出证券市

---

① 17 C. F. R §240. 10b－5.

② 17 C. F. R §240. 10b－5.

③ 594F. 2d 1261（第六巡回法院 1979 年）。

④ 参见［美］托马斯·李·哈森：《证券法》，张学安等译，中国政法大学出版社 2003 年版，第 429～431 页。

⑤ 刘峰：《从信托义务理论到盗用信息理论：美国内幕交易监管经验与启示》，载《社会科学研究》2012 年第 3 期。

⑥ United States 诉 Capenter 案，791 F. 2d 1024（第二巡回法院 1986 年），维持原判，支持票和反对票相等，484U. S. 19，108 S. Ct 316，98 L. Ed. 2d 275（1987）。参见托［美］马斯·李·哈森：《证券法》，张学安等译，中国政法大学出版社 2003 年版，第 430 页。

⑦《金融商品交易法》第一百五十九条第二项，引自中国证券监督管理委员会组织编译：《日本金融商品交易法及金融商品销售等相关法律（中日文对照本）》，法律出版社 2015 年版，第 759～761 页。

场。因为证券分析师的投资咨询业务是面对整个证券市场，其咨询意见和建议的广泛传播造成的市场影响相当大。如果按照投资者的实际损失赔偿，一方面因为人数多而复杂，诉讼的发起和裁决困难巨大，另一方面巨大的经济损失赔偿责任使证券分析师难以承受。所以，对于证券分析师的欺诈行为，只有从源头进行治理，没收其非法所得，终身禁止其进入证券市场从业是根本的解决办法。

4. 小额证券欺诈犯罪

由于证券欺诈行为情节严重，社会危害程度重大，各国《证券法》和《刑法》均设置与证券欺诈相关的法律条款，通过追究刑事责任惩治违法行为人，维护证券市场秩序，保证证券法的有效实施。美国《1933年证券法》第17节（a）规定：任何发出销售要约或销售证券的人，如果他们在使用州际商业交通或通信工具，或者信函时，直接地或间接地进行下列行为者，即为犯罪：第一，进行策划、密谋或者设置圈套进行欺诈；第二，对于在当时情况下必须记录的重大情况，进行不真实的陈述或者进行隐瞒（而不是误导），借此以获得金钱或者财产；第三，从事任何欺诈或者可能诈骗购买人的交易、执业或者其他商业活动。[①] 违反第17节（a）的三项规定中的任何一项者，都可以被起诉。美国SEC诉小企业投资公司等的案例足以证明证券交易信息欺诈案件的详情。根据SEC的消息，小企业投资公司和Feathers通过销售他们控制的两个抵押贷款投资基金，Investors Prime Fund，LLC and SBC Portfolio Fund，LLC（"Funds"）发行的证券筹集4.2亿美元，但是他们是通过信息欺诈的方式吸引400多名投资者筹集的资金。SEC声称承诺抵押贷款投资基金将每年产生7.5%或更高的利润吸引投资者，事实上，据说Feathers操作了一

① 美国《1933年证券法》第17节（a），参见《美国1933年证券法（中英文对照本）》，张路译，法律出版社2006年版，第85页。

个庞氏骗局，向投资者支付收益回报的资金部分来源于基金利润，部分来源于其他新的投资者的款项。SEC 声称 2009 ~ 2012 年期间，Feathers 不适当地从基金转移了 600 多万美元到小企业投资公司支付它的费用支出，包括大量的资金支付给 Feathers。被告使基金账户资金转移，但是掩盖了基金资产的消耗，并且没有告诉投资者小企业投资公司偿还基金的能力是不确定的，它只能从基金借更多的资金支付所欠基金的利息。此外，SEC 宣称 2012 年 2 月至 3 月，被告只能使一个基金向其他基金以膨胀的价格销售抵押品，因此使销售的基金产生了利润以便它能够支付小企业投资公司 57.5 万多美元的管理费。SEC 还指控 Feathers 和小企业投资公司没有向 SEC 注册为经纪交易商影响了小企业投资公司与基金证券的资金交易。SEC 控诉 Feathers、小企业投资公司和基金违反美国《1933 年证券法》第 17 节（a）1 – 3，美国《1934 年证券交易法》第 10 节（b），规则 10（b）–5（a）–（c），而且 Feathers 和小企业投资公司违反了《1934 年证券交易法》第 15 节（a），SEC 寻求初步命令和永久命令，对所有被告行使预判利益非法所得归入权和对于 Feathers 与小企业投资公司的民事惩罚。

美国 SEC 宣称获得了一个紧急的法院命令，停止小企业投资公司和它的主要负责人 Feathers 操作的被称为庞氏骗局的证券投资。美国加利福尼亚北部地区法院的 Edward J. Davila 法官准许了 SEC 发布临时制止令的请求，冻结了 Feathers，小企业投资公司和基金的资产，指定 Thomas A. Seaman 作为小企业投资公司和基金的接管人。法官 Davila 为 SEC 的初步命令的请求安排了听证会。[①] Susan Hannan and Roger Boudreau 进行调查，John Bulgozdy 主导诉讼。[②]

① http：//www. sec. gov/litigation/litreleases/2012/lr22406. htm。

② https：//www. sec. gov/news/press – release/2012 – 2012 – 125htm，Press Release，SEC Shuts Down ＄42 Million Ponzi – Like Scheme.

日本《金融商品交易法》的罚则部分规定了违反《金融商品交易法》的规定，构成犯罪的行为的刑事责任，[①] 其中有相当多的条款是关于证券发行信息欺诈的规定，如《金融商品交易法》第一百九十七条之一规定的申报文件、修改申报书、发行注册书……对重要事项存在虚假记载的提交人应承担刑事责任。[②]

我国小额证券市场的潜在责任主体主要包括发行企业、做市商、证券分析师和其他中介机构，[③] 他们负有信息的发布、传播、分析和证明责任，小额证券欺诈的行为对象可以归纳为两类，一类是证券主管机关，如果发行人向证券主管机关提供虚假信息骗取小额证券发行的，如果其行为构成要件符合《刑法》第一百九十二条的规定，即构成非法集资诈骗罪。发行企业非法骗取证券发行资格的，发行企业应承担法律责任，根据签字高管、为发行企业出具证明的中介机构的参与程度、是否知情等条件判定签字高管、中介机构是否承担集资诈骗罪的刑事责任。对于小额证券发行企业的欺诈发行，由证券主管机关提起诉讼。另一类是投资者，欺诈投资者的责任主体主要有发行企业、企业的内幕信息知情人员、做市商、证券分析师和中介机构等，由于该类责任主体的违法行为后果殃及所有购买该证券的人，笔者建议对于违法行为人的该类违法行为，可以通过集团诉讼的途径解决，[④] 由诉讼代表向法院提起民事赔偿的

---

① 《金融商品交易法》第一百九十七条至二百零九条，引自中国证券监督管理委员会组织编译：《日本金融商品交易法及金融商品销售等相关法律（中日文对照本）》，法律出版社 2015 年版，第 923～972 页。

② 《金融商品交易法》第一百九十七条之一，引自中国证券监督管理委员会组织编译：《日本金融商品交易法及金融商品销售等相关法律（中日文对照本）》，法律出版社 2015 年版，第 923 页。

③ 《国务院关于进一步促进资本市场健康发展的若干意见》（国发〔2014〕17 号）。

④ 陆玲、王晓璐、李勇：《良法能随经济脉搏跳动——专访中国政法大学研究生院常务副院长李曙光教授》，载《财经》2015 年第 12 期；郭雳：《"注册制改革应把握重点、有序推进"，股票发行注册制改革笔谈》，载黄红元、徐明主编：《证券法苑》（第十二卷），法律出版社 2014 年版，第 242～284 页。参见美国《1933 年证券法》第 16 节（f），第 27 节（a），引自《美国 1933 年证券法（中英文对照本）》，张路译，法律出版社 2006 年版，第 83、121 页。

诉讼请求，节约诉讼成本和案件的处理成本，也有利于原告协力搜集证据。如果违法行为人向社会散布虚假的企业信息，蒙骗证券投资者，造成严重后果，符合《刑法》规定的金融类犯罪条件的，也可追究发行企业和相关当事人的刑事责任。①

从以上对于各类主体的欺诈行为的分析认定，我们可以得出这样的结论：企业咨讯的揭示是证券发售监管的第一要务，因为企业资讯的真实、准确和完整是避免证券欺诈行为的基石。又因证券发售需要在发行市场与交易市场先后进行，因而需要发行企业与中介机构的共同努力才能实现企业咨讯的正确揭示。如有的学者所指出，向投资者提供的市场资讯主要分为两大族系，一则是有价证券发行企业的相关资讯公开，另一则是在于证券中介机构如何处理证券市场上投资讯息的行为规范。② 换言之，首先是发行企业正确履行信息披露义务，其次需要中介机构毫无偏私、客观、准确地传播企业信息，只有二者共同努力构筑证券市场资讯的公开化与准确性，才能避免小额证券欺诈行为的发生。

在企业资讯揭示过程中，发行企业正确履行信息披露义务表现在两个方面：一是小额证券发行时信息的公开披露，二是向少数人士披露有关发行人或其证券的重要非公开信息，包括市场专业人员和若干股东。小额证券发行时的信息公开披露具有公平性，即使出现虚假或误导性的信息披露，这种信息是面向社会各界的；向少数人士披露有关发行人或其证券的重要非公开信息时，就存在不公平披露的问题，如果对该种披露不加以规制，就会引发内幕交易、信息欺诈等行为的发生。为了防止上市公司向市场专

---

① 《中华人民共和国刑法》分则第三章第四节、第五节的相关规定。

② 廖大颖：《公司制度与企业金融之法理》，台湾元照出版公司2003年版，第205页。

业人士及若干股东作出选择性披露，美国 SEC 制定了条例 FD。[①] 条例 FD 的条文：“当发行人，或其任何代表人，向少数人士披露有关发行人或其证券的重要非公开信息时，若属于故意的披露，则发行人必须同时向公众作出同样的披露，若并非故意披露，则必须尽快作出同样的披露。”美国 SEC 的条例 FD 的规定是通过信息披露的方式预防和减少内幕交易的发生，对于利用内幕信息进行证券欺诈的行为，各国还制定了事后惩罚规则，公司归入权即其中的一种惩罚规则，为了有效控制董事、高级管理人员和大股东利用内幕信息，世界很多国家采纳了公司归入权制度。[②]除此之外，美国 SEC 的 10b5－1 规则解决当与内幕交易人使用或拥有未公开的重大信息相关的内幕交易出现时的内幕交易责任问题，[③] 10b5－1规则规定，交易人的交易以重大非公开信息为基础进行交易，当交易人购买后出售证券时知道该信息。将上述这些规则总括起来，美国等国家对于内幕信息交易行为规制的规制体系是完善的，采用事前预防与事后惩戒相结合的治理模式，严密规范内幕交易行为的发生和救济。

笔者认为，我国小额证券市场的规制也应采用公平披露规则，事前披露发行企业的信息并减少信息传播过程中的误导和虚假信息，旨在坚守事前防范与事后惩戒相结合，以有效降低维护证券市场公平的成本，因为事后惩戒虽然也可以最终恢复各方的利益，但是监管成本将会极大

---

① https：//www. sec. gov/rules/final/33 －7881. htm。The Regulation FD provides that when an issuer, or person acting on its behalf, discloses material nonpublic information to certain enumerated persons (in general, securities market professionals and holders of the issuer's securities who may well trade on the basis of the information), it must make public disclosure of that information. The timing of the required public disclosure depends on whether the selective disclosure was intentional or non－intentional; for an intentional selective disclosure, the issuer must make public disclosure simultaneously; for a non－intentional disclosure, the issuer must make public disclosure promptly.

② 参见本书第三章的“董事、高级管理人员和主要股东禁限买卖的利润归入企业”。

③ https：//www. sec. gov/rules/final/33 －7881. htm，The Rule 10b5 －1 provides that a person trades “on the basis of” material nonpublic information when the person purchases or sells securities while aware of the information。

地增加，而事前防范可以预防和减少违法行为的发生，从而降低仅采取事后惩戒措施的监管成本。惩处小额证券发售欺诈行为，采取私权救济与公共执法相结合的手段。私权救济可以恢复当事人之间权利与义务的平衡，实现利益关系的协调。公权救济达到阻却、威慑的效果，阻止受害方损失的进一步扩大和同样事件的再次发生。关于证券欺诈责任的具体解决路径，笔者主张践行“罪责罚相适应原则”,① 在发挥法律的惩戒效果时坚持公平适当原则。关于“惩罚与犯罪相适应原则”，美国学者早已提出该主张，建议美国 SEC 执行案件时重新寻找不同类型的救济措施，如在采用罚金惩罚时，在评估罚金数额时，美国 SEC 在《1984 年内幕交易法案》下的新的权力，当个人交易证券时拥有重大非公开信息时，法案允许 SEC 确定内幕交易人所获利益或避免损失的三倍的惩罚。② 美国的证券执法活动也呈现公法与私法救济的结合，SEC 可以行政审裁，也可以由其向法院起诉，追究违法者的责任，但是由受损投资者直接发动的私人民事诉讼很受重视和称道。③ 小额证券交易欺诈行为的责任追究制度是保护投资者和维持场外证券交易市场秩序的最后屏障，小额证券发行注册豁免制度放松小额证券发行监管、降低发行门槛的目的是使小额证券发售尽可能市场化，提高融资效率，但是必须与法律的强制措施结合才是维护证券交易公平和效率的底线。总之，小额证券发行注册豁免制度遵循宽严相剂，罪责自担的监管模式,④ 具体表现是降低市场准入门

---

① 虽然“罪责刑相适应原则”是刑法的原则，但是用在这里也很贴切，由于私权救济与公共执法都应考虑责任轻重与因果关系以及当事人参与和损害的程度。

② Charles C. Cox Commissioner, “small issuer disclosure policy and the fringes of ‘merit regulation’”, Remarks to Nineteenth Annual Rocky Mountain State – Federal – Procincial Cooperative Securities conference, Denver Colorado October 3, 1986. https://www.sec.gov/news/speech/1986/100386cox.pdf.

③ See James D. Cox, Robert w. Hillman&Donald C. Langevoort, *Securities Regulation: Cases and Materials*, Aspen Publishers, 3rd Edition, 2001, pp. 799 – 800.

④ 郭雳：《“注册制改革应把握重点、有序推进”，股票发行注册制改革笔谈》，载黄红元、徐明主编：《证券法苑》（第十二卷），法律出版社 2014 年版，第 242 ~ 284 页。

槛，加强事中和事后监管，小额证券欺诈法律责任是小额发行注册豁免事后监管的另一重要制度，[1] 通过合理分配当事方的责任保护投资者利益和维护证券市场秩序，使小额证券发行注册豁免制度真正实现降低发行成本，提交发行效率，促进企业融资目标的实现。

① 李勇、陆玲：《〈证券法〉大修》，载《财经》2015 年第 12 期。

结 论

在本书的结尾，从题目的确定、理论研究的深度、小额发行注册豁免制度的国际比较、小额证券发行注册豁免制度法律规范的缜密完善等方面回顾全文，总结贯穿全文的行文主线，匡正我国小额证券发行注册豁免制度研究的理论架构。本书的行文思路是我国为什么建立和如何建立小额证券发行注册豁免制度以及小额证券发行注册豁免制度的实施规范。本书以研究我国建构小额证券发行制度的必要性与基本思路为切入点，并以境外的小额证券发行制度为经验借鉴，分析构建我国小额证券发行注册豁免制度法律规范。体味我国小额证券发行注册豁免制度的研究过程，总结出以下的研究要点，以表达本人对此问题的进一步思考。

第一，证券发行注册制改革是小额证券发行注册豁免制度的基础。虽然核准制和申报制的要义都是发行人为有价证券之募集与发行，必须符合一定的条件，且以发行企业真实状况的公开作为进行有价证券之募集与发行活动的前提。但是核准制下证券主管机关对申请发行的证券进行实质主义的审查，因而，核准制附加了其他组织或个人的认知偏好，阻隔部分企业的证券进入证券市场，影响了投资人的投资偏好的充分实现机会，最终将既损害投资人的利益又导致资源配置的偏差。尽管证券发行核准制的“父爱式”监管的出发点是维护证券市场秩序和保护投资者，然而其实质上限制了投资者更大自由的选择权，扼杀了市场机制的作用。而申报制的含义更倾向于有价证券的发行公司信息公开的完全性，以及投资者以与发行证券相关的信息作为投资判断的资讯依据，投资者作出投资决定并承担责任。[①] 因此，申报制更能体现证券市场信息披露中的正义原则，理由是在证券市场上发行人与证券经营机构都有欺诈的倾向，约束发行人与证券经营机构的违法行为的办法是：只有企业和证券经营机构公开其与证券发行相关的全部信息，将其行为置于阳光之下，企业披露的信息才能满足真实性、准确性、全面性和及时性的基本要求，铲除信息欺诈的根基。唯有满足此基本要求的信息，才能真正保护投资者的知情权，只要有足够的畅通的信息，每个投资人会根据个人的投资偏好作出其认为正确的投资决定，投资人自行承担作出投资决定的责任，法律的责任则在于确保投资人获取作出其决策的充分信息。而且，与核准制相比，申报制更符合市场规律，申报制可以减轻证券主管机关证券发行审核业务负担，缩短发行证券的审核时间，充分的信息披露要求可以提升发行人公开资讯之品质，提高证券发行的时效性和发行证券更符合投资者的偏好和保护投资者利益。[②]

第二，小额证券发行制度的建构和改革应以市场条件为根基。市场是一个开放的体系且随着时代的变迁而变化，小额证券发行制度的具体规则和规范方式也应随着市场的变化而修改、增补。例如，在传统的证券市场，小额证券发行的公开方式只能是纸质媒介，小额证券发行的信息规范限于纸质媒介表达的信息。随着互联网金融的发展，互联网众筹平台成为企业发布信息的中介，需要建立小额证券发行的新的规则，如美国的《股权众筹条例》中有对互联网众筹平台的规范条文……。因为小额证券发行制度与市场条件是上层建筑与经济基础的关系，在这一对关系中，经济基础起决定性作用，即企业的融资需求、信息媒介、技术

① 赖源河：《证券管理法规（修订版）》，1991 年修订版，第 38 页。

② 李开远：《证券管理法规新论（增订四版）》，台北五南图书出版股份有限公司 2006 年版，第 143 页。

手段是决定性的因素。因此，小额证券发行注册豁免制度的建立必须以经济基础为前提。在小额证券发行注册豁免制度的法律规范构建中，小额证券发行注册豁免制度的指标设定应与市场的实际情况相吻合，如发行主体的定位、发行额度的确定、信息披露等要求都应与企业的特点相匹配。否则，小额证券发行注册豁免制度将是“绣花枕头”，不具有实用性。

第三，小额证券发行注册豁免制度的构建应充分认识阻碍制度效率的根源性弊端。很多法律制度的条文规范是非常健全的，但其实质形同虚设，实施效果欠佳或束之高阁，原因在于对阻碍制度实施效果的根源性弊端认识不清。正如有的学者的研究指出，为了提高中小企业（SMEs）公开股权融资的容易性，规制架构应该更敏捷地应对所规制市场的特殊性，市场的体制基础的认知将允许我们识别阻碍市场效率的不完备性的性质和根源。而且，它将提供规制的适当角色在提升市场效率方面的洞悉。① 小额证券发行制度的建立是为了解决阻碍企业，尤其是中小企业接近资本市场融资的制度不足或缺失，为企业接近资本市场融资提供制度渠道，解决导致企业融资效率低下的制度弊端。在小额证券交易制度中，解决阻碍制度效率的根源性弊端的典型例子是做市商制度，为什么在小额证券交易市场必须引入做市商制度？小额证券交易市场流动性差，唯有做市商作为证券交易的一方当事人，才能促进市场的流动性。如果对小额证券交易市场的低流动性特征缺乏认识，不设立做市商制度，小额证券的交易量过低导致小额证券发售制度并不能达到预期的融资效果，小额证券发售制度因缺乏可实施性而只能束之高阁。所以，只有对阻碍制度效率的根源性问题认识清晰，才能找出解决问题的办法，有的放矢地制定与需要解决的问题相匹配的法律规范。

---

① Stéphane Rousseau, “The Future of Capital Formation for Small and Medium - sized enterprisess: Rethinking Initial Public Offering Regulation after the Restructruring of Canadian Stock Exchanges”, Revue. Juridique. Themis, Vol. 34, 2000, pp. 661 - 760.

第四，小额证券发行注册豁免制度的法律规范设计应充分顾及企业，特别是中小企业融资的特殊需要。有学者就小额证券发行制度的设计，应充分考虑的小企业资源获取情况归纳为：（1）必须建立不同的法律制度或报告的要求抑或时间表；（2）在现有制度规范下简化小企业的发行程序或报告要求；（3）适用小额证券发行豁免应根据企业的经营业绩而不是刻板的标准；（4）确立小企业豁免规则的适用范围或豁免某些规则的适用。① 笔者认为，小额证券发行注册豁免制度的设计应结合发行企业自身的特征与企业的融资需求。有些大企业或与大企业相比规模偏小的中小企业更能适应“短、频、快、廉”的融资模式，其盈利依靠高频次低盈利周转滚雪球似的进行资本积累，兼顾证券发行的效益性。因此，小额证券发行注册豁免制度设计应以“高效、快速、低廉”为核心，特别注重小额证券发行的效率和效益。围绕小额证券发行制度“高效、快速、低廉”的核心，小额证券发行注册豁免制度应重点解决以下问题：（1）简化信息披露要求，缩短定期报告书的提交时间。简化信息披露要求可以降低发行企业的负担，缩短资料准备的时间，与缩短定期报告书的提交时间共同加快证券的发行进程。（2）简化申报登记管理程序。简化的申报登记管理程序节省了注册申报的差旅时间和因注册企业过多的等待时间。（3）优先采用简易的证券交易纠纷处理程序。小额证券交易违法行为的处罚程序和司法程序一般情况下优先采用简易程序，节约违法行为的处理时间，尽早恢复当事人之间的利益平衡状态。这些制度设计将为证券发行企业节约大量的资金成本和足够多的时间，缩短小额证券的发行周期，提高小额证券的发行效率和效益，形成小额证券发行的良性循环。

第五，小额证券发行注册豁免制度监管强度的合理定位。小额证券

① Securities and Exchange Commission：17CFR Parts 230，232，239，240 and 260 [Release Nos. 33 -9497；34 -71120；39 -2493；File No. S7 -11 -13] RIN 3235 - AL39，Proposed Rule Amendments for Small and Additional Issues Exemptions Under Section3 （b）of the Securities Act，p. 288.

发行注册豁免制度的监管权限划分为行政监管权和自律监管权。证监会行使行政监管权，负责制定监管规则和检查监督小额证券发行和交易活动。在小额证券发售中，行政监管是必不可少的，行政监管一方面具有强制威慑力，另一方面证监会的统一监管保持全国小额证券发售规则的一致性，使小额证券发售市场成为真正意义上的在全国范围内具有独立层级的市场。自律监管权是指地方证券业协会的登记备案权，小额注册豁免证券发售的登记备案权转移至地方证券业协会，简化登记管理程序，提高小额证券发售效率。行政监管权与自律监管权的合理划分与协调配合能更好地适应企业发行小额证券的监管强度要求，有利于小额证券发售低成本、安全、高效地进行。

第六，小额证券发行注册豁免制度坚持证券法制的统一。此处的证券法制统一包括证券立法、执法和司法，首先，小额证券发行注册豁免制度应接受《证券法》的规范和法律思想指导，中国证监会制定小额证券的发行规则，中国证券业协会制定小额证券发售的自主管理规则和交易管理规则，都是以《证券法》的法律规范为基础。统一的法制规范也为违法证券交易行为的处理提供便利，便于证监会检查、监督和处理违法证券交易行为。其次，司法制度是小额证券发行和交易行为监管的最后保障，小额证券交易秩序的维护是以事前预防、事中监管和事后制裁相结合的监管模式，司法制度是监管违法证券发售行为的最后一道防线，依靠国家的强制力维护证券发售的公平，使证券交易当事人之间的利益保持平衡状态。

第七，强制信息披露是规制小额证券发售的必备条件。小额证券发行注册豁免制度的宗旨在于弱化小额证券发行的初始阶段的行政监管强度，扩大自律监管权能实现资源的更优化配置，小额证券发行的信息披露监管成为必须和非常重要的监管模式，小额证券发行注册豁免证券必须通过强制信息披露和对信息欺诈行为的禁止与惩处达到优化资源配置的目标。因为实施小额证券发行注册豁免制度，基本去除了证券发行事前的行政监管，不仅发行企业和股票价值的判断主体几乎完全转移至投资者，真实、准确的信息也是投资者作出投资判断的唯一依据，必须建立以发行企业信息披露为中心的监管模式，否则，在小额证券发行制度下，投资者的利益和证券市场秩序将无法维护。美国证券法的基本理念和核心任务也在于此，美国《1933 年证券法》和《1934 年证券交易法》贯穿了这两个基本原则，强制信息披露不仅包括发行信息的披露，而且要求发行企业履行持续信息披露义务。关于信息欺诈行为的禁止和惩处，贯穿证券发行和交易的始终。①

第八，信息欺诈法律责任追究制度是小额证券发行制度有效实施的重要保障。因为追求自身利益最大化是证券市场参与主体的本性，证券市场的参与主体因信息的不对称而导致在交易中的地位的不平衡，投资者始终是劣势的一方，信息掌控方虚假陈述、内幕交易、操纵股票价格等行为是伴随于证券发售全过程的，禁止和惩处证券发售中的信息欺诈行为是保护投资者利益和维护证券市场秩序的必然要求。只有禁止与惩处信息欺诈行为、改善信息披露制度，才能实现证券市场资源的优化配置，正如贝戈豪特在一百多年前面对运行良好的英国资本市场在资源配置中发挥的作用时的慨叹："使资本流向最需要它的地方和资本能够赚取最多的地方，就像是水总能流向需要它的平面。"② 因为对虚假陈述、内幕交易、操纵股票价格等的禁止和惩处是通过惩处具体的行为，维持个体利益之间的平衡，进而达到维护公众对证券市场的信心，稳定资本市场、持续发挥资本市场对于资源的优化配置。因此，本书对于小额证券发行制度的法律责任制度的认识如同有的学者所坚持的观点：操纵市场

① 《美国 1934 年证券交易法（中英文对照本）》，张路译，法律出版社 2006 年版，序言第 2 页。

② 转引自《美国 1933 年证券法（中英文对照本）》，张路译，法律出版社 2006 年版，序言第 2 页。

价格、内幕交易等行为应当受到制止和严惩,[①] 加强证券监管制度的后端威慑力，为小额证券发行制度的有效实施提供制度保障。

归纳全文，本书为我国建构小额证券发行注册豁免制度提供了一个根基扎实的理论体系，本书此处结合其他学者的研究结论，在此重申小额证券发行注册豁免制度的要旨，小额证券发行注册豁免制度的立意之本是提高企业，尤其中小企业（SMEs）接近公开证券市场融资的机会，其主线是强调小额证券发行交易执行成本效益规制体制的重要性，并应密切关注小企业 IPO 市场的制度背景，以更恰当地制定小额证券发行注册豁免制度的规则要求。并且，进一步的研究毫无疑问还需要提高中小企业股权融资市场的效率和容易接近性。[②] 笔者认为，提高小额证券发行效率和企业，尤其是中小企业接近资本市场的容易性，需要在小额证券发行监管的去行政化和简化信息披露制度方面继续努力，并且严格规范违反信息披露义务的法律责任，在小额证券发行注册豁免制度设计的精准度上继续探索研究。与当下的小额证券发行注册豁免制度规则不同的是，随着时代的发展，小额证券发行的模式会有新的变化，小额证券发行注册豁免制度建设也应与时俱进，制定体现时代特征的小额证券发行法律规则。

---

① Ross Levine, "Financial Development and Economic Growth: Views and Agenda", Journal of Economic Literature, Vol. 35, No. 2 (Jun. 1997), pp. 688 – 726.

② Stéphane Rousseau, "The Future of Capital Formation for Small and Medium – sized enterprisess: Rethinking Initial Public Offering Regulation after the Restructruring of Canadian Stock Exchanges", Revue. Juridique. Themis, Vol. 34, 2000, pp. 661 – 760.

参考文献

一、中文专著

卞耀武主编:《英国证券发行与交易法律》，法律出版社 1999 年版。

代文明等:《中国证券市场运行法律问题研究》，辽宁大学出版社 2008 年版。

邓峰:《普通公司法》，中国人民大学出版社 2009 年版。

甘培忠:《企业与公司法学（第七版）》，北京大学出版社 2014 年版。

高旭晨编著:《台湾证券交易法》，中国广播电视出版社 1993 年版。

公丕祥主编:《马克思主义法律思想通史》（第一卷），南京师范大学出版社 2014 年版。

郭雳:《美国证券私募发行法律问题研究》，北京大学出版社 2004 年版。

郭莉主编:《香港证券市场全透视》，中信出版社 2009 年版。

郭琳广、区沛达:《香港公司证券法》，法律出版社 1999 年版。

黄达、项怀诚、郭振乾主编:《中国证券百科全书》，经济管理出版社 1993 年版。

赖源河:《证券管理法规（修订版）》1991 年修订版。

李东方:《证券监管法律制度研究》，北京大学出版社 2002 年版。

李开远:《证券管理法规新论（增订四版）》，台北五南图书出版股份有限公司2006年版。

林国全：《证券交易法研究》，中国政法大学出版社2002年版。

廖大颖：《公司制度与企业金融之法理》，台湾元照出版公司2003年版。

刘俊海：《现代公司法》，法律出版社2009年版。

刘鹏：《资本的涅槃——美国场外市场发展与我国新三板启示》，中国金融出版社2013年版。

卢文道：《证券交易所自律管理论》，北京大学出版社2008年版。

卢云主编：《法学基础理论》，中国政法大学出版社1994年版。

吕富强：《信息披露的法律透视》，人民法院出版社2000年版。

马忠智主编：《美国证券市场筹资必读》，中国经济出版社1995年版。

彭冰：《中国证券法学（第二版）》，高等教育出版社2007年版。

彭丁带：《美国风险投资法律制度研究》，北京大学出版社2005年版。

全国人大证券法修改研拟工作小组编：《〈证券法〉修改国际借鉴》，中国发展出版社2007年版。

齐斌：《证券市场信息披露法律监管》，法律出版社2000年版。

孙英：《公司章程效力研究》，法律出版社2013年版。

王文宇：《新金融法》，中国政法大学出版社2003年版。

吴如巧编：《美国联邦民事诉讼规则的新发展》，中国政法大学出版社2013年版。

夏斌主编：《证券大辞典》，山西经济出版社1993年版。

谢百三主编：《证券市场的国际比较——从国际比较看中国证券市场的根本性缺陷及其矫正》（上册），清华大学出版社2003年版。

谢地主编：《政府规制经济学》，高等教育出版社2003年版。

严武、李汉国、吴冬梅等：《证券市场管理国际比较研究》，上海财政经济出版社1998年版。

杨志华：《证券法律制度研究》，中国政法大学出版社 1995 年版。

杨紫烜主编：《经济法（第四版）》，北京大学出版社高等教育出版社 2010 年版。

张文显：《二十世纪西方法哲学思潮研究》，法律出版社 1996 年版。

张守文：《经济法学（第三版）》，中国人民大学出版社 2016 年版。

张千帆等：《宪政、法治与经济发展》，北京大学出版社 2004 年版。

张旭娟：《中国证券私募发行法律制度研究》，法律出版社 2006 年版。

张承惠、田辉、朱明方：《中国场外股权交易市场发展与创新》，中国发展出版社 2013 年版。

张育军主编：《深圳证券交易所综合研究所研究报告》（2000），经济科学出版社 2001 年版。

张维迎：《产权、激励与公司治理》，经济科学出版社 2005 年版。

中国证券业协会：《中国证券市场发展前沿问题研究 2001》，中国金融出版社 2001 年版。

周友苏主编：《新证券法论》，法律出版社 2007 年版。

赵立新、黄燕铭等：《构建以投资者需求为导向的上市公司信息披露体系》，中国金融出版社 2013 年版。

朱宝玲：《日本金融商品交易法》，法律出版社 2016 年版。

二、中文译著

［古希腊］亚里士多德：《雅典政制》，［日］知力野译，商务印书馆 2009 年版。

［德］马克思：《黑格尔法哲学批判》，中共中央马克思恩格斯列宁斯大林著作编译局译，人民出版社 1962 年版。

《日本金融商品交易法及金融商品销售等相关法律（中日文对照本）》，中国证券监督管理委员会组织编译，法律出版社 2015 年版。

［美］莱瑞·D·索德奎斯特：《美国证券法解读》，胡轩之、张云辉译，法律出版社2004年版。

［美］托马斯·李·哈森：《证券法》，张学安等译，中国政法大学出版社2003年版。

［美］本杰明·卡多佐：《司法过程的性质》（中译本），商务印书馆1998年版。

［美］道格拉斯·C·诺思：《经济史中的结构与变迁》，陈郁、罗华平等译，上海人民出版社1994年版。

［美］罗伯特·考特，托马斯·尤伦：《法和经济学》，张军等译，上海三联书店1994年版。

《美国1933年证券法（中英文对照本）》，张路译，法律出版社2006年版。

《美国1934年证券交易法（中英文对照本）》，张路译，法律出版社2006年版。

《美国〈1933年证券法〉及相关证券交易委员会规则与规章（中英文对照本）》，中国证券监督管理委员会组织编译，法律出版社2015年版。

《美国证券交易委员会自身组织与通用规章》（中英文对照本）（下册），中国证券监督管理委员会组织编译，法律出版社2013年版。

《美国〈2002年萨班斯——奥克斯利法〉（中英文对照本）》，中国证券监督管理委员会组织编译，法律出版社2015年版。

《图说日本证券市场》，日本经济研究所编，郭海燕译，社会科学文献出版社2013年版。

《英国2000年金融服务与市场法（中英文对照本）》，中国证券监督管理委员会组织编译，法律出版社2014年版。

三、英文专著

Alastair Hudson, Securities Law, 2nd Edition, Sweet&Maxwell, 2013.

Alastair Hudson , Understanding Company Law, Routledge, 2012.

Alan R. Palmiter, Securities Regulation: Examples&Explanations, 6th edtion, Wolters Kluwer Law &Business , 2014.

Bryan A. Garner, Black' s Law Dictionary, 7th Edition, West Group, 1999.

David L. Ratner&Thomas Lee Hazen, Securities Regulation: Selected Statutes, Rules and Forms, West Publishing Company Co. ST. PAUL, MINN. 1995.

Hazen, Thomas Lee, The law of securities regulation, 5th Edition, Thomson/West, 2005.

James D. Cox, Robert w. Hillman&Donald C. Langevoort, Securities Regulation: Cases and Materials, Aspen Publishers, 3rd Edition, 2001.

James D. Cox , Robert W. Hillman, DonaldC. Langevoort, Securities regulation cases and materials, Wolters Kluwer Law&Business, 2013.

John C. Coffee& Joel Seligman, Securities Regulation, Foundation, 9th Edition, 2003.

Larry D. Soderquist, Securities regulation, 2nd Edition, Foundation Press, 1988.

Louis Loss. Fundamentals of securities regulation: 2008 supplement, Wolters Kluwer, 2008.

Louis Loss& Joel Seligman, Fundamentals of securities regulation, Aspen Law & Business, 2001.

Louis Loss, Joel Seligman, Troy Paredes , Fundamentals of securities regulation, 6th Edition, Volume 1, Wolters Kluwer Law & Business, 2011.

Moloney, Niamh. EC Securities Regulation, Oxford University Press, 2002.

Pattib. Saris, Ricardo H. Hinojosa, Ketanji B. Jackson, Charles R. Breyer, Dabney L. Friedrich, Rachel E. Barkow, William H. Pryor. Jr, Jonathan J. Wroblewski, Isaac Fulwood. Jr, United States Securities Commission Guidelines Manual 2014, LexisNexis, 2015.

Posner, Richard A, Economics of corporation law and securities regulation, Little, Brown, 1980.

Richard A. Posner& Kenneth E. Scott, Economics of Corporation Law and Securities Regulation, Little, Brown&Company, 1980.

Simon Zadek, The civil corporation, 1st, Earthscan. London and Sterling, VA, 2001.

Tatsuta, Misao, Securities regulation in Japan, Japan Securities Research Institute, University of Tokyo Press, 1970.

姚承曦 David A. Sirignano:《Regulation of Securities Trading and Markets cases and Materials for study in US Securities Exchange Act of 1934 (美国证券交易经典案例教程)》,中国金融出版社2012年版。

四、中文论文

北京大学课题组:《证券发行法律制度完善研究》,载黄红元、徐明主编:《证券法苑》(第十卷),法律出版社2014年版。

陈甦、吕明瑜:《论上市公司信息公开的基本原则》,载《中国法学》1998年第1期。

丛怀挺:《美国证券众筹条例解读》,载黄红元、徐明主编:《证券法苑》(第十六卷),法律出版社2015年版。

郭雳:《“注册制改革应把握重点、有序推进”,股票发行注册制改革笔谈》,载黄红元、徐明主编:《证券法苑》(第十二卷),法律出版社2014年版。

郭雳:《证券欺诈法律责任的边界——新近美国最高法院虚假陈述判例研究》,载《中外法学》2010年第4期。

郭雳:《“创寻制度‘乔布斯’(JOBS)红利”——美国证券监管再平衡探析》,载《证券市场导报》2012年第5期。

何晓楠:《聚焦2015年美国小额发行最新规则》,载《银行家》2015年第8期。

胡定核:《台湾证券市场是如何运作的——访台湾省东吴大学教授戴立宁先生》,载《改革》1996年第1期。

赖诚成:《解决中小企业融资难的国际经验与对策》,载《特区经济》2014年第8期。

赖源河:《证券交易之民事责任——以保障证券真实性之制度为中心》,载《公司法问题研究(一)》,台湾政治大学法学藏书,1982年版。

林丽香:《证券发行市场规制之加强》,载《财经法论集》,台湾三民书局1997年版。

林国春、彭蕾:《中国证券市场的有效性与上市公司信息披露的规范化》,载《金融理论与实践》1997年第7期。

林国全:《企业内容之公开》,载《月旦法学杂志》第18期。

林毅夫、李永军:《中小金融机构发展与中小企业融资》,载《经济研究》2001年第1期。

李宏舟、王惠贤:《日本促进创业投资产业发展的主要措施及启示》,载《现代日本经济》2007年第4期(总第154期)。

李静波:《影响企业盈利能力的因素分析》,载《商业经济》2009年第4期(总第323期)。

李卫华、文严：《帮助创新企业跨越死亡谷（建言“十三五”）》，载《人民日报》2015 年 9 月 9 日，第 19 版。

李勇、陆玲：《〈证券法〉大修》，载《财经》2015 年第 12 期。

廖世光、杨朝军：《证券市场中卖空交易机制基本功能研究》，载《证券市场导报》2005 年第 3 期。

刘连煜：《证券私募制度之法律问题研究》，载柯芳枝主编：《财经法论集》，台湾三民书局 1997 年版。

刘宏光：《小额发行注册豁免制度研究——美国后 JOBS 法案时代的经验与启示》，载《政治与法律》2016 年第 11 期。

刘瑜恒：《美国股权众筹立法发展及其借鉴意义》，载黄红元、徐明主编：《证券法苑》（第十四卷），法律出版社 2015 年版。

刘燕：《寻找金融监管的制度逻辑——对孙大午案件的一个点评》，载吴志攀、白建军主编：《金融法路径》，北京大学出版社 2004 年版。

刘明：《论私募股权众筹中公开宣传规则的调整路径：兼评〈私募股权众筹融资管理办法〉（试行）》，载《法学家》2015 年第 5 期。

刘志伟：《论证券储架发行制度在上市公司 IPO 中的拓展适用》，载《证券市场导报》2015 年第 4 期。

陆玲、王晓璐、李勇：《良法能随经济脉搏跳动——专访中国政法大学研究生院常务副院长李曙光教授》，载《财经》2015 年第 12 期。

毛智琪、杨东：《日本众筹融资立法新动态及借鉴》，载《证券市场导报》2015 年第 4 期。

孟志强、董瑞华：《做市商制度提高场外交易市场流动性的实证分析》，载《产权导刊》2010 年第 12 期。

彭冰：《证券公开发行之研究》，载王文杰主编：《最新两岸公司法与证券法评析》，清华大学出版社 2006 年版。

彭冰：《私募众筹？一个自相矛盾的词汇——对〈私募股权众筹融资

管理办法（征求意见稿）〉的批评》，载《法律与新金融》2015 年第 1 期。

齐春宇：《股票发行市场化的顺序——兼论核准制》，载《经济理论与经济管理》2001 年第 11 期。

任碧云、程茁伦：《金融服务我国实体经济发展的若干思考》，载《天津社会科学》2015 年第 2 期。

苏鹭：《日本 JASDAQ 市场的发展及对我国的启示》，载《现代日本经济》2010 年第 1 期（总第 169 期）。

田辉：《美国乔布斯法（JOBS ACT）分析及对中国的启示》，载《调查研究报告》2012 年第 193 号。

万国华、王才伟：《“私”募何以“众”筹—— 评〈私募股权众筹融资管理办法〉（试行）（征求意见稿）》，载郭锋主编：《证券法律评论》，中国法制出版社 2015 年版。

王保树：《发行公司信息公开与投资者保护》，载王保树主编：《商事法论集》（第 1 卷），法律出版社 1997 年版。

王啸：《美国小企业 IPO 危机与〈JOBS 法案〉的尴尬应对》，载黄红元、徐明主编：《证券法苑》（第十二卷），法律出版社 2014 年版。

王一萱、赖建清：《中小企业板再融资制度创新：小额融资豁免》，载张育军主编：《深圳证券交易所综合研究所研究报告》（2005）。

王银凤：《论证券发行预披露制度》，载《证券市场导报》2006 年第 3 期。

温耀源：《证券交易民刑法律问题之研究》，证券市场发展基金会 1991 年版。

吴林祥：《我国股票发行上市审核制度：问题与完善》，载张育军主编《深圳证券交易所综合研究所研究报告》（2005）。

卫光钦：《借鉴美国经验，逐步完善发行审核机制》，载《中国证券报》2011 年 4 月 12 日第 17 版。

肖百灵:《证券发行注册豁免制度前瞻》，载《证券市场导报》2014年第6期。

徐瑶:《美国小额发行豁免之殇:〈条例 A + 〉创设初衷难以实现》，载《法律与新金融》2016年第14期。

阎大颖:《日本二板市场（JASDAQ）首次发行股票的长期弱势表现及其启示》，载《现代日本经济》2005年第5期（总第143期）。

余涛:《众筹规制探究——一个规范分析的路径》，载《证券市场导报》2015年第3期。

余雪明:《证券交易法》，台北7:财团法人证券市场发展基金会，1990年。

张春庆:《美国的OTCBB市场》，载《产权导刊》2006年第8期。

张守营:《证券业:摒弃“父爱式监管思维”越早越好》，载《中国经济导报》2013年2月28日，第B05版前沿。

赵英杰:《美国小企业公募注册监管及其对我国的启示》，载黄红元、徐明主编:《证券法苑》（第十四卷），法律出版社2015年版。

中国证监会　申银万国证券:《借鉴国外证券发行制度》，载《资本市场》2015年第2期。

周晓刚:《美国证券发行注册豁免制度研究》，载《证券市场导报》2001年第4期。

钟维、王毅纯:《中国式股权众筹:法律规制与投资者保护》，载《西南政法大学学报》2015年第2期。

五、英文论文

Allen E Throop, Chester T Lane, “some problems of Exemption under the Securities Act of 1933”, Law & Contemporary Prolems, Vol. 4, 1937.

Andrei Shleifer and Robert Vishny, “A Survey of Corporate Governance”,

Journal of Finance, Vol. 52, 1997.

Bernard, Susman, "Exempted Transactions Under the Securities Act of 1933", Wash. U. L. Q. Vol. 24, 1939

Bruemmer, Russell J, "Finacial disclosure by small corporations", University of M ichigan Journal of Law Reform, Vol. 9, 1976, pp. 256 –279.

Carl. W. Schneider and Jay. A. Dubow, "Forward-Looking Information-Navigating in the Safe Harbour", Business. Lawyer (ABA), Vol. 51, 1995 –1996.

C. Steven Bradford, "Crowdfunding and the Federal Securities Laws", Columbia Business Law Review, Vol. 2012, 2012.

C. Steven Bradford, "Transaction Exemptions in the Securities Act of 1933: An Economic Analysis", Emory Law Journal, Vol. 45, 1996.

Darryl B Deaktor, "Integration of Securities Offerings", University of Florida Law Review, Vol. 31, 1979.

F. Fama Eugene, "Efficient Capital Market: A review of Theory and empirical Work", *The Journal of Finance*, Vol. 1970.

F. H. Buckly, "Small Issuers Under the Ontario Securities Act, 1978: A Plea for exemptions", University of Toronto Law Journal, Vol. 29, 1979.

George A. Akerlof: "The Market for ' lemons ': Quality Uncertainty and the Market Mechanism", The Quaterly Journal of Economics, Vol. 84, 1970.

Harvey Frank, "The processing of small issues of securities under Regulation A," Duke Law Journal, Vol. 1962.

Howell E. Jackson, "Variation in the Intensity of Financial Regulation: Preliminary Evidence and Potencial Implications", *Yale Journal on Regulation, Vol.* 24, 2007.

James L. Karpen, "Registration of securities under the Michigan uniform securities Act", Cooley Law Review, Vol. 1, 1982.

Joel Seligman, "The Historical Need for a Mandatory Corporate Disclosure System", Journal of Corporation Law, Vol. 9, 1983.

John P, Fargnoli, "The Jobs Act: investor protection, capital formation, and employment in an increasingly political economy" [Notes], Brooklyn Journal of Corporate, Financial & Commercial Law , Vol. 8, 2013.

Lee B. Spencer. Jr, " Issuer Registration and Distributions", Pace Law Review, Vol. 1, 1981.

P. M. Clarkson. A. DontohG. richarson and S. E. Sefsick, "The Voluntary Inclusion of Earnings Forecasts in IPO Prospectuses ", Contenporary. Accounting Research, Vol. 8, 1992.

Priscilla S, Johnson, "The SEC's small buiness initiatives and regulation A: new life for an old exemption" [notes], Journal of Law and Commerce, Vol. 13, 1993.

Robert B. Titus, "Assessing the impact of securities regulation on small business: how to more effectively bridge the capital gap", University of Bridgeport Law Review, Vol. 1, 1980.

Ross Levine, "Financial Development and Economic Growth: Views and Agenda", Journal of Economic Literature, Vol. 35, No. 2 (Jun. , 1997).

Russell A, Smith, "State 'Blue Sky' Laws and the Federal Securities Acts", Michigan Law Review , Vol. 34, 1936.

Rutheford B Campbell, Jr: "The New Regulation of Small Business Capital Formation: The Impact—If Any—Of the JOBS Act", Kentucky Law Journal, Vol. 102, 2013 – 2014.

Rutheford B Campbell, JR, " Regulation A: Small Businesses' Search For 'A Moderate Capital'", Delaware Journal of Corporate Law, Vol. 31, 2006.

Stéphane Rousseau, "The Future of Capital Formation for Small and Medium-sizedenterprisess: Rethinking Initial Public Offering Regulation after the Restructruring of Canadian Stock Exchanges", Revue. Juridique. Themis, Vol. 34, 2000.

Thaya Brook Knight, Huiwen Leo, and Adrian A. Ohmer, "A very quiet revolution: a primer on securities crowdfunding and title III of the JOBS ACT", Michigan Journal of Private Equity & Venture Capital Law, Vol. 2, 2012.

Todd Blakely Skelton, "2013 Jobs Act Review&Analysis of Emerging Growth Company IPOs", Transactions: The Tennessee Journal of Business Law, Vol. 15, 2014.

William J. Hick, "*Exempted Transactions under the Securities Act of* 1933," *Indiana Law Journal* , Vol, 56, 1980.

六、网络资料

www. sec. gov

www. nyse. com

www. nasdq. com

ec. europa. eu

www. tse. com. tw

www. jostor. org

www. westlaw. com

www. lexis. com

www. people. com. cn

www. xinhuanet. com

www. chinalawinfo. com. cn

后　记

燕园的学习生涯是令人向往的，燕园的学习生活也是令人感动和难忘的，在燕园渡过了四个春夏秋冬，那里有众多的良师益友，可以开启智慧的火花；那里为每一个学子提供了优越的学习环境，便利的生活条件，热忱周到的服务。而我正是在燕园四年的学习阶段，奠定了本书的初稿，后经过坚持不懈的努力写作使之以图书的形式面世。

本书的选题是随着中共中央关于全面深化经济体制改革的号角的吹响而诞生的。2013 年 11 月中共十八届三中全会《中共中央关于全面深化改革若干重大问题的决定》的发布，中共中央提出完善金融市场体系，决定“健全多层次资本市场体系，推进股票发行注册制改革……”，《中共中央关于全面深化改革若干重大问题的决定》为我国股票发行注册制改革确立了基调，我国股票发行注册制改革拉开了序幕，为本书的选题奠定了制度基础。

在确定研究的选题时，多次与我的导师甘培忠教授进行讨论，在他的支持下，确定了该选题，在写作过程中，甘老师多次审阅我的文稿，每一个细节都谆谆教导、释疑解惑，并提出宝贵的指导、修改意见，使我顺利完成书稿的写作。甘老师为指导书稿的写作付出了大量的心血，直到付梓出版之前的赐序。对于甘老师的栽培我深表感谢！

在书稿的写作过程中，由于涉及的专业问题非常多，需要多方拜访请教专家，特别是郭雳老师和彭冰老师，他们对我提出的问题耐心答疑，对我的文稿和写作进行悉心指导，证券法领域的诸多学术研究成果的引领使我的写作更加深入所研究领域的前沿，使我研究该制度的视野更加开阔，对问题的分析更加精准。我感谢郭雳老师和彭冰老师！

本书稿是在我的博士学位论文的基础上充实、完善而成的，我感谢北京大学法学院经济法学科组的张守文老师、刘燕老师、刘剑文老师、蒋大兴老师、邓峰老师和叶姗老师，老师们丰硕的研究成果为我提供了非常丰富的学习资料，本书稿的基础写作与最终完成也很荣幸地受到了老师们的指导和斧正。

在书稿的写作中，需要查阅大量的文献资料，尤其是外国、我国香港和台湾地区关于小额证券发行制度的文献资料和法律规范，以及国内学者对于小额证券发行制度的理论探索和研究成果，北京大学图书馆和北京大学法学院法律图书馆提供了宝贵的外文文献资料、中文专著和期刊，非常感谢北京大学和北京大学法学院拥有如此丰富的知识宝藏，感谢图书馆工作人员的热忱服务。

此外，感谢为本书的出版付出辛勤劳动的任乐乐编辑、马金凤编辑和出版社的工作人员。

书稿的完成与出版是众多智慧与劳动的结晶，他们的无私帮助与辛劳付出成为我终生难以磨灭的记忆，也使我更加深刻地理解了治学、为人的深层含义，使我的心智更加成熟。

伴随着书稿的写作完成直至出版成书，一路走来，有太多的人和事需要感谢，这一段生命历程将成为我人生的宝贵财富，吾将珍藏终生。

感谢所有关心、支持和帮助过我的人！

图书在版编目（CIP）数据

我国小额证券发行注册豁免制度研究 / 张菊霞著．—北京：中国法制出版社，2018. 10

ISBN 978 - 7 - 5093 - 9810 - 4

Ⅰ. ①我… Ⅱ. ①张… Ⅲ. ①证券市场 - 金融制度 - 研究 - 中国 Ⅳ. ①F832. 51

中国版本图书馆 CIP 数据核字（2018）第 223109 号

责任编辑　马金风（editormjf@163. com）　　封面设计　杨泽江

我国小额证券发行注册豁免制度研究

WOGUO XIAOE ZHENGQUAN FAXING ZHUCE HUOMIAN ZHIDU YANJIU

著者/张菊霞

经销/新华书店

印刷/北京京华虎彩印刷有限公司

开本/710 毫米×1000 毫米　16 开　　印张/ 25　字数/ 337 千

版次/2018 年 10 月第 1 版　　2018 年 10 月第 1 次印刷

中国法制出版社出版

书号 ISBN 978 - 7 - 5093 - 9810 - 4　　定价：85. 00 元

北京西单横二条 2 号

邮政编码 100031　　传真：010 - 66031119

网址：http：//www. zgfzs. com　　**编辑部电话：010 - 66070046**

市场营销部电话：010 - 66033393　　**邮购部电话：010 - 66033288**

（如有印装质量问题，请与本社印务部联系调换。电话：010 - 66032926）